파리의
Lieux
장소들
de Paris

파리의 장소들
— 기억과 풍경의 도시미학

초판 1쇄 발행 2010년 10월 11일
초판 2쇄 발행 2010년 11월 3일

지은이 정수복
펴낸이 홍정선 김수영
펴낸곳 ㈜문학과지성사
등록번호 제10-918호(1993. 12. 16)
주소 121-840 서울 마포구 서교동 395-2
전화 02)338-7224
팩스 02)323-4180(편집) 02)338-7221(영업)
전자우편 moonji@moonji.com
홈페이지 www.moonji.com

ⓒ Cheong, Soo-Bok, 2010. Printed in Seoul, Korea.
ISBN 978-89-320-2079-2

* 이 책의 판권은 지은이와 ㈜문학과지성사에 있습니다.
  양측의 서면 동의 없는 무단 전재 및 복제를 금합니다.

| 기억과 풍경의 도시미학 |

파리의 장소들
Lieux de Paris

정수복 지음

문학과지성사
2010

차례

책을 열며 : 걸으며 발견한 파리의 장소들 9

이 책은 누구를 위한 책인가 | 우연한 발견의 즐거움 | 장소와 비장소 | 도시의 질과 삶의 질 | 잃어버린 기억을 찾아서 | 파리지앵 환기 작용 | 뉘앙스의 감각 | 새로운 글쓰기 방식의 모색 | 이 책을 흐르는 글길 | 좀머 씨와 나의 할아버지께

제1부 잘 알려진 '장소' 다르게 보기

에펠탑 다르게 보고 오르기 33

내가 마지막 본 에펠탑 | 에펠탑을 둘러싼 찬반 논쟁 | 들로네와 샤갈의 에펠탑 | 시와 이미지 속의 에펠탑 | 숫자로 본 에펠탑 | 르 코르뷔지에와 롤랑 바르트의 에펠탑 | 밤하늘에 빛나는 에펠탑 | 에펠탑을 바라보기에 이상적인 장소 | 에펠탑 위의 도시 기호학 | 에펠탑에서 펼치는 역사적 상상력 | 에펠탑과 사크레 쾨르 성당의 엇갈린 만남 | 에펠탑이 노트르담을 대신해 파리의 상징이 된 이유 | 순수한 시니피앙으로서의 에펠탑 | 야망과 광고의 장소 에펠탑 | 모험의 장소 에펠탑 | 어린이들이 그린 환상의 에펠탑 | 끝없이 늘어나는 에펠탑 기념품 | 쓸모없음의 위대함 | 에펠탑의 위험스러운 남용

센 강 위의 다리를 건너며 71

센 강을 바라보며 | 센 강변의 화가들 | 센 강 위의 인도교를 건널 때 | 퐁 데 자르에서 만난 사람들 | 솔페리노 다리를 허물고 다시 지은 이유 | 시몬 드 보부아르 다리와 미테랑 국립도서관 | 드빌리 다리와 케브랑리 박물관 | 퐁뇌프 다리의 기억 | 도핀느 광장과 그 주변 | 고갱이 그린 이에나 다리 | 미라보 다리와 앙드레 시트로엥 공원

뒤에서 바라본 노트르담 사원 98

장소에도 첫인상이 있다 | 노트르담 대성당의 역사 | 빅토르 위고와 노트르담의 신화 | 요한 23세 정원의 숨은 이야기들 | 200만 원짜리 풍경 | 그림 속의 노트르담 대성당 | 미적 체험과 역사적 상상력

몽마르트르 언덕의 다른 얼굴 114

어디로 올라갈 것인가? | 라마르크-콜랭쿠르 지하철역 앞 풍경 | 몽마르트르의 포도밭과 야생정원 | 몽마르트르의 화가들 | 순교자 생-드니와 몽마르트르의 문인들 | 몽마르트르 언덕의 다른 쪽 | 몽마르트르 언덕 북쪽의 마을 분위기 | 이민객의 거리를 지나며

제2부 피하고 싶은 '장소' 일부러 찾아다니기

파리 동북부의 '위험한' 동네를 찾아서 141

파리의 달동네 | 폭동과 저항의 근거지 | 이민객의 행렬 | 언덕 위의 카페들 | 에디트 피아프가 태어난 계단 | 개에게 물린 철학자들 | 사회주의라는 유토피아의 실험실 | 파리에 남은 마르크스주의의 상징물 | 금속노조 문화회관의 역사 | 지역 문화회관으로 거듭나기

몽파르나스 묘지 순례 163

죽음을 기억하라 | 도시 안에 묘지가 있는 까닭 | 파리코뮌의 집합적 기억 | 묘지로 발걸음을 옮기는 사연 | 몽파르나스 묘지에 들어서 | 사르트르와 보부아르의 기억 | 에밀 뒤르켐과 나의 대학원 시절 | '참여하는 관객' 레몽 아롱 | 몽파르나스 묘지의 문학 기행 | 마르그리트 뒤라스의 절규 | 다르게 들어가는 몽파르나스 묘지 | 갱스부르, 카스토리아디스 그리고 니키 드 생-팔 | 파리의 우울, 보들레르 | 브랑쿠시의 '입맞춤' | 아직도 끝나지 않은 순례길

상테 감옥 주변을 맴돌며 190

위선의 도시 | 아라고 거리의 추억 | 상테 감옥의 유래 | 미셸 푸코가 감옥을 보는 방식 | 상테 감옥 주변 | 파리에서 사라진 감옥들 | 공원으로 변모한 여성 전용 감옥 | 비판적 사회과학의 산실이 된 군대 감옥

파리 코뮌의 격전지 뷔트 오 카이 언덕을 찾아서 209

언덕을 오르내리는 기분 | 지상으로 다니는 지하철 | 언덕을 올라 골목길로 들어서 | 파리코뮌의 기억 | 이름 없는 작은 광장 | 파리코뮌 광장 | 포스터와 벽화 | 언덕을 내려가며 | 함께 부르는 '벚꽃 필 무렵' | 이탈리아 광장 주변의 저우언라이와 덩샤오핑

제3부 '장소'에 숨은 뜻 자세히 찾아 읽기

캉파뉴 프르미에르 거리의 기호학 231

파리의 카페에서 바라보는 세상 | 피카소가 연 몽파르나스 시대 | 1920년대 몽파르나스의 일본인 화가들 | 캉파뉴 프르미에르 길과 사귀기 | 이스트리아 호텔의 예술가들 | 정신분석학과 지옥으로 빠지는 길 | 무슈 르 모노크롬과 흥분한 어머니 | 아제의 아파트와 막다른 골목 | 동성애자를 위한 잡지 | 캉파뉴 프르미에르 거리의 예술인 마을 | 레옹 베르트, 생텍쥐페리의 가장 친한 친구 | 인상파 화가 종캉과 찬 서점 | 캉파뉴 프르미에르 길의 변화

카르티에 재단의 풀꽃세상 252

유리로 지은 집 | 샤토브리앙이 심은 삼나무 | 오래된 담 옆의 야생화 정원 | 정원 안의 명상을 위한 공간 | 유목민의 밤 | 생태학적 정원 | 정신병동에서 풀꽃 정원으로

'에스파스 알베르 칸'의 일본 정원 263

도시 안의 자연 | 반일 민족주의 정서의 원천 | 일본에 대한 '묘한' 관심 | 파리에서 걷는 일본 정원들 | 알베르 칸의 일본 정원 | 연못과 다리 | 순환과 상생 | 나무를 찬양함 | 돌부처 상과 물소리 | 오솔길을 걸으며 | 알베르 칸의 삶과 사상 | 프랑스 정원사의 선 강의 | 국경 없는 정원 | 심미적 생태주의자

브라상스 공원 앞의 파리지앵들 279

국민 가수 브라상스의 소박한 꿈 | 브라상스 공원의 발견 | 브라상스 공원의 역사 | 공간에 남아 있는 과거의 흔적들 | 자연 친화적 설치미술 | 코즈모폴리턴 '벌집' | 주말의 중고 책 시장 | 조르주 브라상스 음악제 | 카페테라스에 앉아 | 지나가는 사람들을 바라보다 | 계속 바라보다 | 개미의 출현 | 중심부와 변두리의 차이 | 추워지기 시작하다 | 이제 떠날 시간이다

제4부 한가로운 '장소' 마음 가는 대로 걷기

생-루이 섬의 센 강변 산책 311
산책길에 만나는 서점들 | 콩파니 서점에서 | 벤야민의 파리 | 자유의 섬, 생-루이 섬 | 생-루이 섬의 발견 | 돌로 지은 거대한 배 | 오를레앙 강변로의 풍경화 | 랑베르 저택의 수난 | 생-루이 섬의 역사 | 카미유 클로델의 아틀리에 | 눈 내린 날 오후의 생-루이 섬

생-마르탱 운하 물길 따라 떠돌기 332
파리를 흐르는 또 하나의 물길 | 빌맹 공원 가로지르기 | 생-마르탱 운하의 흐름새 | 운하변의 오래된 카페 '앗모스페르' | 둑길 위의 사람들 | '북호텔' 이야기 | 생-마르탱 운하 주변의 변화 | 티옹빌 거리의 추억 | 라 빌레트 공원의 '광기'

사라진 비에브르 강의 흔적을 찾아서 347
지하철 6번선을 타고 | 프랑스 퀼튀르 방송의 '메트로폴리탱' | 에티엔 출판 기술학교 | 혁명가 오귀스트 블랑키의 흔적 | 지금은 사라진 그때 그 사람 | 약수터와 수영장의 물 이야기 | 골목길과 동네 공원 | 파리에 부는 선 바람 | 에노크 광장 부근 | 광장의 모퉁이 카페에서 | 지금은 사라진 물레방앗간 | 13구를 떠나며

겨울밤의 튈르리 공원 산책 367
내가 즐겨 찾는 파리의 공원들 | 겨울밤 튈르리 공원 가로지르기 | 튈르리 공원 밤 산책을 위한 준비 | 솔페리노 다리를 건너서 | 튈르리 공원의 역사 | 조각 공원으로서의 튈르리 공원 | 튈르리 공원의 조각 작품들 | 카페테라스에서 생-제르맹-데-프레로 | 튈르리 공원 동문에서 콩코르드 광장까지

책을 닫으며 : 파리 걷기는 아직 끝나지 않았다 386
아직 끝나지 않은 파리 걷기 | 장르를 넘어서 | 분류 불가능한 책의 자리 | 손짓하는 파리 계속되는 실험

이 책에 나오는 장소들 390
이 책에 나오는 사람들 402
이 책에 나오는 작품들 413

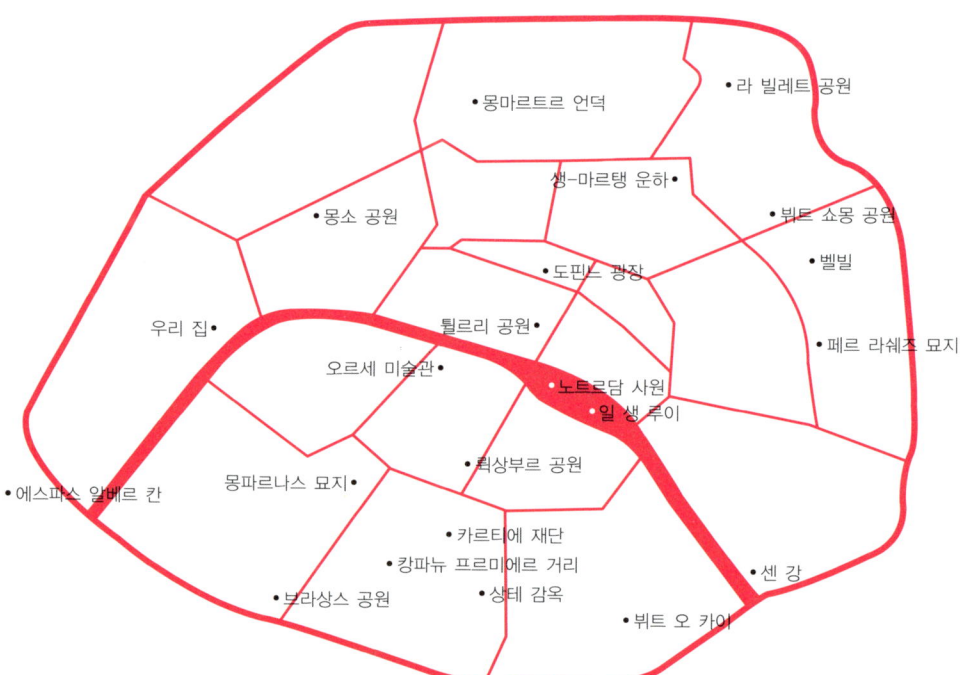

책을 열며 : 걸으며 발견한 파리의 장소들

> 나는 실용적이고 현실적인 이유에서가 아니라 순전히 지적이고 문화적인 이유에서 파리에 왔다. 리스본의 항구에서 사람들은 신세계를 발견하고 식민지를 건설하기 위해 떠났다. 그러나 파리에서는 그렇게 멀리 떠날 필요가 없다. 파리에서는 머릿속의 방법들을 사용해서 매 순간 새로운 세상을 발견할 수 있다.
>
> ─마리아 엘레나 다 실바

**이 책은
누구를 위한 책인가**

이 책을 집어 든 당신은 당신이 살고 있는 도시를 탈출하고 싶은 마음이 들 때가 있을지도 모른다. 그리고 어디 먼 나라의 미지의 도시로 여행을 떠나고 싶다는 꿈을 꿀 수도 있다. 그렇다면 이 책은 바로 당신을 위한 책이 될 수 있을 것이다. 아직 파리의 땅에 발을 내딛지 않았지만, 파리라는 도시를 머릿속으로 걸어 다니고 싶은 마음이 있다면 당신은 이 책에서 상상 속의 도시를 발견할 수 있을 것이다. 거실의 소파에 등을 기대고 편하게 앉아 마음에 드는 파리의 장소를 찾아다닐 수도 있고 집을 나와 지하철이나 카페에서 이 책의 어느 곳을 펼쳐 들고 파리의 지붕 위를 날아다녀도 좋을 것이다.

그러나 당신이 이미 파리를 다녀온 적이 있다면, 이 책은 당신에게 한 번 더 파리를 다른 방식으로 여행할 수 있는 기회를 제공할 것이다. 바쁜 일정에 그저 스쳐 지나간 장소를 새로운 눈으로 바라보거나 미처 가보지 못한 장소들을 헤매다가 길을 잃어볼 수도 있을 것이다. 하나의 도시를 아는 가장 좋은 방법은 그곳에서 길을 잃어보는 것이라고 하지 않던가. 그러나 만약 당신이 지금 파리에 살고 있다면, 이 책은 당신에게 가까운 말동무가 되어줄 수 있을지도 모른다. 유학생으로, 직장 일로, 교민으로 파리에 살고 있으면서도 매일 해야 할 의무적인 일에 묶여 파리의 똑같은 장소만 오가고 있다면 당신은 파리를 낭비하거나 허비하고 있는지도 모른다. 파리에서 매일 지나다니는 장소들의 역사적 의미를 두텁게 읽고 싶다면, 일상의 장소를 벗어나 시적 아우라를 풍기는 장소를 찾아 나서고 싶다면, 이 책이 당신의 길동무가 되어줄 수도 있다.

우연한 발견의
즐거움

똑같은 사람이라도 어떻게 만나느냐에 따라 다른 인상을 받게 되듯이, 장소의 경우도 마찬가지다. 관광 안내 책자를 미리 읽어보고 어느 장소에 대한 사전 지식을 가지고 와서 그 현물을 확인하는 여행에는 새로운 발견이 불러일으키는 감흥과 놀라움이 없다. "왔노라, 보았노라"라는 자기만족감만 있을 뿐이다. 영어에 세렌디퍼티serendipity라는 단어가 있다. 옥스퍼드 영영사전을 찾아보면 세렌디퍼티는 "완전하게 우연히, 예상치 않게, 기분 좋은 발견을 하는 재능"을 뜻하는 명사라고 정의되어 있다. 파리를 마음대로 걸어 다니다 보면 그런 기분 좋은 장소나 사물들을 우연히 마주치게 될 기회가 많다. 처음 가보는 장소가 아니라 매일 다니는 장소에서도 가끔씩 그런 일이 일어나기도 한다. 루브르 박물관이나 오르세 미술관만이 아니라 파리 어느 곳을 다녀도 보고 느낄 것이 너무 많다. 중요한 것은 명소나 명작을 확인하는 일이 아니라 나를 변화시킬 새로운 감동을 얻는 일이다. 무언가를 발견하여 눈이 뜨이고 마음의 문이 열려 마음의 움직임을 얻지 못할 바에야, 무엇 하러 박물관이나 미술관에 들어가겠는가? 나는 오늘도 그 자체로 거대한 박물관이자 미술관인 파리라는 도시의 긴 회랑들을 걸어 다니며 마음에 파문을 일으키는 작품들을 우연히 발견하기를 꿈꾼다. 박제화된 풍경이 아니라 나만의 고유한 살아 있는 풍경을.

장소와 비장소
lieu et non-lieu

어느 유학생이 파리를 걸어 다니다 보면 자기도 모르게 저절로 기분이 좋아진다고 말하는 것을 들은 적이 있다. 걷는다는 행위가 몸의 변화를 가져와 기분이 '저절로' 좋아질 수도 있다. 그러나 거기에 덧붙여 '파리'라는 장소의 특수성을 고려해야 한다. 파리에는 정신의 상승을 가능케 하고 영감을 고양시키는 장소들이 많기 때문이다. 당신이 그런 장소가 발신하는 파동에 주파수를 맞출 줄 아는 감수성과 교양을 갖추고 있다면, 당신은 그 장소와의 교감을 통해 더욱 증폭된 감동을 느끼게 될 것이다. 그런데 장소와 교감하기 위해서는 느림이 필요하다. 자동차로 빠르게 공간을 이동하는 사람들에게는 장소들이 발신하는 파동이 잘 수신되지 않는다. 빠른 속도로 거리를 통과하는 사람들에게는 그 장소들이 보내는 미소가 눈에 들어오지 않는다. 오로지 마음의 문을 열고 여유로운 마음으로 천천히 걷는 사람에게만 그런 장소들은 교감의 미소와 눈빛을 보내오는 것이다.

프랑스의 인류학자 마르크 오제는 그런 의미와 고유한 느낌이 있는 도시의 공간들을 '장소lieu'라고 정의했다. 장소라고 다 '장소'가 아닌 것이다. 그래서 그는 어디에서나 볼 수 있는 주유소, 맥도날드, 24시간 편의점 등 획일적으로 디자인된 유용하지만 무의미한 공간을 '장소'가 아닌 장소를 뜻하는 '비(非)장소non-lieu'라고 이름 붙였다. 장소가 우리에게 말을 걸고 기억을 상기시키며 감정을 풍부하게 해주고 예술적 영감을 제공하는 공간이라면, 비장소는 우리의 필요와 요구를 충족시켜주는 생존과 일상의 공간이다. 오래된 역사를 잘 보존하고 있는 의미 있는 '장소'들이 많은 기억의 도시일수록 예술적 영감을 불러일으킨다. 그런 도시의 장소들은 감동, 기쁨, 안식, 평안을 제공한다. 장소에서는 공간과의 대화가 이루어지지만, 비장소에서 공간은 그저 상투성과 단절감만 느끼게 한다. '장소'는 없고 오로지 필요에 의해 생긴 기능적 '비장소'들만 즐비한 공간에서 살다 보면, 삶이 삭막해지고 각박해지고 알게 모르게 불안감을 느끼며 쫓기게 된다. 그러니까 어느 도시를 걸으면 기분이 좋아진다는 말 속에는 '세렌디퍼티'와 '장소'의 화학적 결합이 쉽게 일어난다는 뜻이 담겨 있다. 도시의 공적인 '장소'가 기억과 상상의 연금술을 통해 나만의 장소, 나의 삶에 의미 있는 장소가 되는 것이다.

도시의 질과 삶의 질

세렌디퍼티 그리고 장소와 이어지는 세번째 용어로 '어메너티amenity'라는 말이 있다. 이 단어의 뜻을 다시 옥스퍼드 영영사전에서 찾아보면, 어메너티는 "삶을 편안하고 즐겁게 해주는 장소의 양태나 특성"을 뜻하는 명사로 정의되어 있다. 오늘날 세계 인구의 절반 이상이 도시에 살고 한국의 경우 인구의 90퍼센트가 도시에 몰려 살고 있는 상황을 고려할 때, 삶의 질quality of life 향상의 기본 조건은 구체적 삶이 이루어지는 도시 공간의 질quality of city을 높이는 일이다. 그것은 어메너티를 높이는 일에 다름 아니다. 사람은 도시를 만들고 도시는 사람을 만든다.

의식주라는 일상생활의 삼차원을 고려해볼 때 패션혁명이 일어난 지는 이미 오래된 일이고, 웰빙 담론의 갑작스러운 확산에서도 알 수 있듯이 건강식을 포함하여 식생활의 질도 높아졌다. 이제 나머지는 아파트라는 획일적 주거 공간과 비장소가 판치는 도시 공간을 '세렌디퍼티'가 꽃을 피우고 '어메너티'가 높아지고 '장소'가 많아지는 주거 공간과 도시 공간으로 만들어나가는 일이다. 먹고사는 문제와 입고 사는 문제를 넘어서 그 삶이 이루어지는 공간 문제에 관심을 쏟을 때가 온 것이다. 경기에 따른 아파트 값에만 신경을 쓸 일이 아니라 우리의 존재를 담는 집에 관심을 기울여야 할 때가 되었다. 내가 일상적으로 돌아다니는 공간을 '집'이라고 할 때 그 '집'은 좁은 의미에서는 나의 일상적 주거 공간을 뜻하지만, 넓은 의미에서는 내가 사는 도시 전체를 뜻한다. 우리는 단지 집에만 사는 것이 아니라 동네를 살고 도시를 산다. 그러니까 현재 내가 파리에서 사는 집은 내가 사는 아파트만이 아니라 100제곱킬로미터의 파리 시 전체다. 파리 전체가 나의 집이다. 서울시에서도 도시 '디자인'이라는 용어를 쓰면서 아름답고 살기 좋은 도시를 만드는 사업을 벌이고 있다. 그러나 디자인이라는 용어는 어메너티나 삶의 질보다는 시각적 효과를 우선적으로 강조하는 듯이 보인다. 우리 삶의 공간은 시각적인 아름다움만이 아니라 모든 감각을 통해 온몸으로 쾌적함을 느낄 수 있는 공간을 향해 앞으로 나아가야 한다. 세월이 흐를수록 의미와 기억이 누적되고, 축적되고, 퇴적되는 '장소'들이 많아져야 한다.

잃어버린
기억을 찾아서

도시는 얼핏 출구를 찾을 수 없는 미로처럼 보이지만 실핏줄에 피가 흐르듯 막히지 않고 걸어 다닐 수 있는 수많은 길로 이루어진 하나의 생명체다. 피가 흐르지 않으면 생명이 끝나듯이 길이 막히는 곳에서 도시는 끝난다. 도시를 오래 걸어 다니다 보면 길 이름과 동네의 분위기를 알게 되고 도시 사람들이 사는 방식을 관찰하게 된다. 그런데 파리를 15년 넘게 걸어 다녔지만, 파리의 어느 장소에 가면 마치 처음 와본 것 같은 느낌을 가질 때가 있다. 그게 바로 파리의 매력이다. 여러 번 만났지만 처음 만났을 때의 신선함을 간직한 장소들이 숨어 있기에 파리에서는 같은 길을 자꾸 걸어도 싫증이 나지 않는다. 매번 산책을 할 때마다 '일상의 나'라는 허물을 벗어버리고 장소와 거리의 움직임에 나를 맡긴다. 나는 오로지 눈에 보이는 것과 귀에 들리는 것, 몸에 다가오는 기운에 감각을 집중하며 '사유의 의무'로부터 나를 해방시킨다. 나는 더 이상 생각하지 않는다. 나는 나를 도시의 풍경에 맡긴다. 도시의 품에 안긴다. 그렇게 걷다 보면 꽉 찼던 머릿속이 비워지며 마음의 평화가 찾아온다.

  발자크가 말했듯이 파리는 수심을 알 수 없는 거대한 대양이다. 파리를 아무리 잘 알게 되어도 새로운 파리가 나를 기다린다. 그래서 가끔씩 나는 파리에서 길 잃은 나그네가 된다. 파리는 나에게 '잃어버린 시간'을 찾아 나서게 한다. 파리의 이곳저곳에서 길을 잃고 헤매다 보면 수많은 기억들이 바다 표면 위의 파도처럼 떠올랐다가 물거품처럼 사라진다. 장소와 때에 따라 서로 다른 기억들이 떠오른다. 주말 저녁 메닐몽탕 언덕 골목길에서는 아스라한 유년기의 이미지가 떠오르고, 가을날 뤽상부르 공원의 낙엽 지는 마로니에 나무 아래서는 존재의 의미를 찾으며 고통스러워하던 사춘기의 기억이 슬며시 나타난다. 대낮의 콩코르드 광장에서는 온갖 억압에 짓눌려 자유를 갈구하던 대학 시절의 기억이 불쑥 얼굴을 내밀고, 여름날 저녁 무렵 동네 산책을 하다 보면 힘들었지만 보람을 느끼던 유학 시절, 귀국 이후의 분노와 절망 속에서 다시 평화와 희망을 찾던 시간들, 그리고 서울에서의 '자발적 부적응'의 생활을 접고 파리로 '자발적 망명'을 떠나 지내온 세월들이 시간의 질서를 따르지 않고 앞뒤를 가르지 않고 두서없이 떠올랐다가 포말을 일으키고 사라진다. 그러하듯 파리를 거닐다 보면 뇌리에 숨어 있던 희미한 이미지가 빛바랜 사진처럼 떠오르고, 즐거웠던 날들과 고통스러웠던 날들이 교차하면서 나의 인생길에서 만난 사람들의 얼굴이나 그들과 함께 나눈 지난날의 장면들이 떠오른다.

파리진parisine의 환기 작용

그렇다면 왜 서울의 거리가 아니라 파리의 거리를 걸을 때 잃어버린 기억들이 더 선명하게 떠오르는 것일까? 기억의 장소 연관성을 어떻게 설명할 것인가? 거기에는 서울이라는 현실에서 벗어나 있는 '자발적 망명자'라는 나의 존재 양태가 작용할 것이다. 망명자는 스스로 거부한다 해도 어쩔 수 없이 떠나온 곳을 생각하게 마련이다. 섬의 한계가 주는 답답함이 싫어 섬을 떠난 사람에게는 때로 센 강의 물결이 바닷물로 보일 수도 있다. 그러나 거기에 다른 한 가지 요소를 추가해야 한다. 장소와 기억의 연관성이다. 나의 말벗 이윤영이 알랭 레네의 영화 「히로시마 내 사랑」을 두고 파리에서 영화를 공부한 사람답게 적절하게 지적했듯이 "기억은 저절로, 혼자서, 아무 곳에서나 이루어지는 것이 아니다." 기억은 철저하게 장소와 연결되어 있다. 어떤 곳에 가면 특정한 기억이 떠오르고, 거꾸로 어떤 것을 기억하면 그것이 자연스럽게 특정 장소와 결부된다. 우리 눈앞에 보이는 것과 우리 머릿속에서 떠오르는 것 사이에는 기묘하다고 말할 수 있는 상관관계가 있다. 기억은 장소에서 나온다. 장소는 이런 의미에서 기억이 사는 집이다.

파리의 장소들이 기억을 환기시키는 힘을 가지고 있다면, 그것은 파리진 parisine의 작용 때문이다. 담배 속에 '니코틴nicotine'이라는 화학적 성분이 들어 있다면 파리의 공기 속에는 '파리진'이라는, 어떤 방식으로도 정의할 수 없는 특수한 성분이 들어 있다(파리진은 1869년 네스토르 로크플랑이라는 시인이 발명한 문학 용어이다). 파리진도 니코틴처럼 중독성은 있으나 유독성이 없다. 들이마셨다가 내뿜는 연기 속에 들어 있는 니코틴이 뇌의 신경세포들을 자극하여 정신 기능을 촉진시킨다면, 파리진은 뇌의 어느 부분을 자극해 잃어버린 시간을 환기시키는 기능을 한다. 파리진은 대상의 미세한 변화가 만드는 차이, 뉘앙스에 민감하게 반응하도록 만들어주는 기능을 한다. 파리진이 만드는 파리만의 독특한 분위기는 창작 의욕을 돋운다. 그런 기능이야말로 파리에 작가와 예술가들이 모여드는 주요 원인일 것이다. 파리진은 파리의 풍경을 대상으로 그림을 그리거나 파리에 대해서 글을 쓰도록 유인하고 자극하는 힘이 있다. 이미 16세기에 몽테뉴가 "파리는 어린 시절부터 나의 마음을 사로잡았다. 위대한 도시 파리, 무엇보다도 그 다채로움에서 비교할 바 없는 파리, 프랑스의 영광, 이 세상의 가장 고귀한 장식들 가운데 하나인 파리를 통해서만 나는 프랑스 사람이다. 나는 파리를 부드럽게 사랑한다. 파리의 흠과 티까지도"라고 쓴 이후 오늘날에 이르기까지, 파리에 대한 책과 영화와 노래와 그림과 사진이 계속 창조되고 있다. 그래서 파리진에 중독된 나도 파리에 대한 두번째 책을 쓰고 있는 모양이다.

뉘앙스nuance의 감각

'뉘앙스'는 프랑스어 단어 가운데 세계 여러 나라 사람들이 자기 말로 받아들여 쓰고 있는 보편화된 외래어다. 그것을 빛깔로 말하자면 동일계 색채 가운데서도 명암이나 농담에 따라 미묘한 차이가 나는 현상을 말한다. 초현실주의 시인 루이 아라공에 따르면, 파리라는 도시 공간의 기본 색조인 회색에도 수많은 종류가 있다. 베르사유의 트리아농을 반영하는 장밋빛이 들어간 회색, 하늘의 회환을 담은 푸른빛의 회색, 쇠스랑질을 한 밭의 베이지색이 들어간 회색, 대리석 안의 흰색과 검은색 점들이 들어간 회색 등 기분 좋은 회색이 있는가 하면, 노란빛이 나는 회색, 송진 같은 회색, 도료같이 불투명한 회색, 투명해도 숨 막히게 하는 회색, 세속적 하늘빛의 회색, 눈이 내리기 전의 구름 빛 회색, 사치스러운 파리의 풍경 위에 걸친, 기분을 저조하게 하는 시커먼 구름 빛의 회색 등 다소 불쾌하고 견디기 힘든 회색도 있다.

얼마 전에 작고한, 프랑스 누벨바그를 대표하는 영화감독의 한 사람인 에릭 로메르가 만든 「파리에서의 만남」이라는 영화에는 피카소 미술관이 자리한 마레 지역에 아틀리에를 가지고 있는 화가가 스웨덴에서 온 여성과 동네를 걸어가는 장면이 나온다. 그때 프랑스 화가가 어느 집 창고의 문 색깔을 보고 "저것은 파리의 회색이 아니야. 푸른 기운이 너무 많이 들어가 있어"라고 말한다. 회색에도 미세한 차이가 있고 파리의 분위기에 어울리는 회색이 따로 있다는 말이다. 파리가 아름다운 이유는 파리지앵들이 색채뿐만이 아니

책을 열며

라 사물의 형태와 규모에 있어서도 미세하고 섬세한 차이를 예민하게 감지하는 능력을 최대한 발휘하여 도시 공간을 조성하기 때문이다. 색채 감각에서 시작된 뉘앙스라는 말은 음악에서 음조의 변화와 음의 강약을 뜻하기도 해서, 연주에 뉘앙스가 없다는 말은 표현력이 약한 단조로운 연주를 이른다. 어느 음식이 달거나 시다고 하더라도 그 안에서 다양한 변화가 가능하다. 언어에도 뉘앙스가 있다. 동의어들 사이에도 미묘한 차이가 있다. 뉘앙스는 호감에서 매혹에 이르는 섬세한 감정의 변화를 의미하기도 한다. 파리 고급 식당의 일급 소믈리에는 1,500종류의 포도주를 색깔과 향기와 맛으로 각각의 포도주가 생산된 지역과 연도를 정확하게 구별해낸다. 파리지앵들은 모든 영역에서 미세한 변화를 식별해서 느끼고 표현할 줄 아는 감식 능력이 뛰어나다. 이거냐 저거냐, 하나를 선택하라는 흑백논리의 선명성이 아니라, 이것과 저것 사이의 수많은 차이를 구별할 줄 아는 파리지앵들의 섬세하고 부드러운 심미적 감각이 생활 속에, 작품 속에, 공간 속에 나타나기에 파리의 공기에는 파리진이 날아다닌다. 눈에 보이지 않아서 아무것도 아닐 수 있는 파리진이 그것을 감지하여 즐길 줄 아는 사람에게는 파리를 파리답게 하는 마력의 향수가 된다.

새로운 글쓰기
방식의 모색

나는 서울과 파리에서 정치학과 사회학을 전공했지만, 사회과학의 울타리를 넘어 줄곧 문학과 예술에 대한 관심을 키워왔다.

어쩌면 나의 본성은 사회과학보다는 문학예술 쪽에 더 가까웠는지도 모른다. 그래서 대학 시절 정치외교학과를 다니면서도 문과대학을 기웃거리며 문학, 철학, 역사학 강의들을 통해 나를 형성했고, 석사학위 논문도 문학사회학에 대해 썼을 것이며, 미국이 아닌 프랑스 파리에 유학을 오게 된 숨은 동기에도 그런 요소들이 작용했을 것이다. 당시 나의 뇌리에 비친 파리의 이미지는 혁명의 수도이면서 동시에 문화예술의 수도였다. 그래서 유학 시절 사회운동이라는 관점에서 사회를 보고 해석하는 공부에 몰두하면서도 문학, 예술, 건축을 전공하는 친구들과 만나 나의 심층적 갈증을 해소했다. 2002년 이후부터 시작되어 8년이 넘은 나의 두번째 파리 체류는 나의 지적 욕구와 심미적 욕구를 훨씬 더 자유롭게 추구할 수 있는 기회가 되었다. 그리고 그런 추구의 첫번째 작은 열매가 『파리를 생각한다─도시 걷기의 인문학』이었다. 이 책은 개인적 체험에 뿌리내린 감성과, 논리를 넘어서는 상상력의 세계가 허용되지 않는 전통적 사회과학자들의 학술 논문이라는 형식의 감정 중립적 글쓰기의 경계를 넘어서기 위한 하나의 작은 실험이었으며, 자기가 겪고 상상한 세계의 주관적 표현을 중시하되 사회라는 실재의 분석을 등한시해온 순수 문학적 글쓰기에 대한 대안의 모색이었다고 볼 수 있다. 그러니까 글쓰기의 문제는 단순히 문체의 문제가 아니라 세상을 인식하는 방법론에 대한 문제라고 볼 수 있다. 실증주의의 입장에서 자연과학 모델을 추구하는 사회과학자는 대상과 거리를 두는 건조한 중립적 문체의 글을 쓸 것이고, 해석학적 입장에서 인문학적 사회과학을 추구하는 학자는 대상을 감싸 안는 감성적이면서도 지적인 문체를 발전시킬 것이다. 나는 후자의 입장에 속한다. 만약 내가 문학을 전공했더라면 나는 훨씬 더 감성적인 글을 썼을 것이다. 글쓰기의 방식은 인식론과 관계될 뿐만 아니라 삶에 대한 태도, 더 나아가서는 삶의 철학과 관련된다.

시인 최성각이 어느 글에서 나를 '탐미적 생태주의자'라고 정의했듯이, 나의 정신 깊은 곳에는 아름다움을 추구하는 미학적 심성이 자리하고 있는지도 모른다. 대학 시절부터 따지면, 나는 30년이 넘는 세월 동안 주관적이고 감성적인 나의 기본적 성향을 누르고 가능하면 객관적이고 이성적으로 세상과 사물을 대하려고 노력해왔다. 이제 감성과 이성, 따뜻함과 냉철함, 상상력과 합리성이 기우뚱한 균형을 잡았다는 느낌이 든다. 나는 합리성과 감수성, 진리와 아름다움, 양쪽 모두를 추구하는 삶을 살고 싶었다. 그리고 그것을 내가 직업으로 하는 글쓰기로 표현하고 싶었다. 그것은 이 책을 내는 출판사의 이름대로 '문학'과 '지성'을 결합시키는 일이며, 김우창의 용어로 말하자면 '심미적 이성'을 작동시키는 작업이며, 소흥렬의 용어로 말하자면 '부드러운 논리tender logic'를 전개하는 글쓰다.

물론 이 책도 아직 걸음마 단계라는 것을 잘 안다. 〔파리에서 만난 작가 황석영 선생은 『파리를 생각한다』를 '반(半)연구서'라고 말했는데, 그 말은 이 책이 새로운 글쓰기를 추구한다곤 하지만 아직도 학자의 먹물적 글쓰기의 태를 벗어나지 못했다는 뜻으로 해석될 수 있다. 다른 한편 '견실한' 사회학 논문을 쓰라고 독려하던 사회학자 한상진 선생은 이 책을 받고 나서 "문장에 내공이 있는데 출판사에서 손질해준 거 아니야?"라는 반응을 보였다. 그 말은 사회학자가 쓸 수 없는 또는 써서는 안 되는 문학적 글쓰기를 했다는 평가일 수 있다.〕 나는 더욱 정진하여 마음을 움직이는 감동과 머리를 시원하게 해주는 명석함이 경계를 넘어오가며 서로가 서로를 강화시키는 그런 글을 쓰고 싶다.

어떻게 보면 이번 책은 도시미학 분야에 속한다. 엄밀한 의미에서 미학(美學)은 아름다움과 아름다운 것을 정의하고 그것들을 인식하고 확인하고 판단하는 철학의 한 분야를 말한다. 그러나 이 책에서 내가 말하는 도시미학이란 파리라는 도시를 걷다 보면 스멀스멀 떠오르는 지난날의 '기억'과 지금 여기 눈앞에서 전개되는 일상을 떠나 다른 세상을 꿈꾸게 하는 '상상력'을 결합시켜 도시 공간의 아름다움을 표현하고 분석하고 판단하는 지적·감성적 작업을 뜻한다. 지성과 감성이 그러하듯이 기억과 상상력, 과거와 미래도 서로 분리되지 않고 서로 영향을 미친다. 그것은 개인적 차원에서나 집합적 차원에서나 다 마찬가지다. 그래야 정신이 건강한 삶을 살 수 있다. 망각의 늪과 현실의 덫을 피하는 방법은 기억과 상상력을 결합시키는 일이다. 그것을 학문적 수준에서 이야기하자면 사회과학과 문학과 미학을 결합시키는 일이다. 나는 이제 경계선을 넘는 작업에서 한 단계 더 나아가고 싶다. 이제는 뚝뚝 떨어져 독백을 하고 있는 섬들 사이에 다리를 놓고 싶다. 자신을 가두는 섬에서 혼자 조용히 자기 일을 하다가 때로 이야기 나눌 친구가 필요하다면 다리를 건너 다른 섬에 다녀올 수 있도록……

**이 책을
흐르는 글길**

물에는 물길이 있고 꿈에는 꿈길이 있다면 글이 흐

르는 글길도 있다. 2009년에 펴낸 『파리를 생각한다―도시 걷기의 인문학』이라는 수원지에서 발원한 이 책의 글길은 네 단계를 거치면서 흐른다. 먼저 글길은 에펠탑, 센 강변, 노트르담 대성당, 몽마르트르 언덕 등 파리를 소개할 때 언제나 등장하는 잘 알려진 장소들을 조금 다르게 보는 방법에서 시작한다. 그렇게 시작된 물길은 제1부와 2부를 가르는 다리 하나를 건너면서 파리 동북부의 '위험한' 계급이 사는 벨빌과 메닐몽탕 언덕, 파리코뮌의 격전지 카이 언덕, 자유를 박탈당한 자들이 갇혀 있는 상테 감옥, 죽은 자들이 잠들어 있는 몽파르나스 묘지 등 위험한 곳, 무서운 곳, 생소한 곳, 피하고 싶은 곳, 겁나는 곳을 일부러 찾아가본 체험기로 다소 물살이 세지면서 흐른다. 제2부와 3부를 가르는 다리를 지나면 평범함 속에 많은 기호와 의미를 담고 있는 캉파뉴 프르미에르 거리, 카르티에 현대미술재단의 풀꽃세상, 에스파스 알베르 칸의 일본 정원을 지나 15구 서민 동네에 있는 브라상스 공원 앞 카페테라스에서 바라본 사람들의 행렬을 따라 흐름을 계속한다. 이 흐름의 구역에서 글길은 장소에 숨어 있는 미세한 기호의 의미들을 해석하며 여유 있게 흐른다. 제3부에서 시작된 글길의 여유로움은 제4부에 가서 생-루이 섬의 강변 산책로를 걷고, 생-마르탱 운하 주변을 떠돌며 더욱 완만하게 흐르다가 지금은 사라져서 보이지 않는 비에브르 강의 흔적을 따라 흐름이 계속되다 밤의 튈르리 공원 산책으로 일단 그 흐름을 멈춘다. 그러나 잠시 멈춘 글길은 나의 파리 연작 세번째 책에서 계속 흐르기를 기약한다. 왜냐하면 이 책에 나오는 장소들은 파리라는 엄청난 대양이 감추고 있는 수많은 비밀의 장소들 가운데 극히 작은 한 부분에 불과하기 때문이다.

어느 누구도 파리가 가지고 있는 끝없는 장소들을 한 권의 책에 다 담지 못할 것이다. 한 권에 다루는 장소의 수가 많아질수록 내용이 피상적으로 될 위험성도 있다. 그래서 애초에 다루려던 파리의 장소들 가운데 많은 부분을 다음 책으로 넘기기로 했다. 나의 파리 연작은 최소한 3부작은 될 것 같다. 어쩌면 5부작이 될 수도 있다. 그러나 독자들은 혹시 다음 책이 나오지 않더라도 이 책에 나오는 장소들만으로도 파리라는 도시가 얼마나 여러 개의 표정을 지닌 다양성의 공간인지를 쉽게 알아차릴 수 있을 것이다. 나는 이 책의 독자들이 서로 다른 시대에, 서로 다른 공간에 조성된 파리의 다양한 장소들이 물 흐르듯 만들어내는 자연스러운 조화의 아름다움을 느낄 수 있기를 기대한다. 독자들은 이 책을 다 읽고 난 다음 파리를 전체적 관점에서 조망한 『파리를 생각한다』를 읽으면서, 파리의 부분과 전체를 오가며 상상의 조각 그림 맞추기 놀이를 즐길 수도 있을 것이다.

좀머 씨와
나의 할아버지께

2002년 파리에 온 이후 세번째로 펴내는 이 책을 쓰면서 많은 사람들의 격려를 받았다. 우선 이 책의 서론 격인 『파리를 생각한다』에 보내준 익명의 독자들에게 감사의 마음을 보낸다. 내가 병 속에 넣어 바다에 던진 편지가 누군가의 손에 전해져 그들에게 작은 공감의 파문을 일으켰다면 그것만으로도 나는 행복하다. 세상의 모든 행복은 마음을 열고 함께 느끼는 일에서 시작되기 때문이다. 나는 『파리를 생각한다』의 독자들이

『파리의 장소들』을 읽으며 그들의 꿈을 좀더 구체화하기를 바란다.

모든 책 뒤에는 숨어 있는 공저자가 있다. 아내 장미란은 이 책의 보이지 않는 공저자다. 그와 함께 파리를 걷고 함께 나눈 이야기들이 이 책 곳곳에 스며들어 있을 것이다. 이제 자기 아버지가 파리를 좀머 씨처럼 걸어 다닌 이유를 알아차리고 자기도 파리 걷기에 나선 아들 정대인에게도 고마움을 전한다. 그러나 나는 이 책을 쓰면서 강북에서 살다가 강남으로 이사하고 나서도 비가 오나 눈이 오나 바람이 불거나 안개가 끼거나 제3한강교를 걸어서 건너다니던 나의 할아버지야말로 좀머 씨의 원형이라는 생각이 들었다. 살아생전 나는 할아버지의 삶과 세상을 좀처럼 이해하지 못했다. 이 책이 할아버지와 나 사이의 단절되었던 공간을 이어주는 다리가 되어주기를 바란다.

이번 책은 내가 문학과지성사에서 펴내는 다섯번째 책이다. 1992년 『현대 프랑스 사회학』을 번역·출판할 때가 엊그제 같은데 벌써 18년의 세월이 흘렀다. 그때 출판을 도와주신 김병익 선생과 오생근 선생께 감사의 마음을 전한다. 정문길 선생의 격려에도 감사드린다. 『파리를 생각한다』를 문학과지성사에서 펴낼 기회를 마련해준 정과리 선생과 그 책에 대해 좋은 비평을 해준 권오룡 선생께도 감사한다. 마지막으로 파리에서 낳아서 '파리'라는 돌림자를 가진 나의 파리 연작 두번째 자식이 독자들에 의해 건강하게 무럭무럭 잘 자라기를 기원할 뿐이다.

2010년 여름 막바지에
파리에서
정수복

제 1 부

잘 알려진
'장 소'
다 르 게 보 기

2010년 4월 파리 5구

때로 돌아서서 가는 사람의 뒷모습이 더 많은 진실을 이야기해줄 때가 있다. 노트르담 대성당의 경우도 그렇다. 관광객들로 분주하고 소란스러운 앞면보다는 센 강 위에 떠 있는 노트르담의 뒷면이 삶의 고통과 죽음이라는 문제에서 비롯된 종교 본래의 분위기를 더 많이 간직하고 있다.

2007년 10월 파리 4구   생-루이 섬에서 센 강 우안으로 건너가면 마레 지역이 나온다.
앙드레 말로가 초대 문화부 장관 시절 복원한 이 지역은 문화예술의 거리다.
이곳에는 잘 알려진 퐁피두센터가 있지만, 그보다 덜 알려진 여러 전시 공간과 박물관들이 자리하고 있다.
이 사진은 게네고 저택에 마련된 사냥과 자연박물관 입구다.
열려 있는 대문 안으로 포석이 깔린 한적한 마당이 있고 그 끝에 박물관 현관이 보인다.

2008년 10월 파리 2구 퐁 데 자르 중간 부분에 서 있는 앙리 4세 동상 맞은편으로 걸어 들어가면 파리 최초의 광장인 도핀느 광장이 나온다. 역삼각형 모양으로 조성된 이 광장에 들어서면 길 양편에 오래된 건물들이 서 있고 카페테라스가 펼쳐져 있다. 낙엽이 떨어지는 가을날 오후, 광장 벤치에 앉아 있거나 산책하는 사람들의 모습이 한가롭다.

2010년 5월 파리 6구 왼쪽 건물 맨 위층에서 한때 사르트르가 살았다.
가운데로 난 보나파르트 거리를 걸어 들어가면, 국립미술대학인 에콜 데 보자르가 나오고 계속 걸어 나가면 센 강에 이른다.
오른쪽으로 2차 세계대전 이후 실존주의자들의 요람이었던 생–제르맹–데–프레 광장의 버스 정거장이 보인다.
이 광장의 이름은 최근에 파리 시에 의해 사르트르–보부아르 광장으로 바뀌었다.
그래도 상관없이 사람들은 생–제르맹–데–프레 광장으로 부른다.

2010년 4월 파리 5구 파리 중심부 센 강변에 설치된 초록 철제 상자 속에 책을 전시하고 판매하는 부키니스트의 모습이다. 파리 시 소유로 되어 있는 이 강변 헌책방의 임대 기간은 평생이며 일정한 세금을 낸다. 인터넷 시대의 도래에도 불구하고 이 헌책방들은 명맥을 유지하고 있다. 관광객들과 센 강변의 산보객들이 주요 고객이다. 파리지앵들은 이곳에서 예상치 않은 좋은 책을 싼값에 구했을 때 물고기 한 마리를 낚았다고 표현한다.

에펠탑 다르게 보고 오르기

> 한 점에서 다른 점에 이르는 가장 빠른 길은 두 점 사이의 직선이 아니다.
> 꿈은 직선보다 더 빠르게 두 점을 이어준다.
> ―아프리카 말리의 속담

내가 마지막 본 에펠탑

서울 사람이 남산에 안 올라간다고, 1980년대 유학 시절 내내 나는 파리에 살면서도 에펠탑을 멀리하고 무시했다. 나에게 에펠탑은 그저 확대된 장난감이거나 19세기 산업화 시대의 철제 유물일 뿐이었다. 서울에서 온 친구들이 원해서 두어 번 마지못해 올라간 적은 있었지만 내 발로 자발적으로 올라간 적은 없다. 그런데 에펠탑에 대한 나의 다소 거만한 고정관념이 서서히 흔들리기 시작했다. 1989년 1월 유학생활을 마치고 파리를 떠나게 되었을 때의 일이다. 서울로 돌아가서 생각나면 꺼내볼 "내가 마지막 본 파리"의 이미지를 만들기 위해 추운 겨울 날씨를 무릅쓰고 파리 시내를 떠돌다가 기대치 않게 에펠탑의 새로운 모습을 발견했던 것이다. 쌀쌀한 날씨의 겨울밤이었다. 그때 1889년에 세워진 에펠탑이 건립 100주년을 맞이하여 가슴에 100이라는 숫자를 아로새긴 채 환상적으로 명멸하며 내 눈앞에 새로운 모습을 드러냈다. 거미줄처럼 얇고 가벼운 철제 망사에 달린 수많은 별들이 동화 속의 그림처럼 반짝이던 그 모습은 "내가 마지막 본 파리"의 하이라이트였다.

1960년대 여가와 여행이 합쳐져 만들어진 관광이 일반화되기 시작하면서 에펠탑은 국경을 넘어 세계의 모든 관광객들에게 일생에 꼭 한 번은 방문해야 할 순례지가 되었다. 2009년 오바마 미국 대통령이 파리를 공식 방문했을 때 영부인 미셸 오바마도 두 딸을 데리고 에펠탑을 순례했다. 2008년 한 해 동안 700만 명 이상이 에펠탑을 방문했다. 그러나 에펠탑은 파리에 직접 오지 못하는 사람들에게도 꿈속의 방문지이다. 최근 『인디아 타임스』가 인도 사람들을 대상으로 실시한, 평생 꼭 가보고 싶은 장소를 묻는 설문조사에서도 에펠탑이 1위를 차지했다. 도시에서, 팜파스에서, 사바나에서, 사막에서, 강의 하구에서, 그 어디에서나 사람들은 화려한 사람이든 소박한 사람이든 각자 자기 방식대로 에펠탑을 꿈꾼다. 모든 장벽이 무너지고 모든 규칙이 흔들리고 있는 세상에서 에펠탑은 고고하고 도도한 자세를 잃지 않고 꿋꿋하게 서 있다. 에펠탑은 소란한 세상에서 중심을 잡아주고 우리를 안심시켜준다.

잘 알려진
장소
다르게 보기

에펠탑을 둘러싼 찬반 논쟁

에펠탑은 1889년, 프랑스혁명 100주년 기념 세계만국박람회를 위해 지어졌다가 행사 종료 후 우여곡절을 거쳐 철거되지 않고 그대로 보존되어 파리를 상징하는 조형물이 되었다(대한제국은 1889년 파리 만국박람회에는 참석을 못했지만 1900년 파리 만국박람회에는 참석했다. 그때 조선관은 쉬프렌 거리 쪽에 나무로 지어져 있었다). 1887년 에펠탑 건립 계획안이 발표되자 모파상, 알렉상드르 뒤마 2세, 프랑수아 코페, 구노, 드가, 가르니에 등의 문인, 음악가, 화가, 건축가 등 문화예술인들이 건립을 반대하는 성명서를 발표했다(1970년대 퐁피두센터를 지을 때도 에펠탑처럼 많은 논쟁이 있었다. 렌조와 피아노가 설계한 이 현대식 건물은 19세기 오스만 남작이 만들어놓은 도시 분위기와 어울리지 않는 파격적인 건물이었다. 내부에 있어야 할 에스컬레이터, 배기통 등이 모두 외부로 나와 있고, 푸른색, 초록색, 붉은색 등 원색이 칠해진 건물의 외모는 마치 짓다 만 미완성의 건물로 보인다. 그 전위적인 건물이 이제는 파리 사람은 물론 전 세계에서 많은 관광객이 찾아오는 명소가 되었다). 1887년 2월 14일 일간지 『르 탕』에 발표된 「예술가들의 항의」라는 제목의 성명서 내용은 다음과 같다.

> 우리 작가, 조각가, 건축가, 화가를 포함하여 파리의 아름다움을 사랑하는 모든 예술가들은 우리의 모든 힘과 모든 분노를 다 모아서, 진가를 인정받지 못하는 프랑스적 취향의 이름으로, 위협받고 있는 프랑스의 예술과 역사의 이

름으로, 수도의 한복판에 세워지는 무용하고 흉측한 에펠탑의 건립에 반대하기 위해 여기에 왔다. 파리 시는 기계 제작자가 만든 괴상야릇한 모습의 상업적 상상력과 연대하여 스스로의 명예를 실추시키고 다시는 손댈 수 없는 방식으로 스스로를 추하게 만들 것인가? 상업주의 미국도 원치 않을 에펠탑은 의심할 나위 없이 파리의 불명예다. 우리들 각자는 그것을 느끼고 그것을 말하며 그것 때문에 마음 아파하고 있다. 우리의 의견은 너무도 당연하게 놀란 보편적 여론의 작은 메아리에 불과하다. 만국박람회를 방문한 외국인들은 놀라서 외칠 것이다. "뭐야! 자기들의 그 잘난 예술적 취향을 보여주기 위해 찾아낸 것이 겨우 이 흉물이란 말이야?" 외국인들이 우리에게 보낼 조롱은 정당하다. 왜냐하면 승화된 고딕 양식의 파리가 에펠의 파리로 변질될 것이기 때문이다.

예술가들이 주동이 되어 에펠탑 건설 백지화를 주장하는 운동을 벌였음에도 불구하고 에펠탑 건립이 결정되었고, 드디어 1889년 박람회를 맞이하여 에펠탑이 완공되었다. 박람회 행사가 끝난 이후에도 철거냐 보존이냐를 놓고 열띤 토론이 계속되었다. 반대파들은 검은색의 거대한 공장 굴뚝을 연상시키는 에펠탑이 파리의 다른 아름다운 건물들의 이미지를 다 망치고 있다면서 철거를 주장했다. 그럼에도 보존하는 쪽으로 결정이 나자 모파상은 파리 어디에서나 눈에 띄는 에펠탑이 보기 싫어서 역설적으로 에펠탑 안에 있는 식당에 가서 자주 식사를 했다. 에펠탑 안에 들어가야만 에펠탑이 보이지 않았기 때문이다(모파상 시절에는 어떠했는지 모르지만 오늘날 에펠탑에는 두 개의 식당이 있다. 1층의 구스타브 에펠 식당은 비교적 면적이 넓고 가격도 합당하다.

그러나 면적이 좁은 2층의 쥘 베른 식당은 자리 값을 포함하는 것인지 파리의 일류 고급 식당 가격이다). 사실 파리에 살면서 에펠탑을 보지 않고 지내기는 힘든 일이다. 에펠탑은 파리에서 어디를 가나 따라다니며 일상의 공간 속에 들어와 있다(어느 날 72번 버스를 타고 가는데 창가에 앉은 아이가 할머니에게 "할머니, 왜 에펠탑이 자꾸 나를 따라오는 거예요?"라고 물었다). 에펠탑이 보이지 않는 방에 하루 종일 고스란히 박혀 있으면 몰라도 파리를 다니면서 하루라도 에펠탑을 마주치지 않고 지내기는 불가능하다. 에펠탑은 비가 오든 눈이 오든 안개가 끼든 해가 비치든 날씨에 상관없이 언제나 거기에 높고 고집스럽게 자리를 지키고 있기 때문이다. 모든 것을 바라볼 수 있는 사람의 눈이 자기의 눈만은 바라볼 수 없는 것처럼 파리의 모든 곳을 바라볼 수 있는 에펠탑이 보이지 않는 장소는 에펠탑 안뿐이다. 그러나 에펠탑이 싫어서 에펠탑 안에 들어가 에펠탑과 하나가 되면서 에펠탑을 잊어버리려는 노력은 모순적 도피 행각이다. 에펠탑을 보지 않으려면 파리가 아닌 먼 곳으로 떠나야 한다. 그래서 모파상은 "나는 파리를 떠났다. 더불어 프랑스도 떠났다. 왜냐하면 에펠탑이 날 너무 지겹게 하기 때문이다. 도처에서 보이기만 하는 것이 아니라 도처에서 나타난다. 에펠탑은 모든 진열장에 전시되어 있는데, 이는 피할 수 없는 악몽이나 고문과도 같다"고 썼다.

    그러나 모든 예술가가 에펠탑 건립을 반대한 것만은 아니다. 화가 중에 폴 시냐크와 조르주 쇠라는 에펠탑의 건립에 찬성했다(두 사람은 모두 빈센트 반 고흐의 친구였다. 당시 빈센트는 아를에 있었다). 그래서 쇠라는 1889년 패널에 유채로 「에펠탑」을 그렸다. 점묘 화법으로 그려진 주황색과 보라색 톤의 이 그림에서 에펠탑의 꼭대기는 희미하게 처리되어 있다. 사실 안개가 끼는 날은 에펠탑이 희미하게 보이고, 조금 흐린 날은 에펠탑 꼭대기가 보이지 않고, 구름이 많이 끼는 날은 아예 에펠탑의 상반신이 보이지 않는다. 그러니까 에펠탑은 날씨의 맑고 흐림을 몸으로 보여주는 기상 안내 도구가 되는 셈이다. 그런데 쇠라의 그림에서 꼭대기 부분이 흐릿하게 처리된 이유는 안개나 구름 때문이 아니다. 이 그림은 에펠탑이 완성되기 한 달 전에 에펠탑의 보존을 지지하기 위해 그린 것이다. 그래서 꼭대기가 미완성의 형태로 남아 있는 것이다.

들로네와 샤갈의
에펠탑

완성된 에펠탑의 모습을 적극적으로 화폭에 담은 화가는 로베르 들로네다. 2002년 서울을 떠나 파리에 다시 왔을 때 윌슨 대통령 거리에 있는 파리 시 현대미술관에서 그의 에펠탑 그림을 처음 보았다. (2010년 이 미술관에 전시되고 있던 피카소와 마티스 등의 그림이 도난당하는 일이 일어났다.) 그 후 2004년인가 중국의 후진타오 국가 주석이 프랑스를 공식 방문했을 때였다. 그즈음 어느 저녁에 72번 버스를 타고 에펠탑 앞을 지나가는데 에펠탑이 붉은색으로 물들어 있었다. 베를린 장벽도 무너진 지 오래고 무슨 혁명이 일어난 것도 아닌데 어찌하여 에펠탑이 핏빛으로 물들었는지 궁금했다. 알고 보니 에펠탑을 중국의 오성기 깃발의 바탕색인 붉은색 조명으로 바꿈으로써 중국 국가 주석의 방불을 환영한다는 의미를 담고 있었다.

그 붉은 에펠탑의 지배는 삼일천하로 끝났다. 그런데 원래 에펠탑은 붉은색이었다고 한다. 그래서 1911년 들로네가 그린 에펠탑의 제목이 '붉은 탑'이다. 들로네는 에펠탑 아래 누워보기도 하고 트로카데로 언덕에 올라 에펠탑을 내려다보기도 하면서 좌우전후 동서남북 위아래 등 열 개의 시점에서 조망한 열다섯 개의 에펠탑 모습을 하나의 화폭에 담았다. 그 결과물인 이 붉은 에펠탑 그림은 결코 낭만적 풍경화가 아니다. 에펠탑과 그 주변 건물들의 뼈대를 어긋나게 처리한 이 그림은 오히려 불안감을 조성한다. (이 그림을 보고 있자면 9·11사태 이후 한때 에펠탑이 두번째 폭파 대상이라는 소문이 있어서 군인들이 방탄조끼에 기관총을 메고 에펠탑 주변을 감시하기도 했던 기억이 난다. 지금까지 에펠탑을 폭파하겠다는 테러 단체의 통고가 세 번이나 있었다. 그래서 요즈음도 수시로 군인들이나 경찰들이 에펠탑 주변을 감시한다. 에펠탑의 경비 상태는 드골 공항이나 대통령 관저인 엘리제 궁의 경비를 방불케 한다.) 들로네는 1909년에서 1911년 사이에 모두 일곱 점의 에펠탑 연작을 남겼다. 입체파와 관계가 있었던 그는 평면의 화폭 속에 변화하는 시간과 공간의 변화를 복합적으로 표현하려고 했다. 그래서 그림 속의 에펠탑은 마치 탈구가 일어난 것처럼 보인다.

들로네와 더불어 샤갈의 그림에도 에펠탑이 자주 등장한다. 들로네의 그림에서는 붉은색 에펠탑이 중심적인 주제로 나타나지만, 샤갈의 그림에서는 흰색 에펠탑이 배경으로 나온다. 샤갈이 1911년에서 1912년 사이에 그린 「일곱 개의 손가락을 가진 자화상」이라는 그림 왼쪽 위에 흰색 에펠탑이 나오며 1913년에 그린 「유리창에서 본 파리」에도 중앙에 커다란 흰색 에펠탑이 나온다. 1910년 러시아의 변방 비테프스크에서 프랑스의 수도 파리로 와 1914년까지 머물렀던 그는 에펠탑을 그리면서 언젠가 파리에서 화가로 성공하기를 다짐했는지도 모른다. 그는 1917년 러시아혁명 이후 강제적 혁명예술에 반발하다가 요주의 인물이라는 낙인이 찍혀 1922년 베를린을 거쳐 다시 파리로 왔다. 1950년대에 파리 풍경 연작을 그리기도 한 그는 "파리는 내 마음이 반사된 모습이다. 나는 나만의 독자적인 존재가 되기보다는 파리와 하나가 되고 싶다"라고 쓴 바 있다. 1910년대에 그린 두 그림 속에 나오는 에펠탑은 그런 염원의 표현이었다.

시와 이미지 속의
에펠탑

화가들만이 아니라 기욤 아폴리네르, 레옹-폴 파르그, 장 콕토, 장 지로두 등의 문인들도 자신들의 작품 속에 에펠탑을 등장시켰다. 에펠탑은 건립 당시부터 사진작가들의 관심을 끌기도 했다. 1889년 앙리 리비에르가 찍은 에펠탑과 더불어, 1900년 가브리엘 로페가 찍은 에펠탑과 1923년 르네 클레르가 찍은 에펠탑도 에펠탑이 나오는 고전적인 사진 작품에 속한다. 파리를 배경으로 하는 영화치고 에펠탑이 나오지 않는 영화는 거의 없을 것이다. 에릭 로메르 감독의 「파리에서의 만남」은 만화처럼 그린 에펠탑 그림 옆에 영화 제목이 나오는 장면으로 시작되고 곧이어 퐁피두 센터 옥상과 벨빌 공원 쪽에서 바라본 안개 낀 파리 전경이 나오는데, 거기에도 오른쪽에 에펠탑이 서 있는 모습이 보인다.

날렵한 모습으로 높게 서 있는 에펠탑은 수직 상승의 유쾌한 상상력을 불러일으키는 시적 오브제다. 에펠탑의 높이는 신선한 공기를 연상시키고 공기는 가벼움을, 가벼움은 비행과 상승의 이미지로 연결된다. 상상력의 철학자 바슐라르가 『공간의 시학』에서 말한 대로 모든 시(詩)가 지상에서 영원으로 올라가는 상승의 꿈을 담고 있다면, 에펠탑은 시적 영감을 불러일으키는 뮤즈가 된다. 가까이 다가가서 보면 에펠탑에는 큰 구멍이 숭숭 뚫려 있어 시원한 바람이 자유롭게 에펠탑을 지나다닌다. 에펠탑은 자신을 위협하는 바람을 부드럽게 받아들이고 미련 없이 내보낸다. 에펠탑은 바람에 맞서지 않고 바람이 원하는 방향대로 지나가게 하는 방식으로 바람을 길들이고 다스리고 승화시킨다. 그래서 기호학자 롤랑 바르트는 "에펠탑은 철로 만든 레이스다 La Tour est une dentelle de fer"라는 시구 같은 문장을 남겼다.

숫자로 본 에펠탑

에펠탑은 구스타브 에펠의 치밀한 계산으로 지어진 기술의 산물이다. 에펠탑의 가로와 세로는 130미터이며 높이는 318미터이다. 에펠탑은 상징적인 기능만이 아니라 실질적인 기능도 가지고 있다. 에펠탑 정상부에는 군사적인 통신시설에서 시작해서 라디오와 텔레비전 방송 안테나도 설치되어 있다. 1957년 텔레비전 안테나가 설치되면서 키가 20미터 더 커졌다. 에펠탑은 3층으로 되어 있다. 1층은 57미터, 2층은 115미터, 3층은 276미터에 위치해 있다. 지상에서 승강기를 타고 올라가야 하지만 2층까지는 걸어 오를 수도 있다. 에펠탑은 1만 8천 개의 철근으로 된 대들보와 250만 개의 리벳으로 조립되어 있다. 에펠탑 건설에 사용된 철을 녹이면 1헥타르 면적에 6센티미터 높이의 철판이 된다. 에펠탑은 2미터 깊이의 시멘트 기초 위에 세운 동서남북 네 개의 기단 위에 얹혀 있다(북쪽 기단 옆에 설치된 에펠의 동상이 사람들을 바라보고 있으나 그에게 시선을 돌리는 사람은 거의 없다. 에펠탑에 올라가기 위해서 온 것이지 에펠을 보려고 온 것이 아니기 때문이다). 파리 교외 르발루아에 있는 주물공장에서 만들어온 에펠탑의 부품들을 150명의 노동자가 21개월 동안 일하여 조립을 완성했다. 주말도 없이 여름에는 하루에 15시간씩, 낮이 짧은 겨울에는 하루에 9시간씩 일했다. 임금 인상을 요구하는 파업이 있었지만, 사고로 인한 사망자는 없었다. 그렇게 해서 에펠탑은 1889년 세계 만국박람회 개막일 일주일 전에 완공되었다.

에펠탑은 무더운 여름엔 12센티미터가 늘어나고 바람이 불면 좌우로 조금씩 흔들린다. 에펠탑은 에펠의 완벽한 풍압 계산으로 지어졌는데, 쇠로 만들어졌지만 깃털처럼 가볍다. 에펠탑이 지상에 가하는 압력은 한 사람이 의자에 앉은 압력과 같다. 에펠탑의 무게가 에펠탑을 둘러싼 공기보다도 가볍다는 사실은 믿기지 않는다. 에펠탑은 '가벼움에 대한 찬양'이다. 롤랑 바르트는 "에펠탑의 무게를 1,000분의 1로 나누면 편지지 한 장의 무게인 7그램을 넘지 않을 것이다"라고 썼다. 에펠탑의 흔들림은 워낙 미세한 변화이기 때문에 꼭대기에 올라가도 잘 느껴지지 않는다. 바람 부는 날 에펠탑 정상에 올라가면 약간 어지럼증이 날 수도 있다. 1999년 12월 26일 강풍이 불었을 때 에펠탑 정상에서 9센티미터의 흔들림이 있었다.

르 코르뷔지에와
롤랑 바르트의 에펠탑

작가 줄리앙 그락이 "에펠탑이 물밑으로 가라앉기를 수없이 바랐다"고 했지만, 오늘날 에펠탑의 해체를 주장하는 사람은 찾아보기 어렵다. 서구 근대 건축의 아버지 르 코르뷔지에는 1955년 에펠탑에 대해서 다음과 같은 찬사를 보냈다. "직감과 과학과 신념의 열매이자, 용기와 인내의 딸이며, 세계의 도시 파리라는 부식토의 열매인 에펠탑은 1889년 마치 깃발처럼 세워졌다. 나는 구스타브 에펠이 크고 높은 정신의 부드럽고 능숙한 계산 능력을 가진 사람이었음을 확신한다. 그는 사람들이 자신을 아름다움을 선사하는 사람으로 생각지 않는다는 사실로 말미암아 괴로움을 겪었다. 파리는 비례와 우아함을 자신의 자식으로 삼았는데, 구스타브 에펠의 치밀한 계산은 비례에 대한 경탄할 만한 직감과 우아함에 대한 세련된 욕구에 의해 영감을 받았고 인도되었다." 살아생전 모파상을 비롯한 예술가들에게 "무용하고 흉측한" 철제 탑을 세운 천박한 기호를 가진 엔지니어 취급을 당하던 에펠은 사후 이렇게 르 코르뷔지에에 의해 예술적 영감을 지닌 선구적인 현대 건축가로 승인되었다.

어디 르 코르뷔지에뿐인가. 파리를 상징하는 세련된 예술적 취향을 지닌 프랑스의 비판적 지식인 롤랑 바르트도 에펠탑을 찬양했다. 어느 날 도서관에서 롤랑 바르트 전집을 보다가 그가 파리에 대해서 쓴 글 한 편을 발견했다. 그런데 그게 다른 어떤 장소도 아닌 에펠탑에 대한 글이었다. 처음에는 왜 하필 에펠탑에 대해 썼을까 의아했다. 그런데 다시 생각해보니 그 선택은 너무나 당연했다. 가장 대중적인 일상의 문화 현상 뒤에 숨어 있는 신화와 이데올로기를 드러내는 것이 그의 방법론이 아니던가. 그래서 그는 이제 현대의 고전이 된 『신화론』(1957)에서 프랑스의 가장 대중적인 음식인 감자튀김을 곁들인 비프텍Le bifteck et les frites을 분석하지 않았던가.

  1964년 앙드레 마르탱이 찍은 에펠탑 사진들과 함께 출판된 롤랑 바르트의 『에펠탑』이라는 작은 텍스트는 에펠탑에 대한 최대의 찬가다. 롤랑 바르트에게 에펠탑은 파리를 내려다보는 전망대이며 시선의 대상일 뿐만 아니라 인간의 상상력을 자극하는 상징이었다. 에펠탑은 쓸모없는 탑이지만 다른 어떤 것으로도 대체할 수 없고, 친숙한 대상이자 영웅적인 상징이며, 고유한 물체이지만 계속 모방되고 반복되는 특별한 기념비다. 기호학자인 그에게 에펠탑은 순수한 기호로서 모든 시간과 모든 이미지와 모든 의미에 열려 있는 끝없는 은유다. 에펠탑을 통해서 인간은 상상력이라는 위대한 능력을 행사하는 것이다. 에펠탑은 "인간의 생리적 기능의 가장 행복한 이미지인 숨 쉬는 기능의 이미지와 연결되면서 인간으로 하여금 마음껏 꿈꿀 수 있도록 돕는다." 바르트는 이 글을 마치면서 "인간 역사의 어떤 시기도, 그것이 아무리 어두운 시기였다 해도 인간의 상상력의 자유마저 앗아가지는 못했다"라고 썼다. 에펠탑은 바로 롤랑 바르트에게 그 상상력의 자유를 상징하는 절대적 기념비였다. 그는 에펠탑을 통해서 파리와 프랑스에 대해 말하면서 상상력의 중요성을 다시 한 번 강조하고 싶었던 것이다.

밤하늘에 빛나는 에펠탑

파리의 모든 장소가 그렇듯이 에펠탑의 분위기도 계절에 따라 날씨에 따라 달라진다. 봄의 에펠탑과 겨울의 에펠탑이 다르고 맑은 날의 에펠탑과 안개 낀 날의 에펠탑이 다르다. 그러나 에펠탑의 모습이 가장 크게 바뀌는 것은 낮과 밤이 바뀌는 순간이다. 어둠이 내리기 시작하면 에펠탑은 갈색의 평상복을 벗고 수많은 전구로 치장한 야회복으로 갈아입는다. 에펠탑 정상에 설치된 두 개의 탐조등은 두 개의 빛나는 눈동자처럼 어두워진 파리 시내를 360도로 돌아가며 비춘다. 파리가 밤바다라면 에펠탑은 어둠을 가르는 등대가 된다. 탐조등은 파리를 떠다니는 작은 배들에게 방향을 알려주며 갈 길을 인도한다. 매시간이 시작되는 10분 동안 에펠탑에 설치된 명멸하는 전구들이 상상의 세계를 연출하며 야광 시계가 된다.

에펠탑은 때로 색채를 실험하는 캔버스가 되기도 한다. 2004년 후진타오 국가 주석이 파리를 방문했을 때는 사흘 동안 중국의 오성기의 바탕색인 붉은색이 실험되었고, 2008년 하반기 6개월 동안 프랑스가 유럽연합의 의장국이었을 때는 유럽연합을 상징하는 푸른색이 칠해졌다. 붉은색과 푸른색 바탕 위에 수많은 노란 불빛이 반짝였음은 물론이다. 에펠탑은 빛의 쇼가 진행되는 화려한 무대가 되기도 한다. 2009년 12월에는 연말연시의 축제 분위기를 돋우기 위해 매일 밤 10시, 11시, 12시 정시가 되면 에펠탑의 전면에 20분 동안 '빛의 쇼'가 진행되었다. 밤하늘 아래 높게 서 있는 에펠탑의 표면에 다양한 색채와 수많은 형태의 빛으로 그리는 변화무쌍한 추상화들이 무수하게 이어졌다. 그때 트로카데로 광장은 세계 어느 도시의 밤무대보다도 화려한 쇼를 감상할 수 있는 극장이 되었다. 어느 날 저녁 파리 남서쪽의 교외 불로뉴-비앙쿠르에 사는 친구의 고층 아파트 거실에서 포도주를 마실 때 멀리서 보이는 에펠탑은 포도주의 향기를 몇 배로 증폭시키는 이상한 힘을 발휘하기도 했다. 그러나 새벽 1시가 되어 사람들이 각자 제 갈 곳을 찾아들 때가 되면 에펠탑도 모든 불을 끄고 잠으로 들어간다. 그러나 슬퍼할 필요는 없다. 내일 저녁이면 다시 에펠탑은 언제나 그렇듯이 불빛을 반짝이며 친구처럼 우리 곁으로 다가와 우리들의 고단한 삶을 위로하고 우리들의 상상력에 날개를 달아줄 것이다.

에펠탑을 바라보기에
이상적인 장소

파리 어디에서나 에펠탑을 볼 수 있지만 에펠탑을 정면에서 바라볼 수 있는 가장 이상적인 장소는 트로카데로 언덕이다. 에펠탑은 1889년에 건립되었기 때문에 1872년 여성으로는 유일했던 인상파 화가 베르트 모리조가 그린 「트로카데로 광장에서 본 파리 풍경」이라는 제목의 그림에는 당연히 에펠탑이 없다. 그림 속에는 이에나 다리와 샹 드 마르스 뒤에 에펠탑 대신 나폴레옹 보나파르트가 다녔다는 에콜 밀리테르 건물이 정면으로 보인다. 오늘도 트로카데로 광장 주변에는 관광객을 실은 버스들이 정차하고 있다. 그곳에서 관광 가이드가 20분 정도의 자유 시간을 주면 관광객들은 앞을 다투어 버스에서 내려 에펠탑을 중심으로 펼쳐진 앵발리드, 팡테옹 등이 보이는 파리 풍경을 감상하는 것이다. 트로카데로 언덕은 2차 세계대전 당시 독일군이 파리를 점령했을 때 파리를 방문한 히틀러가 에펠탑을 내려다본 장소이기도 하다. 미테랑 대통령은 트로카데로 전망대에 인권광장을 만들어 억울하게 인권침해를 받는 사람이라면 누구나 와서 자기주장을 할 수 있는 집회 장소를 만들었다. 그래서 주말이면 소수민족, 불법 이민자 등을 비롯한 많은 사람들이 모여 집회를 갖기도 한다. 시라크 대통령은 이곳에서 학살당한 유대인들을 위한 기념식을 열었다. 광장에 마련된 단상 뒤에는 에펠탑이 서 있었고 거기에 검은 양복을 입은 첼리스트가 올라와 바흐의 무반주 첼로 모음곡을 연주했다.

   그러나 에펠탑을 보기 위해서 결사적으로 트로카데로 언덕으로 갈 필요는 없다. 에펠탑 주변 센 강변의 다리에 서면 강변 풍경과 함께 에펠탑을 더 잘 감상할 수 있다. 그래서 지하철 6번선이 지나가는 비르-아켐 다리에는 에펠탑을 배경으로 결혼 기념사진을 찍으러 오는 신혼부부들이 많다. 이 다리는 영화 촬영이나 광고사진을 찍는 장소로도 많이 활용된다. 비르-아켐 다리 서쪽에 있는, 그러니까 에펠탑에서 서쪽으로 조금 물러나 있는 그르넬 다리나 미라보 다리에서도 센 강과 함께 에펠탑을 잘 감상할 수 있다. 매년 7월 14일, 혁명기념일의 어둠이 내리기 시작하는 저녁녘이면 비르-아켐 다리, 그르넬 다리, 미라보 다리로 많은 사람들이 몰려들기 시작한다. 에펠탑 주변 밤하늘에서 펼쳐질 불꽃놀이를 구경하기 위해서다. 그래서 일주일 전쯤 해서 이 다리들 난간에는 안전을 위한 임시 철책이 설치된다(평소에 미라보 다리에 서면 에펠탑과 더불어 그르넬 다리 밑에 설치된 자유의 여신상도 함께 볼 수 있다).

이에나 다리에 이어 에펠탑과 두번째로 가까이 위치한 드빌리 인도교야말로 에펠탑을 한가롭게 조망할 수 있는 이상적인 장소다. 몇 년 전에 개관한 케브랑리 원시미술박물관과 강 건너 우안의 파리 시 현대미술관을 이어주며 센 강 위에 떠 있는 이 작은 인도교에는 말 그대로 자동차가 다니지 않는다. 오직 사람만을 위한 인간적인 다리다. 케브랑리 박물관 6층에 있는 메디아테크에서 공부를 마치고 집으로 돌아갈 때면 이 다리를 건넌다. 그때 강바람을 쐬며 에펠탑의 모습을 바라보면 갈매기 떼가 꾸억꾸억 소리를 내며 머리 위로 날아간다. 다리 밑으로는 유람선이 지나간다.

　나에게는 어느 장소로 마음먹고 가서 바라보는 에펠탑보다는 파리 이곳저곳을 다니다가 우연히 눈에 띄는 에펠탑이 더 반갑다. 어둠이 일찍 내리는 겨울날 저녁이면, 나는 퐁 데 자르에서 시작해 루브르 박물관과 카루젤 개선문 앞을 지나 튈르리 공원을 산책하고는 한다. 그러다가 지금은 사라진 튈르리 궁전 자리에 서면 멀리 검은 하늘에 불을 밝히고 우뚝 서 있는 에펠탑이 보인다. 저녁 7시 어둠이 내린 튈르리 공원 입구는 적막하다. 관광객들은 식당이나 호텔로 돌아갔고 퇴근하는 파리지앵들의 모습도 보이지 않는다. 그곳에 한참 서서 에펠탑을 바라보다가 튈르리 공원을 가로질러 죄드폼 미술관 쪽으로 난 완만하게 경사진 말굽 모양의 언덕을 올라가면, 갑자기 빛으로 가득 찬 콩코르드 광장이 나타난다. 바로 거기에서 오벨리스크와 함께 에펠탑을 바라볼 수 있다. 나에게는 이 장소가 파리에서 가장 화려한 에펠탑의 모습을 볼 수 있는 장소로 남아 있다. 때로는 파리의 언덕길을 걸어 내려오면서 바라보는 에펠탑도 재미있다. 15구의 파스퇴르 대로의 몽파르나스 제2역

잘 알려진
장소
다르게 보기

사와 제3역사가 있는 언덕길이나 16구의 미국 광장에서 갈릴레 거리를 걸어 내려오면서 바라보는 에펠탑은 웅장하고, 팡테옹 광장 앞의 완만하게 경사진 수플로 거리에서 직선으로 바라보는 에펠탑도 재미있다.

에펠탑 위의
도시 기호학

에펠탑은 바라보는 대상이면서 동시에 바라보는 주체 또는 바라보는 장소가 된다. 에펠탑은 주체와 객체, 능동태와 수동태 양쪽 모두가 될 수 있는 기이한 물체다. 에펠탑은 노트르담 사원, 루브르 박물관, 퐁피두센터와 함께 파리를 찾는 관광객들에게 가장 인기가 높은 장소의 하나다. 그러나 다른 장소들과 달리 에펠탑은 비어 있는 박물관이다. 루브르나 퐁피두센터에는 엄청나게 많은 볼거리들이 전시되어 있다. 노트르담 사원도 미술관은 아니지만 꽤 많은 볼거리를 담고 있다. 철로 만든 에펠탑은 그 안에 보여줄 것이 거의 없으면서도, 다른 어떤 장소보다도 많은 것을 보여준다. 외국이나 프랑스의 지방에서 파리에 여행 온 많은 사람들이 에펠탑에 올라가면 파리를 한눈에 내려다볼 수 있다는 희망을 가지고 한두 시간은 너끈히 긴 줄 앞에서 인내심을 발휘한다. 더운 여름날에도 추운 겨울날에도 에펠탑에 올라가려는 사람들의 숫자는 줄어들지 않는다.

예쁜 노란색 승강기와 경쾌한 빨간색 승강기 가운데 한 대를 타고 에펠탑의 꼭대기에 오르면 거대한 풍경화가 숨 막히게 펼쳐진다. 에펠탑은 돛이 없는 거대한 돛대다. 그 돛대의 꼭대기에 마련된 장루에 올라앉으면 파리는 포말을 일으키는 거대한 대양이 되고 거기에는 크고 작은 수많은 섬들이 떠 있다. (생-제르맹-데-프레의 카페 레 되 마고 옆에 있는 서점의 이름이 바로 장루 La Hune다.) 에펠탑 꼭대기가 배의 갑판이라면 파리를 내려다보는 구경꾼들은 갑판 위의 여행객이 된다. (「하늘에서 본 세상」을 찍어 유명해진 사진작가 얀 아르튀스-베르트랑이 헬리콥터를 타고 파리의 하늘을 날아다니며 찍은 파리 항공 동영상을 보면, 파리는 바다처럼 보이고 에펠탑 위의 사람들은 배의 갑판 위에 서 있는 사람들처럼 보인다.) 에펠탑에 오르면 우선 각자가 아는 장소들부터 확인하는 작업이 시작된다. 전망대 가장자리를 한 바퀴 돌다 보면 연속적으로 바뀌는 파리의 풍경들이 주마등처럼 지나간다. 센 강 우안의 몽마르트르 언덕, 오페라극장, 개선문, 샹젤리제 거리, 콩코르드 광장, 튈르리 공원, 루브르 박물관, 퐁피두센터가 눈에 들어오고, 시테 섬의 노트르담 사원, 센 강 좌안의 팡테옹, 앵발리드, 발 드 그라스, 소르본 대학, 뤽상부르 공원, 생-미셸 거리, 몽파르나스 타워가 보인다. 파리의 허파인 불로뉴 숲과 뱅센 숲도 보인다. 각자의 머릿속 스크린에 파리의 조감도가 그려진다.

  360도 각도로 한 바퀴를 돌면서 파리의 부분이 아니라 전체를 조망할 수 있다는 사실은 파리라는 도시 공간의 진수가 무엇인지를 생각하게 하며, 이런 파리가 어떤 과정을 거쳐 만들어졌는가를 질문하게 한다. 이제 에펠탑 꼭대기는 구경거리의 장소에서 해석의 장소가 된다. 도시 풍경 앞에서 내지른 가벼운 경탄은 이내 파리의 공간 구성과 역사적 형성 과정에 대한 진지한 질문으로 바뀐다. 파리의 구조가 형성되고 변화를 겪는 과정에 대한 지적 호기심이 발동한다. 이렇게 눈을 통한 감각적 즐거움은 머릿속의 지적 즐거움으로 전환된다. 파리의 도시 풍경은 감성을 넘어 지성을 자극한다. 다시 땅으로 내려가서 그 장소를 찾아가면 손으로 만져볼 수도 있는 하나하나의 구체적 장소들이 어떻게 결합되고 어떻게 분리되면서 파리라는 하나의 유기체를 구성하는가라는 이론적 질문이 떠오른다. 그 질문은 구체적이지만 추상적이고 추상적이지만 구체적이다. 그러니까 에펠탑 꼭대기는 '구체적 추상'이라는 새로운 범주의 질문이 태어나게 하는 도시 공간 기호학의 산실이다. 에펠탑 정상에 서면 누구라도 어떤 수준에서건 알게 모르게 요소들을 추출하고 그것들이 이어지는 방법을 찾아보게 된다. 문장 앞에서 주어와 동사, 목적어를 찾아 그 문장의 의미를 알아내듯이 파리를 구성하는 주요 요소들을 구별하고 그것이 구조화되는 방식을 파악하려는 시도를 하게 된다.

에펠탑 정상은 그곳에 오른 모든 사람을 잠시나마 공간의 해석학자, 도시의 기호학자로 만든다. 현실의 파리를 눈앞에 두고 각자 파리에 대해 알고 있는 지식과 정보를 동원하면서 머릿속에 파리를 재구성한다. 각자 자기 방식으로 자신만을 위한 고유한 파리 지도를 만든다. 지도 위의 장소들은 기호가 되고 각각의 기호들은 해석을 기다린다. 루브르 박물관이나 오르세 미술관에 가서 그림들을 볼 때 관객의 시선은 하나의 그림에서 다음 그림으로 직선으로 이동한다. 그러나 에펠탑 위에서 파리 풍경화를 볼 때 사람들의 시선은 원을 그리며 회전한다. 한 번 보고 두 번 보고 자꾸만 다시 보게 된다. 부분과 전체 사이의 왕복운동이 계속된다. 개별적 장소들을 확인한 다음 그것들이 이어지는 방식을 알고 싶다는 호기심이 그 왕복운동을 지속시키는 힘이다.

에펠탑에서 펼치는 역사적 상상력

그러나 다른 한편 에펠탑에 오르면 공간에 펼쳐진 시간의 흐름에도 관심을 갖게 된다. 넓게 펼쳐진 도시 풍경 앞에서 해방된 공간감각은 긴 역사적 흐름의 시간감각을 일깨운다. 파리는 지난 시대의 장소들이 살아서 움직이는 기억의 저장소다. 선사시대, 고대, 중세, 절대왕정 시기, 프랑스혁명과 나폴레옹 1세의 제정 시기, 왕정복고 시기와 나폴레옹 3세의 제2제정 시기, 파리코뮌과 제3공화정 시기, 1차 세계대전과 2차 세계대전을 거치며 근대와 현대로 이어지는 역사의 전개 과정에서 파리라는 공간은 어떤 변모의 과정을 겪었을까 하는 역사적 상상력이 발동한다.

3층으로 된 에펠탑 1층에 서면 눈앞에 센 강이 흐른다. 그 강 한가운데 있는 시테 섬에서 시작된 파리의 역사는 라탱 구역에 건설된 로마시대의 유적을 거쳐 중세에 들어선 노트르담 사원, 생-제르맹-데-프레 수도원을 비롯한 수많은 종교적 공간으로 채워져 있었다. 그러나 그 당시 파리에는 콩시에르즈리와 루브르 궁전을 비롯한 권력의 장소들도 공존했다. 그때까지도 파리는 돌로 지은 건물들보다는 넓은 들판과 언덕들이 차지하는 면적이 훨씬 더 많았다. 성곽들이 축조되었고 왕권을 상징하는 건물들이 지어졌다. 귀족들의 저택들도 지어졌다. 루이 14세와 나폴레옹 황제는 앵발리드, 한림원, 개선문을 짓고 대로를 만들었다. 1850년대와 1860년대에 나폴레옹 3세는 오스만과 알팡을 시켜 파리에 직선의 도로를 뚫고 여기저기에 공원을 만들었다. 철도가 늘어나면서 기차역들이 만들어졌다. 파리코뮌 시기에 무너진 파리 시청은

잘 알려진
장소
다르게 보기

다시 세워졌다. 1871년 파리코뮌이 끝나고 제3공화정이 시작되면서 오페라 극장과 소르본 대학, 그랑 팔레와 프티 팔레가 들어섰다. 1차 세계대전과 2차 세계대전이 끝나고 전후 평화의 시대에 유네스코 본부 건물과 라디오 프랑스 건물, 몽파르나스 타워에 이어 퐁피두센터와 같은 현대식 건물들이 세워졌고 아랍문화원과 케브랑리 박물관 같은 강철과 유리로 만든 투명한 건물들이 들어섰다. 1990년대 미테랑 대통령 시절 루브르의 유리 피라미드, 라 데팡스의 그랑드 아르슈, 베르시와 그 맞은편의 국립도서관이 들어섰다. 앙드레 시트로앵 공원, 벨빌 공원, 브라상스 공원, 베르시 공원 등도 모두 1990년대에 만들어졌다.

   파리 곳곳에 보수공사와 복원공사, 신축공사 현장들이 보인다. 지금 이 순간에도 파리는 공간적 변화를 거듭하고 있다. 파리는 숨을 쉬고 있다. 파리에는 파리지앵들이 숨을 쉬며 살고 있다. 에펠탑 위에 서면 파리지앵들의 사생활과 내밀한 관계를 가리고 있는 거대한 뚜껑을 열어젖히고 그들의 삶 속으로 걸어 들어가 보고 싶다는 욕망을 느끼게 된다. 그래서 파리라는 공간을 내려다보면서 파리지앵들이 사는 모습을 그려보게 된다. 북쪽에서 남쪽을 향해 시선을 이동하면 자유와 쾌락의 공간인 몽마르트르 언덕에 이어 파리 오페라극장이 나오고 그 옆에 백화점과 상점들이 늘어서 있다. 시선을 남동쪽으로 계속 이동하면 튈르리 공원과 센 강을 지나 팡테옹과 소르본 등으로 상징되는 정신과 학문의 공간이 나온다. 파리를 동과 서로 갈라보면 동쪽은 인구밀도가 높은 서민 동네가 대부분인 반면, 서쪽은 안정된 부유층 주거지역이다. 파리는 아주 옛날부터 동쪽에서 서쪽을 향해 확대·발전되었다. 루브르 궁전 이후 튈르리 궁전이 지어졌고 콩코르드 광장 이후에 샹젤리제 거리가 생기고 개선문이 세워졌다. 그 발전의 축을 따라 에펠탑도 파리의 중심에서 조금 서쪽 방향으로 비껴서 있다.

에펠탑과 사크레 쾨르 성당의
엇갈린 만남

파시 지하철역의 계단을 걸어 내려오면 비르-아켐 다리가 나온다. 그 다리를 걸어서 건너가다 보면 왼쪽으로 멀리 몽마르트르 언덕 위에 거대한 회색 돌무더기가 보인다. 사크레 쾨르 성당이다. 그리고 바로 눈앞에 철로 만든 거대한 갈색의 구조물이 다가선다. 에펠탑이다. 서로 다른 재료와 양식의 두 개의 장소가 거의 같은 시대에 건립되었다는 사실이 재미있다. 센 강변에 에펠탑이 건설될 당시 몽마르트르 언덕에는 성심(聖心)사원 사크레 쾨르가 건설되었던 것이다. 사크레 쾨르는 내전이라고 할 수 있는 파리코뮌으로 갈라진 프랑스 국민들의 마음을 가톨릭을 통해 다시 하나로 합친다는 의미에서 건립되었다. 건설비는 신자들의 모금으로 충당되었다. 사크레 쾨르는 건립 찬반 논쟁과 오랜 공사 기간을 거쳐 1914년에 가서야 겨우 완성되었다. 에펠탑과 사크레 쾨르는 파리코뮌 이후 제3공화정 시기에 만들어진 두 개의 상징물이다. 에펠탑이 과학기술과 자본의 힘을 상징한다면, 사크레 쾨르는 가톨릭 종교와 보수 세력을 표상한다. 에펠탑은 계급 간의 타협과 화해의 상징이기도 하다. 1871년 파리코뮌에 참여했던 파리 동북부의 노동자들이 에펠탑 건설 작업에 참여했다. 파리코뮌이 평정되고 새로 시작된 제

3공화정 시기부터 프랑스의 민주주의는 안정화되기 시작했다. 프랑스 사회학의 아버지 에밀 뒤르켐은 제3공화정의 민주적 질서유지를 위한 시민교육 프로그램을 만든 사람이다. 마르크스주의의 관점에서 본다면 에펠탑과 사크레쾨르에는 1789년 프랑스혁명 이후 한 세기 동안 지속된 왕정과 공화정 사이의 갈등, 지배계급과 피지배계급 사이의 갈등을, 계급 타협에 기초한 공화정으로 안정화시키려는 지배계급의 정치적 의도가 반영되어 있다고 볼 수 있다.

에펠탑이 노트르담을 대신해
파리의 상징이 된 이유

1889년 프랑스혁명 100주년을 기념하는 세계 만국박람회를 위해 지어진 에펠탑은 왕정 타파와 민주주의의 상징이며 파리코뮌이 끝나고 수립된 제3공화정이 내세운 정치와 종교의 분리 원칙을 상징한다. 에펠탑은 19세기 말 무한한 진보를 약속하는 과학기술의 상징이었다. (에펠탑 정상의 전시실에는 미국의 발명왕 에디슨이 파리를 방문했을 때 에펠과 만나 인사를 나누는 모습이 재현되어 있다.) 노트르담의 첨탑이 신을 향한다면 에펠탑의 정상은 인간 이성의 완전한 발현을 추구한다. 에펠탑이 세워진 샹 드 마르스는 프랑스혁명 당시 민중들의 집회 장소였으며, 300미터 높이의 에펠탑은 철강산업과 기체역학이 결합하여 만들어낸 서구 과학기술의 작품이었다. 에펠탑은 발터 벤야민이 말하는 근대성의 상징이고 19세기의 상징이기도 하다. 그러나 에펠탑은 그 무엇보다도 파리의 상징이 되었다. 에펠탑 건립 이전에 파리의 상징은 노트르담 사원이었다(루브르는 왕권의 상징이고 개선문은 제정의 상징일 뿐 파리의 상징은 아니었다). 빅토르 위고의 작품 『노트르담 드 파리』는 낭만적 상상력으로 노트르담 사원을 파리의 상징으로 만드는 데 크게 기여했다. 그러나 장 콕토가 '좌안의 노트르담'이라고 부른 에펠탑이 건립되면서 파리를 상징하는 장소의 주소가 바뀌었다. 노트르담 사원이 파리의 상징이 된 이유는 당연히 그 높이에 있었다. 정면에서 바라보이는 두 개의 높은 탑은 파리를 지배하고 소유하고 보호하는 듯 보였다. 그러나 높이에서 보자면 노트르담 사원은 에펠탑에 훨씬 뒤지게 되었다. 19세기 말에 철로 지은 에펠탑이 중세에 돌로 쌓아올린 노트르담을 내려다보게 되면서 에펠탑은 점차 파리의 상징이 되었다. 그러나 높다는 이유 하나만으로 에펠탑이 파리의 상징이 된 것은 아니다. 20세기 초 뉴욕을 비롯한 상승기에 들어선 신흥 도시들에는 높은 건물들이 우후죽순처럼 솟아올랐다. 두바이나 아부다비 등 아랍 산유국들의 신도시 중심부에서 하늘을 찌르듯 올라가는 고층 건물들은 현대판 바벨탑들이다. 그러나 그 고층 건물들이 에펠탑 같은 상징성을 갖지는 못한다.

　에펠탑이 파리의 상징이 된 두번째 이유는 무용성에 있다. 궁전이나 사원, 현대의 고층 건물들은 어떤 기능이 있다. 그러나 에펠탑은 아무런 기능이 없는 순수한 상징이다. 에펠탑은 그 안에 볼 것이 없다. 그러나 방문의 장소로서의 에펠탑은 파리 전체를 보여준다. 순수한 상징으로 지어진 에펠탑이 파리 전체를 조망하는 장소가 됨으로써 에펠탑은 자연스럽게 파리의 상징이 되었다. 파리라는 도시가 가진 명성에 비례해 에펠탑의 상징성은 더욱 강화되었다. 1960년대에 들어서 대중소비사회가 도래하고 여행과 여가가 합쳐진 관광이 일반화되면서 파리는 최고의 관광 명소가 되었다. 파리를 빼놓은 유럽 여행은 존재하지 않았다. 그 과정에서 파리의 상징으로서의 에펠탑은 세계화되었다. 에펠탑이 파리의 상징이 되는 과정에는 파리가 이미 오래된 기념비들로 꽉 찬 기억의 도시라는 점이 작용했다. 에펠탑은 파리라는 도시의 장소성 위에 엄청난 높이의 대담한 기획, 철이라는 새로운 소재, 전통미학을 벗어나는 새로운 형태 그리고 기능이 없는 순수한 상징성으로 과거의 모든 기념비들을 휘하에 거느리면서 모더니티의 보편적 상징이 되었다. 종각, 아치, 돔 지붕에 눌린 파리의 하늘 아래 높다랗게 세워진 에펠탑은 과거의 거룩한 장소들을 아직 존재하지 않는 미래의 장소들과 이어주며 새로운 시대의 자유를 상징하게 되었다. 창조적 대범함의 상징인 에펠탑은 과거의 지배를 전복시켜 미래를 열면서 파리 전체를 아우르는 대표적 상징물이 되었다.

오늘날 파리를 소개하는 모든 책자의 겉장에는 거의 언제나 에펠탑이 그려져 있다. 파리를 배경으로 하는 영화에는 에펠탑이 자주 등장한다. 파리지앵들은 파리의 하늘 아래 서 있는 에펠탑을 공유하기 때문에 파리지앵이 된다. 그러나 에펠탑은 파리지앵들의 전유물이 아니다. 에펠탑은 모든 프랑스 사람과 유럽 사람들, 나아가서는 전 세계 모든 사람의 공유물이다. 실물로서의 에펠탑은 파리 사람들의 것인지 몰라도 상상 속의 에펠탑, 상징으로서의 에펠탑은 세상 모든 사람의 것이다. 서울의 아파트 문간방 컴퓨터 화면 앞에 앉아 있는 여고생에게도, 남태평양 어느 섬에 사는 청년에게도, 히말라야 산맥에 사는 여인에게도, 사하라 사막에서 낙타를 끌고 가는 상인에게도 에펠탑은 파리의 상징에서 프랑스의 상징이 되고 그것을 넘어 자유롭게 떠나는 여행의 상징이 된다.

순수한 시니피앙으로서의 에펠탑

에펠탑은 순수한 시니피앙signifiant pur이다. 피뢰침이 번개를 끌어들이듯이 에펠탑은 자기 안에 모든 이미지를 다 끌어들인다. 에펠탑은 서 있는 다리다. 1889년 파리에 에펠탑을 세우기 전 구스타브 에펠은 1875년 포르투갈의 두로 강에 긴 철제 다리를 건설했다. 그 이후 여러 강에 다리를 세우고 깊은 계곡에 기차가 지나갈 수 있도록 고가 다리를 건설했다. 에펠탑은 건축 기술에 예술가의 상상력이 결합되어 만들어진 것이다. 알파벳 A자 모양을 하고 서 있는 다리 에펠탑은 상상력의 흐름에 따라 우뚝 서 있는 남근이 되기도 하고, 가냘픈 패션모델이 되기도 하며, 때로 봄에 땅을 가르고 솟아오르는 식물의 줄기가 되기도 하며, 바다 한가운데 세워진 유정탑이 되기도 하고, 하늘을 향해 곧추 세운 검지가 될 수도 있다. 바다와 정상, 땅과 하늘을 이어주는 에펠탑이 불러일으키는 환상에는 끝이 있을 수 없다. 에펠탑은 초현실주의적 오브제다. 구체적이면서 동시에 거의 추상에 근접한다. 식물을 사랑하는 시인에게 에펠탑은 나무가 된다. 몸체에 구멍이 송송 나서 바람이 지나다니는 에펠탑은 땅에 뿌리를 박고 하늘 아래 두 팔 벌린 나무처럼 가볍게 느껴진다. 직선의 몸체에 곡선의 무늬가 들어가 있는 에펠탑은 직선의 줄기에 연둣빛 잎사귀들이 피어나고 꽃봉오리가 부드럽게 열리는 개화기의 꽃처럼 보이기도 한다. 움직이는 물체를 좋아하는 아이들에게 에펠탑은 동물의 모습을 하고 나타나기도 한다. 방아깨비나 여치 같은 곤충이 되기도 하고 구름을 지나 높은 하늘로 날아오르는 새가 될 수도 있고 모가지가 길어서 슬프게 보이는 사슴이나 기린의 모습으로 보이기도 한다. 어떤 아이에게는 철창에 갇힌 호랑이나 사자로 보일 수도 있다. 에펠탑이 불러일으키는 상상력은 식물과 동물이라는 자연의 세계를 넘어 인간의 세계로 상상력을 넓힌다. 에펠탑은 머리가 없고 팔이 없는 단순화된 인간의 실루엣이다. 두 다리를 벌리고 긴 상체를 내보이며 서 있는 에펠탑은 파리를 지키는 수호신이 되기도 한다. 에펠탑은 마술과 기적의 장소이며 부조리한 몽상의 장소이기도 하다.

에펠탑의 높이는 더 이상 경탄의 대상이 아니며 에펠탑이 선보인 새로운 미학과 양식은 이미 구식이 되어버린 듯이 보인다. 그러나 에펠탑은 라디오와 텔레비전 등의 새로운 미디어와 연결되면서 정보 통신 기술의 상징이 되었다. 에펠탑의 모습은 달나라와 금성으로 발사되는 우주선을 연상시키며 무한한 미래를 상징한다. 그래서 에펠탑은 나이를 먹어도 늙지 않는 영원한 젊음의 상징이다. 에펠탑의 상징성은 무한하며 하나로 고정되지 않고 시시각각으로 변한다. 누구라도 에펠탑에 자신의 꿈과 소망과 환상과 체험과 역사와 지식을 투사하여 자기만의 의미와 이미지를 만들어낼 수 있다. 하늘과 땅을 직선으로 이으며 서 있는 에펠탑은 끝없는 꿈과 상상과 의미 생성의 공간이다.

야망과 광고의 장소
에펠탑

에펠탑은 인생의 미래를 설계하는 장소이기도 하다. 오늘도 시골에서 올라온 청년이 에펠탑 위에서 발자크의 소설 주인공 라스티냑처럼 출세를 위한 야망을 불태울 것이고, 외국에서 온 무명작가는 사뮈엘 베케트나 에밀 시오랑 같은 유명 작가가 될 꿈을 꾸고 있을 것이다(베케트는 아일랜드에서, 시오랑은 루마니아에서 파리로 와 문학적 성취를 이루었다). 파리는 지방이나 외국에서 올라온 무명의 젊은 화가, 음악가, 학자들이 자신의 운명을 실험하는 장소였다. 그들은 파리에서 피카소, 샤갈, 모딜리아니 같은 화가, 쇼팽 같은 음악가, 마리 퀴리 같은 과학자, 귀르비치나 카스토리아디스 같은 사회학자가 될 꿈을 꾸며 젊은 날을 불태운다(피카소는 스페인, 샤갈과 귀르비치는 러시아, 모딜리아니는 이탈리아, 쇼팽과 마리 퀴리는 폴란드, 카스토리아디스는 그리스 사람이었으나 모두 파리에 와서 파리지앵이 되었다). 파리에서 벌어지는 공연 행사와 볼거리들을 소개하는 주간 무가지의 제호 "우리들에게 파리를 A Nous, Paris"은 이런 젊은이들의 꿈과 야망을 자극한다.

파리 어디에서나 보이는 에펠탑을 가장 처음 상품광고를 위해 이용한 사람은 앙드레 시트로앵이었다. 그는 이미 1920년대에 시트로앵 자동차의 모형을 에펠탑에 부착시켜 모든 사람에게 자동차를 타고 파리를 누비는 꿈을 꾸게 만들었다. 에펠탑은 상업용 광고만이 아니라 정치적 메시지를 전달하는 효과적인 장소가 되기도 한다. 1972년 미국의 닉슨 대통령이 파리를 공식 방문했을 때 파리의 운동권 학생들은 에펠탑에 미국을 비난하고 베트남해방을 지지하는 플래카드를 내걸었고, 2008년 베이징올림픽 때는 중국의 인권 문제를 제기하는 인권운동단체가 위험을 무릅쓰고 기습적으로 에펠탑에 올라가 티베트를 해방하라는 플래카드를 설치했다. 세계적으로 알려진 에펠탑에 내걸린 플래카드는 모든 매체를 통해 전 세계로 전달되었다.

모험의 장소
에펠탑

에펠탑은 인간의 한계를 실험하는 위험한 공간이기도 하다. 이미 1905년에 에펠탑의 계단을 뛰어올라가는 경주가 열렸으며, 1923년에는 그 계단을 자전거를 타고 내려오는 경기가 열렸다. 1945년에는 에펠탑 2층과 3층 사이에 뚫려 있는 사다리꼴의 빈 공간을 소형 비행기를 타고 통과하는 묘기가 연출되기도 했다. 에펠탑은 삶과 죽음의 경계선에서 벌이는 모험의 장소다. 에펠탑이 세워진 지 얼마 안 되어 젊은 노동자가 호기를 부리면서 에펠탑 2층의 들보를 평균대 삼아 뛰다가 떨어져 그를 바라보던 애인의 눈앞에서 즉사하는 사고가 있었다. 1912년에는 비상이 가능한 실험용 날개를 달고 에펠탑에서 점프를 시도했던 새의 모습을 한 남자가 날개가 작동하지 않는 바람에 추락사하기도 했다. 추락하는 것에는 날개가 있었지만 그 날개가 펴지지 않았던 것이다.

인간 정신의 무의식적 차원에는 삶의 본능과 죽음의 본능, 에로스와 타나토스가 공존한다. 인간의 삶은 살고 싶다는 욕구와 죽고 싶다는 욕구가 교차하면서 이루어진다. 높이 상승하고 싶다는 욕구가 삶의 요구라면 높은 곳에서 뛰어내리고 싶다는 욕구는 죽음의 본능의 표현이다. 에펠탑은 센 강 위의 다리들과 더불어 사랑 때문에 세상을 떠나는 낭만적 자살의 장소가 되기도 한다. 순수한 구경거리이자 절대적 상징이며 끝없는 은유로서의 에펠탑은 상상의 날개를 인간 체험의 한계선인 죽음에까지 데려간다.

어린이들이 그린
환상의 에펠탑

파리 15구에 뒤플렉스라는 동네가 있다. 파리일본문화원에서 공부를 마치고 산책할 때 가끔씩 지나가는 동네다. 이 동네에 1990년대에 현대식으로 지은 아파트 단지가 있는데, 건물들이 직사각형 모습으로 늘어서 있고 가운데 공간은 공원으로 조성되어 있다. 그 공원을 끼고 건물 가장자리로 보행로가 나 있고 보행로와 공원 사이에는 철제 기둥이 규칙적으로 줄지어 늘어서 있다. 검은색 철제 기둥의 위쪽에는 나무판자를 붙여 자연의 느낌을 가미했다. 그 보행로에는 여성 최초의 아카데미 프랑세즈 회원이 된 마르그리트 유르스나르와 인구학자 알프레드 소비의 이름이 붙어 있기도 하다. 그런데 얼마 전에 그곳을 지나가다가 그 기둥들 위에 그림들이 죽 붙어 있는 것을 보게 되었다. 제일 먼저 눈에 띈 그림은 에펠탑의 모습을 담고 있었는데, 다음 그림도 색깔과 형태만 다르지 똑같이 에펠탑 그림이었다. 알고 보니 붙어 있는 그림 모두가 에펠탑을 소재로 하고 있다. 양쪽에 각각 35개의 기둥이 있고 기둥 양면에 그림이 붙어 있으니 총 140장의 그림이 전시되고 있었다. 평면 기둥의 크기에 맞추어 붙어 있는 가로 50센티미터,

세로 1미터인 동일 규격의 그림들을 자세히 보기 시작했다. 아파트 단지에 설치되어 있는 아이들을 위한 아틀리에에 다니는 동네 초등학교 어린이들이 그린 그림들이었는데, 140명의 어린이가 모두 자기 나름의 상상력을 발휘해 각기 독특한 방식으로 에펠탑을 그려놓았다. 파리 시내 관광지를 다니다 보면 에펠탑을 이런저런 방식으로 변형시켜 그린 그림을 파는 거리의 화가들이 있지만, 서로 다른 색깔과 형태로 그려진 환상적인 에펠탑이 한꺼번에 그렇게 많이 전시된 광경은 처음 보았다.

  붉은 바탕에 노랑과 보라색 하트 마크로 그린 에펠탑, 가랑이를 벌리고 서 있는 남자아이 모습을 그려놓은 에펠탑, 직선과 곡선으로 분할된 에펠탑의 한 부분을 추상화처럼 그려놓은 그림, A자로 단순화된 밤색 에펠탑을 그려놓고 주변에 노랑, 파랑, 빨강으로 꽃을 그려놓은 그림, 남자 다리 두 개와 여자 다리 두 개를 교차시켜 그린 다음 그 위에 흰색 삼각형을 얹고 그 사이에 입술을 그려놓고 파이프를 물려놓은 그림, 체리 열매 두 개와 잎사귀로 에펠탑을 형상화해놓은 그림, 검은 스타킹에 붉은색 수영복을 입은 금발의 여자가 팔을 머리 위로 들어 올려 에펠탑 모습을 만들고 있는 그림, 새의 머리를 하고 있는 에펠탑, 바닷속에 푸른색 에펠탑을 그려 넣고 주위에 크고 작은 색색의 물고기와 문어가 헤엄치며 다니는 모습을 그려놓은 그림, 에펠탑을 사다리로 만들어놓고 각각의 칸에다 사람 이름을 써놓은 그림, 허리를 흔들며 춤추는 흑인 여자아이 모습의 에펠탑, 색색의 별로 그려놓은 에펠탑 등 하나하나의 그림들이 다 기발한 착상으로 그려져 있다. 나는 그 그림들을 바라보면서 나에게 에펠탑을 그리라면 어떻게 했을까 생각해보았다. 그저 검은색 선 몇 개로 엉성한 형태의 에펠탑을 그려놓지는 않았을까. 그러나 어린 시절의 나에게 에펠탑을 보여주고 상상력을 발휘해 그리라고 했으면 그렇게 그리지는 않았을 것이다. 그 아파트 단지 기둥에 붙어 있는 어린아이들의 그림처럼 상상력이 들어간 그림을 그렸을 것이다.

**끝없이 늘어나는
에펠탑 기념품**

에펠탑은 돌을 재료로 하는 건축의 시대에서 철을 재료로 하는 건축의 시대로의 이전을 상징한다. 돌이 부동과 영원을 상징하는 자연의 소재라면, 철은 불을 통해 녹여 다양한 형태를 만들 수 있는 가변성과 조작성의 상징이다. 돌에서 철로 건축의 소재가 달라짐으로써 인간이 원하는 다양한 형태의 건축이 가능하게 되었다. 철은 건물 이전에 농기구와 무기를 만드는 재료였지만, 에펠의 시대에 와서 강을 건너는 다리와 산을 이어주는 육교를 만드는 재료가 되었다. 돌아가야 할 곳을 직선으로 이어주는 철제 구조물들은 공간만이 아니라 시간에 대한 인간의 통제 능력도 키워주었다. 구스타브 에펠은 에펠탑을 짓기 전에 수많은 철제 다리를 지었는데, 어떻게 보면 에펠탑은 수평의 철제 다리를 수직으로 세워놓은 모습을 하고 있다.

오늘도 에펠탑 앞에는 에펠탑 모양으로 만든 열쇠고리와 밤에 반짝이는 조명이 들어간 에펠탑 모형을 파는 파키스탄을 비롯한 외국에서 불법 이민 온 청년들의 모습이 보인다. 세계 모든 사람들에게 환상을 심어주는 관광의 명소 에펠탑 부근이 그들에게는 생존을 위한 직장인 셈이다. 경찰이 나타나면 이들은 거리에 물건을 깔아놓았던 보자기를 후닥닥 접어들고 쏜살같이 달아난다. 어느 가을날 트로카데로 공원을 가로질러 이에나 거리에 있는 파리한국문화원으로 갈 때였다. 낙엽이 발끝으로 떨어지는 모습을 보다가 내 앞에 작은 흰 상자가 떨어져 있는 것이 눈에 들어왔다. 상자를 열어보니 그 안에 에펠탑 모양의 기념품이 들어 있다. 스위치가 있어서 ON 쪽으로 밀어보니 에펠탑이 반짝반짝 빛난다. 기념품 파는 청년들이 잡히면 추방당할까 봐 급하게 달아나다가 떨어뜨린 모양이었다.

트로카데로 광장 앞에는 에펠탑 기념품을 파는 흑인 청년들이 즐비하다. 밤이 오면 그 청년들이 허공을 향해 작은 물체를 던지는데, 10미터 이상의 검은 허공으로 던져진 그 작은 물체는 보랏빛이나 초록빛을 발하며 트로카데로 광장의 대리석 바닥으로 떨어진다. 가까이 가서 무엇인가 보면 에펠탑 모형의 작은 조형물이다. 그런데 특수 재료로 만들어져서 떨어져도 하나도 파손되지 않고 본 모양 그대로다. 에펠탑을 주제로 한 기념품은 항상 새롭게 만들어진다. 밤이 되면 반짝거리는 에펠탑의 모습을 연상시키는 깜박이는 에펠탑을 장치한 기념품들이 늘어나고 있다.

수많은 관광객들이 파리에 와서 에펠탑 사진이 나오는 엽서 뒷면에 사연을 적고 맨 밑을 "사랑스러운 파리의 에펠탑을 바라보며"라는 식의 문구로 장식한다. 그렇듯이 에펠탑은 파리의 상징으로 가장 많이 활용된다. 열쇠고리, 귀걸이, 목걸이, 지우개, 만년필, 볼펜, 칼, 강판 등 에펠탑의 모양을 한 기념품은 말할 것도 없고 엽서, 광고 포스터, 컵, 접시, 문진, 병따개, 라이터,

티셔츠, 가방, 양말, 술병, 커피통, 재떨이, 편지지, 손수건, 스카프, 치즈나 과자 상자의 표면, 투명 스티커, 프랑스 어학연수 광고지 등의 표면에 인쇄하거나 새겨 넣은 에펠탑 이미지를 통해 에펠탑의 숫자는 끝없이 증폭된다. 모든 환상과 상상력을 동원해서 에펠탑을 소재로 한 기념품과 패물류들이 만들어진다. 에펠탑 기념품에는 축소 지향형 미학이 들어 있다. 관광객들은 300미터의 에펠탑을 3센티미터로 축소시킨 기념품을 사면서 즐거움을 느낀다. 거대해서 잡히지 않는 실물을 축소시켜 손에 들어오고 책상 앞에 놓을 수 있는 크기로 만들어진 에펠탑을 보면서 파리를 생각하며 상상의 나래를 편다. 그래서 사람들은 파리를 떠나서 에펠탑을 볼 수 없게 되어도 언제나 에펠탑을 옆에 두고 살게 된다. 현실의 에펠탑은 철로 지어졌지만 상상력으로 만드는 축소된 에펠탑의 소재는 종이, 조개껍질, 유리, 수정, 나무, 돌, 모래, 진흙, 고무, 다이아몬드, 금, 은, 동, 주석, 니켈, 달걀 껍데기 등 상상을 초월할 정도로 다양하다(모든 사람은 에펠탑을 복제할 때 저작권을 지불할 의무에서 면제된다). 수많은 사람들이 끝없는 상상력을 발휘해 수많은 소재와 수많은 형태로 끝없이 만들어내는 에펠탑은 점점 더 많은 수의 사람들에게 전파된다. 그래서 에펠탑은 파리지앵의 에펠탑이 아니라 온 세상 사람들의 에펠탑이 된다.

쓸모없음의 위대함

에펠탑은 기능주의에 대항하는 반(反)기능주의의

상징이고 쓸모 있음의 유용성을 비웃으며 쓸모없음의 위대함을 보여주는 탁월한 보기이다. 에펠탑은 쓸모없음의 쓸모 있음을 보여주는 패러독스이고 실용성의 종교를 벗어나는 반(反)실용주의의 제단이다. 에펠탑은 군자불기(君子不器)라는 말로 표현되는 한정된 용도와 전문적 기능을 넘어서 인격적 완성을 추구하는 동아시아의 군자와 같이 늠름하게 서 있다. 한정된 기능을 거부하며 쓸모없는 기념비로 세워졌기 때문에 에펠탑은 역설적으로 파리와 자유를 상징하는 절대적 기념비monument total가 되었다.

에펠탑 건립을 반대했던 사람들의 주요 논리는 에펠탑이 전통적인 미적 기준을 벗어나며 구체적인 용도가 없다는 점이었다. 미적 기준으로 보아도 흉하고 아무 짝에도 쓸모없는 구조물을 단지 일회성 행사를 기념하기 위해 엄청난 예산을 들여 건립한다는 것은 비이성적 행위라는 것이다. 그것이 예술작품이라면 몰라도 쓸모없는 기념비적 탑을 엄청난 돈을 들여 짓는 행위는 당시 부르주아들의 실용주의적 합리성에 부합할 수 없었던 것이다. 그래서 탑을 설계하고 시공한 구스타브 에펠까지도 반대파들의 주장에 맞서 탑의 유용성을 주장하지 않으면 안 되었다. 그는 엔지니어답게 에펠탑이 풍력 저항 실험, 공기 역학 실험, 금속의 저항에 대한 연구, 높이에 따라 달라지는 인체 생리 현상의 변화 연구, 무선공학 연구, 정보 통신 연구, 기상 관측 등에 쓰일 수 있다고 주장했다. 20세기에 들어서 에펠탑은 실제로 그런 용도로 쓰이기도 했다. 그러나 에펠탑의 가치는 그런 합리적 용도로 잴 수 없는 성질의 것이다. 에펠탑의 가장 중요한 기능은 파리 사람, 프랑스 사람, 온 세상 사람들에게 상상력을 불러일으키고 세파에 시달려 잃어버린 순수성을 되찾게 해준다는 데 있다. 에펠탑 꼭대기는 어린 시절 아버지나 형의 목에 올라가 앉아서 평시 보지 못했던 넓은 세상을 보았을 때 느끼던 경탄의 순간을 떠올리게 한다. 에펠탑은 모든 사람에게 동심으로 돌아가 하늘로 솟구쳐 오르는 수직 상승의 꿈을 꾸게 한다. 그것이야말로 쓸모없어 보이는 에펠탑의 엄청난 쓸모이다. 구스타브 에펠은 에펠탑을 과학적 계산, 이성, 합리성, 용도를 가진 탑으로 만들려고 했지만, 오늘날 사람들에게 에펠탑은 비이성의 경계선을 넘나드는 꿈과 환상을 자아내는 탑이 되었다. 그것이야말로 기대하지 않고 의도하지 않고 이루어낸 에펠의 위대한 업적이다.

에펠탑의 위험스러운 남용

이제 파리 시도 무용한 에펠탑이 갖는 끝없는 유용성을 알아차렸다. 에펠탑은 기름 치고 조이고 닦아내고 보호하고 유지하고 보존해야 할 대상일 뿐만 아니라 인간의 상상력을 자극하는 신비한 물체로 승화시켜야 할 대상이 되었다. 파리 시 관광 담당 부시장 장-베르나르 브로는 "우리들의 과제는 19세기에 지어진 에펠탑을 21세기로 들여보내는 일입니다. 에펠탑을 바라보며 노스탤지어에 빠질 것이 아니라 에펠탑을 살아 움직이는 대상으로 만들어야 합니다. 7년마다 한 번씩 페인트칠을 하고 250만 개의 나사들을 조이는 일로는 충분치가 않습니다. 에펠탑의 마술적 힘을 증폭시켜야 합니다. 에펠탑을 여가 산업에 잘 적응시켜야 합니다"라고 말한다. 그래서 파리 시는 '에펠탑활용회사(SETE, Société d'Exploitation du Tour Eiffel)'

를 설립했다. 현재 직원은 거의 300여 명에 이른다. 이 회사는 에펠탑에 쌓인 세월의 먼지를 털어내는 작업을 전방위적으로 벌이고 있다. 2004~2005년 겨울에는 에펠탑 1층에 스케이트장을 만들었다. 2007년 6월에는 쥘 베른이 쓴 19세기 프랑스 과학소설 『해저 2만 리』의 상상력을 하늘로 향하게 하여 에펠탑 위에 잠수 훈련을 위한 수영장을 만들었다. 롤러스케이트장도 만들어 보고 인공 잔디를 깔아 여름 테라스를 꾸미기도 했다. 2007년 파리에서 열린 세계럭비월드컵대회를 맞이하여 에펠탑에 특별 조명을 설치해 환영의 뜻을 표시하고 120m×120m 크기의 거대한 화면을 부착하여 경기를 생중계하기도 했다.

에펠탑의 장소 마케팅이 심화되고 있다. 그래서 에펠탑을 업신여기던 파리지앵들, 특히 아이들과 청소년들도 에펠탑에 올라가기 시작했다. 루이뷔통, 크리스티앙 디오르 등 파리의 명품 기업들은 에펠탑을 소재로 하는 의상, 보석, 가방 등의 고가품들을 내놓고 있다. 에르메스 회사에서 백금에 다이아몬드를 박아 만든 에펠탑을 모티프로 하는 팔찌의 가격은 7만 4,500유로이다. 크리스티앙 디오르 회사의 예술감독인 존 갈리아노는 "에펠탑은 파리와 더불어 파리의 스타일을 결정합니다. 에펠탑은 세계 유행의 수도가 전 세계에 유통시키는 '시크chic'의 아이콘입니다"라고 에펠탑을 찬양한다. 애플사의 회장인 스티브 잡스도 "나는 놀라운 예술적 감각으로 추동된 천재적인 엔지니어 구스타브 에펠을 존경합니다"라고 맞장구를 친다.

이런 분위기에서 에펠의 고손자와 고손녀는 상품에 '에펠Eiffel'이라는 이름을 사용한 회사에 소송을 제기해 상표 사용을 중지시켰다. 그들은 미테랑 대통령의 선거 홍보 책임자였던 자크 세겔라를 고문으로 삼고, 앞으로 에펠이라는 상호를 쓰는 모든 물건에 대해 저작권을 요구할 생각이다. 피카소의 후손들은 피카소의 이름을 사용하는 상품에 대해 이미 저작료를 받고 있다는 것이다(그러나 파리의 법조계는 '구스타브 에펠Gustave Eiffel'이라는 고유명사에는 저작권을 주장할 수 있지만 '에펠탑Tour Eiffel'에는 저작권 주장을 할 수 없다는 해석을 내리고 있다).

에펠탑활용회사는 에펠탑을 방문하는 관광객들에게 편의를 제공하기 위해 에펠탑 지하를 파내고 그곳에 거대한 지하 공간을 만들 계획이다. 그곳에는 공연장, 구스타브 에펠 박물관, 어린이들을 위한 놀이와 교육 공간 등을 만들 계획이다. 그렇게 함으로써 연간 1천만 명의 방문을 유도한다는 계획이다(그렇게 되면 에펠탑 하나가 수많은 탈것과 놀이기구를 가지고 있는 유로디즈니의 방문객 수를 능가하게 된다). 과연 이런 식의 장소 마케팅과 관광 상품화 속에서 에펠탑이 롤랑 바르트가 말하는 순수한 시니피앙으로서 온갖 상상력을 자극하는 초현실주의적 오브제의 기능을 계속할 수 있을까라는 질문을 해보면서 난 오늘도 에펠탑 앞을 지나간다.

센 강 위의
다리를 건너며

> 도시를 교향곡이나 시에 비교한다면 그것은 은유가 아니다.
> 교향곡과 시와 도시는 본질적으로 같은 성격의 것이다.
> ―클로드 레비-스트로스

센 강을
바라보며

세계 여러 나라의 내륙에 위치한 도시에는 많은 경우 강이 통과한다. 강은 도시에 물을 공급하는 일차적 기능과 더불어 도시를 아름답게 만드는 일도 한다. 센 강은 그 규모와 흐름으로 강 양안을 좌와 우로 가르며 파리를 세상에서 제일 아름다운 도시로 만드는 역할을 톡톡히 담당하고 있다. 그러니까 파리라는 도시를 가장 아름답게 발견할 수 있는 가장 쉬운 방법은 강변을 따라 산책하며 강 위에 얹혀 있는 다리들을 건너다니는 일이다. 15킬로미터의 물줄기를 이루며 파리 중심부를 관통하는 센 강 위에는 서른여섯 개의 다리가 구름처럼 떠 있다. 평균 100미터가량의 폭으로 넓어졌다 좁아졌다 하며 파리를 통과하는 센 강 양안에는 파리의 중요한 기념비적 건물과 장소들이 집중되어 있다. 에펠탑, 노트르담 사원, 루브르 박물관, 오르세 미술관, 프랑스 한림원, 화폐박물관, 파리 시청, 콩시에르즈리, 콩코르드 광장, 앵발리드의 에스플라나드, 그랑 팔레와 프티 팔레, 튈르리 공원, 아랍문화원, 미테랑 국립도서관, 베르시 공원 등이 모두 센 강변에 위치해 있다. 센 강 위에 펼쳐진 도시 풍경이 이루어내는 조화로운 파노라마는 파리지앵이나 프랑스 사람들만이 아니라 온 인류의 문화유산이다. 파리는 프랑스의 파리가 아니라 세계인의 파리다. 그래서 2차 세계대전 중에 독일군도 감히 파리를 폭격하지 못했다. 전쟁 말기 히틀러가 폭격을 지시했지만 실무를 책임진 장군이 명령을 집행하길 거부했다는 이야기도 있다.

 센 강변을 따라 걷는 것이 파리를 알고 즐기는 가장 좋은 방법이지만, 여름날 저녁 시원한 바람이 불 때 센 강의 중심부를 오가는 유람선을 타는 것도 좋은 방법이다. 파리지앵들도 기분 전환을 위해 이 유람선을 가끔 타기도 한다. 그러나 배를 타면 자유가 없다. 다리를 건너볼 수도 없고 잠시 머무르고 싶은 장소에 머무를 수도 없다. 그러니까 파리를 몸으로 느껴보려면 센 강 위의 다리를 오가며 센 강변의 경치를 음미하고 강변에 즐비하게 늘어선 기념비적 장소와 건물들을 걸어서 방문해야 한다. 최소한 센 강 위에 떠 있는 몇 개의 다리를 건너보면 파리를 진하게 느낄 수 있다.

 파리를 사랑하는 이탈리아 기자 알베르토 토스카노가 쓴 『프랑스 사람들에 대한 애정 어린 비판』이란 책에서 파리 중심부 센 강변의 아름다움을 과장하는 다소 유머가 섞인 이야기를 읽은 적이 있다. 런던에서 혁명 활동을 하다가 파리로 망명한 유대인 형제가 센 강 위의 다리에서 나눈 이야기다. 두 사람은 이 세상의 모든 사람들이 평등하고 인간답게 사는 사회를 만들기 위해 인생을 걸었다. 그러다가 박해를 받아 파리에서 망명생활을 시작했다. 르와얄 다리를 건너던 중 아름다운 풍경에 매혹된 형이 갑자기 가라앉은 목소리로 아우에게 말했다. "이 세상을 완전히 평등한 세상으로 만드는 일은 불가능할 것 같아!" 그래서 동생이 물었다. "아니 그게 무슨 소리야, 정의로운 사회를 위해 평생을 바치기로 한 약속은 다 어디로 간 거야?" 형이 대답했다. "아무리 해도 파리에 사는 사람과 다른 곳에 사는 사람들 사이에 완전한 평등은 이루어질 수 없을 것 같다는 생각이 드는구나." 눈앞의 경치를 지그시 바라보던 동생이 잠시 후 말했다. "그러고 보니 형 말이 맞는 것 같아!" 두 형제는 박 거리와 루브르를 이어주는 르와얄 다리만이 아니라 다른 다리를 건널 때도 마찬가지 생각을 했을 것이다.

센 강변의 화가들

파리를 가로지르는 센 강 위의 다리를 건너다니다 보면 파리의 중심부를 쉽고 기분 좋게 알 수 있게 된다. 파리 중심부 센 강 위의 다리에서 바라보는 풍경은 한 폭의 그림이다. 실제로 존재한다고 믿기지 않을 만큼 매혹적이다. 그래서 파리의 화가들은 센 강변과 함께 강 위에 가로로 얹혀 있는 다리를 즐겨 그렸다. 콩스탕탱 기와 샤를 메리옹 등이 잉

크로 그린 센 강변 풍경화에서 보들레르는 모더니티의 분위기를 느꼈다. 인상파 화가들이야말로 보들레르가 말한 '현대 생활의 화가들Peintre de la vie moderne'이었다. 그들에게 와서 일상의 파리 풍경이 화폭에 표현되었다. 클로드 모네는 1867년 루브르의 기둥에 기대어 센 강을 내려다보며 생-제르맹 로세루아 성당과 센 강변 풍경 석 점을 그렸다(생-제르맹 로세루아 성당은 1572년 8월 23일 밤에서 24일 새벽 사이에 위그노Huguenot라고 불리던 프랑스의 캘빈주의 개신교도들이 학살당한 장소이다. 생-바르텔레미Saint-Barthélémy 대학살로 불리는 이 사건에서 프랑스 개신교 지도자인 콜리니를 비롯하여 3,000여 명이 학살당했다). 카미유 피사로는 인생의 말년인 1900년에서 1903년 사이에 시테 섬의 오를로즈 강변에 있는 아파트 거실에서 센 강을 굽어보며 퐁뇌프, 퐁 데 자르, 르와얄 다리가 나오는 풍경화를 그렸다.

우리에게 잘 알려져 있지는 않지만 젊은 시절부터 마티스의 친구였던 알베르 마르케야말로 파리 중심부의 센 강 풍경을 그린 대표적 화가라고 할 수 있다. 어느 미술 평론가는 "세잔에게 생트-빅투아르 산이 있고 모네에게 지베르니가 있다면 알베르 마르케에게는 콩티 강변, 퐁뇌프, 루브르 박물관, 사마리텐느 백화점 건물을 이은 사각형의 공간이 있다"고 말했다. 마르케는 남프랑스, 영국, 독일, 스웨덴, 모로코, 알제리 등을 떠돌다가도 언제나 센 강변의 이 장소로 다시 돌아왔다. 센 강변은 그의 그림의 원점이고 그의 마음의 고향이었다. 그는 특히 안개가 끼거나 비가 오거나 눈이 내리는 센 강 풍경을 즐겨 그렸다.

프랑스 화가들만이 아니라 미국 화가들도 파리에 머물거나 여행하면서 센 강 풍경을 그렸다. 훗날 「밤에도 자지 않는 사람들」(1942) 등 미국 대도시의 고독한 실내 풍경을 그린 에드워드 호퍼도 1907년과 1909년 두 차례에 걸쳐 파리로 와 센 강 풍경을 그렸다. 1907년 강변으로 내려가 다리 가까이에서 그린 「퐁 데 자르」라는 제목의 그림 오른쪽에는 다리 밑으로 루브르가 보이고 우안에 정박한 배들도 보인다. 1909년에 그린 「소나기가 내리는 루브르 풍경」에는 하늘에 검은 먹구름이 끼어 있고 르와얄 다리와 루브르는 단순화된 채 검은 색조로 칠해져 있다. 그랑 오귀스탱 강변로에서 노트르담 쪽을 바라보며 그린 센 강 풍경도 있다(에드워드 호퍼가 그린 센 강변 풍경화는 뉴욕 휘트니 미국미술관에 소장되어 있다). 1930년대 헝가리에서 이민 온 사진작가 브라사이는 밤안개가 낀 퐁뇌프와 퐁 데 자르 부근의 센 강 풍경을 사진으로 남겼다.

센 강 위의
인도교를 건널 때

살다 보면 우울하기도 하고 화가 나기도 한다. 그럴 때마다 나는 센 강변을 따라 걷는다. 젊은 시절 즐겨 듣던 사이먼 앤 가펑클의 「험한 세상 다리가 되어」라는 노래 가사를 읊조리며 강바람이 부는 센 강 위의 다리를 건너다보면 울적했던 마음이 사라지고 분했던 마음이 가라앉는다. 센 강 위의 어느 다리를 건너도 그런 느낌을 가질 수 있지만, 특히 자동차의 통행이 금지되고 오로지 자기 발로 걷는 사람에게만 허용된 인도교야말로 기분 전환을 위한 최적의 장소다. 파리를 지나는 센 강 위에는 예술의 다리, 솔페리노 다리, 시몬 드 보부아르 다리 그리고 드빌리 다리, 이렇게 네 개의 인도교가 놓여 있다. 처음에 파리에 왔을 때 어떤 다리를 건너다보면 유난히 기분이 좋아졌는데, 왜 그런지 생각을 해보지 않고 무심코 다리를 건너다녔다. 그런데 시간이 가면서 그 다리들이 자동차의 통행이 금지된 인도교라는 공통점을 지니고 있음을 알게 되었다. 세월은 누적된 경험을 통해 생각지 못했던 깨달음을 얻게 하는 힘이 있다.

퐁 데 자르에서 만난 사람들

흔히 파리의 센 강 위의 가장 아름다운 다리는 알렉상드르 3세 다리라고들 말한다. 1900년 만국박람회 당시 앵발리드의 에스플라나드와 그랑 팔레, 프티 팔레를 잇기 위해 만들어진 이 다리의 양쪽에는 높은 기단이 세워졌고 그 위에는 금칠을 한 날개 달린 말과 사람 조각이 서 있다. 다리 가장자리에는 살롱의 샹들리에처럼 보이는 구불거리는 곡선의 화려한 가로등이 장식되어 있다. 프랑스와 러시아의 친선을 위해 러시아 황제 알렉상드르 3세라는 이름을 붙인 이 다리는 강의 폭과 지형 때문에 다소 달라졌지만, 거의 똑같은 모습으로 상트페테르부르크의 네바 강 위에 설치되어 있다(상트페테르부르크는 러시아혁명 이후 '레닌그라드'로 불리다가 사회주의 붕괴 이후 다시 원래의 이름을 되찾았다).

알렉상드르 3세 다리에 비해 퐁 데 자르는 아주 소박한 모습을 하고 있다. '예술의 다리'라는 뜻을 지닌 퐁 데 자르는 철제 구조물 위에 나무판자를 깔아놓은 단순한 직선 구조의 다리다. 예술의 다리에 서면 서쪽으로는 에펠탑이 보이고 동쪽으로는 노트르담과 생-자크 탑, 팡테옹이 보인다. 예술의 다리는 강 양안으로 여러 기념비적 건물을 거느리고 있다. 다리에서 바라보는 풍경은 맑은 날이면 맑은 날대로 좋지만 비가 오거나 안개가 긴 날 저녁 다리 위의 가로등에 등불이 들어오고 멀리 에펠탑이 안개 속에서 불빛을 반짝이면 1930년대 사진작가 브라사이가 찍은 파리의 밤 풍경 속으로 걸어 들어온 느낌이 들기도 한다.

다리의 좌안 쪽에는 아카데미 프랑세즈를 포함하고 있는 프랑스 한림원이 있다. 그곳에서 예술의 다리의 좌안 입구 왼쪽을 바라보면 석판 하나가 붙어 있다. 젊은 시절 재미있게 읽은 『바다의 침묵』을 쓴 베르코르를 추모하는 석판이다. 그는 「에투알 광장을 향해 걷기」라는 글에서 퐁 데 자르에 대한 최대의 찬사를 아끼지 않았다. 그에게 퐁 데 자르는 "세상에 하나밖에 없는 마술 같은 장소로서 생각 속에 자꾸 출몰하고, 상상력을 풍부하게 해주고, 영혼을 고양시키는 곳"이었다. 독일 점령 치하에서 베르코르는 동료들과 함께 항독운동의 한 방법으로 1942년 출판사를 차렸는데, 그 출판사가 전후 베케트, 뒤라스, 부르디외 등의 책을 출판해서 유명해진 미뉘 출판사이다. 독일 점령 시기에 문학을 통해 프랑스 문화에 대한 자부심을 고취시키는 것도 레지스탕스 운동의 일환이었던 것이다. 퐁 데 자르는 고문과 죽음의 위험을 무릅쓰고 레지스탕스 활동을 하던 사람들이 비밀 접선을 하던 자리였다고 하는데, 베르코르는 이곳에서 접선한 항독운동가 자크 르콩트-부아네에게 자신이 출판한 책을 전해주었고 그는 이 책을 당시 런던에서 항독투쟁을 지휘하던 드골 장군에게 전달하였다고 한다. 베르코르는 항독운동 시절 신원을 감추기 위해 쓰던 가명이었고 그의 본명은 장 브륄레다. 오늘날 사람들은 그를 가명으로만 기억한다.

예술의 다리의 우안의 루브르 박물관은 프랑스혁명 이후 '예술의 궁전'으로 이름을 바꾸었다가 다시 루브르라는 이름을 되찾았다('예술의 궁전'과 '예술의 다리'는 어울리는 한 쌍이다. 다리에서 멀지 않은 곳에 '예술art'이라는 단어가 들어가는 기관이 또 하나 있다. 프랑스 국립미술학교인 에콜 데 보자르다). 퐁 데 자르에서 루브르 박물관으로 들어가면 정사각형의 안마당이 나온다. 그 마당을 감싸는 사방의 건물들은 16세기 중반 프랑수아 1세 때 만들어진 루브르 궁전의 가장 오래된 부분이다(프랑스혁명 당시 파괴된 부분들의 개축을 포함해서 현재 루브르의 모습은 1860년대 나폴레옹 3세 때의 모습을 하고 있다).

예술의 다리는 때로 그림이나 사진을 전시하는 야외 전시장이 되기도 하고 에이즈퇴치운동이 벌어지는 장소가 되기도 한다. 여름이 되면 센 강변에 파리해변축제Paris Plage가 벌어지고 저녁이면 예술의 다리는 온 세상의 젊은이들이 모여 즉흥 축제를 벌이는 장소가 된다. 자리를 펴고 촛불을 밝히고 포도주나 샴페인을 마시고 노래를 부르고 춤을 추기도 한다. 몇 해 전부터 예술의 다리의 철망으로 된 난간에는 수많은 자물쇠들이 걸려 있는데 젊은 연인들이 사랑을 약속하고 채워놓고 간 것들이다. 나는 그 자물쇠들을 바라보면서 자물쇠 하나에 열쇠가 둘이라면 각자가 열쇠를 하나씩 가질 수 있고 두 사람 중에 누구라도 마음이 변했을 경우 다음번 기회에 혼자 와서 그 자물쇠를 풀어버릴 수도 있다는 생각을 해본다. 그러나 연인들은 그 열쇠를 센 강

잘 알려진
장소
다르게 보기

변에 던져버린다. 예술의 다리는 영화 촬영의 장소가 되기도 하는데, 어느 날 다리를 건너다가 영화 「레옹」에 남자 주인공으로 나왔던 배우가 영화 촬영하는 장면을 보기도 했다.

　영화 이전에 퐁 데 자르는 화가들의 화폭 속에 등장했다. 색의 마술사로 불리는 보나르는 초기에 파리 풍경을 많이 그렸는데, 그 가운데 퐁 데 자르도 들어 있다. 1912년 예술의 다리 서쪽에 서 있는 카루젤 다리에서 동쪽을 바라보며 그린 이 그림에는 퐁 데 자르 위에 퐁뇌프가 겹쳐져 보인다. 왼쪽으로는 파리 시청 건물이 보이고 오른쪽으로는 노트르담 사원의 모습이 보인다. 그런데 그림의 전면에 있는 카루젤 다리가 철제 창살을 하고 있다. 오늘날 내가 보는 카루젤 다리는 돌로 만든 다리라서 이상하다고 생각했다. 알고 보니 1831년에 만들어진 카루젤 다리는 원래 철제 다리였는데, 1938년 이 다리가 해체되고 그 자리에 돌로 지은 현재의 다리가 들어섰다고 한다. 사실 퐁 데 자르도 두번째로 지은 다리다. 1973년 홍수로 다리 일부가 파손되자 옛 다리를 철거하고 다시 지은 것이다.

솔페리노 다리를
허물고 다시 지은 이유

　　　　　　　　　　오르세 미술관이나 레지옹 도뇌르 박물관을 관람하고 나와 강가를 따라 콩코르드 광장 쪽으로 방향을 잡으면 곧바로 나타나는 다리가 있다. 솔페리노 다리다. (다리 이름은 프랑스 사회당 당사가 있는 솔페리노 거리에서 따온 것이다. 그런데 얼마 전에 파리고등사범학교ENS에서 퐁피두 대통령과 함께 공부했고 후에 흑인 고유의 네그리튀드négritude 문학을 제창한 세네갈 초대 대통령인 생고르의 이름을 따서 파스렐 생고르Passerelle Senghor로 개칭되었다.) 다리 앞에는 "파리는 모든 사람들에게 제2의 고향이다"라고 말했던 미국의 2대 대통령 토머스 제퍼슨의 상이 서 있다. 이 다리는 건축가이자 엔지니어인 마르크 밈람이 설계한 작품으로 강바닥에 기둥을 박지 않고 하나의 아치로 센 강의 좌안과 우안을 연결시키고 있다. 솔페리노 다리는 1999년에 완공되었지만 1년 이상 통행이 금지되기도 했다. 다리의 바닥재로 쓰인 나무에 물기가 있으면 보행자들이 미끄러질 수 있는 가능성이 있다고 진단되어 모든 나무판 위에 미끄럼 방지 띠를 붙이는 작업을 마치고 나서야 일반인들에게 개방되었다.

다리의 중앙에 서면 서쪽으로는 에펠탑이 보이고 동쪽으로는 르와얄 다리, 카루젤 다리, 예술의 다리, 퐁뇌프가 펼쳐지며 멀리 노트르담 사원도 보인다. 걸을 때 기분 좋은 느낌을 주는 나무 바닥으로 된 다리에는 앉아서 쉬어갈 수 있도록 벤치도 마련되어 있다. 다리 가운데쯤에 멈추어 서면 오르세 미술관에서 본 인상파 화가들의 그림들을 머릿속에 채 정리하기도 전에 새로운 풍경화를 보게 된다. 황혼에 저녁 강바람을 맞으며 한참 넋을 잃고 풍경을 음미하다 보면 어느새 조용히 어둠이 내린다. 우안 쪽으로 천천히 발걸음을 옮기면 다리는 두 개의 층으로 분리된다. 위층으로 계속 가면 튈르리 강변로가 나오고 아래층으로 걸어 내려가면 튈르리 공원과 연결된다. 지하를 뚫어서 터널을 만들어 다리와 공원을 연결시켜놓은 것이다. 터널 입구에는 재즈를 연주하는 거리의 악사가 흥을 돋운다. 강바람을 맞고 다리를 건너 터널을 지나 튈르리 공원으로 인도하는 동선 처리가 기가 막히게 자연스럽다. 다양한 느낌을 주는 공간들이 리드미컬하게 연결되며 공간의 미학을 연출한다.

그런데 솔페리노 다리 옆 센 강변에 다리의 흔적을 간직하고 있는 조형물이 하나 서 있다. 원하는 사람은 그 조형물 위에 올라가 볼 수도 있다. 이 조형물은 원래 이 자리에 있던 다리를 철거하고 남은 마지막 부분이다. 파리는 기억의 도시다. 옛 흔적을 많이 간직하고 있는 파리는 새로운 흔적을 계속 쌓아나가고 있다. 이 조형물처럼 보이는 다리의 난간도 그중 하나다. 1980년대 내가 유학생일 때는 멀쩡한 다리였는데, 1990년대에 와보니 없어져버려서 왜 철거되었는지 궁금했다. 아무도 설명해주는 이가 없었다. 2002년 이후 어느 날 스스로 철거 이유를 깨닫게 되었다.

그 이유를 알려면 앞서 말한 대로 솔페리노 다리 아래층을 지나 튈르리 공원으로 들어가 보아야 한다. 들어가서 계속 직진을 하다 보면 루브르 박물관에서 콩코르드 광장을 동서로 이어주는 튈르리 공원의 중앙 산책로와 만나게 된다. 중앙 산책로를 지나 계속 북진하면 리볼리 거리와 만난다. 리볼리 거리의 횡단보도를 건너 계속 앞으로 나가면 카스틸리오네 거리가 나온다. 그 거리가 끝나면 동서 방향으로 생토노레 거리가 나온다. 멀쩡한 다리를 해체한 이유를 알기 위해서는 조금만 더 걸어 나가야 한다. 이내 파리에서 가장 화려한 광장의 하나가 나온다. 방돔 광장이다. 파리코뮌 당시 혁명군은 광장 중심에 서 있던 탑을 쓰러뜨려 정상에 설치되어 있던 나폴레옹의 동상을 길바닥에 내동댕이쳤다(그때 그 해체작업을 지휘한 사람이 화가 쿠르베이다). 오늘날 이 광장의 가장자리는 쇼메, 반클리프, 카르티에 등등 세계적인 보석

상점들이 늘어서 있고 법무부 건물과 크레디 퐁시에 건물 사이에 리츠 칼튼 호텔이 자리 잡고 있다(산유국이나 동유럽의 부호들이 10여 명의 수행원을 대동하고 이 호텔에 머물며 세계에서 가장 세련된 디자인의 귀금속을 구입한다). 방돔 광장을 지나면 라 페 거리가 나오고 그 거리가 끝나는 곳에 파리 오페라좌가 화려한 자태로 서 있다. 이렇게 해서 우리는 루브르에서 콩코르드 광장을 거쳐 방돔 광장으로 이어지는 파리의 동서 방향의 기본 축에 솔페리노 거리에서 시작하여 오페라로 이어지는 남북의 축이 교차되어 십자가를 만들고 있음을 알게 된다. 그러니까 남북을 직선으로 잇는 축을 만들기 위해 옛 다리가 해체되고 센 강 양안의 남북 축을 잇기 위해 2층의 새 다리가 만들어진 것이다. 핑계 없는 무덤이 없다는 말도 있지만 멀쩡한 다리를 허물고 그곳에서 불과 10여 미터 떨어진 곳에 새 다리를 건설한 이유가 다 있었던 것이다. 이런 사실들을 하나하나 깨달아가는 것이 파리 산책의 묘미 가운데 하나다.

시몬 드 보부아르 다리와
미테랑 국립도서관

시몬 드 보부아르 다리는 네 개의 인도교 가운데 가장 최근에 생긴 인도교다. 이 다리는 솔페리노 다리와 비슷한 느낌을 준다. 2층으로 되어 있는 인도교라는 점에서 두 다리의 유사성이 발견된다. 그러나 시몬 드 보부아르 다리가 최근에 지은 다리인 만큼 형태적 실험성이 더 높다. 베르시 다리에서 바라보면 2층으로 된 이 다리는 마치 DNA 나선형 구조를 하고 있다. 파리의 여느 장소들과 마찬가지로 이 다리를 가장 기분 좋게 통과하기 위해서는 어느 곳으로 접근해야 하는가를 알아야 한다. 16구에 사는 내가 이 다리를 건너는 방법은 다음과 같다. 먼저 지하철 6번선 나시옹 방향을 타고 베르시 역에 내린다. 베르시 역에 도착하기 전에 베르시 다리를 지나면서 센 강을 건너고 있음을 알 수 있다. 지하철역을 걸어 올라가면 눈앞에 어마어마하게 큰 현대식 건물이 나오는데, 이곳이 바로 프랑스 경제정책의 산실인 금융경제산업부 청사다. 원래 리볼리 거리 쪽으로 난 루브르 궁전 안에 위치하고 있었으나 미테랑 대통령 시절 이 건물을 새로 지어 이사 오면서 옛 청사 자리는 루브르 박물관의 조각 작품 전시실이 되었다(지하를 파서 널찍한 공간이 되고 햇빛이 잘 들어오게 처리된 이 공간을 설계한 사람은 루브르 박물관 입구의 유리 피라미드를 설계한 중국계 미국인 건축가 페이다).

  청사 쪽으로 가지 말고 그 맞은편 쪽으로 들어서면 또 다른 피라미드 모양의 건물이 나타난다. 베르시 종합경기장이다. 이곳에서는 운동경기뿐만 아니라 다양한 공연이 펼쳐지기도 한다. 이곳을 지나 동쪽으로 나가면 넓게 펼쳐진 공원이 나온다. 베르시 공원이다. 원래 이곳은 나무통에 포도주를 넣어 저장하던 창고들이 즐비했던 곳이다. 부르고뉴나 샹파뉴 등지에서 산출된 포도주를 담은 나무통들을 실은 배들이 베르시 부두에 정박하여 술통을 풀어놓으면 노동자들이 그 술통들을 옮겨 창고에 저장했다. 포도주 상인들은 이곳에서 나무 술통에서 병으로 포도주를 옮겨 담아 파리 시내에 내다 팔았다. 그러나 여러 가지 의혹과 부정이 생기는 바람에 1960년대에 산지에서 직접 병에 담도록 법령이 바뀌었다. 그래서 이곳 포도주 저장 창고의 기능이 약화되었다. 그렇게 해서 생긴 버려진 자리에 공원이 들어선 것이다. 그러나 우리가 짐작할 수 있듯이 옛 포도주 창고의 흔적이 다 사라진 것은 아니다. 프랑스 사람들은 집합적 기억을 상기시키는 흔적을 남기는 데는 도사들이다. 옛 창고들의 일부를 개조하여 베르시 마을을 만들고 그곳에 식당, 카페, 영화관, 상가 등이 들어선 복합 문화단지를 조성했다. 새로 생긴 베르시 마을에 도달하기 위해서는 긴 직사각형 형태로 된 베르시 공원을 가로질러야 한다. 그러나 우리의 목표는 베르시 마을이 아니라 시몬 드 보부아르 다리다. 이 다리로 들어서려면 베르시 공원으로 들어서 죽 걸어가다가 왼쪽에 나타나는 신기한 모습의 건물과 만나야 한다. 세계적으로 유명한 건축가 프랑 게리가 설계한 미국문화원 건물이다. (미국문화원이 철수하면서 이 건물은 프랑스의 옛 영화들을 보관하고 주제별로 또는 감독별로 상영하는 시네마테크 프랑세즈가 되었다. 앙글루아가 처음 만든 시네마테크 프랑세즈는 트로카데로의 샤이오 궁 지하에 있었는데 2002년 그 장소에 프랑스 건축박물관이 들어서면서 이곳으로 이전했다. 원래 미국문화원은 라스파이 거리에 있었는데 오늘날 이 장소에는 카르티에 재단이 들어서 현대미술을 전시하고 있다. 유리와 철제로 지은 투명한 집 카르티에 재단 건물은 프랑스를 대표하는 건축가 중의 한 사람인 장 누벨의 작품이다. 미국문화원이 철수한 이유는 분명치 않으나 한국의 미국문화원 방화사건에서 보듯이 테러의 위험성 때문인 듯하다.)

    시네마테크 프랑세즈 앞에서 오른쪽 센 강변으로 걸어 나가면 돌계단이 나오고 그 계단을 다 올라서면 시몬 드 보부아르 다리가 모습을 드러낸다. 다리에 올라서면 서쪽으로 1층에는 자동차가 다니고 2층에는 지하철이 통과하는 베르시 다리가 보인다. 시몬 드 보부아르 다리를 건너다보면 저절로 발걸음이 느려진다. 완만한 경사를 이루며 오르내리는 이 다리 위를 휘파람과 함께 천천히 건너다보면 강바람이 시원하게 불고 눈앞에는 시원한 강줄기가 펼쳐진다. 발밑에 나무 바닥을 느끼며 다리의 1층과 2층을, 다리의 좌우전후를 기분나는 대로 오가다 보면 다리 위에서 한참이나 시간을 보내게 된다. 그래서 이 다리는 강을 건네주는 다리라기보다 강 위에 머물게 하는 다리라고 할 수 있다. 때로 다리 난간에 그림 등 전시회가 열려 의도적으로 다리 위에 머물게 하는 행사도 열린다.

센 강 건너편 좌안에는 미테랑 대통령 시절 지어졌고 그의 이름이 붙어 있는 프랑스 국립도서관 건물이 나온다. 도미니크 페로가 설계한 이 장엄한 도서관은 센 강변에 20층 높이로 거대하게 펼쳐진 책 모양을 하고 있는 네 개의 탑으로 구성되어 있다(도미니크 페로는 이화여자대학교 운동장을 파내고 지은 거대한 건물을 설계했는데 그 건물에서 프랑스 국립도서관과 다소 비슷한 분위기를 느낄 수 있다). ㄱ 혹은 ㄴ자 모양으로 펼쳐진 네 개의 커다란 책 모양의 건물 주변은 모두 나무 바닥으로 처리된 거대한 산보와 휴식을 위한 광장이다. 강변에서 도서관으로 진입하기 위해서는 나무 계단을 걸어 올라가야 하고, 다 올라가면 센 강변과 맞은편의 베르시 공원이 바라보이는 탁 트인 풍경화가 펼쳐진다.

**드빌리 다리와
케브랑리 박물관**

요즈음 나는 드빌리 다리를 걸어서 케브랑리 박물

관 5층에 있는 도서관을 오가는 날이 많다. 집에서 멀지 않기 때문에 걸어가는 날이 많지만 바람이 불고 날씨가 추울 경우에는 32번 버스를 타고 이에나에서 내려 팔레 드 도쿄 옆으로 난 돌계단 길 마뉘탕시옹 거리를 걸어 내려가 뉴욕 대로에서 지하도를 건너 드빌리 다리 위에 올라선다. 뉴욕 대로에는 파리의 서쪽에서 중심부로 나가는 자동차들이 많아 그 흐름을 방해하지 않기 위해 지하보도를 만들어놓았는데, 이 지하도를 건너가는 것은 다소 고역이다. 그곳에는 언제나 악취가 나며 쓰레기들이 버려져 있고 벽에는 낙서가 씌어져 있다. 물론 통행인이 많지 않다고는 하지만, 팔레 드 도쿄와 케브랑리 박물관을 잇는 동선에 속하는 파리 한가운데에 이런 상태의 지하도가 버젓이 존재하는 것은 파리의 수치다.

 그러나 드빌리 인도교는 에펠탑을 가까이에서 관망할 수 있는 가장 이상적인 장소의 하나다. 그 다리를 천천히 건너면 유리로 된 벽이 나온다. 케브랑리 박물관의 담벼락이다. 그 유리 담을 지나면 노아의 방주 모습을 한 거대한 박물관 건물이 서 있다. 그 안에는 아프리카, 오세아니아, 남아메리카와 북아메리카, 아시아 등 유럽 밖의 다른 문명권의 이른바 '원시예술' 작품들이 전시되어 있다. 지하에는 레비-스트로스의 이름을 붙인 강당이 있고 5층에는 내가 다니는 도서관 메디아테크가 있다.

 카르티에 문화재단, 아랍문화원 등과 가족적 유사성을 보이는 이 건물을 설계한 건축가는 장 누벨이다. 든든한 기둥을 박아 높이 세워진 건물의 지표면에는 정원이 조성되어 있다. 가능한 범위 내에서 최대로 다양한 식물종을 심어서 자연의 모습에 가까운 정원을 만드는 질 클레망의 작품이다. 정원 바

잘 알려진
장소
다르게 보기

닥에는 여기저기에 곤충들이 들어 있는 작은 플라스틱 상자들이 박혀 있다. 이 정원은 어둠이 내리면 장관을 이룬다. 정원의 식물들 사이에 박혀 있는 흰색과 연한 녹색의 유리 기둥들이 빛을 발하기 시작하면 공작의 날개에 들어 있는 여러 색깔의 빛이 방주 모양으로 떠 있는 건물의 바닥 면에 투영된다. 그러면 이 정원의 시간은 상상력이라는 배를 타고 21세기에서 방향을 바꾸어서 갑자기 선사시대로 돌아간다. 21세기 조명예술의 힘을 빌려 잠시나마 기원전의 시대로 돌아감으로써 인간 삶의 유한성과 아스라한 인류 문명의 기원을 생각하게 된다. 박물관에서 전시장으로 들어가는 입구도 긴 동굴처럼 되어 있어 시간을 거슬러 어둠의 시대로 들어가는 듯한 인상을 준다. 짙은 흙색으로 되어 있는 박물관의 전체적 색조는 땅속 깊이 묻혀 있는 인류의 문화유산과 흙을 빚어 토기를 만들던 구석기시대를 연상시킨다.

저녁에 공부를 마치고 도서관을 나와 이 정원을 가로질러 드빌리 다리 위에 올라서면 생-말로나 르아브르 앞바다에서 날아온 회색 갈매기들이 꾸억꾸억 소리를 내며 센 강 위를 나는 모습이 보인다. 그러면 센 강은 어느 사이에 바다의 분위기로 바뀐다. 그때 나는 니콜라 드 스타엘의 그림 한 점을 떠올린다. 회색 갈매기가 날아다니는 센 강변 풍경이다.

퐁뇌프 다리의 기억

파리는 센 강 위에 떠 있는 시테 섬에서 시작되었다. 파리 지도를 펴보면 지도 한가운데 시테 섬이 보인다. 그러니까 거대한

Y자를 옆으로 뉘여 놓은 모습을 하고 있는 시테 섬의 서쪽 끝에 파리의 좌안과 우안을 이어주는 첫번째 다리가 세워졌음은 우연이 아니다. 그래서 그 다리의 이름은 '퐁뇌프Pont Neuf'이다. '새로 지은 다리'라는 뜻이다. 그 이후 파리를 흐르는 센 강 위에 35개의 다리가 더 지어졌고 '새로 지은 다리'는 가장 오래된 다리가 되었다. 파리의 중심인 시테 섬에 세워진 퐁뇌프의 위치는 파리의 심장부에 해당한다. 18세기 혁명 전야에 파리를 샅샅이 누비며 걸어다니며 파리의 풍속을 연구한 루이 세바스티앙 메르시에는 "퐁뇌프는 인간의 신체 중 심장에 해당하며 모든 움직임과 순환의 중심지다"라고 말했다. 그러니까 퐁뇌프를 건너는 일은 파리의 심장 안으로 들어가는 일이다.

시테 섬의 서쪽 끝에서 센 강 양안을 이어주는 퐁뇌프는 1578년 앙리 3세 시기에 시작되어 1607년 앙리 4세 시기에 준공되었다. 이 다리는 세 부분으로 이루어져 있다. 시테 섬 양쪽의 강물 위에 세워진 부분이 있고 시테 섬에 속하는 부분이 있다. 자세히 보면 우안 쪽의 다리가 좌안 쪽의 다리에 비해 좀더 길다. 다리 중간에서 서쪽을 향해 서면, 정면에 베르갈랑 정원, 알렉상드르 3세 다리, 그랑 팔레가 보이고 좌안에는 화폐박물관, 프랑스 한림원, 오르세 미술관 그리고 멀리 에펠탑이 보이고 우안에는 사마리텐느 백화점과 루브르 박물관이 보인다. 방향을 180도 전환하여 동쪽을 향하면 정면에 생-미셸 다리가 보인다. 다리 중간에 동쪽 방향을 향해 서서 눈앞에 펼쳐지는 풍경을 따라가 보면 우안에는 파리 시청사와 샤틀레 극장이 보이고 좌안에는 파리 최고법원, 프랑스혁명 당시 감옥으로 쓰였던 콩시에르즈리, 생트-샤펠의 첨탑이 보인다.

잘 알려진
장소
다르게 보기

1982년 6월 25일 서울을 떠나 파리에 처음 도착한 지 며칠 안 되었을 즈음 어느 일요일 오후, 국어학자 김석득 선생의 안내로 생-미셸 거리에서 시작하여 좌안의 그랑 오귀스탱 강변을 걸어 내려와 퐁뇌프에 서서 풍경을 감상했던 기억이 아스라하다. 당시 파리는 막 여름 바캉스가 시작할 무렵이라 날씨는 맑고 따뜻했다. 생-미셸 거리에서는 노동자들이 시위를 벌이고 있었다. 엄혹했던 서울의 분위기를 떠나온 지 얼마 안 되는 그 젊은 시절의 나에게 파리는 너무 자유로워 보였고 퐁뇌프의 경치는 가까이하기에는 너무 아름답게 느껴졌다. 그로부터 20년이 지난 2002년 1월 25일, 다시 파리에 도착했을 때 퐁뇌프는 먼지를 뒤집어쓰고 보수공사 중이었다. 추운 겨울날 찬바람을 맞으며 퐁뇌프를 건너면서 바라보는 풍경은 여전히 아름다웠다. 이제 보수공사는 다 끝났다. 그러나 나는 1982년 여름에 처음 건널 때의 퐁뇌프가 그립다. 다리에도 표정이 있다면, 그것은 세월의 흐름에 따라 만들어지는 것인데, 화학제품을 써서 오래된 때를 세탁하고 파손된 돌들을 새 돌로 교체하고 나니 화장을 한 듯이 뽀얗게 되었지만, 세월의 흔적이 남긴 다양했던 표정이 감소된 느낌을 주기 때문이다.

퐁뇌프를 건널 때면 유학생 시절이었던 1985년 어느 가을날 오후 퐁뇌프를 건너갈 때의 기억이 떠오른다. 놀랍게도 퐁뇌프 전체가 황금빛 천으로 완전히 포장되어 있었던 것이다. 웬일인가 알아보았더니 불가리아 출신의 유명한 랜드 아티스트 크리스토(크리스토프 자베체프)의 작업이었다. 1985년 9월 22일에서 10월 7일 사이에 벌어진 이 희한한 작업은 대규모의 기념비적 건축물을 천으로 뒤덮어 당연히 거기 있는 익숙한 장소를 낯설게 보게 하는 작업이었다. 예술가는 어른이 되어서도 어린아이의 심성을 가지고 세상을 다르게 볼 수 있는 능력을 갖춘 사람들이라고 할 때 거대한 퐁뇌프를 황금빛 천으로 둘러쌀 생각을 한 크리스토 역시 그런 부류에 속하는 사람임을 알 수 있다. (보들레르는 천재란 자기가 원하는 만큼 마음대로 어린아이가 될 수 있는 사람이라고 정의했다.)

퐁뇌프는 영화에 그 모습을 드러내기도 한다. 보기를 들어 우리나라에도 널리 알려진 소피 마르소가 앳된 소녀로 등장하는 「라 붐」이라는 영화를 보면 이 다리가 나온다. 친구 집에서 밤새 파티를 벌이고 난 다음 날 새벽에 집으로 돌아가는 버스를 타는데 그 버스가 바로 이 다리 위를 지나가는 장면이 나온다. (58번과 70번 버스는 우안에서 좌안으로 퐁뇌프를 건넌다. 27번 버스는 퐁뇌프를 건너다가 다리를 다 건너지 않고 오르페브르 강변에서 좌회전을 해서 생-미셸 광장 쪽으로 빠져나간다.) 퐁뇌프는 파리에 살면서 활동하는 피아니스트 백건우의 라흐마니노프 피아노 협주곡 시디 재킷에도 나온다. 백건우가 퐁뇌프 가장자리에 마련되어 있는 돌 의자에 앉아 있는 모습인데, 그가 입은 바바리코트의 자락은 바람에 휘날리고 있다. 돌 위에 놓인 그의 왼손은 건반을 두드리는 모습을 하고 있다. 희미하게 처리된 배경에는 센 강의 물결과 예술의 다리가 보인다.

다리 중간 부분 서쪽에는 앙리 4세가 말을 타고 있는 모습의 동상이 서 있다. 그쪽으로 난 계단을 따라 내려가면 시테 섬 끝에 마련된 베르갈랑 정원에 도달한다. 1920년대만 하더라도 헤밍웨이가 이곳에서 낚시를 즐겼다고 한다. 지금은 그 자리에 수양 버드나무 한 그루가 서 있다. 헤밍웨이가 낚시하던 장소에 앉으면 정면에는 퐁 데 자르가, 오른쪽으로는 루브르 박물관이, 왼쪽에는 프랑스 한림원이 보인다. 베르갈랑 정원의 오른쪽 강변에는 센 강을 유람시켜주는 배가 있다. (많은 사람들이 알마 다리 밑에 있는 바토 무슈를 이용하지만 어수선한 장소에서 거대한 유람선을 타는 것보다 조용한 장소에서 작은 유람선을 타기를 원한다면 이곳에서 '브데트 드 퐁뇌프Vedettes du Pont Neuf'라는 이름의 유람선을 타는 것도 하나의 방법이다.)

도핀느 광장과 그 주변

앙리 4세 동상 맞은편으로 앙리 로베르 거리라는 이름의 좁은 길이 하나 나 있다. 그 좁은 길을 따라 들어가면 예상치 않은 광장이 나온다. 도핀 광장이다. 골목길을 들어서자마자 1830년에 개업한 유서 깊은 고베르 문방구점을 만날 수 있다. 그곳에는 수첩과 필기도구와 서류 분류철, 사무용 고무인, 인상기록카드 등의 다양한 문방구를 살 수 있고 명함이나 개인용 편지지와 편지봉투, 출생, 결혼, 사망 등을 알리는 카드 등의 인쇄를 주문할 수도 있다. 크리스마스 철이면 파리의 옛 풍경을 인쇄한 카드를 팔기도 한다. 이 문방구점은 주변의 변호사협회와 연수원, 변호사 사무실 등을 주요 고객으로 하지만, 전통을 사랑하기 때문에 멀리서도 이곳으로 찾아오는 오래된 손님들이 많다.

역삼각형 모양(▽)으로 된 광장에 본격적으로 들어서면 정면에는 1.5미터 가량의 누대로 된 정원이 있고 그 앞에 파리 최고법원 건물의 뒷모습이 펼쳐진다(29쪽 사진을 볼 것). 큰 재판이 있는 날이면 텔레비전 방송의 방송차와 카메라 기자들이 취재를 위해 장사진을 이루지만 평소에는 조용한 장소다. 광장 양쪽에는 시대와 형태와 색상을 달리하는 다양한 표정의 건물들이 줄지어 서 있고 그 건물들의 맨 아래층에는 아담한 분위기의 카페와 식당들의 테라스가 차려져 있다. 오후 3시 이후 식사 시간이 끝나고 한가한 시간에 이곳의 어느 카페테라스에 앉아 차를 한 잔 시켜놓고 책을 보거나 아무 생각 없이 앉아 있다 보면, 이곳이 파리의 심장부라는 생각을 까맣게 잊어버릴 정도로 조용하고 한적하다. 가을날 밤에 낙엽이 흩날릴 때 광장에 내리는 어스름한 달빛을 밟으며 좌안 쪽으로 난 오르페브르 강변로로 걸어 나가다 보면 똑같은 장소도 계절과 시간에 따라 분위기가 완전히 달라지는 것을 느낄 수 있다. 오르페브르 강변을 지날 때면 나는 언제나 68번지 건물 앞에 잠시 머문다.

그 건물에 붙어 있는 1948년에서 1988년, 40년이란 세월 동안 마르탱과 칼 플링케르 두 사람이 출판사를 하면서 서점도 운영했다는 석판을 다시 한 번 천천히 읽는다. 사실 나는 그 출판인들에 대해서는 아는 바가 없다. 그러나 석판에 씌어 있는 이름 속에는 아는 이름이 여럿 나온다. 거기에는 토마스 만, 로베르트 무질, 헤르만 헤세, 헤르만 브로흐, 스테판 츠바이크, 파울 첼란 등의 독일과 오스트리아의 작가, 시인들과 앙리 미쇼, 폴 엘뤼아르, 루이 아라공, 레이몽 크노 등의 프랑스의 작가, 시인들의 이름이 새겨져 있다. 나는 석판에 새겨진 그들의 이름을 하나씩 읽으며 그들의 삶과 작품들을 떠올린다. 그리고 그들이 쓴 작품의 가치를 알아보고 개인의 사적 원고를 모든 사람이 읽을 수 있는 공적 책으로 전환시킨 두 사람의 출판인에게 경의를 표한다.

  퐁뇌프 중간의 시테 섬 우안 쪽으로 난 오를로즈 강변로 41번지에는 롤랑 부인이 어린 시절을 보낸 집이 있다. 용기와 지성을 겸비했던 그녀는 남편과 함께 지롱드 당을 지지하면서 프랑스혁명에 참여했다. 그러나 혁명의 진행 과정에서 실각하였고, 그 집 바로 옆에 있는 콩시에르즈리 감옥에 갇혔다가 1793년 교수형을 당해 형장의 이슬로 사라졌다. 훗날 후기 인상파 화가 카미유 피사로는 1900년에 시작해서 1903년 세상을 떠나기 바로 전까지 이 집에서 살았다. 그는 거실에 이젤을 세우고 창가로 내려다보이는 센 강변의 풍경을 그렸다. 만년에 그린 그의 유유자적한 분위기의 그림 속에는 퐁뇌프, 퐁 데 자르, 카루젤 다리, 르와얄 다리가 센 강 양안을 이어주고 있다.

고갱이 그린
이에나 다리

                    수많은 화가들이 센 강변을 그렸다. 파리를 방문한 아마추어 화가들이 그린 센 강 풍경까지 합친다면 센 강변 풍경을 그린 스케치, 수채화, 유화, 판화의 수는 셀 수 없을 정도로 많을 것이다. 1875년 고갱이 그린 「이에나 다리가 보이는 센 강」이라는 제목의 그림이 있다. 약간 을씨년스러운 푸른 색조의 고갱 초기 작품에 속하는 이 그림은 우리 눈에 익숙한 고갱 후기의 강렬한, 원시적 느낌을 불러일으키는 타이티에서 그린 그림과는 전혀 다른 느낌을 준다(고갱이 타이티 섬으로 떠난 것은 1891년이다). 그림을 바라보면 드빌리 인도교 쪽에서 바라본 센 강변 풍경임을 금세 알 수 있다. 수평선처럼 화폭을 좌우로 가로지르는 이에나 다리는 나폴레옹이 거둔 이에나 전투의 승리를 기념하기 위해 축조되었다. 다리 난간에는 나폴레옹 군대의 힘을 상징하는 독수리들이 부조로 처리되어 있다. 그림 속에서 고갱 전후기 그림의 변화와 함께 파리의 변화를 확연하게 느낄 수 있다. 그림 속에서 확인할 수 있는 파리의 현저한 공간적 변화를 살펴보자. 이 그림에서 왼쪽 편이 지금은 에펠탑이 서 있는 샹 드 마르스다. 그림은 1889년 에펠탑이 세워지기 24년 전에 그려진 것이다. 그래서 에펠탑 대신 멀리 공장의 기둥들이 보이는데 그곳은 당시 공장지대였다. 1920년대에는 시트로앵 자동차 공장이 그 자리를 차지했다가 1970년대에 고층 아파트 주거단지로 변모하였다. 공장의 서쪽 부분 일부가 1990년대에 앙드레 시트로앵 공원으로 조성되었다. 공원 서편 산책로에 시트로앵 자동차 공장의 창업자였던 앙드레 시트로앵의 작은 두상이 조용히 서 있다. 그림 속에는 이에나 다리 가까이에 수증기를 뿜어내며 강을 지나가는 증기선이 보인다. 대서양으로 이어지는 루앙이나 르아브르 같은 항구나 그 중간의 포구에서 선적한 물건들을 파리로 실어 나르던 배들이다. 당시에는 뱃길을 이용한 운송이 마차를 이용한 운송보다 훨씬 더 편리하고 효과적인 방법이었다. 아직도 가끔씩 모래 등 건축자재를 실은 배들이 다니지만, 대부분은 관광객을 실은 유람선들이 주류를 이룬다.

  화면의 오른쪽 앞면에는 갑판 위에 집을 얹은 배가 떠 있는데 가운데 부분에 굴뚝도 보인다. 지금 센 강변에는 모래나 곡식류를 실어 나르던 바닥이 평평한 긴 거룻배péniche를 개조하여 주거용 집으로 만든 배들이 정박하고 있다. (나의 프랑스 친구 집에서 만난 친구의 친구가 비르-아켐 다리 옆에 정박한 살림배를 가지고 있어서 어느 날 저녁 그 배 안에 들어가 본 적이 있다. 배 안은 나무로 장식되어 있었고 거실, 부엌 및 식당, 침실 등이 아파트 못지않게 깔끔하게 구분되어 있었다. 심지어는 한구석에 피아노 바 같은 분위기를 만들어놓기도 했다. 이 배에서 살면서 부딪치는 가장 큰 불편함은 파도가 쳐서 배가 요동하는 것이라고 한다. 다행히 그림 속의 강물은 잔잔한 편이다.) 센 강변이 흰 색조로 처리되어 있고 배의 지붕도 흰색이 칠해져 있으며 트로카데로 언덕의 아래쪽도 흰색으로 처리되어 있는 것을 보면 눈이 조금 내린 겨울 풍경으로 보인다. 화면의 3분의 2를 차지하는 하늘만은 오늘날과 큰 차이가 없다. 저녁 무렵의 흐린 날이어서 하늘에는 구름이 많은 편이다.

미라보 다리와 앙드레 시트로앵 공원

미라보 다리는 내가 앙드레 시트로앵 공원을 산책하러 갈 때 건너는 다리이다. 에펠탑이 바라다보이는 철제로 지은 이 다리는 연한 초록색이다. 그리고 다리를 지탱하는 철제 기둥들 사이에는 바다의 신들이 장식되어 있다. 다리 건너에는 1920년대 세워진 자동차 공장이 있었는데, 1970년대에 철거되고 고층 아파트 단지가 되었다. 그리고 그 공장의 서쪽 가장자리 부근에 공원이 하나 세워졌는데 그 공원이 바로 앙드레 시트로앵 공원이다. 그 이름은 자동차 회사의 설립자의 이름이다. 그는 에펠탑을 이용해서 자동차를 광고한 최초의 인물이며, 그의 자동차를 가지고 아프리카와 아시아를 횡단하는 행사를 마련하여 대단한 광고효과를 자아내기도 한 인물이다. 16구 란느라그 공원 쪽에 그가 살던 집이 있다.

   72번 버스를 타고 바르셀로나 광장에서 내려 길을 건너면 이내 미라보 다리가 나온다. 미라보는 프랑스혁명 당시의 지도자 가운데 한 사람이다. 이 다리는 기욤 아폴리네르가 쓴 시로 유명해진 다리다. 이 시는 그가 연인이었던 화가 마리 로랑생과 결별한 후 다리 한쪽에 몸을 의지한 채 슬픔을 달래기 위해 다리 아래로 흐르는 센 강을 바라보며 쓴 시로 알려져 있다. 1980년대 유학생 시절 나도 이 시가 자아내는 분위기에 끌려서 72번 버스를 타고 이 다리를 찾아왔던 기억이 난다. 그때의 실망감을 다 표현하기는 어렵다. 다리 건너편에 늘어선 고층 아파트 단지들이 만들어내는 풍경은 시의 분위기와는 정반대의 것이었다. 나중에 책을 읽다가 이 다리에서 파울 첼란이 투신자살을 한 사실을 알고 나서야 이 다리가 새롭게 다가오기 시작했다. 이 다리와 관련된 또 하나의 이야기는, 작가 황석영 선생이 파리에 2년 동안 체류한 아파트가 바로 이 다리 옆 강변에 있었다는 사실이다. 그의 아파트 거실 베란다에 서면 오른쪽으로 미라보 다리가 센 강 위에 놓여 있는 모습을 바라볼 수 있었다. 어느 날 저녁 그와 함께 15구에 있는 식당에서 식사를 하고 나서 슬슬 걸어서 집으로 돌아오다가 이 다리를 건너게 되었다. 그래서 파울 첼란 이야기를 했더니 황 선생도 멋없게 보이던 이 다리가 새롭게 느껴진다고 말한 적이 있다.

   그러나 파리의 매혹은 다리를 건너는 데서 끝나지 않는다. 각각의 다리를 건너면 기다리고 있는 장소들이 있다. 파리 중심부 센 강 양안에는 가보아야 할 장소들이 즐비하게 늘어서 있다. 앞서 말한 다리들과 그 주변의 장소들

잘 알려진
장소
다르게 보기

말고도 센 강 위에는 나의 발길을 기다리는 다리와 장소들이 여러 군데 있다. 비르-아켐 다리와 그르넬 다리 사이에 직선으로 펼쳐지는 '백조들의 산책로' 끝에는 '자유의 여신상'이 서 있고, 이에나 다리 양안에는 에펠탑과 트로카데로 언덕의 샤이오 궁전이 서 있으며 콩코르드 다리 양안에는 하원 건물인 부르봉 궁과 오벨리스크가 서 있는 콩코르드 광장이 있다. 그러니 파리에서는 걷지 않고는 살 수가 없다. 사는 것은 걷는 일이고 걷는 것은 사는 일이다.

뒤에서 바라본
노트르담 사원

이미지를 다루는 사람이 진정한 예술가가 되려면 두 가지가 필요하다.
하나는 삶과 살아 있는 사물들에 대한 감수성이고 다른 하나는
그 삶을 자기 나름의 고유한 방식으로 잡아내는 기술이다.
—브라사이

장소에도
첫인상이 있다

어떤 장소에 대한 인상은 사람과 마찬가지로 많은 부분 첫인상에 의해 좌우된다. 사람이건 장소건 오래 사귀다 보면 첫인상이 그대로 유지되는 경우도 있지만, 어떤 경우에는 첫인상이 별로 좋지 않았어도 사귈수록 좋은 면을 발견하게 되기도 한다. 그런데 심리학자들의 연구에 따르면 한 번 갖게 된 첫인상은 웬만해서는 잘 고쳐지지 않는다고 한다. 그러므로 편견 없이 장소를 대해야 그 장소의 진면목을 느낄 수 있다. 똑같은 사람도 언제 어디서 보느냐에 따라 다르게 보이듯이 파리의 장소들도 언제

잘 알려진
장소
다르게 보기

어디서 어떻게 접근하느냐에 따라 다른 느낌을 준다. 무엇보다도 한 장소와 온전히 만나서 좋은 첫인상을 만드는 일이 중요하다. 그러기 위해서는 주어진 장소를 어느 쪽에서부터 접근하느냐가 관건이다.

노트르담 성당에 대한 좋은 첫인상을 만들기 위해서는 노트르담의 정면을 바라보고 접근할 것이 아니라 노트르담의 뒷면부터 접근하는 것이 이상적이다. 노트르담을 찍은 사진들이나 화가들이 그린 그림들은 대부분 노트르담 정면을 보여주고, 사람들은 습관적으로 생-미셸 거리에서 노트르담 정면을 바라보며 광장을 통해 성당 내부로 들어간다. 그래서 성당 앞 광장은 언제나 많은 수의 관광객들로 넘친다. 기도를 드리는 장소인 성당의 고요한 분위기를 느껴보기에는 너무나 소란스럽고 분주하다. 그런 분위기에서 "이곳에 왔노라, 그리고 보았노라"를 증명하는 사진 한 장을 찍고 떠난다면 1,000킬로미터를 비행기 타고 날아온 보람이 없다.

63번 버스를 타고 모베르 광장에 내리거나 지하철 10번선을 타고 모베르-뮈티알리테 역에서 내려 센 강변으로 나가는 게 내가 노트르담 사원에 접근하는 방법이다. 지하철에서 지상으로 올라오면, 일주일에 세 번 장이 서고 생활에 필요한 과일과 채소 가게, 생선 가게, 치즈 가게, 고기 가게, 포도주 가게, 꽃 가게 등이 늘어서 있는 모베르 광장의 활기를 느낄 수 있다. 광장에서 프레데릭 소통 거리로 들어서면 센 강변이 나온다. 아니면 미테랑 대통령의 사저가 있던 비에브르 거리나 메트르 오베르 거리를 통해서도 센 강변으로 나올 수 있다. 요즈음 내가 굳이 프레데릭 소통 거리를 선호하는 이유는 이 거리를 걸어 나오다 보면 나뭇잎이 다 떨어진 가로수 사이로 갑자기 노트르담 사원의 남쪽 면이 나타나고 그 가운데 부분의 거대한 장미창이 모습을 드러내기 때문이다. 강변에 도달하면 센 강물과 함께 노트르담 사원 남쪽 면의 웅장한 모습을 감상할 수 있다. 강변에는 초록색 철제 상자를 설치해놓고 중고 책을 파는 부키니스트bouquinste들이 있다. 상자 속에 펼쳐놓은 책들을 들여다보는 일도 재미있다. 부키니스트의 기호에 따라 전쟁사, 소설, 음악, 미술, 역사, 철학, 종교, 여행 등 서로 다른 주제의 책들이 놓여 있다(31쪽 사진을 볼 것).

그곳에서 노트르담 사원에 접근하기 위해서는 왼쪽으로 갈 수도 있고 오른쪽으로 갈 수도 있다. 왼쪽으로 가면 노트르담의 정면이 나오고 오른쪽으로 가면 노트르담의 뒷면이 나온다. 나는 언제나 관광객으로 붐비고 집시 여인들이 떼 지어 몰려다니며 구걸 행위를 하는 노트르담 사원 정면의 광장을 피해 오른쪽으로 발길을 돌린다. 몽트벨로 강변로를 따라 오른쪽으로 200미터만 걸으면 아르슈베쉐 다리가 나온다(이 다리는 1828년 왕정복고 시절 샤를 10세에 의해 준공되었다). 그 다리에 서면 노트르담 성당의 뒷면이 가장 아름답게 보인다. 그 이유는 노트르담 사원의 웅장한 뒷모습이 센 강의 물과 파리의 하늘 그리고 정원의 나무들과 자연스럽게 어우러져 한 폭의 풍경화를 그리고 있기 때문이다. 노트르담 사원의 뒷면은 둥근 반원형 부분, 비스듬하게 경사진 지지대들 그리고 하늘을 찌르는 고딕 첨탑이 조화를 이루며 정면보다 훨씬 풍부한 형태를 보여준다. 그래서 이 다리 입구에는 파리가 좋아서 파리에 살면서 파리 풍경화를 그려 파는 외국 화가들이 많다. 이곳에 자리 잡은 거리의 화가들은 노트르담의 뒷면을 그린 풍경화를 다리 난간에 기대어 전시하고 있다.

노트르담 대성당의 역사

시테 섬 동쪽 끝 노트르담 대성당 자리는 고대로부터 종교 행사가 이루어지는 장소였다. 원래 그곳에는 주피터를 모시던 제단이 있었는데, 4세기 들어서 가톨릭이 국교가 되면서 그 제단을 해체한 자리에 두 개의 성당이 세워졌다. 그러다가 1160년 모리스 드 쉴리 파리 주교가 그 자리에 노트르담 대성당 건립을 발의하여 1163년 교황 알렉산더 3세가 공사 시작을 선포하였다. 이후 거의 200년 동안 공사가 진행되었다. 1189년에는 제단이 완공되었고 1250년에는 본당 회중석과 성당 정면 쪽에 높이가 68미터에 이르는 두 개의 탑이 완성되었다. 성당 동쪽 끝 제단 뒤의 반원형 부분 공사, 장미창 공사, 성당 안의 예배당 공사, 외부의 플라잉 버트레스 공사 등 보완공사가 계속되어 1330년에 가서야 완공된 대성당이 바로 노트르담 성당이다.

완공된 노트르담 대성당은 중세 프랑스 가톨릭교회의 종교적 열정으로 지어진 고딕 양식의 대표적 건축물이 되었다. 무거운 돌을 설계에 맞추어 재단하고 다듬은 다음, 쓰러지지 않게 높게 쌓아올리기 위해 당시 최고의 건축 기술이 사용되었다. 아치와 궁륭으로 쌓아올린 돌벽들이 서로를 지지하도록 만들었다. 그렇게 하여 천장의 높이가 35미터나 되고 길이가 130미터, 폭이 48미터인 거대한 실내 공간이 만들어졌다. 성당 건축이 로마네스크 양식에서 고딕 양식으로 변하면서 꽉 차서 답답한 느낌을 주던 공간이 텅 비어서 시원한 느낌을 주는 공간으로 바뀌었다. 많은 사람이 그 공간에 모여 예배를 보게 되었을 뿐만 아니라 공기의 순환이 자유로워졌다. 무엇보다도 신자들은 높은 천장 아래서 신을 향한 수직 상승의 상상력을 자유롭게 펼칠 수 있게 되었다. 장미창과 스테인드글라스를 통해 들어오는 빛은 신의 영광을 찬미하기에 모자람이 없는 거룩한 분위기를 만들었다. 오늘날 매주 일요일마다 성가대가 그곳에 설치된 오르간 연주에 맞추어 부르는 그레고리안 성가는 중세의 영적 분위기를 되살려준다. 성당의 외벽에는 수많은 부조와 조각 작품들이 설치되고 종각과 첨탑이 세워지면서 하늘을 향한 고귀한 신앙심이 최대한으로 표현되었다.

  그러나 가톨릭교회와 결탁하여 세속 권력을 신성화한 프랑스 절대왕조 체제를 무너뜨린 프랑스혁명 이후 노트르담 대성당은 크게 훼손되기 시작하였고 파괴의 위험에 처하기도 하였다. 그러다가 1831년 빅토르 위고가 쓴 『파리의 노트르담』이 계기가 되어 노트르담을 원 상태로 복원하자는 여론이 일기 시작했다. 비제의 오페라에 의해 세계적으로 유명해진 이야기 『카르멘』을 쓴 프로스페르 메리메는 파괴된 유적들을 복원하는 일에 앞장섰다. 그러다가 그는 정부의 문화재 보존 및 복원위원회의 위원장이 되었다. 그는 1844년 건축가 비올레-르-뒥에게 노트르담 대성당 복원의 책임을 맡겼다. 비올레-르-뒥에게 노트르담 성당은 중세 고딕 양식의 예술작품이기에 앞서 역사의 증인이었다. 그래서 그는 복원 과정에서 노트르담 성당이 지니고 있는 과거의 흔적을 최대한으로 유지하려고 애썼다. 그러나 그에게 복원이란 외양의 장식보다 구조의 강화를 의미했다. 그래서 노트르담을 있는 그대로의 상태에서 수선하는 것을 넘어서 그 이전보다 훨씬 더 견고한 상태로 만들었다. 그 과정에서 건축 당시에는 없던 새로운 기술을 사용하면서 원형을 다소 변형시키기도 했다. (러스킨 등 낭만주의자들에 따르면, 모든 복원은 원본의 배반이다. 인간이 세운 모든 것은 세월의 흐름에 따라 쓰러지고 결국은 먼지로 사라지는 것이 당연한 순리다.) 그는 본당 남쪽에 미사를 볼 때 필요한 사제복, 촛대 등을 보관하는 성기실(聖器室)을 새로 만들어 붙이기도 하였다. 1999년 강풍으로 성당 외벽의 장식물들이 파손되었지만, 오늘날 우리가 보는 노트르담 성당의 모습은 1864년 복원공사가 완료되었을 때의 모습에서 크게 변한 게 없다. 노트르담 성당 앞 광장에는 그곳에서부터 파리와 지방 사이의 거리를 측정하는 제로 포인트 Point Zéro des routes de France가 있는데, 여덟 방향으로 퍼지는 화살표의 모습을 하고 있는 제로 포인트를 밟으면 파리에 다시 온다는 전설이 있다. 광장 오른쪽에는 7세기에 유럽을 정복한 프랑스의 왕 샤를마뉴 대제의 동상이 서 있다.

빅토르 위고와
노트르담의 신화

노트르담 대성당은 1804년 나폴레옹의 황제 대관식을 위한 무대가 되었다. 바티칸의 교황이 친히 와서 그의 머리에 왕관을 씌워주었다. 자크 루이 다비드의 「나폴레옹 대관식」 그림을 루브르 박물관에 가면 볼 수 있다. 2006년에는 프랑스 빈민의 아버지 피에르 신부의 영결식이 같은 장소에서 거행되었다(피에르 신부는 프랑스 사람들의 여론조사에서 가장 존경받는 사람으로 추앙되고 있다. 드골 대통령이 그다음이다). 1831년 빅토르 위고가 발표한 소설『파리의 노트르담』으로 신화화된 노트르담 대성당은 「노트르담의 꼽추」로 영화화되어 파리를 상징하는 세계적 명소가 되었다. 앤서니 퀸이 콰지모도 역할을 맡아 열연했는데 노트르담 사원 옆의 아르콜 거리에는 '콰지모도'라는 이름의 기념품 상점이 있다. 그 영화에서 지나롤로 브리지타가 집시 여인 에스메랄다로 나왔는데, 노트르담 대성당에서 생-루이 섬으로 들어가는 다리 왼쪽에 있는 카페의 이름도 '에스메랄다'이다. 파리 16구에는 빅토르 위고 거리가 있는데 위고는 이 거리에 있는 저택에서 세상을 떠났다. 그래서 그런지 빅토르 위고 거리에도 '에스메랄다'라는 이름의 카페가 있다. (나는 이 카페에서 동베를린 사건으로 옥고를 치르다가 무죄로 풀려난 정성배 선생과 몇 번 만난 적이 있다. 그는 석방 후 파리에서 한국 민주화운동을 주도했는데 미테랑 대통령을 만나 김대중 구명운동을 벌이기도 했다.)

돌로 지은 노트르담 성당 앞 정문에는 글을 읽을 줄 모르는 민중들에게 성서의 이야기를 전달하기 위해 만들어 붙인 수많은 부조들이 장식되어 있다. 대성당 정면의 조각상들과 부조는 모두 성경에 나오는 인물과 이야기들을 이미지로 형상화한 것들이다. 정면에서 바라보면 세 개의 대문이 있는데, 그 가운데 왼쪽 문의 맨 아래 왼쪽에서 세번째 석상은 여타의 모든 석상과 다른 특별한 모습을 하고 있다. 놀랍게도 자신의 잘린 목을 자기 가슴 부분에 양손으로 들어 모든 사람에게 보이고 있는 것이다. 3세기 파리 부근에 기독교를 처음 전하다가 참수당한 생-드니의 석상이다. 그는 머리가 잘렸지만 죽지 않고 살아서 자신의 목을 들고 몽마르트르 언덕을 올라갔다는 전설이 있다 (몽마르트르 언덕에 있는 수잔 뷔송 공원과 생-드니의 역사박물관에도 이 성자의 상이 서 있다). 성당 안으로 들어가면 장 드 셸이 만든 장미창에 햇빛이 비치는 황홀한 모습을 넋을 놓고 바라보게 된다. 장미창은 지름이 12.5미터나 되는 거대한 원형 유리창이다. 남쪽 장미창에는 신약이, 북쪽 장미창에는 구약의 일화들이 묘사되어 있다. 『파리의 노트르담』에는 "이것이 저것을 죽일 것이다"라는 문장이 나오는데, 여기서 이것은 '책'을 말하고 저것은 '건축물'을 말한다. 19세기에는 이미 인쇄술이 발달되고 라틴어 성서가 각 나라말로 번역됨으로써 사제가 아닌 보통 사람들도 성서를 직접 읽을 수 있게 되었다. 그러니까 그 문장은 성경책이 신의 메시지로서의 대성당 건물을 대체하게 될 것이라는 예언이다.

요한 23세 정원의
숨은 이야기들

센 강 위에 떠 있는 아르슈베쉐 다리를 건너면 노트르담 대성당이 있는 시테 섬이다. 시테 섬은 센 강이라는 천연의 성곽으로 둘러싸인 보호된 영역이었는데 그것도 모자라서 섬 주변에는 돌로 쌓은 성곽의 흔적이 남아 있다. 그러니까 노트르담 사원은 섬 위에 세워진 파리 교구의 중심 성당이다. 시테 섬은 파리의 발상지이다. 그래서 성당 앞 광장 지하에는 고고학적 흔적을 복원하여 파리의 오래된 역사를 증거하는 고고학 전시장이 있다. 시테 섬의 서쪽은 세속 권력을 위한 장소여서 성곽이 있던 중세 시대부터 궁전이 지어진 반면, 시테 섬의 동쪽은 종교 권력을 위한 장소여서 파리의 중심 사원인 노트르담이 지어졌다.

아르슈베쉐 다리를 건너자마자 노트르담 사원 뒤쪽과 붙어 있는 정원이 하나 나온다. 그 정원이 바로 요한 23세 정원이다. 이 정원은 1848년에 만들어졌다. 원래 이 자리에는 대주교관이 있었는데, 1830년 7월혁명 당시 무너지고 빈터로 있다가 노트르담 부속 정원으로 전환되었다. 파리에 있는 대부분의 공원이나 정원들이 1850년대와 1860년대에 걸쳐 이루어진 오스만 남작의 파리 개조공사 당시 공원과 정원공사를 책임진 알팡의 작품이지만, 이 정원은 그 이전에 만들어진 고유한 형태의 정원이다(몽소 공원, 뷔트 쇼몽 공원, 몽수리 공원, 불로뉴 숲, 뱅센 숲 등이 모두 알팡의 작품이다).

이 정원과 성당을 가르는 경계 공간에 석상 하나가 서 있는데, 18세기 이탈리아 시인 카를로 골도니의 상이다. 1909년에 세워진 석상 밑에 씌어진 글귀는 그가 파리와 프랑스를 어떻게 사랑하게 되었는가를 다음과 같이 표현하고 있다. "나는 프랑스를 처음 보자마자 프랑스를 존경했고 프랑스를 사랑했다." 내가 이 석상과 그 밑에 씌어진 문장을 발견하게 된 것은 엑상프로방스에서 가톨릭 계통의 대안학교를 운영했던 베르나르 덕분이다. 어느 날 함께 산책을 할 때, 평소 파리에 대한 나의 애정을 잘 알던 베르나르가 나 같은 사람이 또 있다면서 알려준 석상이다.

그런데 최근에 이 교황 요한 23세 정원에 얽힌 다소 모순적인 이야기를 알게 되었다. 바티칸의 교황은 동성애는 물론 피임도 금지하면서 절제의 생활을 권면하고 있음은 잘 알려진 사실이다. 그런데 성모 마리아 상이 서 있고 교황의 이름이 붙어 있는 정원이 알고 보니까 동성애자들의 만남의 장소였던 것이다. 나는 프랑스의 게이 지식인인 디디에 에리봉이 자기 인생을 사회학적으로 분석한 책 『랭스로의 귀환』을 읽다가 그 사실을 알게 되었다. 훗날 레비-스트로스, 조르주 뒤메질 등과 나눈 지적인 대담을 책으로 펴내고 미셸 푸코의 전기를 써서 유명해진 그는, 아직 무명의 젊은 시절 어느 날 저녁 무렵 바로 이 장소에서 우연히 누군가를 만나 프랑스의 신좌파 일간지 『리베라시옹』지에 글을 쓰게 되었고 그 일을 계기로 지식인들을 만나 대담을 해서 기사를 쓰는 학술 담당 기자가 되었다는 것이다(이곳에서 센 강을 건너면 동성애자들을 위한 카페, 바, 옷가게, 구둣방, 서점 등이 즐비한 마레 지역이다).

200만 원짜리
풍경

1980년대 유학생 시절에 본 노트르담 사원은 거무칙칙한 먼지가 끼어 다소 우울한 분위기를 연출했는데, 2002년 두번째 파리 체류를 시작할 때 마주친 노트르담 사원은 정면을 막으로 가리고 공사 중이었다. 오래된 세월의 때를 벗겨내는 공사였다. 그래서 요즈음 보는 노트르담 사원은 말끔한 얼굴로 찾는 이를 반겨준다. 1984년 여름, 철학자이자 시인이신 박이문 선생께서 파리에서 안식년을 보내실 때 자주 만나며 지낸 적이 있다. 박 선생이 미국 보스턴의 시몬즈 대학교에 계실 때다. (박 선생은 1960년대에 파리에서 유학생활을 보냈다. 그의 박사학위 논문 「말라르메의 사상」은 1966년 상트르 드 도퀴망타시옹 위니베르시테르에서 출판되었다.) 한여름 더위가 한풀 꺾인 초가을 어느 날 저녁, 노트르담 사원이 바라다보이는 비비아니 정원 앞 카페테라스에 앉아서 커피 한 잔을 마시고 있을 때였다. 제법 서늘한 바람이 등줄기를 시원하게 스치며 지나가고 붉은 석양이 노트르담 사원을 이루고 있는 돌들을 비추며 장관을 보여주고 있었다. 그때 박 선생이 한 말이 생각난다. "이런 경치는 정말 보기 힘든 장면이야! 200만 원짜리야!" 미적 체험은 돈으로 환산할 수 없다는 풍자의 말씀이었지만, 풍경에 붙인 가격이 서울-파리 왕복 비행기 요금보다 더 많이 책정된 게 재미있었다.

그림 속의 노트르담 대성당

노트르담 사원은 에펠탑 그리고 몽마르트르 언덕과 함께 파리를 상징하는 대표적 장소다. 그래서 파리를 거쳐 가는 수많은 관광객들의 방문 장소가 된다. 그런 만큼 노트르담이 그림의 소재가 된 것은 당연하게 보인다. 가장 많이 알려진 그림은 마티스의 작품이다. 마티스는 1894년 오랜 방랑생활을 접고 센 강이 내려다보이는 생-미셀 강변 17번지의 6층 아파트에 자리를 잡았다. 그는 강변 쪽으로 두 개의 유리창이 난 방에 아틀리에를 차렸다. 그 유리창 앞에 서면 시테 섬의 노트르담 사원의 정면이 약간 비스듬하게 보였다. 그는 풍경을 찾아가지 않고 유리창을 통해 자신을 초대하는 풍경을 화폭에 맞아들이는 방식으로 여러 번에 걸쳐 노트르담 사원을 화폭에 옮겼다. 1898년 작품에는 창밖으로 보이는 노트르담 사원과 함께 그 주변의 나무, 자동차, 행인, 센 강 위의 배 등을 다양한 색으로 그렸다. 1902년에 터키색, 보라색, 장밋빛 붉은색, 밝은 청색을 사용하여 그린 「오후 끝 무렵의 노트르담 사원」이라는 작품은 이미 야수파적 경향을 보인다. 그러나 1914년에 그린 작품을 보면 형태와 색채가 훨씬 더 단순하다. 당시 마티스는 사물의 외형을 사실적으로 묘사하는 작업에 흥미를 잃고 눈에 비치는 사물이 불러일으키는 감정을 캔버스에 이입하기 시작했다. 그는 "나의 목표는 나의 감정을 표현하는 것이다"라고 말했다. 더욱 단순해진 세번째 그림에는 푸른색 기본 톤에 강렬한 검은 선들이 그려져 있고 나무를 상징하는 초록색 타원 형태 하나가 세워져 있다.

마티스의 젊은 시절 친구였던 알베르 마르케에게 노트르담 대성당과 센 강변 풍경은 그리지 않으면 못 배길 그런 절대적인 그림의 대상이었다. 방랑벽이 있어 외국을 떠돌다가도 센 강변으로 다시 돌아와서 강변 풍경을 화폭에 담아야 할 정도로 센 강변은 그의 삶 속에 깊이 스며들어 있었다. 스물일곱 살이었던 1902년에 그는 노트르담 대성당의 뒷면을 그리기 위해 투르넬 강변로 25번지에 방을 하나 빌렸다. 3년 후 1905년에는 그랑 오귀스탱 강변로로 아틀리에를 옮겼다. 그곳에서 그는 「노트르담, 태양」이라는 제목의 그림을 그렸다. 이 그림에는 퐁뇌프와 파리 경찰청 뒤에 노트르담 성당이 윤곽만 드러내고 있다. 강변에는 커다란 그림자가 드리워 있고 사람들이 오가는 모습이 보인다. 그는 도핀 거리와 그랑 오귀스탱 강변로가 만나는 지점에 새로 지은 아파트를 하나 사서 30년 동안 하늘과 물이 만나는 센 강 풍경을 그리다가 삶을 마쳤다. 만년으로 갈수록 파리 중심부의 센 강 풍경은 그의 눈 속에 용해되었고 그의 붓을 통해 재창조된 센 강 풍경은 갈수록 단순화되었다.

20세기 현대미술의 거장 피카소는 뒤늦게 1944년 5월 생-미셸 다리 밑 센 강변에서 바라보는 노트르담을 그렸다. 나치 치하에서 해방되기 3개월 전이었고, 마티스가 노트르담을 두번째로 그린 뒤 30년 만이었다. (두 사람은 1904년 뤽상브르 공원 옆 플뢰뤼스 거리에 있던 거트루드 스타인의 살롱에서 처음 만나 친구가 되었다. 두 사람의 전시회는 개별적으로 열릴 때보다 함께 열릴 때 더욱 많은 관심의 대상이 된다. 2003년 그랑 팔레에서 열린 「피카소와 마티스전」은 60만 명이 관람하는 기록을 세웠다.) 피카소는 2차 세계대전 중 파리가 나치 치하에 있을 때 미국과 멕시코에서 온 초청도 거부하고 나치에게 수색당하는 수모를 겪으면서도 파리를 떠나지 않았다. 비행기 공습으로 파괴될지도 모르는 파리의 풍경들을 화폭에 담으려고 파리에 남았는지도 모른다. 아무튼 피카소가 그린 노트르담 풍경화는 밝은 노란색을 사용했고 입체파 스타일이 가미되어 있지만 노트르담의 형태를 쉽게 알아볼 수 있다.

그러나 피카소와 마티스에 앞서 노트르담 사원을 그린 사람은 두아니에 루소다. 그의 원래 이름은 앙리 루소인데, 세관에서 15년 동안 일했다고 해서 세관 직원을 뜻하는 '두아니에'라는 별칭으로 불렸다. 그는 밀림 속의 열대식물들과 야수들을 어린아이가 그린 것처럼 소박하게 표현한 화가였다. 그가 일한 센 강변의 세관 사무실에서 멀지 않은 곳에 19세기 초에 만들어진 파리 식물원이 있는데, 그 한쪽 옆에 아프리카에서 잡아 온 동물들로 동물원을 만들어놓았다. 그래서 점심시간이면 그곳에 가서 동물들을 관찰하고 산책을 즐겼다고 한다. 그의 그림 속의 상상력은 점심시간의 산책에서 얻어졌는지도 모른다. 그가 세상을 떠나기 1년 전인 1909년에 그린 「노트르담」이란 제목의 그림은 노트르담 정면이 아니라 후면의 모습을 담고 있다. 이 그림에는 시테 섬과 그 옆에 오누이처럼 붙어 있는 작은 생-루이 섬 위의 투르넬 다리와 쉴리 다리가 나온다. 두 개의 직사각형 구조물과 고딕 첨탑이 합쳐진 노트르담은 검은색으로 단순 처리되어 있고 시테 섬과 생-루이 섬의 강변에 위치한 건물들이 보인다. 센 강에는 붉은 깃발을 휘날리는 배가 지나가고 있다. 쉴리 다리 위에는 챙이 넓은 모자를 쓴 검은 양복의 남자가 풍경을 관조하고 있다. 흔히 이 인물은 두아니에 루소의 모습을 상징한다고 알려졌는데, 검은 양복의 사나이는 그의 그림에 여러 번 등장한다. 루소는 두 번에 걸쳐 상처를 했고 자식 일곱 중 여섯을 잃었다. 그림 속의 남자는 검은 상복을 입고 노트르담 사원의 뒷면을 바라보면서 먼저 간 사람들의 죽음을 애도하고 있는지도 모른다. 생의 말기에 그린 이 그림이 자아내는 가라앉은 분위기는 그림을 바라보는 이를 생각에 잠기게 하는 힘이 있다. 종교가 삶의 고통과 죽음에서 출발하는 것이라면, 이 그림이야말로 노트르담 사원이 지닌 본래의 의미를 가장 잘 표현한다고 할 수 있을 것이다. 어떤 사람의 마음속을 알기 위해서 얼굴을 뚫어지게 바라보는 방법도 있지만, 때로 그가 돌아서서 가는 뒷모습에서 그의 내면세계를 더 깊이 읽게 되는 경우도 있다. 표면과는 다른 진실이 이면을 통해 나타나기 때문이다. 노트르담 성당의 경우도 마찬가지다. 두아니에 루소는 노트르담 사원의 진면목이 전면이 아니라 후면에 있음을 간파한 선구적 화가라고 할 수 있을 것이다(26~27쪽 제1부 시작 부분의 사진을 볼 것).

1930년대 파리의 밤 풍경을 사진에 담은 브라사이에게도 노트르담 사원의 정면보다 뒷면이 더 마음을 끌었던 모양이다. 그는 어느 날 밤 생-루이 섬쪽에서 노트르담 사원의 뒷모습을 찍었다. 1932년에 찍은 이 사진 속에서 노트르담 사원은 검은 실루엣으로 보이고 사람의 흔적이 사라진 주변 거리에는 가로등만 불빛을 밝히고 있다.

**미적 체험과
역사적 상상력**

요한 23세 정원을 한 바퀴 돌고 나오면 시테 섬 동쪽 끝에 유대인 기념관이 조성되어 있다. 이 자리는 파리 북쪽의 교외 드랑시에 수용되어 있던 유대인들을 배에 태워 아우슈비츠 등의 수용소로 보내던 항구의 역할을 했던 곳이다. 그래서 이곳에 그들의 희생을 추모하는 기억의 장소가 만들어졌다. 기념관은 마당을 지나 좁은 계단을 통해 지하로 내려가게 되어 있다. 센 강을 내다보면서 지하로 내려가게 만든 접근 통로가 인상적이다. 그곳에서 전쟁과 평화, 희생과 용서에 대한 명상을 마치고 밖으로 나오면 다시 센 강 풍경이 펼쳐진다. 그곳을 나와 몇 발짝 앞에 있는 생-루이 다리를 건너면 생-루이 섬으로 들어갈 수 있다. 다리를 건너자마자 오른쪽으로 오를레앙 강변로가 나온다. 그곳에 서면 노트르담 사원의 뒷면과 그로부터 그리 멀지 않은 센 강 우안에 서 있는 생-자크 탑을 동시에 바라볼 수 있다. (생-자크 탑 앞에서 스페인의 카미노 데 산티아고camino de santiago로 순례길을 시작하는 사람들이 많다.) 생트-샤펠의 첨탑도 노트르담, 생-자크 탑과 함께 21세기의 하늘 아래 중세의 분위기를 환기시킨다. 팡테옹의 녹청이 낀 돔 지붕도 보인다. 오를레앙 강변로에서 동쪽으로 조금 더 걸어가면 멀리 서쪽으로 에펠탑도 보인다. 그러면 노트르담 사원, 생-자크 탑, 팡테옹과 에펠탑이 동시에 바라보이는 풍경화가 그려진다. 이 풍경은 내가 파리에서 바라보는 가장 아름다운 풍경화 가운데 하나다. 이 풍경화는 미적 감동을 줄 뿐만 아니라 역사적 상상력도 불러일으킨다. 2008년에 복원공사가 완료된 생-자크 탑은 거대한 중세 수도원 건물의 일부로 노트르담 사원과 짝을 이루며 중세의 파리를 연상시킨다(라탱 구역에 있는 클뤼니 박물관은 중세박물관으로 특화되어 있다. 박물관 뒤편에는 중세 양식의 정원을 복원하여놓았다). 팡테옹은 1789년 프랑스혁명 이후 가톨릭의 성자들을 대신해서 공화국의 형성에 기여한 위대한 인물들을 모시는 신전이고, 에펠탑은 1889년 프랑스혁명 100주년을 기념해서 열린 세계 만국박람회에 맞추어 지은 철제 조형물로서 프랑스의 과학기술과 철강산업을 상징한다. 이렇게 오를레앙 강변로에서 바라보는 풍경화 속에는 미학과 역사가 함께 공존한다.

몽마르트르 언덕의
다른 얼굴

마음으로 보아야만 잘 볼 수 있어. 중요한 것은 눈에 보이지 않아.
[…] 집이든 별이든 사막이든, 그것들을 아름답게 하는 건 우리 눈에 보이지 않아.
— 생텍쥐페리, 『어린 왕자』

어디로
올라갈 것인가?

파리를 찾는 관광객들이 가장 많이 방문하는 장소 가운데 몽마르트르 언덕을 빼놓을 수 없을 것이다. 몽마르트르 언덕은 에펠탑, 노트르담, 퐁피두센터와 더불어 파리를 방문한 사람들에게 필수적인 순례 코스의 하나다. 많은 사람들이 몽마르트르 언덕을 가보지 않고는 파리를 가보았다고 말할 수 없다고 생각한다. 몽마르트르는 파리를 찾는 외국인들에게 돈의 논리에서 벗어난 가장 시적인 분위기를 풍기는 장소로 아로새겨져 있다. 몽마르트르 언덕은 돈과 명예가 아니라 아름다움과 삶의 진실을 추구

잘 알려진
장소
다르게 보기

하는 예술가들이 사는 동네로 인식되어 있기 때문이다. 몽마르트르 언덕은 그 이름만으로도 19세기의 낭만적 분위기를 풍긴다. 그 몽마르트르 언덕 마을에 어둠이 내리면서 하나둘씩 창문에 불이 밝혀지고 언덕 밑 파리 시내에는 옅은 안개가 끼어 있는 이미지가 환상 속에 펼쳐진다. 그런데 똑같은 몽마르트르 언덕이라도 그곳으로 올라가는 방법에 따라 다른 느낌을 갖게 된다. 그러니까 몽마르트르에는 두 개의 얼굴이 있는 셈이다. 지하철 블랑쉬, 피갈, 앙베르 등의 정거장이 있는 클리시 대로에서 몽마르트르 언덕 정상의 사크레 쾨르 성당까지가 화가들의 아틀리에가 몰려 있었던 신화 속의 몽마르트르 언덕이다. 그쪽이 바로 세계 도처에서 사람들이 찾아오는 몽마르트르의 알려진 얼굴이라고 할 수 있다. 그와 반면에 성당 아래쪽, 특히 라마르크 거리를 경계로 하는 몽마르트르 언덕의 북쪽 면 아래쪽이야말로 비교적 관광객이 덜 찾는, 아직도 19세기 후반의 목가적 분위기를 간직한 몽마르트르 언덕의 숨어 있는 얼굴이라고 할 수 있다.

 몽마르트르 언덕의 남쪽에는 클리시 대로와 로슈슈아르 대로가 지나간다. 그러니까 이 두 개의 대로 밑을 지나가는 지하철 2번선의 블랑쉬 역, 피갈 역, 앙베르 역, 바르베스-로슈슈아르 역, 이렇게 네 개의 역 가운데 아무 역에나 내려서 북쪽 언덕을 향해 올라가면 어디로 가든지 간에 몽마르트르 언덕이 나온다. 그런데 이 지하철역들에서 나와 마주치는 장면들은 몽마르트르 언덕의 낭만적 분위기와는 거리가 멀게 정신이 없다. 섹스 숍, 포르노 영화관, 연극 공연장, 디스코텍, 룸살롱 등을 비롯하여 거리의 상점들이 예술적 분위기와는 거리가 멀고 거리를 헤매고 다니는 사람들이 너무 많아 한가한 분위기는 느낄 수가 없다. 그래서 몽마르트르 언덕에 대해 가지고 있던 환상과 기대가 몽마르트르 언덕에 오르기도 전에 맥빠진 실망과 가벼운 배신감으로 끝나버리고 만다. 그러나 지하철 12번선을 타고 아베스 역이나 라마르크-콜랭쿠르 역에서 내려 몽마르트르 언덕을 올라간다면 훨씬 다른 느낌을 갖게 될 것이다. 버스를 이용하려면 80번 버스를 타고 라마르크-콜랭쿠르 역에서 하차하면 된다. 80번 버스를 이용할 경우 종점까지 가면 18구 구청이 나오는데 그 앞에서 시작하는 몽마르트르 언덕만을 순회하는 마을버스를 탈 수도 있다. 몽마르트로뷔스라는 이름의 이 버스는 몽마르트르 언덕의 작은 골목길들을 잘 빠져나갈 수 있도록 하기 위해 합승 크기로 제작되었다(유명한 관광지에 가면 볼 수 있는 기차 모양으로 만든 관광열차보다는 몽마르트로뷔스를 타는 것이 훨씬 재미있다. 왜냐하면 관광객 사이에 끼어 앉아 다른 관광객들의 시선의 대상이 되는 것이 아니라 잠시 동안 몽마르트르 언덕의 주민이 되었다는 느낌을 가질 수 있기 때문이다). 저녁에 이 버스를 타면 관광객은 거의 없고 몽마르트르 언덕 아랫마을에 사는 주민들이 대부분이다. 운전사와 아는 승객들도 많아서 서로 이야기를 주고받는다. 승객들끼리도 쉽게 이야기를 주고받는다. 20여 명 정도가 타는 작은 합승버스는 큰 버스에 비해 훨씬 더 인간적 접촉을 용이하게 한다.

 그래도 어쩔 수 없이 남쪽에서 올라가야 할 경우라면 지하철 2번선 블랑쉬 역에서 내려 르픽 거리를 걸어올라 가는 방법이 있다. 몽마르트르 언덕에는 장기판의 직선과는 가장 거리가 먼 말발굽(ㄷ) 모양으로 되어 있는 언덕길이 여럿 있는데 르픽 거리와 쥐노 거리가 대표적이다. (쥐노 거리 15번지에는 오스트리아의 건축가 아돌프 로스가 1920년대 파리에서 다다이즘 운동을 벌이던 루마니아 출신의 시인 트리스탕 차라를 위해서 지어준 유명한 집이 있다.) 지하철 앙베르 역에서 내릴 경우에는 생-피에르 광장에서 케이블 철도를 타고 언덕을 올라갈 수도 있다.

라마르크-콜랭쿠르
지하철역 앞 풍경

파리의 지하철역 가운데 가장 깊은 곳에 있어 지하 방공호를 연상시키는 아베스 역을 엘리베이터를 타고 올라가면 아베스 광장이 나온다. 이 작은 광장 앞 카페에 앉아 커피 한 잔을 마시며 광장 앞을 다니는 사람들을 여유 있게 구경하다가 사크레 쾨르와 테르트르 광장으로 올라가면 몽마르트르 언덕의 분위기를 어느 정도 느낄 수 있다. 그러나 사크레 쾨르 앞의 전망대와 테르트르 광장을 가득 채우고 있는 관광객의 인파에 묻히다 보면 몽마르트르 언덕에 산책 나온 것인지 사람 구경하러 온 것인지 모르게 된다. 그래서 나는 일부러 지하철 12번선의 아베스 역 다음 정거장인 라마르크-콜랭쿠르 역에서 내리는 경우가 더 많다(버스 80번 노선도 이곳에 정거장이 있다). 몽마르트르 언덕 북쪽 아래편에 있는 이 지하철역은 출입구 자체가 재미있다. 출입구 양쪽은 작은 규모의 돌계단으로 되어 있어 역을 나오자마자 몽마르트르 언덕의 분위기를 느낄 수 있다.

역을 나오면 오른쪽에 꽃 가게가 있고 그 앞에 신문 가판대가 있다. 왼쪽에는 카페 르 라마르크가 있고 정면에는 아래로 내려가는 돌계단 옆에 카페르 르퓌주(피난처)가 있다. 지하철이 타기 싫은 날은 80번 버스를 타고 클리시 광장을 지나 라마르크-콜랭쿠르 정거장에서 내려 지하철역 쪽으로 걸어 내려온다. 그래서 가을날 오후 같으면 카페 르 르퓌주의 테라스에 자리를 잡고 앉아 햇빛을 받으며 지나다니는 사람들을 구경하고, 여름날 같으면 햇빛을 피해 카페 르 라마르크 테라스에 앉아 가지고 온 책을 읽거나 카페 앞의 가판대에서 산『르 몽드』지를 읽는다. (어느 날 르 라마르크 카페에 놓여 있던 지역 문화를 알리는 무가지『파리 몽마르트르』라는 잡지에서 1898년 처음 만들어진 르노 자동차가 시운전으로 르픽 거리를 거쳐 몽마르트르 언덕을 올라왔다는 기사를 읽은 적도 있다.) 그러다가 심심하면 지나가는 사람들을 바라본다. 이 동네 사람들 가운데는 자유로운 분위기의 문화예술인들이 많지만 어떻게 보면 실업자, 폐인, 백수, 놈팽이, 뺀질이, 지골로 같은 분위기의 사람들도 많다. 그리고 다른 동네보다 깁스를 한 부상자들이나 장애인들도 자주 눈에 뜨인다. 인종, 계층, 성, 나이에 따라 얼굴, 옷차림, 몸동작이 사람마다 다 다르다. 지나다니는 사람들의 얼굴과 몸에 다양한 인생이 들어 있다. 카페테라스에 앉아 그들을 바라보며 이야기를 만들어내는 상상력만 있다면 커피 한잔 값에 수많은 인생 드라마를 볼 수 있다.

    지하철역 앞 동서 방향의 언덕길이 라마르크 거리이고 그 거리를 십자가를 그으며 내려가는 돌계단 길이 피에르 닥 거리와 퐁텐 드 뷔 거리다. 카페 앞의 꽃 가게 주인이 손님들과 이야기 나누는 모습이 보이고, 신문 가판대의 회전문 속에 들어가 있는 아주머니와 신문이나 잡지를 사러 오는 사람들의 대화 소리가 들리기도 한다. 신문 가판대에는『르 몽드』『리베라시옹』『르 피가로』 등의 일간지와 『샬리 엡도』와 『카나르 앙쉐네』 등의 풍자 신문들, 『누벨 옵세르바퇴르』『렉스프레스』『파리 마치』 등의 시사주간지, 『엘』『팜므』 등의 여성지들이 놓여 있다.

20세기 초에 만든 파리의 지하철 출입구 가운데 지형 때문에 특별하게 변형된 역사의 하나인 이 지하철역 앞에는 지하철을 알리는 표지판이 달린 낮은 키의 가로등이 서 있다(리볼리 거리의 튈르리 지하철역도 좁은 인도에 맞추어 변형된 모습을 하고 있다). 이 역을 둘러싼 지형에 맞게 가로등의 높이를 낮춘 모습이 정겹다. 가로등에 달린 초록색 테두리를 두른 빨간색 판에 '메트로METRO'라는 글씨를 잘라낸 안내판의 크기는 키를 낮춘 가로등과 잘 어울린다. 지하철역 주변 라마르크 길에는 호텔도 하나 있고 우체국도 있으며 길가에는 자동차들이 주차되어 있다. 그 앞을 지나다니는 사람들 중에는 과거와 마찬가지로 문화예술인들이 많다. 이들은 자유와 예술, 반항과 창조, 앙티 콩포르미즘을 표방했던 시인 제라르 드 네르발, 파리코뮌의 지도자 장-밥티스트 클레망과 루이즈 미셸, 화가 반 고흐, 모딜리아니, 로트레크, 피카소, 달리, 위트릴로, 음악가 에릭 사티와 이탈리아 출신의 여가수 달리다의 후예들이다. 이들은 모두 한때 몽마르트르 언덕의 주민이었다.

몽마르트르의
포도밭과 야생정원

몽마르트르의 신화는 몽마르트르가 풍차가 돌아가던 언덕이라는 지리적 특성과 그곳에 수많은 화가와 작가, 시인들이 살았다는 역사적 사실로부터 만들어졌다고 볼 수 있다. 그러기에 몽마르트르를 아는 방법은 몽마르트르의 언덕이라는 지리적 특성을 몸으로 느껴보는 일에서 시작해야 한다. 라마르크-콜랭쿠르 지하철역 앞의 카페에서 나와 계단을 걸어 올라가면 그곳이 바로 콜랭쿠르 거리이다. 그곳에서 생-뱅상 묘지를 왼쪽으로 하고 언덕길을 올라가면 내가 즐겨 찾는 생-뱅상 거리가 나온다. 그 믿기지 않게 한적한 거리를 걸어 올라가다 보면 솔 거리와 만나는 곳 언덕에 포도밭이 나타난다. 햇빛이 잘 비치는 언덕에는 언제나 포도밭이 있기 마련이다. 파시 언덕이나 트로카데로 언덕 등 파리 시내의 다른 포도밭들은 도시화 과정에서 다 없어졌지만, 몽마르트르 언덕에는 아직도 포도밭이 그대로 남아 있다. 그래서 가을이 오면 포도를 수확하는 날 파리 시장이 참석하는 축제가 열린다. (몽마르트르 언덕의 포도밭은 그곳에서 나오는 포도로 포도주를 담그는 파리 유일의 포도밭으로 남아 있다. 포도주의 양은 300병 정도라고 한다. 파리 15구에 있는 브라상스 공원 언덕에도 1990년대에 공원을 조성하면서 원래 있던 포도밭 일부분을 남겨놓았지만 포도주를 담그기에는 규모가 너무 작다.)

생-뱅상 거리와 솔 거리가 만나는 사거리 한 모퉁이에 벤치가 마련되어 있는데, 길보다 약간 높게 만든 그곳에 앉아 경사진 언덕의 포도밭과 그 뒤의 나무로 덮인 집들을 바라보면 기분이 좋아진다. 맞은편에는 과거에 화가들이 즐겨 찾던 카바레 '라팽 아질'이 있다. 나는 보통 그곳에서 20분 정도는 지루하지 않게 앉아 풍경을 감상하다가 다시 발걸음을 옮긴다. 그 사거리에서 생-뱅상 거리를 걸어 올라가면 몽마르트르 포도밭 바로 뒤에 일반인의 출입이 제한된 '야생정원'이 나온다. 이 정원은 파리 시가 관리하는데, 최소한으로만 돌보면서 자연 그대로 자라도록 내버려둔 정원이다. 이 정원에는 19세기 말에서 20세기 초의 분위기가 거의 그대로 유지되고 있다. 생-뱅상 거리를 한참 걸어 올라가다 보면 오른쪽으로 사크레 쾨르 성당의 웅장한 뒷모습 전체가 한눈에 보인다. 성당 뒤쪽에서 왼쪽으로 돌아 내려오면 조금 전에 떠나온 라마르크 거리와 만난다.

몽마르트르의 화가들

나는 몽마르트르 언덕을 생-뱅상 길을 따라 올라간 적이 많지만, 때로 언덕으로 된 솔 거리 쪽으로 올라갈 때도 있다. 솔 거리와 라브뢰부아르 거리가 만나는 곳에 식당이 하나 나오는데, 그곳이 바로 몽마르트르의 골목길을 멜랑콜릭한 시적 분위기로 그렸던 화가 모리스 위트릴로가 살던 '장밋빛 집'이다(몽마르트르의 르픽 거리에는 반 고흐가 동생과 살던 집이 있고 아를에는 반 고흐가 살던 '노란 집'이 있다). 위트릴로는 몽마르트르 언덕 북쪽 기슭의 포르토 거리에서 태어났고 생-뱅상 묘지의 어머니 무덤 옆에 영원히 잠들어 있다. 위트릴로의 어머니는 서커스 단원이었다가 사고를 당한 후 드가, 로트레크, 르누아르 등의 모델 역할을 하던 수잔 발라동이다. 한때 음악가 에릭 사티의 연인이기도 했던 그녀는 드가의 격려와 권유로 모델 노릇을 그만두고 인물화와 나체화를 그리는 화가가 되었다. 그녀가 열여덟 살의 나이에 사생아로 낳은 아들이 바로 모리스 위트릴로다. 수잔 발라동은 아들 모리스 위트릴로가 17세의 나이에 생트-안느 정신병원에 입원했을 때 의사들의 권유에 따라 아들에게 그림을 그리도록 부추겼다. 아들은 어머니와 달리 풍경화에 몰두했다. 2009년에는 마들렌 사원 앞에 있는 피나코테크 미술관에서 위트릴로와 수잔 발라동 모자의 그림을 동시에 보여주는 전시회가 열렸다. 위트릴로는 몽마르트르 언덕의 골목길과 계단 길을 많이 그렸다. 특히 언덕 북쪽의 계단 길을 많이 그렸는데, 몽스니 거리에서 사크레 쾨르 성당으로 올라가는 계단 길을 비롯한 그의 여러 작품들이 튈르리 공원에 부속되어 있는 오랑주리 미술관 지하에서 상설 전시되고 있다.

몽마르트르는 위트릴로 이전부터 오랜 동안 화가들의 요람이었다. 19세기가 시작될 무렵 테오도르 제리코와 카미유 코로가 이곳으로 이주해왔으며, 19세기 후반에는 로트레크와 에드가르 드가, 키스 반 동겐이 이곳에서 그림을 그렸다. 반 고흐는 아를로 내려가기 전 르픽 거리에 있던 동생 테오의 집에 머물면서 그림을 그렸다. 1886년 반 고흐는 「몽마르트르 언덕의 가을」을 그렸다. 그 그림을 찬찬히 들여다보면 언덕 위에 서너 개의 풍차가 보이고 하늘에는 흰 구름이 가득 흘러가고 언덕 중간 왼편에는 군데군데 집들이 흩어져 서 있고 언덕 아래쪽에는 채석장이 길고 넓게 펼쳐져 있다. 채석장 앞에 실루엣으로 처리된 남녀가 이야기를 나누고 있는 모습도 보인다. 작가 피에르 막 오를랑은 1900년 몽마르트르 언덕의 풍경을 이렇게 글로 표현했다.

1900년 몽마르트르 언덕의 풍경을 있는 그대로 회상하자면 그때 거기에는 마른 풀과 풀밭들 그리고 이미 오래된 작은 집들이 있었다. 다소 야생적인 거대한 풀밭 위로 초가집들이 흩어져 있었고 우리들은 그 무성한 풀밭에서 뒹굴 수

잘 알려진
장소
다르게 보기

있었다. 지금의 몽마르트르 언덕의 모습과 비교하면 격세지감이 있는 아직 개발되지 않은 평온한 분위기의 풍경화다.

그러나 그런 평온함 뒤에는 아픈 기억의 상처가 숨어 있었다. 1871년 5월에 이곳에서 파리 시민군과 정부군 사이의 격렬한 전투가 있었고 수많은 시민군이 사망하고 부상당하면서 파리코뮌은 막을 내렸던 것이다. 반 고흐가 그린 몽마르트르 풍경화 전체의 톤은 1885년에 그린「감자 먹는 사람들」과 비교해 훨씬 밝아졌지만, 이후 남프랑스에서 그리게 될 그림과 비교하면 아직도 약간 어두운 갈색 톤이 주조가 되어 있다. 20세기 초 피카소가 스페인을 떠나 파리에 처음 정착한 곳이 몽마르트르 언덕의 베르트 거리다. 그는 1907년 몽마르트르 언덕의 '세탁선'이라는 이름의 아틀리에에서「아비뇽의 처녀들」등의 중요한 작품을 그렸다. (센 강에는 빨래를 해서 말리는 실제 세탁선이 있었다.) 20세기 초 '세탁선'에서는 모딜리아니, 마리 로랑생, 키스 반 동겐 등이 그림을 그렸다. 영화감독 에릭 로메르의「파리에서의 만남」이라는 영화에는 몽마르트르 언덕의 '세탁선'과 그 옆의 팀 호텔이 나온다.

순교자 생-드니와
몽마르트르의 문인들

장소는 그곳에 산 사람들의 삶을 통해 기억을 남긴다. 몽마르트르가 행정구역상 18구에 속한다면 18구는 밑으로 9구 그리고 10구 동쪽과 인접해 있다. 그런데 9구의 동서축 중간에 남북을 가로지르는 길의 하나로 마르티르 거리('순교자의 거리'라는 뜻)가 있다. 이 거리에서 몽마르트르 언덕을 향해 북진하면 지하철 2번선의 피갈 역과 앙베르 역 사이가 나온다. 그런데 이 거리가 '순교자의 거리'라고 이름 붙여진 데는 역사적 사연이 있다. 생-드니는 서기 3세기 기독교가 정치권력에 의해 아직 공인된 종교가 되기 전에 파리 일대에 기독교를 전파한 프랑스 최초의 기독교도 중의 한 사람이다. 그는 혹세무민의 죄로 273년 참수되었는데, 신앙의 힘으로 죽지 않고 땅바닥에 떨어진 자신의 잘린 머리를 자기 손으로 집어 들고 이 거리를 걸어 올라갔다고 한다. 그래서 몽마르트르 언덕에 있는 수잔 뷔송 공원에는 잘린 목을 들고 서 있는 생-드니의 석상이 서 있다. 양손으로 자기 머리를 심장 위치에 들고 있는 생-드니의 가슴에는 십자가가 새겨져 있다. 475년 파리의 수호신 생트-즈느비에브가 생-드니의 묘소가 있던 자리에 성당을 지었는데, 장님이 눈을 뜨고 앉은뱅이가 일어나고 광인에게서 악령이 빠져나가는 기적이 연이어 일어났다고 한다.

이 작은 공원의 이름으로 남아 있는 수잔 뷔송은 독일군 점령 시절 레지스탕스 운동을 하다가 아우슈비츠 수용소에서 사망한 프랑스 사회주의 여성운동가였다. 공원 동쪽 문을 나오면 그 앞에 에밀 졸라의 소설 제목이기도 한 '목로주점 L'Assomoir'이라는 간판을 단 식당이 있다. 공원 옆에는 '안개의 성 Chateau de Brouillard'이라는 이름의 건물이 서 있는데, 이 부근에 있던 수원지의 물이 몽마르트르 언덕의 찬 공기와 만나 안개를 만들었다고 한다(현재의 건물은 1920년대에 다시 지은 것이라 고색창연함을 느낄 수 없음이 유감이다). 이곳에 있는 물가에는 저녁마다 동네의 말들과 개들이 모여 목을 축이는 장관을 연출했다고 하는데, 1854년 시인 네르발은 한가롭고 조용한 이 부근에 자리를 잡고 살았다. 그는 이 부근을 이상적인 평화의 오아시스라고 생각하면서 다음과 같이 썼다.

> 거대한 나무들로 은둔처를 만들고 있는 이 작은 공간에서 나의 마음을 끄는 것은 무엇보다도 생-드니의 전설과 연결되어 있는, 아직 사라지지 않고 남아 있는 포도밭이었다.

안개의 성 옆에 있는 달리다 광장에는 이브 몽탕과 마찬가지로 이탈리아에서 이민 와서 파리 연예계의 스타가 된 여가수 달리다의 흉상이 서 있다(그녀의 본명은 욜란다 지글리오티로 영화배우 알랭 들롱과 함께 노래를 부르기도 했고 프랑수아 미테랑 대통령의 사랑을 받기도 했다).

생-드니 성자에서 시작하는 몽마르트르 언덕의 저항 정신은 훗날 1871년 파리코뮌으로 이어진다. 당시 몽마르트르 언덕은 파리 시민들의 실험적 자치의 현장이었으며 정부군에 대항한 시민군의 마지막 항전의 장소였다. 여성운동가 루이즈 미셸은 이 언덕에서 야학을 열어 가난한 집 아이들을 가르쳤다. (그녀는 "노예가 프롤레타리아라면 노예 중의 노예는 프롤레타리아의 아내다"라는 말을 남겼다.) 몽마르트르의 저항 정신은 19세기 말과 20세기 초에 걸쳐 수많은 예술가와 작가들에 의해서 계승된다. (다른 한편 혁명과 민중 봉기 이후에는 언제나 보수세력의 반격이 있기 마련인데, 성당 복원 및 건립을 위한 모금사업도 그런 활동의 일환이다. 마르크스주의 지리학자 데이비드 하비는 사크레 쾨르 성당 건립이 계급의식을 잠재우고 보수적 질서를 확립하기 위한 것이었다고 해석한다.) 이 언덕에 살았던 네르발을 비롯해서 고티에, 아폴리네르, 보들레르, 베를렌, 폴 클로델 등의 시인, 빅토르 위고, 알퐁스 도데, 쥘 발레스, 에밀 졸라, 셀린 등의 소설가가 작품 속에서 몽마르트르를 묘사했다. 보들레르의 산문시집 『파리의 우울』의 마지막에 나오는 「몽마르트르 언덕에서 내려다본 파리에 부치는 시」는 원래 보들레르가 『악의 꽃』의 서문으로 쓴 것이다.

기쁜 마음으로 산 위로 오른다
그곳에서 넓은 도시를 관조할 수 있지
병원, 사창가, 연옥, 지옥, 감옥

도시의 엄청남이 꽃처럼 피어나는 곳에
오 사탄이여 나의 절망의 주인이여, 너는 알리라
나는 쓸데없는 눈물 따위나 흘리려고 그곳에 가지 않을 것임을

그러나 마치 늙은 정부의 늙은 호색한처럼
나는 엄청난 창녀에 취하고 싶었다
그녀의 지옥 같은 매력은 끊임없이 나를 젊게 만들었다

잘 알려진
장소
다르게 보기

**몽마르트르 언덕의
다른 쪽**

사크레 쾨르 성당을 보고 그 앞 광장에서 파리 전망을 즐긴 다음 전망대 동쪽 끝에 있는 화가 모리스 위트릴로의 이름을 달고 있는 돌계단 길을 걸어 내려오면 폴 알베르 거리와 만난다. 계단에서 내려오자마자 만나게 되는 카페의 이름은 '완만한 언덕길의 여름'이라는 뜻을 가진 '레테 앙 팡트 두스'이다. 이 카페에 앉아 계단을 바라보고 있으면 왼쪽에 공원이 하나 보이는데, 파리코뮌 당시 몽마르트르 언덕에서 야학을 하던 여성운동가 루이즈 미셸의 이름이 붙어 있는 공원이다. 이 언덕 공원은 전망대와 연결되는데 여름에는 저녁 9시 30분까지 열려 있다. 파리코뮌 이후 1880년 파리 곳곳의 정원을 설계한 알팡이 구상했고 장-카미유 포르마제의 세부 설계로 1927년 완성된 이 공원은 원래 채석장이 있던 자리다.

어느 날 카페 레테 앙 팡트 두스 앞을 지나가는데 '라 샹부르 아 레르'(야외에 있는 방)라는, 젊은이들의 실험 야외 방송국(FM 93.9, 17시 30분에서 20시 사이에만 방송)이 와서 "진보를 위해 금기를 깨자"라는 문장이 들어간 깃발을 걸어놓고 "보보란 무엇인가?"라는 주제로 야외 방송을 하고 있었다. 커다란 트럭의 타이어 안에 들어 있을 법한 검은색 튜브 대여섯 개를 땅바닥에 깔아 놓고 진행자가 그중 하나의 튜브 속에 들어가 반쯤 누워 있고 출연자는 튜브에 걸터앉아서 프로그램을 진행하고 있었다. 그 동네에 30년 이상 살았다는 60대 초반의 초대 손님은 몽마르트르 언덕이 있는 18구에 연극 공연장이 19개나 된다면서 이 지역이 문화적 자극이 많은 동네임을 강조한다. 그래서 문화예술 미디어 쪽에 종사하는 돈 많은 보헤미안들이 몽마르트르 언덕 북쪽의 가난한 동네가 주는 영감을 찾아서 모여들고 있다는 것이다. 내가 이 몽마르트르 언덕의 북쪽 아랫마을의 분위기를 좋아하는 것을 보면 나에게도 보보적 취향이 있는 모양이다. 그곳에서 아래로 이어지는 뮐러 거리를 걸어 내려오다 보면 골동품상이라기보다는 고물상에 가까운 오래된 잡동사니 상점이 하나 나오는데, '언덕의 다른 쪽'이라는 뜻을 담은 '로트르 코테 데 뷔트'라는 간판을 달고 있다. 이 간판은 이쪽이 언덕 저편의 북적거리는 분위기와는 달리 조용한 생활의 거리임을 알려준다. (누구보다도 파리의 가난한 동네를 사랑한 사진작가 윌리 로니스가 1934년 비 오는 날 밤 뮐러 거리에 주차된 검은 자동차를 찍은 유명한 사진이 있다.) 몽마르트르 북쪽에 있는 콜랭쿠르 거리나 퀴스틴 거리로부터 언덕 정상으로 올라가는 여러 개의 작은 길들을 만드는 돌계단의 모습은 모리스 위트릴로, 브라사이 등 수많은 화가와 사진작가들에게 영감을 제공했는데 지금도 그 모습을 거의 그대로 유지하고 있다.

　모리스 위트릴로 계단 길을 다 내려와 루이즈 미셸 공원을 오른쪽에 끼고 또 다른 돌계단을 걸어 내려가면 얼마 안 가서 지붕이 있는 오래된 시장 건물이 나온다. 생-피에르 시장이다. 건물로 들어가면 철제 기둥을 높이 세우고 유리창을 많이 써서 환하고 넓은 공간이 나온다. 19세기 파리에는 이런 형태의 시장이 많았는데, 대표적인 것으로는 1970년대 초 퐁피두센터에 밀려난 파리 중앙시장을 들 수 있다. '레 알'이라고 불린 중앙시장은 파리 교외의 룅지스로 이전했다. 그러나 라 빌레트 공원 정문 입구에 가면 아직도 그 커다란 규모의 재래식 시장 건물을 만날 수 있다(그 시장 건물 앞에는 분수대가 있고 그 앞에는 시테 드 라 뮈지크가 있다). 생-피에르 시장이나 라 빌레트 공원의 시장이나 지금은 모두 시장이 아니라 문화 공간으로 사용되고 있다. 몽마르트르 언덕의 생-피에르 시장 안으로 들어가면 왼쪽에 카페가 있고 오른쪽에는 서점이 있다. 천장이 워낙 높기 때문에 메자닌으로 만들어 1층과 2층 모두를 전시 공간으로 사용하는데 '소박화'라고 부르는, 어른들이 어린아이들처럼 순진하게 그린 그림들을 전시하고 있다. 지하에는 강당이 있어서 공연이나 강연회 장소로 쓰인다. 추운 겨울에 몽마르트르 언덕의 뒤쪽을 산책하다가 몸이 식어 춥다는 느낌이 들 때 이곳에 들어와 차 한 잔을 마시고 서점에서 책 구경을 하다 보면 몸과 마음이 다 푸근해진다. 카페에 앉아서 유리창을 통해 밖을 바라보면 루이즈 미셸 공원의 비탈에 선 키 큰 나무들이 보인다.

몽마르트르 언덕 북쪽의 마을 분위기

몽마르트르는 관광지이기 이전에 사람들이 모여 사는 마을이다. 밤이 내려 관광객들이 모두 떠나고 난 몽마르트르는 다시 이곳에 사는 주민들의 마을이 된다. 일요일 오전에 몽마르트르 언덕에 가보면 사람 사는 냄새가 물씬 풍기는 동네 분위기를 느낄 수 있다. 반 고흐가 아를로 내려가기 전에 살았던 집이 있는 르픽 거리 입구에는 채소 가게, 치즈 가게, 생선 가게, 고기 가게, 포도주 가게, 꽃 가게 등이 몰려 있어서 동네 사람들은 일요일 오전 느지막하게 이곳으로 시장을 보러 나온다. 물론 클리시 광장에서 시작하는 클리시 대로와 피갈 광장에서 시작해서 바르베스 거리와 만나는 로슈슈아르 대로로 이어지는 몽마르트르 언덕의 남쪽은 매일 저녁 만남과 유흥의 장소로 변한다. 하지만 언덕 북쪽의 생-뱅상 거리, 라마르크 거리, 콜랭쿠르 거리 쪽, 퀴스틴 거리 쪽은 조용한 마을 분위기를 되찾는다. 이곳에는 아이들을 맡기는 탁아소가 있고 초등학교가 있고 슈퍼마켓이 있고 생활필수품들을 파는 작은 상점들이 있다. 추운 겨울날 저녁에 이곳에 가면 마을 분위기를 흠뻑 느낄 수 있다. 라마르크 거리에 있는 한 탁아소 건물 벽에는 끔찍한 사연이 적혀 있다. 당시 유대인 아이들을 위한 이 탁아소에 다니던 79명의 아이들이 아우슈비츠 수용소에 끌려가 그중 71명이 사망했다는 것이다. 그 탁아소에 지금은 손자 손녀 세대의 아이들이 다니고 있다. 뮐러 거리를 다 걸어 내려오면 클리냥쿠르 거리가 나오고 그곳에도 보헤미안의 분위기를 풍기는 오래된 카페들이 여러 개 있다. 클리냥쿠르 거리로 나오자마자 오른쪽에 85번 버스 정거장이 있는데, 시간이 있을 경우 이 버스를 타면 9구를 돌아 3구와 2구를 거쳐 5구의 뤽상부르 공원에 도착한다. 몽마르트르 언덕을 걸어 내려와 다시 시내 중심부로 들어갈 경우 이 버스를 타면 편하게 앉아서 파리 시내를 구경할 수 있다.

이민객의
거리를 지나며

흔히들 파리의 특징은 다양성에 있다고 말하는데, 거기에는 인종적 다양성도 포함된다. 18구는 파리에서 흑인들이 가장 많이 사는 동네다. 그런데 18구 전체가 아니라 바르베스 대로를 기준으로 동쪽 동네가 흑인들의 분포도가 높은 지역이다. 몽마르트르 언덕에서 내려와 바르베스 대로를 건너면 길 하나를 사이에 두고 세상이 완전히 달라지는 기이한 경험을 할 수 있다. 이 지역에 흑인들이 많이 모여 사는 이유는 일단 지리적 특성 때문이다. 10구의 북역과 동역에서 출발한 철도가 두 갈래로 갈라져 북진하기 때문에 18구 내부에서 동서 연결이 어렵게 된다. 그래서 도시계획이 제대로 이루어지지 못해 부동산 값이 싸다. 그리고 원래 18구 밖 파리 교외 생-드니는 19세기부터 공장 밀집 지역이었다(현재 흑인들이 가장 많이 사는 생-드니에 공단이 형성된 이유는 이곳에서 나오는 연기가 파리 쪽으로 날아오지 않고 북쪽으로 이동하기 때문이었다).

몽마르트르 언덕을 걸어 내려와 바르베스 거리를 건너 미라 거리로 들어서면 이곳이 파리가 아니라 아프리카일지도 모른다는 생각을 하게 된다. 우선 거리를 다니는 사람들이 거의 다 흑인들이고 거리 양편의 상점들도 대부분 그들을 위한 물건을 팔고 있다. 세네갈, 토고, 모리타니, 베냉, 가나 등에서 온 흑인들이 운영하는 아프리카 식품점과 식당, 무늬가 크고 뚜렷한 밝은 색상의 천으로 만든 아프리카인들의 민속의상을 파는 상점, 흑인 여성들을 위한 미용실 등 다른 곳에서는 보기 드문 상점들이 줄지어 서 있다. 상점들의 이름도 아프리카 분위기를 풍긴다. 그 길을 끝까지 걸어가면 북역에서 나온 철도와 만난다. 동네 군데군데에 공사장이 있는데 오래된 아파트를 허물고 새 아파트를 짓고 있다. 그렇게 되면 이곳에 원래 살던 주민들은 오른 집세를 감당할 수 없어 밀려나게 될 것이다. 이 동네만이 아니라 18구, 19구, 20구 등 파리의 영세민 주거지역은 점차 낙후된 건물들이 사라지고 새로운 건물들이 들어서면서 주민들의 인종적·계층적 배경이 달라지고 있다. 흑인 노동자들이 파리 교외의 대단위 아파트 단지로 떠난 자리를 백인 중산층과 보보족들이 차지하게 될 것이다.

바르베스 거리에서 남쪽을 향해 걸어 내려오다 보면 왼쪽에 프랑스 이민의 모든 역사가 들어 있는 구트 도르(금 물방울) 거리가 나온다(이 거리 이름에 어울리게 이 동네에 저렴한 금은보석 세공품점들이 많다. 이 부근에는 거리에서 지나가는 사람에게 금은제품을 싸게 사라고 흥정을 붙이는 사람들도 있다). 그곳에는 19세기에 프랑스 지방에서 올라온 사람들에서 시작해서, 세파르드라고 불리는 북아프리카에서 온 유대인들을 거쳐 지금은 아프리카에서 온 흑인들이 주민의 대다수를 이루고 있다. 구트 도르 거리 바로 위쪽에 있는 폴롱소 거리에는 아랍 사람들이 가건물처럼 만든 이슬람 사원이 있는데, 어느 일요일 오후 5시경 그 앞을 지나가다 일단의 아랍 남자들이 종교의식을 마치고 쏟아져 나오는 것을 보고 놀란 적이 있다. 알 파트라는 이름의 이 회교 사원은 근본주의적 성향의 종파인데, 이 사원 출신의 회교도 가운데 아프가니스탄과 이라크 전쟁에 자원해서 참전한 사람들이 여러 명 있다고 한다. (파리 5구 식물원 옆 조프루아 생-일레르 거리에는 파리에서 가장 오래되고 제대로 된 이슬람 성전이 있다. 이곳 카페는 모두에게 개방되어 있는데 박하 차의 맛이 특별하다.)

그 길을 빠져나와 로슈슈아르 대로와 라샤펠 대로가 만나는 사거리로 나오면 완전히 인종 전시장 같다. 여러 인종의 사람들이 한데 섞여 장관을 이루는 이 거리는 파리에서 가장 혼잡스러운 군중의 거리 가운데 하나일 것이다.

조금 전에 한가롭게 거닐었던 몽마르트르 북쪽 언덕 아랫마을의 조용한 분위기와는 완전히 달라진다. 한순간에 확 바뀌는 도시의 분위기는 가히 충격적이다. 그러나 이곳이야말로 세계 속의 파리에서 파리 속의 세계를 볼 수 있는 장소로서 인류학적 관찰을 위해서는 가장 이상적인 장소라고 할 수 있다. 19세기에서 20세기에 이르기까지 한 세기가 넘게 프랑스의 식민지였던 북아프리카의 알제리, 튀니지, 모로코, 모리나티 등과 세네갈, 토고, 말리 등 서아프리카, 차드, 콩고 등의 중앙아프리카, 인도양의 마다가스카르와 레위니옹 섬, 남태평양의 누벨 칼레도니, 중남미 카리브 해의 마르티니크 등에서 이민 온 사람들이 이곳에 모여 어렵게 살아가고 있다.

　지하로 달리던 지하철 2번선은 이곳에서 지상으로 나오는데 사거리에 위치한 지하철역 앞은 무엇을 하는지 종잡을 수 없는 사람들로 붐빈다. 괜히 지나가는 사람들에게 말을 건네며 가치담배를 팔기도 하고 밤이 되면 마약 밀매를 하기도 하며 조야한 금은 세공품이나 시계를 팔기도 하고 소매치기를 하는 사람들도 있다. 이 부근에 있는 상점들은 파리에서 가장 저소득층을 상대로 하고 있다. 부유층을 고객으로 하는 명품가에 늘어선 상점들의 진열장에는 몇 안 되는 고가의 상품이 진열되어 있는 반면에, 가난한 사람을 위한 상점에는 진열창과 가게 전체에 수많은 종류의 다양한 싸구려 상품들이 전시되어 있어 눈에 띄는 대조를 보인다. 어둠이 내리면 더욱 부산해지는 이 거리를 떠나기 위해서, 나는 기분에 따라 사거리에서 85번 버스를 타기도 하고 2번선 또는 4번선 지하철을 탈 때도 있다. 집에 돌아오면 오후 한나절 동안 어디 아프리카의 먼 나라로 여행을 다녀온 기분이다.

제 2 부

피하고 싶은 '장소' 일부러 찾아다니기

2010년 3월 파리 14구

파리에서 유일한 상테 감옥의 높다란 담벼락 모습이 썰렁한 느낌을 준다.
앞쪽으로 책가방을 등에 진 초등학생 남자 어린이가 걸어가고 그 뒤로 청바지에 가죽잠바를 입은 남자가 입에
담배를 물고 불을 붙이며 걸어가고 있다.
높고 길게 늘어선 감옥의 담장 위로 쇠창살이 설치된 감옥 창문들이 보인다.

2010년 4월 파리 13구   뷔트 오 카이 언덕에서 내려오는 에스페랑스 거리의 모습이다. 가운데 걸어가는 남자는 실제 사람이고 양 옆에는 벽화가 찍혀 있다. 왼쪽 여자는 한가롭게 유리창 밖을 내다보고 있는 반면, 오른쪽 남자는 '희망'이라는 뜻의 길 이름이 쓰인 표지판을 오른팔을 뻗어 힘겹게 받치고 있다.

2010년 6월 파리 14구 오래된 허름한 건물을 헐은 공터에 동네 주민들이 임시로 동네 응접실을 만들어 즐기고 있다. 파리 시는 이곳에 공공 임대주택을 지을 예정인데 주민들은 녹지 공간을 만들어주기를 바라고 있다. 이곳에서 주민들의 자치 모임이 열린다. 담벼락에는 색색으로 낙서를 해놓았다.

2010년 6월 파리 20구 페르 라쉐즈 묘지 남쪽 문으로 나오면 만나게 되는 레세프 거리의 모습이다.
오후 4시 30분 학교가 파한 시간이다. 흑인 소년이 자전거를 타고 지나가고
학부형들이 거리에서 이야기를 나누고 있다.
정면에는 남녀 공용의 미용실이 보이고 오른쪽 유리창이 있는 가게는 식당이다.
부유하지는 않지만 평온한 일상적 삶의 분위기가 느껴진다.

2010년 6월 파리 20구 지하철 7번 지선이 통과하는 다뉴브 역에서 내려 동쪽으로 걸어가면
만나게 되는 세뤼리에 대로를 그보다 약간 높은 릴라 거리에서 내려다본 오후 5시경의 모습이다.
맨 오른쪽에 하교 후 집으로 돌아가는 남자아이의 모습이 경쾌하다.
파리의 서민 동네지만 삶의 활기가 느껴진다.

파리 동북부의
'위험한' 동네를 찾아서

> 十三人의 兒孩가 道路로 疾走하오.
> (길은 막다른 골목이 적당하오.) […]
> (길은 뚫린 골목길이라도 적당하오.)
> 十三人의 兒孩가 道路를 疾走하지 아니하여도 좋소.
> —이상, 「오감도」

**파리의
달동네**

골목길에 동네 아이들이 나와 놀고 있다. 약간 가난한 분위기의 골목에서 세 살에서 열 살 미만의 아이들 열 명 정도가 옹기종기 모여 사이좋게 놀다가 지나가는 행인을 쳐다본다. 옛날 서울이 아니라 며칠 전 파리의 19구와 20구를 가르는 벨빌 언덕길과 메닐몽탕 언덕길 사이에 있는 한가한 골목길에서 본 풍경이다. 파리를 동서남북으로 나누어볼 때 남쪽보다는 북쪽에 가난한 사람들이 더 많이 살고 서쪽보다는 동쪽에 서민층이 많이 살고 있다. 그러니까 파리 동북부의 18구 일부와 19구 그리고 20구는 대대로 빈민, 노동자, 소규모 자영업자들이 모여 살던 곳이다. 그곳에 가면 아직도 사람 사는 동네의 풋풋한 분위기가 남아 있다. 낮에는 창가에 빨래가 걸려 있기도 하고 저녁이면 구수한 음식 냄새도 풍긴다(138~39쪽 사진을 볼 것).

파리 서쪽의 에투알 광장과 동쪽의 나시옹 광장을 잇는 지하철 노선이 두 개 있는데, 남쪽에는 6번선, 북쪽에는 2번선이 다닌다. 두 개의 지하철 노선을 종점에서 종점까지 타보면 파리의 동서남북의 분위기가 어떻게 다른지를 빠른 시간에 알아차릴 수 있다. 지하철 2번선과 6번선의 노선은 반은 지하로 다니고 나머지 반쯤은 지상으로 다닌다. 그래서 지하철 노선 주변의 풍경을 관찰할 수 있다. 2번선을 타고 가다가 피갈 역을 지나면 지하철이 지상으로 나온다. 바르베스-로슈슈아르 역은 18구를 '안전한' 18구와 '위험한' 18구로 나누는 경계가 된다. 바르베스-로슈슈아르에서 다음 정거장인 라샤펠 역을 지나면 반공 이데올로기에 감염된 사람에게는 무시무시하게 들리는 스탈린그라드라는 역이 나오고, 그다음으로는 프랑스 사회주의 이론가이며 프랑스 사회당의 창건자 조레스의 이름을 붙인 역이 나오고, 그에 이어서 프랑스 공산당사가 서 있는 콜로넬 파비앵 역을 지나면 벨빌 역이다. 여기에서 파리의 20개 구 가운데 10구와 11구, 19와 20구, 네 개의 구가 서로 만난다. 벨빌 정거장에서 쿠론 역을 지나면 메닐몽탕 역이 나온다. 벨빌과 메닐몽탕을 중심 거리로 하는 이 지역은 파리를 내려다보는 완만한 언덕을 이루고 있다. 서울의 달동네가 높은 지역에 위치해 있듯이 원래 도시의 버려진 고지대에는 농촌에서 올라오거나 외국에서 이주해온 가난한 사람들이 몰려 사는 경우가 많다. 19세기 말에 예술가들이 몰려들어 유명해진 몽마르트르 언덕도 가난한 예술가들

피하고 싶은
장소 일부러
찾아다니기

이 싼값에 아틀리에를 빌릴 수 있는 변두리의 달동네였다.

그러나 파리에서 제일 높은 지역은 18구의 몽마르트르 언덕이 아니라 19구의 벨빌 언덕이다. 지하철 텔레그라프 역에서 내려 동쪽으로 난 언덕길로 올라가면 벨빌 묘지가 나타나는데, 그곳이 파리에서 해발고도가 가장 높은 곳이다. 그런데 많은 사람들이 몽마르트르 언덕은 즐겨 올라가지만 벨빌 언덕을 기피하는 까닭은 이곳이 위험한 지역으로 알려져 있어서 자기도 모르게 접근을 피하기 때문이다. 파리에 오래 산 어떤 한국 사람은 그곳에 갔다가 잠시 주차해놓은 사이에 차에 두었던 가방을 도난당했다는 이야기를 하면서 다시는 못 갈 곳이라고 열변을 토한다.

그러나 꼭 그렇지만은 않다. 벨빌 언덕 부근에는 나폴레옹 3세 시절에 만들어진 뷔트 쇼몽 공원이 있고 르 코르뷔지에의 제자들이 만든 파리건축학교도 있으며 '플라토'라는 이름의 미술전시장도 있다. 지하철 7번 지선7bis이 통과하는 다뉴브 역 근처에는 자유의 거리Rue de la Liberté, 평등의 거리Rue de l'Egalité, 박애의 길Rue de la Fraternité이라는, 프랑스혁명의 세 가지 이념을 딴 아담하고 조용한 골목길들이 있는가 하면, 과거 채석장이었던 무자이아 거리 양쪽에는 앞마당이 있는 작은 집들이 줄지어 서 있다. 빌라 무자이아라고 불리는 19구의 이 작은 집들이 늘어선 구역은 16구에 있는 파리에서 가장 부유층들이 모여 사는 빌라 몽모랑시와는 완전히 다른 모습이다. 똑같이 '빌라'라는 이름을 하고 있지만, 사르코지 대통령의 영부인인 카를라 브뤼니 등 최고의 부유층이 사는 몽모랑시 빌라는 주위가 모두 담으로 둘러싸여 있고 출입구에는 경비원들이 삼엄한 경계를 하고 있는 반면, 무자이아 빌라 주변에는 담이 없어 자유로운 통행이 가능하며 정원에서 뛰노는 아이들을 볼 수도 있다.

폭동과 저항의 근거지

동쪽으로는 19구의 가장 큰 녹지인 뷔트 쇼몽 공원과 서쪽으로는 파리에서 가장 큰 묘지인 페르 라쉐즈 묘지 사이에 위치한 벨빌-메닐몽탕 지역에는 오늘날 프랑스 전체의 탈산업화와 더불어 기존의 주민이었던 노동자들이 거의 사라지고 북아프리카, 중동, 동유럽 등에서 이주해온 이민객들이 살고 있다. 최근 몇 년 사이에는 중국을 떠나 온 이민객들이 늘어나고 있는데, 매년 구정이 오면 중국인들이 종이로 만든 긴 용을 들고 다니면서 지역 축제를 벌이기도 한다. 그렇다고 이 동네에 가난한 이민객들만 모여 사는 것은 아니다. 7구나 8구의 파리 중심부나 16구의 부르주아 동네의 안정된 질서에 싫증을 느낀 문학, 예술, 건축, 디자인, 패션, 미디어 산업에 종사하는 부르주아 보헤미안들이 새로운 주민으로 등장하고 있다. 역사적으로 볼 때 이 지역은 19세기에서 20세기에 이르기까지 여러 번에 걸쳐 권력에 저항하여 봉기가 일어났던 곳이다. (근처에 있는 페르 라쉐즈 공동묘지에는 파리코뮌 당시 봉기한 시민을 줄 세워놓고 학살한 장소가 그대로 보존되고 있다.) 그래서 이 지역에 사는 노동자 계급을 '위험한 계급'이라고 보는 견해가 널리 퍼졌다. 『구경거리의 사회』라는 책을 쓰고 파리를 걸으며 '심리지리학'을 연구했던 68세대 출신의 비판이론가 기 드보르는 『찬양』이라는 책에서 벨빌에 대해 다음과 같이 썼다.

> 생 마르소라고 불린 이 지역은 프랑스혁명 이전에도 폭동이 진압되고 나면 얼마 후 다시 폭동이 일어나서 지배층에게 충격을 주고 불안감을 조성했다. 그래서 동네 이름을 지도와 기억에서 완전히 지워버리고 그 흔적을 남겨놓지 않았다.

그럼에도 불구하고 이 지역은 19세기 내내 저항과 폭동의 근거지였다. 기드보르는 가장 평판이 나쁘고 관광적 가치가 거의 없으며 북아프리카 이민객, 스페인 망명객, 아직도 이디시어를 말하는 유대인들이 모여 사는 벨빌과 메닐몽탕 언덕 동네야말로 유희적 즐거움이 있고 새로운 일이 벌어질 수 있는 고유한 장소라고 말했다.

1980년대 초 파리에 처음 유학 왔을 때 한국 사람들은 물론이고 프랑스 사람들도 그 지역엔 가급적이면 가지 않는 것이 좋다는 충고의 말을 잊지 않았다. 그래서 그 지역엔 나의 머릿속에 '위험한 지역'으로 각인되어 있었다. 북쪽이라는 방향은 한국인에게 북한과 추위를 연상시킨다. 스탈린그라드, 장 조레스 등의 지하철역 이름, 프랑스 공산당사, CFDT 노조 본부가 있는 이 지역은 반공이데올로기로 세뇌된 남한 사람들에게 자연스럽게 '위험한 지역'이라는 선입견을 강화시킨다.

프랑스혁명 이후 19세기에 들어서 수많은 봉기가 지속적으로 일어날 때 이 지역 주민들은 벨빌과 메닐몽탕의 언덕길을 떼 지어 내려와 지금은 파리 시청이 있는 센 강변의 모래사장에 앉아 농성을 하곤 했다. (프랑스어로 모래사장을 '그레브grève'라고 하는데, 오늘날 그레브는 동맹파업이라는 뜻으로 쓰이고 있다.) 시청 앞의 센 강변은 처형의 장소로도 쓰였는데 빅토르 위고의 소설 『파리의 노트르담』에서 에스메랄다가 처형당하는 장소가 바로 이곳이다. 권력 당국은 상습적으로 봉기가 일어나는 이 지역을 어떻게 해서라도 길들이려고 노력했다. 1860년대에 파리에 대로를 뚫는 대대적 도시계획을 단행한 오스만은 하나의 마을을 형성하고 있던 이 지역을 벨빌 거리를 경계선으로 하여 서쪽은 19구, 동쪽은 20구로 행정구역을 분할시켰다. 선거를 하면 언제나 좌파가 당선되기 때문에 하나의 선거구를 분할하여 서로 경쟁을 시키려는 의도에서였다. 벨빌과 메닐몽탕을 중심으로 하는 19와 20구의 파리를 내려다보는 달동네는 행정구역으로는 분할되어 있지만, 집합적 기억과 생활상으로는 하나의 지역이다. 파리에는 행정구역이라는 눈에 보이는 공식적인 경계선과 더불어 역사적 기억 속에 남아 있는 보이지 않는 마음의 경계선이 따로 존재함을 이곳에서 확인할 수 있다.

 1871년 파리코뮌 당시 벨빌과 메닐몽탕 언덕에 살던 주민들은 벨빌 대로에서 밑으로 내려오는 퐁텐 오 루아 거리에서 5월 28일 정부군과 마지막 격전을 벌였다(이 거리에는 원래 벨빌 언덕에서 레퓌블리크 광장 쪽으로 물을 보내던 송수관이 묻혀 있었다). 그 거리 17번지 건물 벽에는 1991년 5월 28일 당시 사회당 당수였던 피에르 모루아 전 수상이 파리코뮌 120주년을 기념해서 설치한 석판이 붙어 있다. 1871년 파리코뮌 당시 총 사망자 수는 3만 명에 이르렀는데, 그해 5월 28일 시민군과 정부군은 바로 이 장소에 쌓아올린

바리케이드를 사이에 두고 격전을 벌였다. 이미 일주일 전부터 정부군의 공세가 강화되면서 많은 희생자가 속출했다(그래서 항전 일주일은 그야말로 '피의 주간Semaine Sanglante'이라고 불린다). 당시 이 마지막 전투에는 「벚꽃 필 무렵」을 작곡한 장-밥티스트 클레망, 외젠 바를랭, 테오필 페레, 샤를 강봉 등 코뮌의 지도자들이 집결했다. 그러나 5월 28일 정오 무렵 바리케이드는 무너졌고 시민군은 수많은 부상자를 내며 흩어지고 말았다. 이 마지막 전투에서 간호사 루이즈는 목숨을 걸고 부상자들을 치료했다. 그래서 「벚꽃 필 무렵」이라는 혁명가는 그녀에게 헌정되었다.

이민객의 행렬

20세기에 들어서 벨빌 지역에는 이민객의 행렬이 끊이지 않았다. 요즈음 프랑스 언론에서는 중국에서 온 불법 이민자들을 문제 삼고 있지만, 중국 이민객은 가장 최근의 현상이고 이 지역 최초의 이민객은 러시아와 폴란드에서 온 유대인들이었다. 히틀러의 유대인 말살정책 이전인 이미 20세기 초에 우크라이나, 러시아, 폴란드 등지에서 유대인들에 대한 박해가 심해져 그곳을 피해 도망 나온 유대인들이 벨빌 언덕 아래쪽에 모여 살기 시작했다. 그들은 고향에서 익힌 기술을 활용해 이곳에서 직물과 봉제 공장을 차렸고 가죽과 모피업에도 종사했다. 1920년대에는 공산당계 노조인 프랑스 노동총연맹CGT 지부를 만들었다. 유대인 이민 물결 이후에는 터키에서 박해받은 아르메니아 사람들이 이곳에 새로운 삶의 둥지를 틀었다.

그들은 이 동네에서 신발 만드는 기술을 가지고 먹고살았다. 그 뒤를 이어 소아시아에서 추방당한 그리스 사람들이 왔고, 히틀러가 권력을 장악한 1933년 이후에는 다시 유대인들이 대거 몰려왔으며, 1939년 스페인 내란이 프랑코의 승리로 끝나자 스페인 공화주의자들이 이곳을 망명지로 삼았다. 1942년 비시 정권하의 프랑스 경찰은 이곳에 밀집해 있는 유대인 8,000여 명을 일제 검거하여 아우슈비츠로 보냈다. 2차 세계대전 이후에 벨빌에는 알제리 이민객들이 모여들었다. 1950년대 말에서 1962년까지 알제리 독립전쟁이 한창일 때 벨빌은 라샤펠과 더불어 알제리해방전선FLN의 근거지였다. 지하철 벨빌 역과 메닐몽탕 역 사이에는 지금도 북아프리카 사람들을 위한 물담배 카페와 식당이 즐비하다.

   1980년대 유학생 시절 파리의 중심부와 관광적 가치를 지닌 지역을 크게 벗어나지 못했던 나에게 파리 동북부의 발견은 지금까지 본 파리와는 완전히 다른 파리의 발견이었다. 그 발견은 2002년 비 오는 가을날 저녁의 강렬한 체험에서 비롯되었다. 그날 나는 75번 버스를 타고 19구 외곽의 포르트 데 릴라에 내려 비가 와서 축축하고, 어둠이 내리면서 가로등 불빛이 켜지는 벨빌 거리를 걸어 올라가기 시작했다. 얼마만큼을 걸어 올라가다 보니까 내리막길이 나왔다. 그때 벨빌 거리를 걸어 내려갈 때 느끼던 그 흥분된 상태는 지금도 생생한 기억으로 남아 있다. 떨리는 마음으로 한참 걸어가다 보니 광장이 나오고 성당이 나오고 지하철역이 나왔다. 길거리의 가게들과 지나다니는 사람들의 모습은 그때까지 내가 보았던 파리와는 영 다른 분위기였다. 나는 마치 1930년대의 흑백 범죄 영화 속에 들어와 있는 느낌이었다. 그날 밤

나는 19구와 20구를 가르는 벨빌 거리를 처음부터 끝까지 관통하여 포부르 탕플 거리를 지나 센 강까지 걸어 내려갔다. 그리고 그날 집에 돌아가서는 흥분된 마음이 가라앉지 않아서 잠을 이루지 못했다.

언덕 위의 카페들

그 이후 나는 심심하면 벨빌로 가서 오후나 저녁 시간을 보내다 돌아오곤 한다(유네스코 국제이해교육원 이승환 원장은 나와 함께 벨빌 언덕을 산책하면서 가장 즐거워한 한국 사람이다). 내가 사는 파시에서 그곳에 가는 가장 빠른 방법은 지하철 9번선을 타고 레퓌블리크 역에서 11번선을 갈아탄 다음 주르댕 역에 내리는 것이다. 그런데 나는 지하를 두더지처럼 다니는 게 싫어서 파시에서 72번 버스를 타고 종점인 파리 시청까지 간 다음, 시청 광장에서 지하철 11번선을 타고 주르댕 역에 내리는 방법을 주로 이용한다. 주르댕 역을 나오면 크지도 작지도 않은 알맞은 규모의 광장이 나오고 생 장-밥티스트 성당이 서 있다. 그 성당 옆에 내가 즐겨 찾는 카페가 하나 있는데, 카페 이름은 '지탄Gitane'으로 '집시 여인'이라는 뜻이다. '지탄'이라는 이름의, 서민들이 즐겨 피우던 담배도 있었다. 그 카페에 앉아 에스프레소 커피를 한 잔 시켜놓고 지나가는 사람들을 바라다보면서 그 사람들의 삶을 상상하다 보면 시간이 금방 지나간다. 주르댕은 1871년 파리코뮌 당시 이곳 주민들이 바리케이드를 치고 정부군과 끝까지 항전을 벌였던 장소였으며, 1944년 8월에는 이곳 주민들이 항복을 했지만 아직 남아 있던 독일군을 몰아내기 위해 전투를 벌인 곳이기도 하다.

　벨빌에서 내가 잘 가는 두번째 카페 이름은 '라 메르 아 부아르'이다. '마셔 버릴 바다'라는 뜻이 재미있다. 카페 이름 속에 일상을 벗어나는 유머가 있다. 1990년대 중반에 새로 조성한 벨빌 공원의 정상에 있는 광장에 서면 노트르담과 에펠탑, 퐁피두센터와 몽파르나스 타워, 팡테옹, 생-자크 탑과 앵발리드를 비롯한 파리 시내의 모습이 한눈에 들어온다. 바로 그 광장의 한 모퉁이에 있는 카페가 라 메르 아 부아르 카페다. 주르댕 역에 내려 그곳으로 가려면 일단 피레네 거리로 내려가야 한다. 길을 따라 내려오다 보면 오른쪽으로 르베르 거리와 마주치는 곳에 돌계단이 나온다. 그 계단을 걸어 내려가면 오른쪽에 초등학교가 나오고 왼쪽에는 나무가 무성한 3층집이 나온다. 그 앞의 이름이 없던 조그만 광장이 최근에 앙리 크라주키 광장이라는 이름을 얻게 되었다. 광장을 알리는 팻말에는 앙리 크라주키의 생몰년도인 1924~2003이 적혀 있고, 그가 폴란드에 거주했던 유대인 출신으로 항독 레지스탕스 운동을 했고 프랑스 공산당의 간부였으며 1982년에서 1992년 사이에는 공산당 계열의 노조인 프랑스 노동총연맹의 사무총장을 역임했다는 내용이 적혀 있다. 1980년대 서민적 풍모와 말투로 텔레비전 화면에 나와 노동자들을 대변하던 그의 얼굴이 생각났다.

　그 광장에서 위쪽으로 난 앙비에르주 언덕길을 올라가다 보면 흑인 여자아이를 만나기도 하고 아랍 청년과 마주치기도 하며 중국계 할머니가 지나가는 것을 볼 수도 있다. 그 언덕길의 왼쪽에는 유리와 철제로 만든 햇볕이 잘 드는 아틀리에 모습의 2층집도 보이고 벽화가 그려져 있는 작은 집도 나타난다. 그 벽화 하나에는 파리가 내려다보이는 지붕 위에 두 여자아이가 앉아 이야기를 주고받는 모습이 그려져 있고, 다른 하나에는 마치 성냥팔이 소녀 같은 여자아이가 동생에게 무언가를 건네는 모습이 그려져 있다. 새로 지은 국립도서관, 아랍문화의 집, 케브랑리 민속박물관 등 으리으리하고 번쩍거리는 새로운 건물들이 들어서는 파리에 이런 19세기 말에서 20세기 초의 가난한 동네 분위기가 거의 그대로 남아 있다는 사실 자체가 놀랍다. 그러나 돈 많은 보보들이 이 지역을 점차 잠식해 들어오면서 이 지역이 옛 자취를 언제까지 간직할지는 의문이다. 그들이 부동산 값을 올려놓는 탓에 돈 없는 이민객들은 이 지역을 점차 떠나게 될 것이기 때문이다. 세계적인 명성을 지닌 파리라는 도시의 이름에 걸맞게 기름기 돌고 반짝거리는 얼굴을 가진 사람들이 파리의 동북부마저 점령해버린다면 파리의 감추어진 매력은 그만큼 사라질 것이다. 그러나 완전히 그렇게 될 염려는 없다. 19와 20구에는 파리 시에서 지어 싼값에 임대하는 아슈엘엠HLM이라고 불리는 공공 주거logement social 단지가 많이 분포되어 있기 때문이다.

 지하철 11번선과 7번 지선이 만나는 벨빌 언덕의 플라스 데 페트(Place des Fêtes, 축제의 광장) 역에 내려 에스컬레이터를 타고 한참을 올라와 지상으로 나오면 상상을 초월하는 엄청난 규모의 거대한 절벽이 나타나서 그것을 바라보는 사람의 숨을 콱 막히게 한다. 자연의 암벽이 아니라 아파트의 전면이다. 파리에서 내가 본 단위 아파트 가운데 가장 대규모의 아파트일 것이다. 원래 플라스 데 페트는 주로 노동자였던 이 동네 사람들이 모여 놀던 장소였다. 그런데 1960년대에 치안 차원에서 노동자들을 쉽게 관리하기 위해 주위의 작은 집들을 다 철거하고 파리에 어울리지 않는, 무식할 정도로 큰 규모의 아파트를 지어 노동자 가족을 몽땅 상자 속에 집어넣은 것이다. 권력 당국의 입장에서 보자면 대규모 아파트 단지 건립은 사나운 개의 이빨을 빼는 작업이었는지도 모른다. 그래서 이 동네는 파리에서 가장 삭막한 동네의 하나가 되었다.

  벨빌 언덕을 통과하지 않고 메닐몽탕 언덕에 직접 가고 싶은 날은 지하철 2번선을 탄다. 벨빌 역과 쿠론 역을 지나 메닐몽탕 역에 내리면 동네에 사는 알제리, 모로코, 튀니지 등 북아프리카에서 이민 온 사람들이 모여 물담배를 피우는 '카페 솔레유(Café Soléil, 태양 카페)'가 나온다. 거기에서 파누아오 거리로 걸어 들어가면 카페 루 페스칼루가 나오는데 이 카페는 보보들이 많이 모여드는 카페의 하나다. 어느 날 이 골목길을 걸어가고 있을 때였다. 국회의원 선거철이어서 선거운동이 한창이었다. 골목의 벽에 자원봉사자들이 선거 포스터를 붙이고 있는데 어느 정당인가 보았더니 공산당이다. 그런데 이미 붙어 있는 벽보 위에 자기 정당의 벽보를 붙인다. 공산당의 벽보 밑에 들어가는 벽보가 어느 정당 벽보인가를 보았더니 아를레트 라귀에르가 대표하는 트로츠키주의 정당 엘세에르(혁명적 공산당연맹, LCR)의 선거 포스터다. 누가 진짜 노동자를 대표하는 정당인가는 좌파 정당들 사이에서 영원한 토론거리다.

피하고 싶은
장소 일부러
찾아다니기

에디트 피아프가
태어난 계단

벨빌 지역을 다니다 보면 파리 중심부의 건물에서 심심치 않게 눈에 띄는, 어느 어느 유명한 사람이 살았다는 석판은 볼 수 없고 파리 시가 지은 공공 주거라는 대리석으로 된 작은 팻말이 붙은 건물이 많다. 내가 벨빌에서 발견한 유일한 유명인의 석판은 벨빌 거리 72번지의 허름한 건물에 붙어 있다.

1915년 12월 19일 이 집의 계단에서 가장 헐벗은 상태에서 에디트 피아프가 태어났다. 그 후 그의 목소리는 세상을 감동시켰다.

어느 날 에디트 피아프가 태어난 곳임을 알리는 그 석판을 바라보고 있는데 지나가던 프랑스 아주머니가 에디트 피아프를 아느냐고 물었다. 그래서 「라 비 앙 로즈」 「빠담 빠담」 등의 노래를 즐겨 들었다고 하니까 자기는 솔직히 말해서 에디트 피아프를 별로 좋아하지 않는다고 말한다. 왜 그러냐고 물으니까 모르겠다고 한다. 싫으면 그만이지 거기에 무슨 설명이 필요하냐는 표정이다. 그러면서 자기는 파리 16구에 사는데 자기 딸이 이 동네에 살아서 딸을 보러 왔다가 돌아가는 길이라고 한다. 그 아주머니는 이 동네는 질은 그저 그렇지만 물건 값은 싸다고 말하면서 자기 딸은 이 동네가 좋아서 산다는데 자기는 이해가 안 된다고 말했다.

벨빌 거리에서 피아 거리를 지나 앙비에르주 언덕길에 도달하면 벨빌 공원의 정상이 나오고 그곳에 라 메르 아 부아르 카페가 자리하고 있다. 그 언덕길에는 서민 아파트HLM 이전 시대의 노동자 공동 주거인 시테cité, 빌라villa 등의 공동 주거들이 남아 있다. 카페 앞 광장에 마련된 테라스의 테이블에 앉으면 언덕을 올라오느라고 뜨거워진 얼굴을 식혀주는 산들바람이 이마를 스친다. 그곳에 앉아 있다가 메닐몽탕 언덕길로 이동하는 것이 나의 산책 습관이 되었다. 때로는 벨빌 공원을 한 바퀴 돌고 메닐몽탕 쪽으로 이동하는 경우도 있는데, 벨빌 공원 앞에 있는 좁은 골목길인 빌랭 거리에는 『사물들』 『잠자는 사람』 『인생: 사용법』 『파리의 어느 장소에 대한 완벽한 기록의 시도』 등의 소설을 쓴 유대계 출신의 폴란드 작가 조르주 페렉이 살던 집이 있다.

개에게 물린 철학자들

벨빌에서 메닐몽탕 쪽으로 가는 동서 방향으로는 작은 골목길이 여럿이다. 어느 골목길에는 동네 문화센터가 있고 다른 골목길에는 노동자 회관이 있고 아이들이 길거리에 나와 놀고 있는 모습도 볼 수 있다. 두 개의 큰 언덕길이 분주한 느낌을 준다면 그 두 개의 길을 연결하는 골목길들은 한적한 느낌을 준다. 상점들이 줄지어 서 있는 벨빌 언덕에 비해 메닐몽탕 언덕길은 조금 한산한 편이다. 메닐몽탕 거리는 남쪽에서부터 북쪽으로 올라가는 언덕길이라는 점에서 벨빌 거리와 같다. 그러나 벨빌 거리가 사람들의 왕래가 많고 상점들이 계속 이어지는 데 비해서 메닐몽탕 거리는 문을 닫은 상점들도 여기저기 눈에 띄고 비교적 차분한 느낌을 준다. 그래서 그런지 『고독한 산책자의 몽상』을 쓴 장-자크 루소가 프랑스혁명이 일어나기 20여 년 전에 메닐몽탕 언덕길을 즐겨 걸었다. 그 책의 두번째 산책 편을 보면 1776년 10월 24일 목요일 루소는 벨빌과 메닐몽탕을 연결하는 오트-보른 부근을 걷고 있었다. 그날 루소는 엄청나게 큰 덴마크 개를 만나 봉변을 당해 정신을 잃고 쓰러졌다. 그는 그때 정신이 희미했던 상태를 다음과 같이 기록하고 있다.

> 누군가 나에게 어디에 사느냐고 물었다. 나는 그 순간 입에서 말이 나오지 않았다. 나는 내가 어디에 있었나를 생각해보았다. 누군가가 내가 오트-보른에 있다고 말했다. 그 말이 나에게는 아틀라스 산에 있다는 말처럼 들렸다.

루소가 메닐몽탕 언덕길을 산책한 일은 잘 알려져 있지만, 그 이전에 몽테뉴도 메닐몽탕 언덕길을 걸었다는 사실은 덜 알려져 있다. 그런데 기이하게도 두 사람 다 메닐몽탕 언덕길을 걷다가 개에게 물리는 봉변을 당했다. 이런 일화가 사람들로 하여금 이 지역을 '위험한 지역'으로 인식시키는 데 기여했는지도 모른다.

**사회주의라는
유토피아의 실험실**

　　　　　　　　루소가 프랑스혁명 이전에 이 거리를 걸었다면 프랑스혁명 이후에 이 언덕길은 새로운 사회를 꿈꾸는 유토피아 사상가들의 실험적 공동체가 되었다. 파리 시내 중심부가 내려다보이는 메닐몽탕 언덕길을 한참 걸어 올라가다 보면 정상에 다다르기 직전 왼쪽에 방패 모양의 역사 안내판이 나타난다. 안내판은 이곳이 1830년대 초 앙팡탱을 비롯한 생시몽주의자들이 공동체를 만들어 사회주의 이상을 실험했던 장소였음을 말해준다. 1870년대에는 이 지역에서 노동자들의 협동조합운동이 시작되었고 문화운동도 활발하게 진행되었다. 지금도 부아예 거리 19번지에는 '라 벨빌루아즈'라는 이름의 문화센터를 중심으로 콘서트, 연극, 강연회, 영화 상영 등 다양한 문화행사가 이루어지고 있다. 이곳은 원래 가죽제품을 만들던 공장이었는데 개조하여 공연장 겸 식당으로 만들어놓았다. 공연이 없을 때는 식당 겸 카페로 운영되고 있다. 메닐몽탕 언덕길에는 연극 공연장도 있고 성당도 하나 있다. 메닐몽탕 언덕에서 페르 라쉐즈 묘지 쪽으로 연결되는 소르비에 길로 들어서면 앙트르포(Entrepôt, 창고)라는 이름의 카페가 하나 나타나는데, 그 카페에 들어서면 이 지역의 바에서 노래를 부르다가 전국적으로 유명해진 모리스 슈발리에가 오늘 밤 이 카페에서 공연한다는 내용을 담은 1950년대의 낡은 포스터가 붙어 있다.

파리에 남은
마르크스주의의 상징물

1920년대 이 지역은 프랑스 공산당의 활동이 활발했던 곳으로, 부아예 거리에는 노동자 협동조합 창립 50주년이 되는 1927년에 지은 건물이 서 있다. 그래서 이 건물의 중간 높이쯤에 협동조합 창립연도인 1877과 새 건물을 준공한 해의 연도인 1927이라는 숫자가 양쪽에 새겨져 있다. 파리를 발로 걸으면서 연구하는 미셸 펭송 부부의 표현에 따르면, 이 건물은 파리에서 "내놓고 마르크스주의를 표방하는 유일한 건물"이다. 왜냐하면 벽돌로 지은 건물 외벽에 '과학science'과 '노동travail'이라는 글자가 씌어져 있으며 건물 중앙에는 노동을 상징하는 낫과 망치를 포개놓은 부조가 새겨져 있기 때문이다. 과학은 합리성과 진보를 상징하고 노동은 가치의 원천이며 낫과 망치로 상징되는 노동자와 농민이 가치 창조의 주체임을 천명하고 있는 것이다. 몽부아 센터로 불리는 이 회관은 오늘날 다양한 아프리카 무용을 가르치는 문화센터가 되어 있다. 부아예 거리에서 메닐몽탕 거리로 나오면 96번 버스가 다니는데, 이 버스는 마레 지역과 파리 시청 앞을 지나 몽파르나스 역까지 나를 데려다준다. 그러면 몽파르나스 지하철역에서 지하철 6번선을 타고 파시 역에서 내려 집으로 돌아오는 것이 나의 산책 코스의 하나다.

금속노조
문화회관의 역사

벨빌 공원에서 쿠론 거리를 따라 내려오면 지하철 2번선의 쿠론 역이 나오는데, 그 역에서 나와 아래쪽으로 걸어 내려가면 장-피에르 탱보 거리가 나온다. 이 거리에는 아랍어로 씌어진 간판이 붙은 상점들이 줄지어 서 있다. 그 가운데는 아랍어 서적을 파는 서점이 여러 개 있어서 이곳이 아랍 문화의 거리임을 말해준다. 그 거리 97번지에 이르면 금속노조 문화회관이 나온다. 이 문화회관의 역사에는 파리의 동북부를 구성하는 10, 11, 19, 20구의 역사가 들어 있다. 산업혁명이 박차를 가하던 18세기 후반부터 이 지역에는 공장들이 들어섰고 그곳에서 일하는 노동자들이 모여 살기 시작했다. 당시 이 문화회관 자리에는 목공소가 있었는데, 1881년 목공소 주인 펠티에는 직사각형 형태로 된 공장과 부지 일체를 기업가 고트로에게 양도한다. 그래서 목공소는 구리로 색소폰, 트럼펫, 트롬본 등의 관악기를 만드는 공장으로 개조되었다. 그 과정에서 지난 시대의 상징인 헛간, 마차와 말을 두던 창고, 사료 곳간, 옛 작업장 등은 사라졌지만 마차가 출입하던 정문과 그곳에서 시작해서 안마당에 이르는 기다란 길은 그대로 유지되었다. 맨 안쪽에는 악기 공장이 들어섰고 안마당으로 난 건물에는 전시와 판매를 위한 공간이 마련되었다. 그리고 대로변으로 향한 건물은 포도주를 비롯한 주류를 판매하는 상점이 차지했다. 그러나 몇 년 후 악기 공장은 쿠농이란 사람에게 넘어갔고 그는 이 분야에서는 처음으로 증기기관을 도입하면서 악기 공장을 현대화시켰다. 이 공장에서 만들어진 악기들의 고객은 미국 재즈 음악가들이었다. 그러나 1929년 경제 위기가 닥치자 악기 공장은 점차 기울기 시작했고 1936년에는 공장 문을 닫게 되었다.

　1936년은 20세기 프랑스의 정치사와 사회사에서 획기적인 해였다. 좌파연합이 '인민전선'이라는 이름으로 선거에서 승리함으로써 노동운동과 복지정책에 새로운 전기가 마련된 해이다. 노동자들의 공장 점거가 계속되었고 8시간 노동제와 유급휴가제가 실시되었으며 노동조합운동이 눈에 띄게 활성화되었다. 이 한 해 동안에 프랑스 노동총동맹CGT의 조합원 수는 1만 명에서 25

만 명으로 늘어났다. 노조는 그해 조합원들이 낸 조합비로 이 악기 공장을 인수해서 금속노조 문화회관으로 개조, 1937년 5월 2일 개관했다. 이 문화회관은 노동총동맹의 부속기구인 금속노동자 친선협회가 관리했다. 당시 금속노조는 노동조합운동 가운데 가장 강력한 노조였다. 개관 이후 이 문화회관은 중요한 정치운동의 산실이 되었다. 바로 이 장소에서 스페인 내란 당시 공화파를 지원하는 다국적 지원부대 의용군이 결성되었고, 항독 레지스탕스 운동이 시작되었으며, 알제리와 베트남에서 벌어지는 식민전쟁에 반대하는 운동이 시작되었다. 이 문화회관이 위치한 거리의 이름은 원래 만화축제로 유명한 도시 앙굴렘의 이름을 딴 앙굴렘 거리였는데 2차 세계대전 이후 장-피에르 탱보 거리로 개칭되었다. 장-피에르 탱보는 노동총동맹에서 활동하던 노동운동가로 항독 레지스탕스 운동을 하다가 1941년 나치에 의해 총살된 인물이다.

  1937년 문화회관 개관 당시 국내와 국제정치 상황의 변동으로 노조의 정치 활동이 중요했지만, 문화회관의 본래적 활동도 계속되었다. 이곳은 노동자들 사이에서 유명한 '금속노동자 무도회'를 비롯한 여러 축제가 벌어지는 장소였으며 어린이 문화 프로그램의 장소, 노조의 집회 장소, 스포츠 활동의 장소이기도 했다. 사회 진보를 목적으로 활동하던 금속노동자 친선협회는 이곳에 장애우들과 실업자들을 위한 직업교육센터를 만들었으며 노조 도서관과 병원을 만들어 현대식 치료방법을 사용했다(보기를 들어 무통분만은 이 병원에서 처음 실시되었다).

지역 문화회관으로 거듭나기

그러나 베를린 장벽 붕괴 이후 노동운동이 약화되면서 금속노조 문화회관은 운영상의 어려움을 겪다가 1997년 부동산 개발회사에 팔릴 위험에 처하게 되었다. 바로 이때 지역 주민, 시민단체연합 그리고 지역 기초의회 의원들과 국회의원이 힘을 합해 문화회관 살리기 운동을 전개했다. 운동의 결과 파리 시가 이 회관을 매입해서 문화 활동을 계속하기로 결정되었다. 낙후된 회관 건물을 개조하고 프로그램도 일신하게 되었다. 2005년 여름, 건물 개조공사가 시작되어 2007년 11월에 공사가 완료되었다. 건축가 뱅상 브로시는 19세기 건물의 원형을 존중하면서 21세기의 분위기를 풍기는 새로운 문화 공간을 창조했다. 거리에서 정문을 통과해 긴 길을 따라 안마당에 들어서면 그곳이 바로 회관 입구다. 건물 현관에 들어서면 높은 천장의 공간이 나오고 2층 가장자리는 메자닌으로 처리되어 있다. 유리창으로 된 메자닌의 벽들로 많은 빛이 들어와 현관에 들어서면 기분 좋은 느낌을 갖게 한다. 현관문 정면 벽에는 강판을 연상시키는 10여 개의 긴 판들이 붙어 있다. 그 판들은 파스텔 톤의 녹색, 갈색, 청색, 보라색들로 되어 있다. 1층에는 다용도 공연장, 스튜디오, 집회실, 사무실 등이 있고, 금속노조 문화회관이었음을 연상시키는 미끄러지지 않도록 요철이 들어가 있는 철판을 깐 계단이 놓여 있다. 그 계단을 밟고 올라가면 메자닌에 카페가 설치되어 있다. 철로 만든 건물의 기둥과 대들보가 이곳이 금속노조 문화회관이었음을 다시 한 번 상기시킨다. 그곳에는 천장이 완전히 유리로 된 밝고 환한 방이 있는

데 어린이들의 학습장이나 집회의 장소로 쓸 수 있다.

파리 시는 이 문화회관의 운영을 시민단체인 '플라네트 에메르장스Planète Emergence'에 맡기면서 무용, 연극 등 공연 활동, 공적 토론, 시민단체 활동, 디지털 문화 활성화, 이렇게 네 개의 활동 분야를 주문했다. 여기에는 서로 분리되어 있는 네 가지 활동을 한 장소에서 실시함으로써 서로 영향을 주고받으면서 새로운 창조가 일어나게 하려는 의도가 반영되어 있다. 그렇게 함으로써 인간적·사회적·문화적 차원에서 새로운 변화를 추구하려는 것이다. 그런 방식으로 프로그램을 운영하기 위해서 예술가, 학자, 시민단체 활동가, 파리 시와 주관 단체들이 활발한 토론을 거쳐 협약서를 만들었다. 문화회관은 일정 기간 동안 프로그램의 준비와 실시를 지원하는 반면, 예술가들과 시민단체는 문화회관이 위치하는 파리 동북부 지역의 주민생활과 관련을 맺어야 한다. 그리고 다른 예술가나 공연단체들과 협력 관계를 만들어야 한다는 것이 그 협약서의 내용이다. 그러니까 문화회관을 단순히 볼거리를 제공하는 여가 활용의 장소가 아니라 예술가와 지역 주민, 예술가와 예술가, 지역 주민과 시민단체 사이의 상호 작용을 촉진시키기 위한 장소로 만들겠다는 뜻이다.

2010년 겨울 프로그램을 보면 이 지역에 사는 이슬람 여성들의 삶을 그린 「나는 이 나이에도 숨어서 담배를 피운다」라는 제목의 연극 공연, 미셸 투르니에의 소설 『금요일 또는 태평양의 가장자리』를 바탕으로 음악과 이미지를 가미하여 만든 일인극, 무용과 연극을 합쳐서 말(言)이 춤을 추고 춤이 말을 하게 만든 무용극 등이 공연된다. 다른 한편으로는 공적 토론 프로그램으로

"특정 이데올로기나 종교, 도덕적 원칙으로 환원되지 않는 새로운 참여예술이 가능한가"라는 제목으로 영화인, 조각가, 안무가, 연극 연출인 등이 참여하는 토론회와, 『르 몽드』지 편집위원장이었다가 해임된 에드위 플레넬 등이 2007년 결성한 인터넷 대안미디어 단체인 메디아파르가 주관하여 "무엇에 반대한다는 것의 진정한 의미"라는 주제로 토론회가 열린다.

입구 쪽 벽에 붙어 있는 작은 광고는 지역 주민들과의 연계성을 말해준다. 파리 북동부 노동자들이 모여 살던 지역에 대한 기억을 되살리는 연극 공연을 준비 중인데, 1940년 이전 벨빌, 메닐몽탕, 오베르캉에서 태어난 사람들의 참여를 기다리고 있으니 연락 바란다는 내용이다. 이 회관의 연극단은 "오늘의 연극과 사회면 기사"라는 주제로 일 드 프랑스 행정구역 안에 있는 스무 개의 극단과 교류하여 새로운 작품을 준비하고 있다. 예술가들 사이의 교류 프로그램으로는 그래픽 디자인, 삽화, 거리예술, 데생 등의 영역에서 활동하는 프랑스 사람 일곱 명과 벨기에 사람 일곱 명이 두 사람씩 짝을 이루어 작업한 결과를 전시하고 있다. 서로 비슷한 스타일로 작업하는 프랑스 사람과 벨기에 사람이 상호 공명을 일으키면서도 각자 고유한 작품을 만들고 있음을 보여주는 재미있는 전시기획이다. 파리 동북부의 '위험한' 지역은 오늘도 계속 '참여문화민주주의'라는 위험한 실험을 하고 있는 셈이다.

피하고 싶은
장소 일부러
찾아다니기

몽파르나스 묘지 순례

> 비탄과 절망의 순간에 빠진 사람들을 보았을 때 내가 그들에게 해줄 말은 이 말 하나뿐이다. "공동묘지에 가서 20분만 걸어보라. 그러면 당신의 슬픔이 완전히 사라지지는 않더라도 거의 가라앉음을 느끼게 될 것이다." 그게 의사를 보는 것보다 훨씬 낫다. 그런 종류의 고통에는 약이 없다. 묘지 산책은 거의 자동적으로 삶에 대한 지혜를 가르쳐준다.
> ─에밀 시오랑

죽음을 기억하라

죽음은 삶을 생각하게 한다. 인간의 삶은 유한하기 때문에 의미 있는 삶을 살기 위한 노력을 할 수밖에 없다. 무한정 살 수 있다면 이런저런 삶을 다 살아볼 수 있다. 그러나 백 년 미만으로 정해진 양의 시간을 오로지 한 번밖에 살 수 없기 때문에, 삶의 의미라는 문제가 제기되는 것이다. 도시는 유한한 삶의 적나라한 모습을 포장한다. 그러기에 이 세상을 떠나 다른 세상으로 간 죽은 자들을 위한 묘지는 눈에 잘 띄지 않는 도시 외곽으로 빼주는 것이 보통이다. 그러나 파리에서는 그렇지 않다. 파리에서 죽은 자를 위한 묘지는 살아 있는 사람들의 공간에 함께 위치한다. 삶의 공간 속에 들어와 있는 죽음의 공간인 파리의 묘지들은 삶의 유한성을 일깨운다. 서양의 전통에서 학자들이 서재에서 두개골을 옆에 놓고 학문에 정진하는 것도 죽음을 상징하는 해골이 유한한 시간 속에서 무언가 의미 있는 학문적 업적을 이루기 위한 경종이 되기 때문이었는지도 모른다(알브레히트 뒤러가 그린 생-제롬―그는 성서를 히브리어에서 라틴어로 번역한 학자다―의 서재를 보면, 오른쪽 유리창 앞 진열대에 창백한 두개골을 놓고 연구에 몰두해 있는 생-제롬의 머리 뒤쪽에서 아우라가 빛난다. 프랑스의 사회학자 미셸 마페졸리의 서재에도 흰색의 반질반질한 두개골 하나가 탄광부로 일하다 돌아가신 아버지 사진 옆에 놓여 있다). 인간의 삶은 유한하다. 나는 내가 죽을 것을 안다. 다만 언제 죽을지를 모르는 것이다. 장례 운구 위에 놓인 꼭두각시 인형에 씌어져 있는 것처럼 죽음의 "명령은 사정없다." 언제라도 죽음이 나를 부르면 나는 이 세상을 떠나야 한다. 그렇다고 허무주의에 빠질 필요는 없다. 죽음이라는 종결 지점이 있기에 오늘의 삶을 최대한으로 보람 있게 살아가야 한다는 각오도 가능하다. 그러기에 묘지들은 우리에게 말한다. 그대의 삶을 의미 있고 풍요롭게 만들기 위해 "죽음을 기억하라!" 메멘토 모리.

묘지는 인생을 마감한 사람들의 영원한 휴식처다. 묘지의 모든 비석에는 출생연도와 사망연도가 분명하게 새겨져 있다. 묘지의 비석들을 바라보면서 지금까지 보낸 나의 인생과 앞으로 남은 나의 인생을 합친 내 인생 전체를 다시 생각해보게 된다. 묘지가 조용한 까닭은 죽은 자들의 침묵과 그들에 대한 참배자들의 예의 때문만이 아니다. 묘지는 인생의 끝인 죽음을 생각나게 하고, 죽음 앞에서는 누구나 심각하고 진지하게 자기 인생을 생각해보지 않을 수 없기 때문이다. 파리지앵들에게 묘지는 단지 죽은 자들을 위한 휴식처만이 아니라 산 자들을 위한 공원이 되기도 한다. 그래서 무언가 고백할 것이 있거나 약속을 받아야 할 일이 있는 사람들은 묘지를 만나는 장소로 잡기도 한다.

도시 안에
묘지가 있는 까닭

파리 시내에는 여러 개의 공동묘지가 있다. 처음 파리에 왔을 때 시내 한복판에 널찍한 묘지들이 자리하고 있어서 기이하게 생각했었다. 왜냐하면 대개 묘지는 도시의 성문 밖에 위치하기 때문이다. 알고 보니까 과거에는 성문 밖에 있던 묘지들이 도시의 확대 과정에서 파리 시로 편입되었는데 어떤 이유에서인지 이전하지 않고 그대로 둔 것이다. 1980년대 앎과 삶의 의욕으로 가득 찼던 유학생 시절에는 죽음과 삶의 허무를 연상시키는 파리의 공동묘지를 가본 적이 거의 없다. 1984년 당시 미국 보스턴의 시몬즈 대학에서 철학을 가르치던 박이문 선생이 안식년으로 파리에 체류하는 동안 메를로-퐁티의 묘소를 찾아 함께 페르 라쉐즈 묘지에 한 번 간 적이 있었을 뿐이다(박이문 선생은 1960년대 파리 유학 시절 말라르메의 사상에 대해서 문학 박사학위 논문을 썼고 다시 미국으로 건너가 모리스 메를로-퐁티의 현상학에 대해서 철학 박사학위 논문을 썼다). 그때 나는 사회학의 창시자 오귀스트 콩트의 묘소를 참배했다. 그리고 세월이 흘러 공부를 마치고 귀국했다가 지금 다시 파리로 돌아와 몽마르트르 언덕 사크레 쾨르 앞에서 페르 라쉐즈 묘지 쪽을 바라보고 있다. 왼쪽 멀리에 거대한 초록 공간으로 보이는 이 묘지에는 프랑스 문학을 대표하는 발자크와 프루스트의 묘지가 있고 콜레트, 뮈세, 오스카 와일드 등의 묘지도 있다. 펠릭스 포르 대통령과 국민 가수 에디트 피아프의 묘지가 함께 있다. 거대한 규모의 납골당에는 세기의 소프라노 마리아 칼라스 등의 유골이 안치되어 있다. 그 규모와 내용 양면에서 볼 때 가히 페르 라쉐즈 묘지는 파리에서 가장 중요한 공원묘지이다.

파리코뮌의
집합적 기억

페르 라쉐즈 묘지에는 유명한 작가나 사상가들뿐만 아니라 파리 민중의 역사도 들어 있다. 1871년 파리가 프러시아 군대에 의해 포위되었을 때 프랑스 정부와 지배층은 파리를 버리고 베르사유로 피난을 갔다. 그동안 파리의 시민들이 봉기하여 파리를 자치했던 적이 있다. 파리코뮌이라고 불리는 이 사건은 결국 프러시아 군대의 도움을 받은 정부군에 의해 3개월 만에 평정되었다. 그 진압 과정에서 인민자치정부를 수호하던 수많은 파리 시민군이 사망했다. 정부군은 페르 라쉐즈 묘지의 동남쪽의 경계 벽에 생포된 시민군을 일렬로 세워놓고 총살시킴으로써 타오르던 저항의식의 기운을 꺾었다. 그 벽이 오늘날 '시민군의 벽 le mur de fédérés'이라는 이름으로 남아 있고, 그 주변에는 시민군의 군가였던 「벚꽃 필 무렵」을 작곡한 장-밥티스트 클레망의 묘소를 비롯해서 시민군 사망자들이 잠들어 있는 묘역이 조성되어 있다. 이곳은 1980년 광주민주화운동 이후 한국에서 파리코뮌에 대한 관심이 커지면서 파리를 방문하는 한국 지식인들과 사회운동권 인사들의 참배 장소가 되기도 했다. 파리코뮌 묘역 근처에는 1980년대 내가 유학생활을 하고 있을 때 프랑스 공산당 당수였던 조르주 마르셰와 노동총동맹 서기장이었던 앙리 크라주키, 프랑스혁명사 연구의 권위자 알베르 소불 등 프랑스 공산당을 이끌고 지지했던 인사들의 묘역이 조성되어 있다.

**묘지로 발걸음을
옮기는 사연**

서울에서 삶의 쓴맛과 단맛을 두루 경험하고 2002년에 다시 파리로 온 이후에 나는 파리의 페르 라쉐즈 묘지와 몽파르나스 묘지뿐만 아니라 몽마르트르 묘지와 생-뱅상 묘지로도 가끔씩 참배를 간다. 몽마르트르 묘지에는 파리에서 망명생활을 한 독일 시인 하인리히 하이네, 어린 시절의 상처라는 주제를 집요하게 파고드는 영화감독 프랑수아 트뤼포, 프랑스 낭만주의를 대표하는 작곡가 루이-엑토르 베를리오즈 등이 안장되어 있고 생-뱅상 묘지에는 몽마르트르의 화가 위트릴로가 잠들어 있다. 1980년대에는 멀리하던 묘지로 가끔씩 발걸음을 옮기는 까닭은 어디에 있을까? 아마도 이제 삶의 열기로 꽃을 피울 시기를 지나 차분한 마음으로 삶의 열매를 맺어야 할 나이가 되었기 때문일 것이다. 여러 묘지 가운데서도 내가 가장 자주 가는 묘지는 몽파르나스 묘지다. 집에서 지하철 한 번만 타면 갈 수 있는 비교적 가까운 거리에 있기 때문이기도 하지만, 나의 관심을 촉발시키는 여러 사상가, 작가, 예술가들이 그곳에 잠들어 있기 때문이기도 하다.

몽파르나스 묘지에 들어서

2003년 5월 2일. 하늘에 구름이 잔뜩 드리워진 흐린 날씨였다. 봄날답지 않게 약간 쌀쌀했다. 오후 3시경 집을 나와 지하철 6번 선에 올라 몽파르나스 묘지로 향했다. 사람들이 많이 내리고 타는 몽파르나스 역과는 대조적으로 한적한 에드가 키네 역에 내려 지상으로 올라가면, 광장이 나오고 광장 주변의 카페테라스에는 많은 사람들이 앉아서 햇빛을 즐기고 있다. 광장에서 에드가 키네 거리를 걸어가다 보면 길옆으로 죽은 자를 위한 공간과 산 자를 위한 거리를 가르는 묘지의 벽이 따라오고 그 벽에는 사철 푸른 담쟁이덩굴이 덮여 있다. 길옆에는 자동차들이 일렬로 주차되어 있고 드문드문 장의사들도 보인다. 에드가 키네 거리에는 동네 장이 서기도 하고 일요일에는 그림 시장이 열리기도 한다(에릭 로메르 감독의 「파리에서의 만남」에 시장이 열린 이곳의 장면이 나온다). 조금 걷다 보면 금방 묘지의 정문이 나온다. 정문 오른쪽 옆에는 파리의 역사적 장소에 가면 어디서나 볼 수 있는 갈색의 역사 안내판이 서 있다. 몽파르나스 묘지 자리에는 원래 풍차가 있었고 카바레 등의 위락시설들이 있었다. 지금도 게테 거리에는 그 흔적이 남아 있다(게테 거리는 몽마르트르의 피갈 광장 부근과 비슷한 분위기다). 원래 이 자리에는 가톨릭에서 운영하는 보호시설이 있었다. 자급자족을 위한 채소밭과 풍차도 하나 있었다. 프랑스혁명 후에는 교회 재산이 국가에 귀속되면서 주인 없는 시체를 처리하는 장소로 쓰이기도 했다. 주변에는 먹고 마시고 춤추는 술집들이 들어섰다. 그러다가 1824년 파리 시가 19헥타르 규모의 그 자리에 공동묘지를 조성하였다. 그 과정에서 주변의 식당과 카바레 술집 주인들의 항의가 심했다. 바람개비가 철거된 풍차는 이후 경비 초소로 쓰이다가 오늘날은 기념물로 남아 있다. 1870년, 1890년 그리고 1892년 묘지 주변에 도로 확장공사가 진행되어서 에드가 키네 거리, 프루아드보 거리, 에밀 리샤르 거리, 쉘셰르 거리로 담이 쳐진 오늘날 묘지의 모습이 확정되었다.

현재 이곳에는 3만 4천 개의 묘소가 자리하고 있고 보리수, 회화나무, 측백나무, 단풍나무, 물푸레나무 등 1,200그루의 나무들이 산책로를 장식하고 있다. 정문에서 안으로 들어가자마자 오른쪽에 안내판이 보인다. 이 묘지에 잠들어 있는 유명 인사들의 묘소 위치를 알려주는 안내판이다. 거기에는 유명한 사람들의 이름이 알파벳 순서로 적혀 있고 이름 옆에는 그들이 잠들어 있는 묘역의 번호가 적혀 있다. 안내판 앞에 서 있던 사람들이 각자 자기가 찾아보고 싶은 사람의 묘소 위치를 확인하고 사라진다. 내 차례가 되어 안내판 아래위를 훑어보니까 참배하고 싶은 사람들의 이름이 많이 나온다.

이름	안내판상의 번호	묘역 번호
레몽 아롱 Raymod Aron	83	24
보들레르 Beaudelaire	14	6
시몬 드 보부아르 Simone de Beauvoir	1	20
베케트 Beckette	66	12
시오랑 Cioran	73	13
드레퓌스 Dreyfus	91	28
뒤라스 Marguerite Duras	78	21
에밀 뒤르켐 Émile Durkheim	100	5

갱스부르 Gainsbourg	60	1
이오네스코 Ionesco	11	6
모파상 Maupassant	87	76
모리아크 Mauriac	80	26
프루동 Proudhon	2	2
장-폴 사르트르 Jean-Paul Sartre	1	20
트리스탕 차라 Tristan Tzara	37	8
베르코르 Vercors	90	29
자드킨 Zadkin	36	8

사르트르와 보부아르의 기억

공원묘지 전체 규모가 어떤지를 알기 위해 20번 묘역에서부터 오른쪽 방향으로 한 바퀴를 돌기 시작했다. 20번 묘역이 시작된 지 얼마 안 되어서 사르트르와 보부아르의 묘소가 나온다. 두 사람은 살았을 때도 몽파르나스 묘지 주변과 특별한 인연이 있었다. 시몬 드 보부아르는 1955년에서 1986년 죽기 전까지 묘지 남쪽 벽과 맞닿아 있는 빅토르 쉘셰르 거리 11-2번지의 묘지가 내려다보이는 건물에서 살았다. 그리고 1937년에서 1939년 사이에 보부아르와 사르트르는 이 동네 호텔에 장기 투숙을 하곤 했다. 두 사람은 셀스 거리 24번지에 있는 미스트랄 호텔의 이 묘지가 내려다보이는 방에 여러 번에 걸쳐 장기 투숙했다. 그런데 재미있는 것은 그 당시 두 사람이 서로의 자유를 존중해서 각자 다른 방을 썼다는 사실이다. 호텔 입구의 외벽에는 이 두 사람과 관련하여 '장소의 기억'이라는 시민단체가 설

피하고 싶은
장소 일부러
찾아다니기

치한 돌로 만든 현판이 붙어 있다. 그 현판에는 보부아르와 사르트르 두 사람의 관계를 암시하는 두 개의 인용문이 새겨져 있다. 먼저 사르트르가 보부아르에게 보낸 편지에서 다음과 같은 한 구절이 인용되어 있다.

> 앞으로도 바뀌지 않을 것이고 바뀔 수도 없는 것이 하나 있소. 무슨 일이 일어나더라도 그리고 내가 무엇이 되더라도 나는 당신과 함께 그렇게 될 것이오.

같은 현판에 보부아르의 『세월의 힘』에 나오는 다음과 같은 문장이 새겨져 있다.

> 내가 '개별적인 두 사람이 하나가 된다'라고 말한다면 그때 나는 거짓말을 하고 있는 것이다. 조화란 결코 주어지는 것이 아니다. 그건 계속해서 쟁취되어야 하는 것이다.

호텔에서 각자의 자유를 누리기 위해 따로 방을 썼던 두 사람은 죽어서는 한 무덤 안에 합장되어 영원히 함께 누워 있다. 그래서 묘소에는 나즈막한 석판 위에 두 사람의 이름과 생몰연도가 함께 쓰여져 있다.

Jean-Paul Sartre
1905~1980

Simone de Beauvoir
1908~1986

묘지의 석판 위에는 흰색 은방울꽃, 노란색 프리지어 꽃 그리고 작은 돌들이 놓여 있다. 누군가가 불을 붙여 돌로 눌러놓고 간 담배가 다 타들어가서 꽁초가 되어 남아 있기도 하다. 냉전 시기 참여적 지식인의 상징이었던 사르트르가 여기 눈앞의 묘소에 잠들어 있다. 『존재와 무』『실존주의는 휴머니즘이다』『자유의 길』『구토』『변증법적 이성 비판』『말』 등, 그의 저서 제목들이 머릿속에 떠올랐다. 1968년 5월 불로뉴-비앙쿠르의 르노 자동차 공장에서 드럼통 위에 올라가 노동자들과 학생들 앞에서 연설하던 사르트르의 모습도 떠올랐다. 아니 코헨-솔랄이 쓴 사르트르 전기가 1990년대 내내 서울의 나의 서재 책꽂이의 손에 잡히는 곳에 꽂혀 있었는데, 지금은 꺼내볼 수가 없어서 유감이다. 그 대신에 2005년 그의 탄생 100주년을 맞아 프랑스 국립도서관에서 열린 전시회에서 그의 삶과 사상을 다시 되돌아볼 수 있었다.

시몬 드 보부아르의 이름을 보면서는 『제2의 성』『정숙한 처녀의 회고록』『레 망다랭』『고별예식』 등의 책 제목을 떠올린다. 『정숙한 처녀의 회고록』은 내가 파리에 와서 가장 재미있게 읽은 책 중의 하나다. 사르트르와는 생각과 뜻을 함께 나누며 결혼하지 않은 상태에서 평생 동반자적 관계를 나눈 그녀. 수많은 여성들에게 여성의 처지를 설명하고 여성의 권리를 찾는 운동으로 길잡이가 되었던 그녀가 여기 잠들어 있다. 『제2의 성』 출간 50주년을 기념하기 위해 열린 국제학술대회에서 발표된 논문들을 편집하여 출판한 책을 파리 13구에 있는 '마르그리트 뒤랑 여성 도서관'에서 본 기억이 났다. 그녀의 선구적 사상이 많은 여성들로 하여금 세상을 다른 눈으로 보게 만들었고 새로운 삶을 열게 하였다. 2008년 탄생 100주년 기념학술대회에 가서 그녀가 그녀의 딸들의 마음속에 살아 있다는 것을 확인할 수 있었다.

에밀 뒤르켐과
나의 대학원 시절

사르트르와 보부아르의 묘소 앞에서 마음을 정리하고 다시 천천히 걷기 시작했다. 얼마 안 가서 제5묘역이 나왔다. 뒤르켐의 묘소가 있는 곳이다. 뒤르켐은 카를 마르크스 그리고 막스 베버와 함께 고전사회학의 아버지다. 이리저리 그의 묘소를 찾기 시작한 지 얼마 되지 않아서 그의 묘지를 발견했다. 흰색 화강암으로 된 단순한 묘지 위에 세월의 먼지가 쌓여 검은 색조를 띠고 있다. 평면으로 된 묘지 위에는 회색 대리석 받침대가 놓여 있고 그 위에 망자의 이름과 생몰연도가 기록된 석판이 얹혀 있다.

Émile Durkheim
1858~1917

뒤르켐은 내가 1970년대 대학에 다닐 때 삼성출판사에서 펴낸 세계사상전집에 들어 있는 『자살론』을 통해 처음 접하게 되었다. '자살'이라는 주제가 나의 관심을 끌었던 모양이다. 그 후 1978년 사회학과 대학원에 진학하여 첫 학기에 고전사회학 이론 과목을 수강하게 되었다. 박영신 교수의 지도하에 뒤르켐의 사회학 이론을 나름 진지하게 공부한 바 있다. 루이스 코저가 쓴 『사회학 이론의 대가들』에 나온 그의 사상과 인생, 사회적 배경을 읽으면서 시작한 뒤르켐에 대한 공부는 탤컷 파슨스의 『사회적 행위의 구조』, 레몽 아롱의 『사회학적 사상의 제단계』, 로버트 니스벳의 『사회학적 전통』 등의 책과 로버트 벨라가 쓴 논문들, 뒤르켐의 『사회학적 방법의 규칙들』 『자살론』 『분업론』(2판 서문 포함) 등을 읽는 것으로 진행되었다. (대학원 입학시험에 합격한 다음 김용기, 민문홍과 함께 박영신 교수의 집에 초청받은 적이 있는데, 책꽂이에 빨간색 표지에 흰색으로 씌어진 'SUICIDE'가 눈에 확 들어왔던 기억이 난다. 그때 뒤르켐의 『자살론』 영어 번역본을 처음 보았다.)

그 후 사회학과 대학원 동기인 민문홍은 뒤르켐의 직업집단론에 대한 석사 논문을 썼는데, 나와 함께 1980년대에 프랑스에 유학하여 뒤르켐의 사회학 이론을 주제로 박사학위 논문까지 썼다. 나는 사회운동을 주제로 하는 박사학위 논문에서 『자살론』 결론에 나오는 뒤르켐의 사회주의에 대한 생각을 짧게 인용한 적이 있다. 그는 19세기 후반 프랑스의 사회주의 운동을 자살률의 증가, 허무주의 이론의 범람 등과 마찬가지로 일종의 사회적 위기의 징후로 보았다. 뒤르켐의 묘소 앞에 서자 파리 유학 시절에 부르디외 학파가 펴내는 『사회과학연구논문집』에 실린 「뒤르켐의 아름다운 결혼」이란 논문을 읽었던 기억이 떠올랐다. 뒤르켐이 알자스 출신의 제철업을 하는 부르주아의 딸과 결혼하는 과정을 연구한 논문이었던 것으로 생각난다. 그때 나는 뒤르켐이 쥘 게드의 급진적 사회주의를 비판적으로 보면서 제3공화국의 부르주아적 질서를 옹호하게 되는 과정에 그의 결혼이 일정한 영향을 미쳤을 거라고 생각했다. 그 이후 뒤르켐을 다시 진지하게 공부한 적은 없다. 민문홍이 펴낸 뒤르켐 연구서를 훑어본 적이 있을 뿐이다. 어쨌든 뒤르켐은 나의 사회학적 여행의 초기 단계에서 안내자의 역할을 해준 사람이다.

1980년대 유학 당시 나의 서재에는 뒤르켐, 베버, 마르크스의 사진이 나란히 놓여 있었다. 그 세 사람에 대한 관심은 시대에 따라 변화해왔다. 1980년대에는 마르크스, 그리고 지금은 베버에 대해 관심을 가지고 있지만 언제 또 뒤르켐으로 관심이 이동할지도 모른다. 나는 그 세 사람 사이를 오가며 균형을 잡고 싶다. 나는 가끔씩 파리 5구 생-자크 거리에 있는 뒤르켐이 살던 집 앞을 지나면서, 뒤르켐이 집에 돌아와서도 서재에 틀어박혀 연구에 몰두하는 것에 불만을 터뜨리는 아내에게 "이것은 지식인으로서 나의 의무다"라고 말한 것을 떠올린다. 뒤르켐의 묘지 앞에서 나는 학자의 길을 끝까지 성실하게 걸어 나간 그의 모습을 생각하며 잠시 묵념을 하고 자리를 떴다.

'참여하는 관객'
레몽 아롱

뒤르켐의 묘소를 빠져나와 다시 묘지의 큰길을 따라 천천히 걷기 시작했다. 길의 중간에서 묘지의 중앙으로 들어가는 길을 택했다. 중앙을 지나 다시 오른쪽으로 돌아가니까 23묘역이 나온다. 그래서 24묘역에 있는 레몽 아롱의 묘소를 찾아보기로 했다. 24묘역은 에밀 리샤르 거리 건너편에 있어 길을 건너야 한다. 묘소로 들어가는 작은 출입구가 있고 마침 앞서 정문 앞에서 보았던 것과 똑같은 안내판이 서 있다. 안내판에 나온 대로 아롱의 묘소를 찾아갔는데 영 눈에 띄지가 않았다. 아롱이 1983년에 사망했기 때문에 새로 만든 분위기의 묘소를 찾았다. 그런데 24묘역을 아무리 뒤져도 아롱의 묘소가 나오지 않았다. 그러다가 아주 오래된 묘지에서 아롱이라는 이름을 발견했고 여러 세대의 이름이 적힌 맨 아래쪽에서 드디어 레몽 아롱이라는 이름을 읽을 수 있었다. 아롱의 묘소는 새로 만든 개인 묘소가 아니라 오래된 가족 묘소였던 것이다. 아롱의 가족 묘지에는 3대가 묻혀 있다.

Famille Ferdinand Aron(1845~1905)
Mme Famille Ferdinand Aron(1844~1914)

Gustave Emile Aron(1870~1935)
Mme Gustave Aron(1877~1940)

Robert Maurice Aron(1903~1978)
Adrien Aron(1902~1979)

Raymond Aron(1905~1983)
Mme Raymond Aron(1907~1997)

요즈음 나는 한 개인의 삶을 최소한 가족 3대의 역사 속에 넣어 이해하고 해석하는 임상사회학에 관심을 가지고 있는데, 아롱의 개인사에 그의 가족사가 어떤 영향을 미쳤는지 궁금해진다. 평면으로 된 묘소에 덧붙여 세워진 석판에 기록되어 있는 아롱 가족 3대의 생몰연도를 보면, 19세기 중반에서 20세기 말에 이르는 한 세기 반이라는 시간 속에서 3대의 삶이 이루어졌음을 알 수 있다. 그리고 아롱이 태어난 1905년에 할아버지가 돌아가셨으며 아롱의 형과 누나는 할아버지 세대와 함께 2~3년을 살았다. 그리고 3대에 걸쳐 모두 부인이 남편보다 장수하였다. 2세대와 3세대는 1, 2차 세계대전을 경험한 세대이다. 아롱의 아버지는 1935년 나치의 유대인 학살 전에 사망했지만 어머니는 1940년에 돌아가셨으니 나치의 피해자일 수도 있다. 아롱이 쓴 『회고록』을 다시 읽어보아야겠다.

아롱은 파리고등사범학교 시절 사르트르와 친구 관계였으나 이후 정치적·이념적 노선을 달리하면서 갈라서게 되었다. 아롱은 영국으로 건너가 드골과 함께 레지스탕스 운동을 한 후 프랑스 우익을 대표하는 지식인이 되었고, 사르트르는 나치 치하에서 희곡을 써서 유명해진 다음 해방 이후 좌익을 대표하는 지식인이 되었다. 두 사람은 죽어서 같은 몽파르나스 묘지에 묻혀 있으나 위치는 멀리 반대편에 묻혀 있다. 동서 냉전의 시대에 서로 다른 길을 간 두 사람이 노인이 되어 악수를 하고 있는 사진이 기억 속에 남아 있다. 1975년 베트남 전쟁 종전 이후 베트남을 빠져나온 '보트 피플'을 지원하기 위해 해후한 두 사람의 모습이다. 1970년대 베르나르 앙리-레비와 함께 전체주의 체제를 비판한 신철학자 앙드레 글뤽스만의 주선으로 이루어진 극적 만남이었다.

1980년대 유학 시절 언젠가 아롱과 사르트르를 비교하는 책을 써볼 생각으로 두 사람의 저서를 사서 모으기도 하였는데, 몇 년 전 프랑스 지성사를 연구하는 역사학자 파스칼 오리가 같은 주제의 책을 펴낸 걸 보았다. 얼마 전 프랑스 퀼트르 라디오 방송에서는 아롱이 콜레주 드 프랑스에서 했던 정치체제에 대한 비교 분석 강의를 녹음테이프를 통해 들려주었다. 유학 시절에는 아롱이 키신저와 함께 국제 관계에 대해서 대담하는 것을 듣기도 했다. 사르트르와 아롱, 두 사람 다 베를린 장벽 붕괴 이후 사망하였는데, 이제 많은 사람들이 사르트르보다는 아롱이 더 현실을 직시했다고 평가하고 있다. 지식인에게는 이념적 지향성만 중요한 것이 아니라 현실을 분석할 수 있는 능력도 중요하다. 현실 참여도 중요하지만, 거리를 두고 현실을 분석할 수 있는 능력도 중요한 것이다. 참여를 주장하는 사르트르에 맞서 아롱은 스스로를 '참여하는 관객'이라고 말했다. 나 개인적으로는 아롱과 사르트르 두 사람을 다 존중한다. 지식인은 본질적으로 현실과 거리를 유지하며 말과 글을 통해 현실에 참여하는 사람이다. 그러나 시대와 상황, 조건에 따라 때로는 참여, 때로는 거리를 둔 은둔 사이를 왕복할 수도 있다. 아롱의 묘소 앞에서 지식인을 자처하는 나 자신의 초라한 삶을 반추하며 묘지를 떠났다. 사르트르와 보부아르, 뒤르켐 그리고 아롱, 이렇게 네 사람의 묘소를 순례하고 나니 내 머릿속은 이미 너무나 많은 회상, 추억, 생각들로 가득 차올랐다. 그래서 묘지를 나와 묘지 주변을 크게 한 바퀴 돌았다.

몽파르나스 묘지의
문학 기행

작가와 작품은 구별되어야 한다. 그러나 한 작가의 삶과 작품 사이에 밀접한 관계가 있음을 부인할 수는 없다. 작품을 작가의 삶과 분리시켜 하나의 중립적 텍스트로 분석할 수는 있다. 그러나 나는 어떤 작가의 작품에 마음이 열리면 작가의 삶 자체에 관심을 갖게 된다. 가끔씩 몽파르나스 묘지에 묻혀 있는 작가들의 묘지를 순례하는 까닭이 거기에 있다. 죽음의 장소에서부터 시작하여 그들의 삶의 흔적을 추적하는 것이다. 언젠가부터 몽파르나스 묘지에 있는 시오랑의 묘소를 방문하고 싶었다. 2005년 10월 투생 휴가 기간 어느 날 드디어 그의 묘소를 찾아 나섰다. (프랑스에서는 이

기간 가족들이 부모 친지의 묘소를 찾아가는 풍습이 있다.) 시오랑의 묘소가 있는 13묘역을 찾아 내려오는데 어느 부부가 새로 만든 묘소에 팬지꽃을 심고 열심히 물을 주고 있었다. 13묘역은 쉽게 찾았으나 시오랑의 묘소를 찾는 데는 조금 시간이 걸렸다. 묘지의 석판에는 두 사람의 이름이 함께 씌어져 있다.

Emil Cioran
Rasinari 1911~Paris 1995

Simone Boué
1919~1997

짙은 회색 대리석으로 된 묘소에는 작은 돌멩이들과 외국 동전들이 놓여 있다. 확인할 길은 없으나 어쩌면 루마니아의 동전인지도 모른다. 나도 주변에서 마른 나뭇가지 하나와 작은 돌멩이를 찾아 올려놓고 잠시 눈을 감고 그의 삶을 생각하였다. 시오랑은 루마니아 출신으로 젊은 시절 프랑스 정부의 장학금을 받아 파리에 철학을 공부하러 왔다가 자기 나라로 돌아가지 않고 파리에서 살다가 파리에서 세상을 떠났다. 젊은 시절 니체에 대한 논문을 쓰기로 하고 유학을 왔는데 장학금을 받아서 공부는 하지 않고 자전거를 한 대 사서 프랑스 전국을 누비고 다녔다고 한다.

2002년 내가 파리에 온 지 얼마 안 되었을 때의 일이다. 에펠탑 부근에 있는 파리미국도서관에 갔다가 시오랑이 파리로 오기 전 루마니아에서 모국어로 쓴 『절망의 정점에서』의 영어 번역판과 마주쳤다. 그 책을 제목만 보고 빌려와 읽은 이후, 나는 시오랑에 대해 많은 관심을 가지게 되었다. 20대의 풋

풋한 나이에 파리에 유학 왔다가 망명 작가로 일생을 보낸 시오랑. 파리 정착 이후 모국어를 버리고 프랑스어로만 글을 쓴 사람. 뤽상부르 공원에서 한 발자국 떨어진 오데옹 거리의 작은 아파트에 혼자 살면서 매일 뤽상부르 공원을 산책했던 남자. 그래서 사람들은 그를 '뤽상부르의 매'라고 불렀다. 그는 염세주의자였고 짧은 단장(斷章)을 통해 삶의 급소를 찌르면서 세상 사람들을 놀라게 하고 불편하게 만들었다. 그는 결코 공식적인 자리에 모습을 드러내지 않았으며 세상의 명예를 우습게 여기면서 그에게 주어진 어떠한 훈장이나 상도 받기를 거부하였다. 그는 글쓰기를 통해서만 생계를 유지했다. 가난하지만 자기 세계를 지킨 고집스러운 전업 작가였던 셈이다. 그렇게 산 그의 삶에 나는 커다란 공감과 연민을 느끼고 위안을 받는다.

　새로 지은 미테랑 국립도서관에서 그의 산문집 『사유의 황혼』을 읽은 적이 있다. 그 가운데 그 자신의 망명 작가생활에 대해서 써놓은 글이 내 마음을 끌었다. 언젠가 다시 한 번 읽어보고 싶다. 파리에 다시 온 이후 나는 자기가 태어나서 살던 익숙한 장소를 떠나 자기가 선택한 낯선 땅에 와서 망명생활을 한 작가들에 대한 관심이 커졌다. 대체로 공산주의 체제나 독재 정권을 피해서 서유럽으로 망명한 작가들이 대부분이다. 그 가운데는 시오랑처럼 모국어를 버리고 프랑스어로 글을 쓰는 사람들이 여럿 있다. 불가리아 출신인 츠베탕 토도로프도 파리에 1년 기간으로 유학 왔다가 돌아가지 않고 정착한 경우이다. 그의 부인 낸시 휴스턴은 영어권 캐나다 출신으로 파리에 정착하여 프랑스어로 글을 쓰고 있다. 문학비평가이자 정신분석가로 유명한 크리스테바도 불가리아에서 파리로 와 정착한 여성이다.

시오랑과 함께 묻혀 있는 시몬 부에라는 이름의 여성은 그의 삶의 동반자다. 그는 결혼은 하지 않았지만 인생 말년을 시몬 부에와 부부처럼 함께 생활했다. 가난했던 시오랑은 오데옹 거리에 살면서 근처의 마비용 학생식당에서 자주 식사를 했다. 나도 1980년대 유학생 시절 그 식당에서 점심 식사를 했는데 예사롭지 않은 분위기의 나이 든 남자가 학생들과 함께 줄을 서 있는 모습을 본 기억이 난다. 확실하지는 않지만 그 남자가 어쩌면 시오랑이었는지도 모른다. 아무튼 말년에 시오랑은 그 학생식당에서 시몬 부에를 만나게 되었고 두 사람은 이야기가 통해서 함께 살게 되었다고 한다.

마르그리트 뒤라스의
절규

시오랑의 묘소에서 나와 얼마 되지 않는 위치에 있는 28묘역에서 아주 쉽게 마르그리트 뒤라스의 묘소를 찾았다. 묘지의 위 뚜껑 정면 가장자리 위에 적혀 있는 MD라는 마르그리트 뒤라스의 이니셜이 눈에 팍하고 들어왔기 때문이다.

Marguerite Duras
1914~1996

뒤라스의 묘소 위에는 아직 마르지 않은 초록색 나뭇잎들이 작은 돌멩이들과 함께 놓여 있다. 장미꽃도 한 송이 놓여 있고 작은 촛불 상자도 보인다. 나는 마른 나뭇잎 옆에 마른 나뭇가지를 올려놓았다. 묘지 앞에 서니까 언젠가 라디오 방송에서 들은 뒤라스의 음성이 들리는 듯했다. 그녀의 목소리를 듣고 있노라면 인간 내면의 찢긴 고통, 채워지지 않는 정신적 갈증 같은 것을 강하게 느끼게 된다. 갈증은 때로 외부로부터 오는 억압과 만나면서 광기 어린 절규로 나타나기도 한다. 뒤라스가 쓰고 알랭 레네가 영화화하기도 한 「히로시마 내 사랑」에서 주인공 여성은 다섯 번에 걸쳐 절규한다. 주인공 여자의 절규는 뒤라스의 절규일 수도 있다. 뒤라스는 그 절규를 통해 사회적 규범을 넘어선 인간의 본질적 욕망을 여성의 시각에서 건드리고 있다. 뒤라스는 코뮤니스트였고 페미니스트였다. 그녀는 미테랑 대통령과 함께 항독 레지스탕스 운동에 참여했으며, 「쥘과 짐」이라는 영화에서처럼 서로 친구 사이였던 마스콜로와 앙텔므라는 두 명의 지식인 남자와 인생의 다른 시기를 살았다. 생-제르맹-데-프레의 생-브누아 거리에 있던 그녀의 아파트에는 모리스 블랑쇼, 에드가 모랭 등을 비롯한 수많은 지식인들이 모여들었고 그녀는 그곳에서 현대판 살롱 문화의 마담 역할을 했다.

그러나 그녀가 겪은 삶의 원형적 체험은 인도차이나에서 이루어졌다. 그녀는 베트남 아이들과 어울려 자랐고 아버지가 돌아가신 후 힘들어하는 어머니와 두 오빠 사이에서 자랐다. 그녀는 사춘기 시절부터 내면에서 치솟아 오르는 강한 삶의 에너지와 엘랑(élan, 비약적 힘) 같은 것을 가지고 있었다. 강력한 정신적 불꽃이 끊임없이 타올랐다. 기존의 관습이나 사회적 규범의 틀 속에 갇힐 수 없는 강한 열망과 욕망은 언제나 그녀를 정신적 갈증에 시달리게 했다. 그녀는 어떤 일에든 깊게 몰두하지 않고는 살 수 없는 여성이었다. 그녀의 정신적 갈증은 때로 알코올 중독으로 나타나기도 하고 우울증으로 분출되기도 했다. 그녀는 평범한 삶, 평균의 규범적 삶을 살 수 없는 특별한 여성이었다. 보통 사람도 그런 그녀의 삶의 일부분을 공유한다. 그러나 그녀가 갖는 마력과 매력은 평균적인 관습을 넘어서 극단적인 지점까지 건너간다는 데 있다. 뒤라스는 보통 사람들은 건널 수 없는 강을 건넌 여성이다. 이제 채워질 수 없었던 욕망의 물결이 다 사라지고 뒤라스는 여기 몽파르나스 묘지의 무덤 속에 고요히 잠들어 있다. 그녀에게는 이제 휴식이 필요하다. 정지한 영혼이여, 편히 쉬시라!

몽파르나스 묘지를 나와 그 주변의 골목길을 배회하다가 바뱅으로 발을 옮겨 카페테라스에 앉아 페리에 한 잔을 마신 뒤 한참을 멍하니 앉아 있었다. 그러다가 라스파이 역으로 가서 지하철 6번선을 탔다. 이런저런 생각을 하며 멍하니 창밖을 바라보고 있는데 지하철은 파스퇴르 역을 지나 다시 지상으로 나온다. 잠시 후 나는 에펠탑을 보면서 내릴 준비를 한다.

다르게 들어가는
몽파르나스 묘지

시오랑과 뒤라스의 묘지를 순례하고 온 지 한참이 지났다. 어느 봄날 나는 다시 몽파르나스 묘지를 찾았다. 날씨는 흐렸고 기분은 울적했다. 에드가 키네 역을 지나 지하철 6번선 당페르-로슈로 역에서 나와 다게르 거리와 불라르 거리를 거쳐 14구 구청 앞으로 산책을 하다가 프루아드보 거리에 있는 출입구를 통해 몽파르나스 묘지로 들어갔다. 출입구 관리인에게 이곳에 잠들어 있는 유명 인사들의 묘소 위치가 표시되어 있는

지도가 있으면 한 장 달라고 했다. 40대 정도로 보이는 관리인은 지도를 건네주면서 특별히 가보고 싶은 묘소가 있느냐고 물었다. 그래서 '파리의 우울'을 시로 쓴 보들레르의 묘소가 어디에 있느냐고 물었더니 지도 위에 표시해서 건네준다. 그러더니 나보고 어느 분야에 종사하느냐고 물어서 사회학자라고 말하니까 의외라는 표정을 짓더니 이내 원래의 얼굴 표정으로 돌아온다. 시인이라는 답이 나올 줄 안 모양이다. 그 관리인은 안내 지도에 표시되어 있지 않은 중요한 인물도 많다면서 얼마 전에 세상을 떠난 그리스 출신의 사회사상가 카스토리아디스의 묘소 위치를 가르쳐준다. 그리고 바로 그 옆에 있는 니키 드 생-팔이 만든 고양이 동상도 눈여겨보라고 가르쳐준다.

갱스부르, 카스토리아디스
그리고 니키 드 생-팔

보들레르의 묘소를 찾아가는데 어느 묘소 앞에 사람들이 많이 모여 있다. 항상 담배를 꼬나물고 반항적이며 퇴폐적이기까지 한 분위기를 풍기며 노래를 부르던 세르주 갱스부르의 묘소였다. 1968년 이후 성 해방의 물결 속에서 「69년은 에로틱한 해」라는 노래를 자기 부인이자 영국 출신 가수인 제인 버킨과 함께 부르던 그의 모습이 눈에 선하다. 텔레비전 화면에서 500프랑짜리 지폐에 라이터로 불을 붙이던 모습도 떠올랐다. 돌로 된 평면 묘소 위에는 그의 열성 팬들이 갖다놓은 초상화와 사진들이 대여섯 장 놓여 있고 그 옆에는 담뱃갑과 포도주 병마개도 함께 놓여 있다. 술과 담배와 여자 없이는 못 살았던 그의 삶을 기억하는 열성 팬들의 배려인가

보다. "Gainsburg Forever"라고 쓴 리본이 달린 화분도 놓여 있다.

보들레르의 묘소에 가기 전에 같은 묘역에 위치한 카스토리아디스의 묘지를 만났다. 그는 이미 1950년대 초에 클로드 르포르와 함께『사회주의냐 야만이냐』라는 잡지를 발간하면서 공산주의 사회의 관료화에 대한 문제점을 비판하고 민주주의의 중요성을 강조한 학자이다. 그는 그리스 정치사상을 바탕으로 현대사회를 새롭게 해석하는 이론적 작업을 하면서 스스로 정신분석을 받고 자기만의 정신분석학파를 만들기도 한 인물이다. 그가 쓴 책 가운데『미궁』이라는 책을 읽다가 만 기억이 났다. 그리고 1980년대 유학 시절 본 그의 모습이 떠올랐다. 면도를 한 듯이 삭발한 반짝이는 머리를 하고 둥근 안경을 쓰고 낡은 가방을 들고서 자기 연구실로 걸어 들어가던 카스토리아디스가 지금은 이곳 묘지에 잠들어 있는 것이다. 대부분의 묘지가 차가운 돌로 덮여 있지만, 카스토리아디스의 묘소는 돌로 된 사각형 틀 속에 흙을 덮어 작은 꽃밭을 만들어놓은 것이 특이하다. 그곳에는 그가 떠나온 조국 그리스를 상징하는 듯 작은 올리브 나무가 한 그루 심어져 있다.

카스토리아디스의 묘지 옆에는 묘지 관리인의 말대로 형형색색으로 된 타일을 붙인 고양이 조각이 서 있다. 파리에서 관광객이 가장 많이 방문하는 장소 가운데 하나인 퐁피두센터 옆 스트라빈스키 광장에 있는 분수대에서 사방으로 움직이며 물을 뿜어대는 형형색색의 철제 조각 작품들을 본 사람이라면, 이 고양이의 모습에서 그와 유사한 분위기를 금방 느낄 수 있을 것이다. 같은 사람의 작품이기 때문이다. 이 묘소의 비석에는 "너무나 일찍 죽은 나의 절친한 친구 리카르도(1952~1989)를 위해"라는 헌사가 적혀 있다. 그 헌사를 보면서 재작년인가에 『르 몽드』지에서 조각가 니키 드 생-팔이 사망했다는 기사를 읽은 기억이 났다. 헌사를 바친 사람도 결국 헌사를 받은 사람의 세계로 떠난 것이다. 모든 사람은 죽는다. 나도 사람이다. 그러니까 나도 죽게 되어 있다. 다만 언제 죽을지는 아직 모를 뿐이다.

파리의 우울,
보들레르

묘지 관리인 아저씨가 지도 위에 표시해준 제7묘역의 보들레르 묘소를 찾는 데는 조금 시간이 걸렸다. 7묘역 끝까지 다 걸어갔는데 보들레르 묘소가 나타나지 않았다. 몽파르나스 묘지에는 찾고 싶은 사람의 이름만 가지고는 찾기 어려운 묘소가 있다. 개인 묘소가 아니라 가족 묘소인 경우가 그렇다. 샤를 보들레르라는 이름만 가지고 열심히 찾았는데 아무리 찾아도 그 이름이 새겨진 비석이 눈에 들어오지 않는 것이었다. 7묘역을 좌우와 앞뒤로 왔다 갔다 하다가 드디어 보들레르의 묘소를 발견했다. 상당한 높이의 묘비가 서 있는 가족 묘소였다. 묘비의 맨 위에는 1857년에 사망한 자크 오픽의 이름이 그의 이력과 함께 씌어져 있다. 그리고 그 밑에 "샤를 보들레르, 1867년 파리에서 46세의 나이에 사망"이라는 문구가 씌어져 있고 맨 밑에는 "카롤린 아르샹보 드페, 조셉 프랑수아 보들레르의 미망인, 오픽 장군의 미망인, 샤를 보들레르의 모친, 1871년 칼바도스의 옹플뢰르에서 77세의 나이에 사망"이라는 긴 문구가 씌어져 있다. 묘비 속에 보들레르의 가족사가 들어 있었다. 보들레르의 친아버지가 죽고 난 다음 어머니는 보들레르를 데리고 재가를 했는데, 양아버지마저 먼저 세상을 떴다. 이후 모자가 함께 살다가 보들레르가 먼저 죽고 그의 어머니가 마지막으로 세상을 떴음을 알 수 있었다. 양아버지와 어머니 그리고 양아들 이렇게 셋이 함께 묻혀 있는 묘소는 처음 보았다.

보들레르와 어머니 사이의 관계에 양아버지까지 들어가니 복잡한 삼각관계가 되어버린다. 보들레르는 어머니에게 보낸 편지에 "내가 죽고 나면 당신은 더 이상 살고 싶지 않을 것입니다. 그건 분명합니다. 당신은 오로지 나만 바라보고 사셨으니까요. 당신이 나보다 먼저 돌아가시면, 특히 내가 당신에게 준 충격 때문에 돌아가신다면, 나는 자살해버릴 겁니다. 그건 의심의 여지가 없습니다"라고 쓴 적이 있다. 보들레르의 어머니 오픽 여사는 아들이 살아 있을 당시 아들이 쓴 시들의 가치를 충분히 인정하지 않았지만, 아들이 죽고 나자 전작을 다 모아서 플로베르에게 보냈다. 묘소 위에는 보들레르의 시를 적은 종이들이 놓여 있고 그 위에는 작은 돌멩이들이 얹혀 있다. 그리고 그 옆에는 그의 시집 『악의 꽃』을 연상시키는 장미 한 송이가 아이리스, 베고니아 화분과 더불어 시들어가고 있다.

어떻게 보면 우연이지만 지나오다 본 갱스부르와 보들레르 사이에는 유사점이 있는지도 모른다. 그것은 기존의 도덕관념과 규범을 무시하는 삶을 살며 노래를 부르고 시를 썼다는 점이다. 보들레르는 예술작품은 도덕적 목표를 가져서는 안 된다고 말했고 갱스부르는 언제나 규범을 벗어나는 도발적인 언사를 서슴지 않았다. 그러니까 갱스부르는 보들레르의 정신적 후예라고 볼 수 있다. 두 사람의 삶과 작품은 낭만, 퇴폐, 외설, 반항, 자기중심이라는 단어를 공유한다. 그러나 중요한 것은 그런 제스처 뒤에 숨어 있는 메시지다.

브란쿠시의 '입맞춤'

몽파르나스 묘지는 에밀 리샤르 거리를 가운데 두고 두 개의 묘지로 나뉘어 있다. 길을 건너 조각가 브란쿠시의 「입맞춤 Baiser」이라는 조각 작품이 있는 묘소를 찾아갔다. 묘소 위에 그리 크지 않은 규모의 조각 작품이 서 있었다. 두 연인이 입맞춤을 통하여 하나가 되어 있는 단순화된 형태의 작품이었다. 아마도 브란쿠시가 친구를 위하여 바친 작품인가 보다. 루마니아 출신인 브란쿠시는 죽기 전에 하나의 조건을 걸고 자신의 전 작품을 프랑스 정부에 기증했다. 그 조건은 그가 죽은 다음 자신의 작품을 그의 아틀리에에 배치한 그대로 전시를 해달라는 것이었다. 그래서 그의 아틀리에는 퐁피두센터 앞 광장 오른쪽에 고스란히 옮겨졌고 그의 작품들은 그가 남긴 그대로 전시되어 있다. 「입맞춤」을 보고 난 다음 그 작품을 만든 브란쿠시의 묘소를 찾아 나섰다. 안내 지도에는 18구역으로 표시되어 있는데 찾지 못했다. 바람 부는 묘지 이곳저곳을 돌아다니다 보니 주의력이 약해진 탓일 수도 있고, 오늘 묘지 탐방은 이로써 충분하니 다음 기회에 맑은 정신으로 다시 오라는 브란쿠시의 뜻인지도 모르겠다.

피하고 싶은
장소 일부러
찾아다니기

아직도 끝나지 않은
순례길

언제 다시 브란쿠시의 묘소를 찾아오겠다는 생각을 하며 묘지를 나와 근처의 라스파이 거리에 있는 '예술의 카페Café des Arts'로 들어갔다. 커피 한 잔을 마시면서 묘지 안내 지도를 보니 사람들이 많이 찾는 묘소 총 119개가 표시되어 있다. 그 가운데는 조각가도 여러 명 들어 있다. 뉴욕 앞바다와 파리의 센 강 위에 서 있는 '자유의 여신상'을 만든 바르톨디, 오베르 쉬르 우아즈에 서 있는 반 고흐 동상을 만든 자드킨, 자동차를 압착시켜 만든 작품으로 현대 문명을 비판한 세자르 등의 이름이 보인다. 극작가 사뮈엘 베케트와 이오네스코의 묘소도 찾아보고 싶고, 단편소설의 대가 모파상, 『바다의 침묵』을 쓴 베르코르, 다다이즘의 아버지 트리스탕 차라의 묘소도 참배하고 싶다. 그리고 우리 동네 파시 거리에서 삶의 마지막 시간을 보낸 무정부주의자 프루동의 묘소도 찾아보고 싶다.

카페를 나와 지하철을 타려고 에드가 키네 거리를 걸어 묘지의 정문 앞을 지나는데 종소리가 들린다. 5시 45분이다. 6시에 묘지 문을 닫으니 모두들 나갈 준비를 하라는 신호다. 몽파르나스 묘지는 계절에 따라 개방 시간이 달라진다. 낮이 긴 3월 16일에서 11월 5일까지는 평일은 아침 8시, 토요일은 8시 30분, 일요일과 공휴일에는 9시에 문을 연다. 문을 닫는 시간은 언제나 저녁 6시다.

상태 감옥
주변을 맴돌며

생각하는 사람은 신비한 산란 장소를 확실하게 알아본다.
이 알에서는 야만이 태어나고 다른 알에서는 인간미가 나온다.
경탄을 자아내는 도시가 있듯이 괴물 같은 도시도 있다.
— 빅토르 위고

위선의
도시

도시는 위선이다. 도시는 삶의 한 부분만을 보여준다. 깨끗하고 화려한 장면은 강조하고 더럽고 초라한 모습은 감추어버린다. 돈이 되는 상품은 모든 사람의 눈에 띄게 전시되지만 쓰레기와 폐기물은 빨리 사라질수록 좋다. 과거 모스크바 같은 공산권의 대도시에서는 거지나 행려병자를 볼 수 없었다고 한다. 왜 그랬을까? 그건 분배의 평등을 실현한 사회주의 복지체제나 전체주의적 경찰국가의 특성으로만 설명할 수 없다. 거기에는 지저분하고 쓸모없는 것을 빠르게 폐기처분하는 도시의 특성이 들어 있

피하고 싶은
장소 일부러
찾아다니기

다. 파리에서 발생하는 엄청난 양의 쓰레기는 매일 이른 아침 초록색 쓰레기차로 수거되어 파리에 인접한 이브리-쉬르-센느와 이시-레-물리노에 세워진 소각장에서 연기로 사라진다.

도시는 무한한 이동 가능성의 상징이다. 도시는 익명성이 보장되는 자유의 공간이다. "도시의 공기는 우리를 자유롭게 한다." 그래서 자유의 정반대인 구속을 상징하는 감옥은 일상의 생활공간에서 멀리 떨어져 있는 것이 당연해 보인다. 미국의 경우를 보면 네바다 주의 사막 한가운데 거대한 감옥을 지어 도시의 삶에서 감옥을 멀리 격리시키고 있다. 뉴욕이나 시카고의 한복판에 서 있는 감옥은 상상 밖이다. 그런데 파리 한가운데 감옥이 버젓이 떡 버티고 서 있다. 21세기에 남아 있는 19세기의 유산이다. 14구의 교통의 요지 당페르-로슈로 지하철역을 나와 아라고 거리로 들어서서 계속 걷다 보면 높이 20미터쯤 되는 높은 벽이 한참 동안 계속되는 모습을 발견할 수 있다. 시멘트에 돌을 섞어 쌓아올린 이 벽은 고색창연한 느낌을 준다. 벽의 맨 위쪽에는 마치 단검처럼 보이는 날카로운 금속성 칼날들이 빈틈없이 꽂혀 있다. 벽 안쪽 건물의 마지막 층이 보이는데 작은 유리창에는 철창이 쳐 있다. 누가 보아도 영락없는 감옥의 모습이다.

아라고 거리의 추억

1980년대 유학생 시절 나는 마로니에 나무가 두 줄로 서 있는 아라고 거리를 자주 오갔다. 그 시절에 나는 브라질, 멕시코,

칠레, 아르헨티나 등 라틴아메리카 나라들의 군부독재와 민주화운동에 관심을 갖고 있었는데, 파리 제1대학(팡테옹-소르본 대학)의 제3세계의 경제와 사회발전 문제를 다루는 연구소IEDES가 그곳에 위치해 있었기 때문이다(지금 이 연구소는 다른 곳으로 이전하고 이 건물은 파리 제1대학 국제학생기숙사로 쓰이고 있다). 당시 그 길을 지나갈 때면 언제나 평소와 다른 특별한 감정 상태에 빠지곤 했다. 감옥이 있는 그 길에는 다니는 사람들이 별로 없어 쓸쓸할 정도로 조용했다. 그때나 지금이나 아라고 거리에서 상테 거리 쪽으로 들어가면 감옥의 정문이 나온다. 엄청나게 튼튼한 문에 경찰과 간수들이 삼엄하게 경계하고 있다. 감옥을 사각형으로 둘러싸고 있는 아라고 거리, 상테 거리, 장 돌랑 거리, 메시에 거리를 한 바퀴 돌다 보면 기이한 느낌이 든다. 메시에 거리 쪽에는 수감자를 면회하러 온 사람들의 대기소가 있다. 그 앞 게시판에는 면회 신청 절차, 수감자에게 전할 옷, 책, 식품, 생활용품 등에 대한 규정이 적혀 있다. 그 앞을 지나가다가 대기소에서 면회를 기다리고 있는 가족, 친구, 애인들의 얼굴 표정을 바라보고 있으면 마음속이 갑자기 짠해진다(제2부 시작하는 쪽 사진을 볼 것).

그런데 상테 감옥 옆을 지나며 특별한 느낌을 가졌던 사람이 나만은 아니다. 프랑스 공산당을 지지했던 가수 장 페라는 1960년대 아라고 거리의 쓸쓸한 분위기를 노래로 불렀고, 사진작가 브라사이는 1930년대 초 밤의 아라고 거리를 찍었다. 상테 감옥의 벽에 잎을 다 떨어낸 헐벗은 가로수들이 그림자를 드리우고 있는 모습이다. 사진 속에서 감옥의 벽은 길게 이어지고 멀리 뿌연 빛이 보인다. 인적이 끊긴 밤 풍경이다. 벽 안에 갇힌 사람들은 이미 잠들었을 시간이다.

인간은 사회적 동물이다. 혼자 살 수 없다. 인간은 밀림에 사는 동물이 아니라 공동체에서 사는 동물이고 공동체는 질서와 규칙을 요구한다. 개인의 자율성을 최대로 인정하는 인류 진화의 현 단계에서도 이 말은 진리다. 공동체가 정해놓은 법을 지키지 않고 다른 사람에게 피해를 입히는 사람은 격리되어야 한다. 사회의 질서를 해치는 위험한 자들의 자유는 구속되어야 한다. 그럼에도 불구하고 상테 감옥 앞을 지나갈 때면 나는 감옥 안에 들어 있는 사람들을 떠올려본다. 모든 자유를 박탈당하고 감시 속에서 24시간을 살아가는 그들의 일상을 생각해본다. 단조로움, 반복, 권태, 지루함, 증오, 인내, 후회, 절망, 우울, 지침, 마모…… 도시의 벽 하나를 사이에 두고 그들과 나의 삶은 하늘과 땅의 차이만큼 다르다. 모든 인간은 자유롭게 태어났으나 어떤 사람들은 감옥 속에 빗장이 쳐진 감방 안에 갇혀 있고, 어떤 사람들은 감옥 밖의 거리를 자유롭게 걷고 있다.

흔히 범죄를 저지른 사람은 범행의 장소에 다시 나타나 그곳을 서성이게 되어 있다고 한다. 알랭 들롱과 장 가뱅이 주연으로 나오는 「암흑가의 두 사람」이라는 영화에도 그런 장면이 나온다. 그런데 감옥에 들어갈 일을 한 일이 없는 나는 왜 상테 감옥 주변을 어슬렁거리는 걸까? 생각해보면, 모든 인간은 죽게 되어 있듯 범죄를 저지를 가능성을 가지고 있기도 하다. 가족 배경과 사회계층에 따라 범죄를 저지를 확률에 차이가 있을 뿐이다. 그렇다면 나는 팔자가 좋아 담 밖에 있을 뿐이지 담 안에 갇힌 자들과 인간적으로 근본적인 차이가 있는 것은 아니다. 그들도 나도 똑같은 살아 있는 인간이다. 그런데 그들은 벽 속에 갇혀 있고 나는 자유롭게 담 밖을 걷고 있다.

어느 추운 겨울날 나는 직사각형의 감옥을 한 바퀴 돌면서 감옥의 크기를 측정하기도 했는데 내 걸음으로 346걸음×111걸음이었다. 다른 날 걸어보면 360걸음×115걸음이 되기도 한다. 그날의 기운이나 기분에 따라 보폭이 달라지는 모양이다. 감옥 둘레를 걷다 보면 아라고 거리에 파리에 하나 남은 명물을 만날 수 있다. 베스파지엔느vespasienne라고 부르는, 철제로 만든 남성용 공중변소다. 19세기 후반에 공중위생을 위해서 만들어진 이 소변용 변소는 1950년대 프랑스 영화의 거리 풍경에도 등장하는데, 이후 다 철거하고 기념으로 이곳에 딱 하나만 남겨놓았다. 여기서도 우리는 프랑스 사람들이 기억을 위한 흔적 남기기를 중시하는 사람들임을 확인할 수 있다.

상테 거리와 아라고 거리가 만나는 모퉁이와 상테 거리와 장 돌랑 거리가 만나는 모퉁이의 감옥 벽에는 각각 석판이 붙어 있다. 앞의 석판에는 이 감옥에 수감되었다가 나치에 의해 총살된 18명의 레지스탕들의 이름이 적혀 있고, 뒤의 석판에는 1940년 드골 장군의 연설을 듣고 나치에 대항해 처음 봉기한 고등학생과 대학생들의 이름이 적혀 있다. 그러고 보면 감옥에는 나쁜 짓을 한 사람들만 갇히는 것이 아니라 때론 좋은 일을 한 사람들도 갇힌다. 조국의 영광을 위해 일한 사람들이다.

『아시아의 파리』라는 책을 읽다 보니까 이 감옥에 일본 사람이 갇힌 적도 있다. 일본의 무정부주의자 오스기 사카에다. 그는 프랑스의 시인 앙드레 콜로메르의 초청으로 1923년 2월 13일 마르세유 항구에 내려 파리로 올라왔다. 파리에서 자유를 만끽하던 그는 5월 1일 생-드니에서 열린 노동절 행사에 참석해서 선동적으로 즉흥 연설을 했다가 경찰에 체포되어 상테 감옥에 3주 동안 수감되었다가 6월 3일 본국으로 추방되었다. 그는 귀국하여 『나의 일본 탈출기』에서 자신의 파리 체류 경험을 집필했다(이 책은 금서였다가 1971년에 와서야 해금되었다). 그는 이 책을 쓴 뒤 얼마 안 된 1923년 9월 관동대지진 때 우익 집단에 의해 학살당했다. 혹시 이 감옥에 갇혔던 사람들 가운데 한국 사람은 없었는지 모르겠다.

상테 감옥의 유래

1867년이 상테 감옥의 출생연도다. 에밀 보드르메르가 설계한 이 감옥은 오랫동안 감옥 건축의 모델이었다. 감옥이 생긴 이후 오늘에 이르기까지 140년이 넘도록 수많은 사람들을 가둔 이 감옥의 면적은 2만 7,943제곱미터다. 감옥은 두 개의 구역으로 나뉘어 있고 각각의 구역에 500명씩 수감할 수 있다. 현재 아라고 거리 쪽의 감방들은 더 이상 사용되지 않고 있어서 총 550명 정도가 수감되어 있다. '건강'을 뜻하는 상테라는 이름을 가진 이 감옥에는 파리 전체의 수감자들 가운데 병든 사람들을 수용하는 병실이 있었다. 1892년에는 프랑스 북부 감옥에서 파리로 이송된 해외 식민지로 강제 노역을 떠날 사람들과 사형수, 그리고 정치범들을 수감하는 특별 구역도 만들어졌다. 1893년에는 이곳에 국립교도관학교가 설립되었다. 1899년 이후 상테 감옥은 사형을 집행하는 장소였다. 아라고 거리와 상테 거리가 만나는 모퉁이에는 프랑스혁명 당시 처음 사용하기 시작한 단두대가 설치되어 있었다. 시퍼런 칼날이 내려와 단숨에 목을 잘라버리는 단두대의 칼날은 1974년까지 사용되었다. 그해가 사형이 집행된 마지막 해였고 이후 1980년대에 들어서 사형제도는 폐지되었다.

미셸 푸코가
감옥을 보는 방식

감옥은 언제나 약자와 가난한 자들로 가득 차 있다. 현재 프랑스 감옥에는 6만 명 정도가 수감되어 있는데, 그중 대다수를 이민 2세대 아랍 청년들이 차지한다. 2005년 파리 교외 등 프랑스 대도시에서 일어난 폭동을 일으킨 사람들도 주로 아랍 청년들이다. 그런데 『감시와 처벌—감옥의 탄생』(1975)이라는 책을 쓴 미셸 푸코가 1973년 어느 일간지 기자와 대담한 기사를 읽다가 1967년 상테 감옥에서 수감자들이 폭동을 일으켰다는 사실을 알게 되었다. 나는 수감자들이 간수들의 통제를 박차고 감옥의 지붕에 올라가 플래카드를 흔들고 구호를 외치며 경찰과 대치하는 장면을 머릿속에 그려본다. 이 사건은 언론에 보도되지 않았는데 경찰의 강경 진압으로 수많은 사상자를 내며 끝났다. 상테 감옥 옆을 지나가다 보면 벽의 높이를 1미터쯤 더 높인 자국이 나 있는데, 이 사건 이후 높인 것일지도 모른다는 생각이 든다.

1968년 5월운동 이후에는 프랑스의 감옥 이곳저곳에서 수감자들의 폭동이 일어났다. 알제리 전쟁 당시 수감된 정치범들과 68년 5월운동 당시 주요 인사 암살, 폭탄 투하 등 직접 행동을 주장했던 마오주의자 등이 주동 세력이 되어 감옥 문제를 정치적으로 제기하는 폭동이 엑상프로방스, 클레르보, 리옹, 툴 등의 감옥에서 연속적으로 일어났다. 그때 가서야 언론은 감옥에 관한 기사를 다루기 시작했다. 그런 분위기에서 푸코는 1971년 '감옥정보수집모임(GIP, Groupe de l'information des prisons)'을 만들어 감옥의 내부 상태와 수감자들의 생활에 대한 정보를 수집하고 행형제도의 문제점을 정치적으로 제기했다. (모임의 공식 연락처는 보지라르 거리 285번지 푸코의 개인 아파트였다. 어느 날 이 주소를 들고 찾아가보았더니 15구 구청 앞 직사각형의 정원이 내려다보이는 현대식 아파트였다. 그 건물 외벽을 아무리 살펴보아도 푸코가 이곳에 살았다는 석판 하나 붙어 있지 않았다. 파리 16구에 있는 푸코 거리는 철학자 미셸 푸코가 아니라 광학자 레옹 푸코를 기리는 길이다.)

  이 모임이 처음 펴낸 『앵톨레랑스 *Intolérance*』라는 제목의 잡지는, "우리는 더 이상 참을 수 없다. 법원, 경찰, 정신병원, 학교, 군대, 신문, 텔레비전, 국가를"이라고 선언했다. 데리다, 들뢰즈, 랑시에르 등의 철학자, 다니엘 비달 나케, 미셸 페로 등의 역사학자, 로베르 바댕테르 등의 변호사들이 이 운동을 지지했고 참여했다. (로베르 바댕테르는 1980년대 미테랑 재임 시절 법무부 장관을 역임했는데, 당시 그의 주도로 사형제도가 폐지되었다. 빅토르 위고 등의 문제 제기 이후 1세기 만의 일이었다. 2005년 루브르 박물관 강당에서 열린 강연회에서 로베르 바댕테르는 1960년대 젊은 변호사 시절 감옥에 변호할 수감자를 만나러 다니던 때를 회상했는데 감옥의 퀴퀴한 냄새, 철제 대문이 부딪치는 금속성 소리, 침울한 조명 등이 자신의 마음을 한없이 무겁게 했다고 증언했다.)

  감옥에 갇힌 자들은 우선 옷과 두발에서, 식사의 내용물과 식사 시간, 생활하고 자는 공간, 취침 시간과 기상 시간, 목욕 시간, 운동 시간, 작업 시간 등 일상생활 전체에서 자유를 박탈당한다. 일단 사방이 담으로 둘러싸인 감옥 안에서 철창이 난 감방에 갇힘으로써 공간적으로 제약을 당하며, 아침에 일어나는 시간에서 저녁에 자는 시간까지 모든 일상의 시간에 아무런 자유가 없다. '감옥정보수집모임'은 수감자들의 일상은 물론 감방의 크기와 그곳에 수감된 사람의 수, 다시 말해 감방의 인구밀도, 감방의 온도, 위생 시설, 병이 났을 때 받는 치료의 질, 간수들의 인격 모독적 발언, 하찮은 일로 인한 부당한 구타와 강제 노동 등, 감옥에 대한 모든 정보를 수집하여 공개하였다. 기존의 자료들을 모으는 일과 더불어 비밀리에 감옥에 설문지를 들여보내고 그것들을 되돌려 받아 정보를 수집하는 방법도 취했다. 1972년 이후 수감자들이 신문과 잡지를 자유롭게 읽게 된 것은 이 운동의 결과다.

사실 푸코는 젊은 시절 장 주네가 쓴 『도둑일기』를 읽고 크게 감명을 받았으며 체코의 프라하 체류 시절 경찰에 의해 부당한 대우를 받기도 했었다. 그는 일찍부터 감옥 내의 폭동과 감옥 밖의 운동이 연결되기를 꿈꾼 '위험한' 지식인이었다. (나는 파리에 유학 온 1982년 10월 콜레주 드 프랑스에서 미셸 푸코의 강의를 처음 들었다. 거의 알아듣지 못했지만 그의 '불온한' 체취를 느낄 수 있었다.)

푸코에 따르면 감옥은 19세기의 산물이다. 그 이전에는 감옥 대신 체형이 있었다. 살인, 절도, 강간, 폭행, 방화 등의 반사회적 행위를 저지른 자들을 잡아 만인이 보는 장소에서 그들에게 극도의 육체적 고통을 주는 체형을 가함으로써 그런 일이 다시는 벌어지지 않도록 경종을 울리는 것이었다. 물론 감옥이 있기는 했으나 그것은 일시적으로 그들을 가두기 위한 보조 장치였다. 범죄를 저지른 자를 사방이 벽으로 막힌 공간에 가두고 24시간 감시하고 통제하면서 정해진 규칙을 어겼을 때는 여지없이 벌을 주는 감옥은 프랑스혁명 이후 느슨해진 사회질서를 재편성하기 위해 만들어진 제도적 장치였다는 것이다. 말하자면 혁명은 자유와 더불어 감옥을 낳았다. 그러나 어디 감옥뿐인가. 푸코에 따르면 학교, 정신병원, 군대, 공장이 모두 "말 잘 듣고 쓸모 있는" 인간을 만들기 위한 장치다. 감옥은 그런 장치들의 마지막 단계이다. 규율과 질서, 안전과 복지라는 이름으로 인간을 감시하고, 통제하고, 조작하고, 기록하고, 분류하고, 측정하고, 호출하는 모든 근대적 사회장치가 19세기 들어서, 특히 나폴레옹 제정 시기에 기초가 세워진 사법제도, 경찰제도, 행정제도를 통해 안정화되었다는 것이 그의 주장이다. 그렇다면 우리는 감옥 밖에서 자유를 누리고 살고 있지만 자기도 모른 채 창살 없는 감옥에 살고 있는지도 모른다. 보이지 않는 수많은 감시 장치가 작동하고 있는 이 세상은 우리를 가두는 거대한 감옥인지도 모른다.

명목상으로 보면 감옥은 나쁜 짓을 저지른 자들을 감금시켜 자신의 죄를 반성하게 하고 새 사람을 만들어 사회로 돌려보내는 장치다. 그러나 현실적으로 감옥에서 나온 사람들은 사회의 냉대를 받고 다시 범죄를 저질러 감옥으로 돌아간다. 그들에게는 사회보다 감옥에서의 생활이 더 익숙하다. 그러므로 감옥의 명목적 목표는 실패할 수밖에 없다. 감옥은 오히려 '위험한 자'들을 사회로부터 분리시켜 한 군데 모아놓고 감시하는 제도다. 프랑스 역사의 19세기는 혁명의 시기였다. 1830년, 1848년, 1870년은 혁명의 시대의 화산폭발이었다. 그런 과정에서 많은 혁명가들이 감옥에 갇혀 민중계급과 분리되었는데, 루이 블랑이나 오귀스트 블랑키가 그 대표적인 인물이다. 그들은 삶의 대부분을 감옥에서 보냈다. 감옥이 사회질서를 해치는 위험한 자들을 사회로부터 분리시킨다고 하지만, 더 정확하게 말하면 위험한 자들을 그들의 출신 계급으로부터 분리시키는 것이다. 그렇게 함으로써 사회의 민중계급이 '위험한 계급'으로 전환되는 것을 사전에 방지할 수 있기 때문이다.

상테 감옥
주변

상테 감옥과 가까이에 있는 포부르 생-자크 거리 77번지 건물 입구 위의 돌에 재미있는 글씨가 쓰여져 있다. '프롤레타리아의 미래L'avenir du Prolétariat'라는 건물의 이름 밑에는, 이 건물은 민간 주택조합의 재산이고 이 공동 주거의 사무실은 생-마르탱 거리 77번지라고 명기되어 있다. 20세기 초에 지은 노동자 공동 주택이다.

상테 감옥 부근에는 유난히 병원이 많다. (상테Santé는 건강이라는 뜻이다. 프랑스 사람들은 술잔을 들고 건배할 때 "아 보트르 상테!A votre santé!"라고 말한다. "당신의 건강을 위하여"라는 뜻이다.) 파리에서 가장 오래된 유명한 산부인과인 보들로크 병원, 라캉이 정신분석을 강의했던 생트-안느 병원, 생-뱅상 드 폴 병원, 코생 병원이 모두 상테 감옥 근처에 자리 잡고 있다.

아라고 거리의 감옥 맞은편에는 루이 14세 시대에 만든 프랑스 천문대인 옵세르바투아르가 있고 당페르-로슈로 광장 뒤에는 몽파르나스 묘지가 있다.

피하고 싶은
장소 일부러
찾아다니기

감옥에서 묘지 쪽 방향으로 발걸음을 옮기면 물리학자이자 천문학자인 프랑수아 아라고의 동상이 있던 받침대만 남아 있다. 아라고의 동상이 어디로 사라졌는지에 대한 설명은 없다. 아라고 거리를 가로질러 포부르 생-자크 거리를 따라 걸어가면 포르 르와얄 거리가 나오는데 두 길이 만나는 곳이 보들로크 산부인과다. 이곳은 원래 프랑스 가톨릭의 주류였던 제수이트들과 다른 신학과 신앙을 가졌던 장세니스트들의 수도원이었다. 파스칼의 누이가 이곳에서 수녀생활을 했는데, 파스칼은 병이 들어 세상을 떠나기 전에 이곳에 들어와서 누이의 간호를 받았다고 한다. 병원 담에 붙어 있는 석판에는 1차 세계대전 당시 독일군의 공습 사실이 기록되어 있다. 포르 르와얄 거리를 지나오던 방향으로 길을 계속 가면 포부르 생-자크에서 포부르를 빼버린 생-자크 길이 나온다('포부르'는 원래 '성 밖'이라는 뜻이다. 그러니까 포부르라는 단어가 붙어 있는 길은 과거에 성문 밖이었다가 파리로 편입된 지역임을 알 수 있다). 포부르 생-자크 거리를 지나 생-자크 거리를 끝까지 다 걸으면 팡테옹, 소르본 대학과 콜레주 드 프랑스, 루이 르그랑 고등학교, 앙리 4세 고등학교 등이 있는 라탱 구역이 나온다. 이 길은 로마 시대부터 파리 남쪽에서 파리로 입성할 때 사용하던 주요 진입로로서 파리에서 가장 오래된 길이다. 카르티에 라탱을 지나 계속 북쪽으로 나가면 센 강을 만난다.

상테 감옥 바로 옆의 아라고 거리에는 철학과 신학이라는, 대립적일 수도 있는 두 개의 학문을 슬기롭게 오가며 자신의 고유한 학문세계를 이룬 폴 리쾨르가 가르치던 파리 개신교 신학교가 있다. 상테 감옥과 길 하나를 사이에 두고 신학교가 있다는 사실이 재미있다. 신학교의 메시에 거리 쪽 마당에는 건물 보수공사가 진행되고 있는데 유리창이 많은 이 건물은 폴 리쾨르가 세상을 떠나면서 남긴 모든 자료들이 보관되는 도서관으로 쓰일 예정이다. 아라고 거리 89번지에는 생텍쥐페리 초등학교와 중학교 건물이 있는데 길을 지나가다 보면 넓은 유리창으로 된 초등학교 건물의 2층 복도가 보인다. 나는 거기에서 재미있는 모습을 발견한다. 복도에는 아이들이 그린 그림이 죽 붙어 있고 그 밑의 옷걸이에는 아이들의 알록달록한 외투가 사이좋게 걸려 있다.

상테 감옥에서 고블랭 쪽으로 걸어가면 아라고 거리 65번지에 오래된 목조건물 단지가 나온다. 단지가 들어서기 전에 이곳은 18세기에 지은 작은 집이 딸린 공터였다. 그 자리에 지금은 1879년 세계 만국박람회가 끝난 다음 임시로 지었던 건물들을 해체하면서 나온 나무들을 재활용하여 지은 2층 건물들이 늘어서 있다. 이 단지의 이름은 '시테 플뢰리Cité Fleurie'다. 우리말로 하면 '꽃마을' 정도가 될 것이다. 이곳에는 파리 시가 예술가들을 위해 싼값에 임대한 아틀리에들이 들어 있다. 19세기 말 고갱도 가끔씩 이곳을 오갔으며 9번 아틀리에에는 모딜리아니가 살기도 했다. 20세기 초 이곳에서 초현실주의 정물화가 피에르 루아, 외젠 그라세 등이 작업을 했으며 로댕, 부르델, 마욜 등의 조각가들이 자신들의 작품에 녹청을 입히는 작업을 하기도 했다. 1973년 이 예술인 마을은 철거 위기에 놓였으나 이 단지에 사는 예술가들의 결사적인 반대운동으로 보존지역이 되었다.

언제나 문이 닫혀 있는 그 단지 앞을 지나가기만 할 뿐 단지 안으로는 들어갈 수 없었는데, 어느 날 드디어 그 단지 안으로 들어갈 기회가 왔다. 그날도 단지의 쇠창살 벽 앞에서 안을 들여다보고 있는데 어느 젊은이가 단지 안으로 들어가면서 원하면 들어와서 구경하라고 말했다. 단지 안으로 들어가 보니 왼쪽 벽에 동판이 하나 붙어 있다. 파리에는 아무도 거들떠보지 않는 동판이나 석판들이 즐비하지만 그것을 만들어 붙인 사람들에게는 소중한 의미가 있었을 것이다. 그래서 나는 내 눈에 띄는 동판이나 석판들을 가능하면 다 읽어보는 편이다. 그 동판은 필리핀 사람들이 만들어 붙인 것이었다. 1880년대에 후안 루나라는 필리핀 출신의 화가가 이곳 아틀리에에서 작업을 하고 있었는데, 이 장소는 스페인 식민 지배세력에 맞서 필리핀 독립운동을 벌이던 예술가와 지식인들의 아지트로 쓰였다. 그래서 그들의 정신적 후계자들이 1987년 이 동판을 만들어 붙였다는 것이다. (파리 9구의 샤토됭 거리에 가면 1900년 만국박람회에 참여했던 김규식 등 대한제국 대표단이 귀국하지 않고 남아 독립운동을 하던 장소를 알리는 석판이 붙어 있다.)

두 개의 건물 사이에 지붕이 있고 거기에 편지함이 붙어 있는데 세어보니까 서른세 개다. 그러니까 이곳에 서른세 개의 아틀리에가 있다는 말이다. 우체통 맞은편 게시판에는 그림, 조각, 사진 등의 작품 전시회를 알리는 포스터들이 붙어 있는데 이곳에서 작업하는 예술가들의 작품 전시회인 듯이 보인다. 보기를 들어 조엘 카디우라는 이름은 우체통에도 있고 포스터에도 있다. 단지 내에는 건물과 건물 사이에 정원이 조성되어 있고 여름이면 나와서 쉴 수 있도록 테라스에 테이블과 의자가 놓여 있기도 하다. 그 단지 안은 고양이들의 천국이기도 했는데 목조건물이라 쥐가 많은지도 모르겠다. 그 단지 내부를 둘러보면서 검은 고양이, 노란색 고양이, 검은 바탕에 흰 점이 박힌 고양이 등 무려 다섯 마리의 고양이를 만났다.

파리에서 사라진 감옥들

오늘날 상테 감옥은 파리에 남아 있는 유일한 감옥이다. 파리에는 상테 감옥 말고 여러 개의 감옥이 있었다. 프랑스혁명 이전 가장 유명한 감옥은 바스티유 감옥이었다. 그 감옥은 프랑스혁명 당시 민중의 손에 의해 부수어졌고 해체된 돌들은 콩코르드 다리를 짓는 데 사용되었다. 바스티유 감옥이 있던 자리는 이후 바스티유 광장이 되었고 광장에는 1830년 혁명에서 사망한 사람들의 이름이 적혀 있는 기념탑이 서 있다. 1782년에 문을 연 그랑드 포르스 감옥, 1792년에 시작된 프티트 포르스 감옥, 1793년에 만들어진 마들로네트 감옥 등, 18세기의 감옥들은 작은 독방 시설을 갖추고 있던 수도원 건물이나 큰 저택들을 개조해서 만든 감옥들이었다.

그러나 19세기에 들어와서는 오로지 죄수들을 가두기 위한 본격적인 감옥들이 건축되었다. 19세기 말 파리에는 스무 개 정도의 감옥이 있었다. 1834년에는 클리시 감옥이 문을 열었고, 1836년에는 그랑드 로케트 감옥과 프티트 로케트 감옥 그리고 1850년에는 3,400제곱미터의 5각형으로 지어져 1,200명을 수감했던 마자 감옥이 완공되었다. 18세기의 감옥들은 19세기 중후반에 들어와 거의 다 폐쇄되었고, 19세기에 본격적으로 지은 '현대식' 감옥들만 사용되다가 19세기 말에서 20세기 초에는 거의 모두 폐쇄되고 파리 근교나 지방으로 이전되었다. 그 가운데 마자 감옥은 1898년에 해체되었는데, 이는 1900년 열릴 파리 만국박람회를 대비하여 리옹 역 앞에 탁 트인 전망을 만들기 위해서였다.

**공원으로 변모한
여성 전용 감옥**

감옥들이 사라진 자리에는 다른 건물들이나 시설들이 들어섰다. 감옥이 있던 자리에 공원이 들어선 경우도 있다. 파리 11구 바스티유 광장에서 시작되는 로케트 거리를 죽 따라 올라가다 보면 볼테르 광장과 만난다. 그 광장 한편에 11구 구청이 서 있다. 구청을 지나면 언덕길이 나온다. 로케트 거리가 계속된다. 언덕길을 걸어 올라가다 보면 왼쪽에 로케트 공원이 나온다. 지금은 공원으로 조성되어 있지만, 이 장소는 과거에 여성들만을 수감하던 프티트 로케트 감옥이 있었다. (1965년 작가 마르그리트 뒤라스는 이곳에서 여성 교도소장과 인터뷰해서 「프티트 로케트 감옥의 뒤라스」라는 제목의 기록영화를 남겼다. 프랑스 여성사를 개척한 미셸 페로는 1980년 『있을 수 없는 감옥』이라는 책을 편집했다.) 19세기에 그 감옥에는 거리의 창녀들, 가정을 뛰쳐나온 유부녀들, 가출한 딸들, 아버지 말을 거역하는 딸들 500여 명이 수감되어 있었다. 그 감옥의 감방에는 수돗물도, 난방시설도, 화장실도 없었다. (나는 중학교 1학년 때 장항선을 타고 가다가 죄수복을 입고 오랏줄에 묶인 여죄수들이 담배를 급하게 한 모금씩 빨고 다음 사람에게 돌리던 모습을 기억하고 있다.) 1973년 그 감옥은 폐쇄되었고, 1974년 감옥이 해체된 자리에 나무와 풀밭과 분수대를 갖춘 정원이 조성되었다. 그 공원을 산책하다 보면 여죄수들이 느꼈던 갑갑함이 푸른 하늘과 초록색 나뭇잎들을 통해 날아가고 있음을 느낀다. 파리에 있는 라 피티에-살페트리에르 병원이나 비세트르 병원 등도 여성 전용 감옥 이전에 여성들을 가두기 위한 감금의 장소였다. 17세기 루이 14세 시절에 만들어진 벽으로 둘러싸인 이 시설들은 병든 여성 노숙자, 유랑자, 창녀들을 가두기 위한 장치였다. 19세기 후반 이 라 피티에-살페트리에르 병원에서 샤르코는 히스테리 증상을 보이는 여성 환자들을 최면술로 치료했고, 프로이트는 그 과정을 관찰하고 공부하기 위해 비엔나에서 파리로 왔다. 여성을 억압하던 장소가 여성을 치료하는 장소로 바뀐 것이다.

비판적 사회과학의
산실이 된 군대 감옥

파리 6구 라스파이 거리 54번지에 철골과 유리로 지은 20세기 후반의 건물이 19세기 오스만식 건물 사이에 끼어 있다. 원래 그 자리에는 1851년에 만들어진 200여 명을 수감할 수 있는 군대 감옥이 있었다. (군인을 위한 감옥과 민간인을 위한 감옥을 분리시키는 법은 1790년과 1791년에 만들어졌다.) 19세기 말, 20세기 초 프랑스를 둘로 갈라놓았던 드레퓌스 사건의 주인공 드레퓌스 대위가 감금되었던 감옥이 바로 이곳이다. (그는 독일에 군사기밀을 제공했다는 혐의를 받고 구속되었다. 당시 프랑스에는 반유대주의와 반독일 정서가 팽배해 있었는데 그는 그런 시대 분위기의 속죄양이었다. 그러나 드레퓌스 사건을 보편적 인권 문제로 접근한 에밀 졸라와 에밀 뒤르켐을 비롯한 프랑스 지식인들과 조르주 클레망소를 비롯한 진보적 정치 세력들의 노력으로 드레퓌스는 무죄판결을 받고 석방되었다. 조각가 팀이 만든 드레퓌스의 동상이 라스파이 거리와 노트르담 데 샹 거리가 갈라지는 모퉁이에 서 있다. 똑같은 동상이 마레에 있는 유대박물관 마당에 서 있다. 그의 묘소는 15구 몽파르나스 묘지에 있다. 나는 드레퓌스의 동상을 보면서 오늘날의 감옥에는 억울한 누명을 쓰고 갇힌 사람이 없을까라는 질문을 해본다.)

1940년 독일이 파리를 점령했을 때 독일군 사령부는 이 군대 감옥을 접수했다. 그리고 이 감옥을 레지스탕이라고 불린 프랑스 독립운동가들을 가두는 감옥으로 사용하였다. 왜냐하면 바로 맞은편에 있는 뤼테티아 호텔이 그 당시 독일군 사령부로 쓰였기 때문이다. 그러다가 파리가 해방되고 1950년 군대 감옥은 다른 곳으로 이전되었다. 1961년에 부분적인 철거 작업이 있었고 나머지는 법무부가 사용했다. 그러다가 1966년에 나머지 군대 감옥도 완전히 철거되었다. 바로 그 자리에 페르낭 브로델, 뤼시앵 페브르 등이 주도 세력이 되어 대학원 과정만 있는 사회과학고등연구원EHESS을 설립했다. (나는 역사학과 사회과학 사이의 학제 간 연구를 개척한 아날학파의 거장들이 만든 이 학교에서 사회학을 공부하며 1980년대를 보냈다.)

건물 앞을 지나가다 보면 왼쪽에는 감옥을 해체하면서 남겨놓은 시커먼 색의 거대한 돌들이 마치 조각 작품들처럼 설치되어 있다. 기억을 위한 흔적이다. 모름지기 사회과학의 임무는 모든 인간의 자유와 해방의 실현에 있다고 할 때 감옥의 자리에 사회과학연구소가 자리 잡은 것은 특별한 의미가 있다. 그런데 애석하게도 최근 이 연구소 건물에서 석면 문제가 제기되었고, 사르코지 정부는 눈엣가시처럼 구는 사회과학자들을 소외시키기 위해 교외로 학교를 이전시키려 하고 있다. 그러나 내 생각에 없애야 할 것은 억압과 불평등이지 사회과학이 아니다. 법과 제도, 질서와 안정을 추구하며 가진 자와 권력에 봉사하는 학문이 되길 거부하고 정의와 자유를 추구하고 없는 자와 시민사회에 봉사하는 해방의 사회과학은 지속될 수 있을 것인가?

파리코뮌의 격전지
뷔트 오 카이 언덕을 찾아서

> 걷는다는 것은 아마도—신화학적으로—가장 사소한 몸짓이기 때문에
> 가장 인간적인 몸짓이다.
> ― 롤랑 바르트

**언덕을
오르내리는 기분**

나는 밋밋한 평지를 걷는 것보다 경사진 언덕을 오르내리기를 좋아한다. 언덕은 나에게 시야의 변화를 선사하고 언덕을 오르는 다리의 움직임은 정신의 즐거움으로 전환된다. 파리에는 높은 산은 없지만 걷기에 기분 좋은 언덕은 여러 군데 있다. 언덕을 뜻하는 프랑스어 단어는 뷔트butte이다. 그러니까 뷔트 몽마르트르, 뷔트 쇼몽 공원, 뷔트 오 카이 등 파리의 지명에 뷔트가 들어간 것은 그곳에 경사진 언덕이 있음을 뜻한다. 나는 그 세 언덕을 번갈아가며 오르내리는데 몽마르트르 언덕에 비해 쇼몽

언덕 공원과 카이 언덕은 덜 알려진 편이다. 1980년대 유학 시절에는 관광지로 널리 알려진 몽마르트르 언덕밖에 몰랐지만, 2002년 이후 두번째 체류 기간에는 19구에 펼쳐져 있는 쇼몽 언덕 공원과 13구에 숨어 있는 카이 언덕의 진면목을 발견했다. 카이 언덕은 그 세 언덕 가운데 가장 마지막으로 발견한 장소다. 지하철 6번선을 타고 글라시에르 역에서 플라스 디탈리 역 사이를 지나갈 때면 어김없이 오른쪽에 얼굴을 내미는 완만한 언덕이 나타나곤 했는데 보고 지나가기만 하던 그 언덕길을 직접 내 발로 걸어 오르기까지는 수많은 세월이 필요했다. 어느 날 내가 그 언덕을 발견하게 된 이후 그곳은 나에게 중요한 장소가 되었다.

지상으로 다니는 지하철

2010년 2월 5일 금요일 오후 나는 내가 사는 동네인 파시에서 여느 때와 다름없이 6번선 지하철을 탔다. 파리 시내에서는 지하철이라고 늘 지하로만 다니지는 않는다. 2번선과 6번선 지하철의 상당 구간은 도로 위에 세운 지하철 전용 고가 노선으로 다닌다. 6번선 지하철은 2층으로 된 비르-아켐 다리 위로 센 강을 건너면서 왼쪽으로 파리의 상징인 에펠탑을, 오른쪽으로는 뉴욕의 상징인 '자유의 여신상'을 보여준다(자유의 여신상은 프랑스의 조각가 바르톨디가 만들어 미국에 선물한 작품인데 파리 센 강에 서 있는 자유의 여신상은 뉴욕 앞바다에 서 있는 자유의 여신상보다 작은 규모로 만들어졌다. 그것보다 더 작은 규모의 자유의 여신상이 파리 뤽상부르 공원

뒷문 쪽에 서 있고, 알마 광장에는 파리에서 발간되는 영자 신문『인터내셔널 헤럴드 트리뷴』창간 100주년을 기념해서 자유의 여신상이 들고 있는 횃불만 따로 떼어내어 설치해놓았다. 그런데 이 장소는 영국의 황태자비 다이애나가 비운의 교통사고로 세상을 떠난 장소 부근이다. 그래서 이곳은 헌화를 하며 다이애나의 죽음을 애도하는 장소가 되었다). 한참을 지상으로 달리던 지하철은 파스퇴르 역에 이르러 다시 지하로 들어갔다가 생-자크 역에서 지상으로 머리를 내민다. 왼쪽 창가를 내다보고 있노라면 글라시에르 역을 지나자마자 이내 돌로 지은 건물들 사이에 우윳빛 유리로 지은 신기한 건물이 나타난다. 프랑스를 대표하는 정론지『르 몽드』지의 사옥이다. 그 역시 프랑스를 대표하는 건축가 포잠박이 설계한 이 파격적 건물 하나가 온 동네에 새로운 분위기를 만들고 있다(그는 용산에 지어진 국립중앙박물관 설계 공모에서 아쉽게도 2위에 머무른 바 있다). 그 건물을 지나면 지하철은 오른쪽으로 몸을 틀어 코르비자르 역에 잠시 멈춘 다음 이탈리아 광장을 향해 출발한다(유명한 건축가 르 코르뷔지에의 이름을 연상시키는 코르비자르는 나폴레옹 1세의 주치의였다). 뷔트 오 카이 언덕을 오르기 위해서는 코르비자르 정거장에서 하차해야 한다.

언덕을 올라
골목길로 들어서

지상에 떠 있는 고가 노선의 지하철역 계단을 걸어 내려와 왼쪽 방향으로 길을 건너면 거대한 공공 아파트가 떡 버티고 서 있다. 그 아파트의 한 부분을 2층 높이까지 잘라낸 듯이 보이는 출입구가 나온다.

계단으로 된 언덕길의 이름은 외젠 아제 거리다(파리에는 아무리 작은 길에도 이름이 붙어 있다. 20세기 초 사라지는 파리 풍경을 사진으로 남긴 아제는 프랑스 사진작가들의 아버지다). 그 돌계단 길을 따라 올라가면 지하철 옆에 완강하게 버티고 서 있던 아파트의 전모가 내려다보인다. 15층의 거대한 아파트다. 계단의 정상에 도달하면 정면에 작은 동네 공원이 하나 나오는데, '브라사이 정원'이라는 이름표를 달고 있다. 브라사이는 동유럽 헝가리 출신의 사진작가로 1930년대 파리의 풍경, 특히 밤 풍경을 사진에 담은 사람이다. 아제와 브라사이라는 사진작가 두 사람이 나란히 길과 정원의 이름으로 만나는 것이 재미있다. 정원 안에는 나무와 풀밭, 벤치, 어린이 놀이터, 시멘트로 만든 탁구장이 있다. 정원의 경계는 그 뒤에 늘어선 건물들의 회색 벽이다.

　공원을 옆에 두고서 왼쪽으로 걸어 올라가면 조나스 길이 나온다(조나스는 우리말 발음으로는 요나다. 구약성서에 나오는 예언자인데 고래의 뱃속에 들어갔다 나온 인물이다). 그 길은 얼마 안 가서 다섯 개의 다이아몬드라는 뜻을 가진 생크 디아망 거리와 만나고 두 길이 만나는 모퉁이에 '셰 글라딘'이라는 이름의 식당이 나온다. 식당 앞에는 담배를 피우고 있는 젊은 여성과 휴대폰을 받고 있는 젊은 남성의 모습이 보인다. 그 식당 입구 쪽 외벽에는 검은색 판화 두 장이 찍혀 있다. 미스틱의 작품이다. 처음에는 이름 그대로 미스틱하게 얼굴 없는 판화가로 활동하다가 지금은 널리 알려져 2009년에는 파리의 유명 화랑에서 전시회도 열었다. 그의 판화는 최근 엽서로도 제작되어 판매되고 있다. 여성 판화가인데, 처음에는 실연의 아픔을 달래기 위해 거리의 벽에 남몰래 판화 작업을 시작했다고 한다. 식당의 회색 벽에는 검은색 단색으로 처리된 긴 머리에 민소매 원피스를 입은 젊은 여자의 모습이 찍혀 있다. 그리고 그 밑에는 "나는 다른 사람이 내게 주지 않은 것을 탈취했다Ce qu'on ne m'a pas donné, je l'ai pris"라는 문구가 씌어져 있다. 그 옆 판화 밑에는 "고상한 생각들에는 정의로운 이상이 없다Pas d'idéaux justes es idées hautes"라는 문장이 씌어져 있다. 그 문구들을 읽으면서 나는 "모든 재산은 도둑질한 것이다"라는 프랑스 무정부주의자 프루동의 말을 떠올린다. 뷔트 오 카이 언덕 주변을 산책하다 보면 미스틱의 판화 작품을 여러 번 만나게 된다. 그녀의 판화는 1871년 파리코뮌의 격전지였던 뷔트 오 카이 언덕에 어울리는 자유로운 무정부주의적 분위기를 풍긴다.

파리코뮌의
기억

1871년 1월 27일 파리가 독일군에 의해 포위되었을 때 지배층과 정부군은 베르사유로 피신했다. 권력의 공백이 생긴 파리를 시민군이 장악했고 시민 자치가 시작되었다. 시민들은 외부로부터 보급이 끊어진 파리에서 치안을 유지하고 병원과 학교를 운영하고 문화행사를 실시하면서 국가권력 없이 시민들의 힘으로 사회질서를 유지할 수 있음을 보여주었다. 당시 이 언덕은 그리 많지 않은 사람이 살던 한적한 언덕이었다. 언덕은 전투에서 유리한 고지를 제공한다. 그래서 시민군의 사령부가 있는 요새가 이 언덕에 구축되었다. 1871년 5월 25일, 이 언덕은 피비린내 나는 전투장이 되었다. 매복해 있던 시민군은 대포를 쏘면서 정부군의 공격을 여러 번에 걸쳐 물리쳤다. 그러나 그날 밤 정부군은 가까이에 있는 이탈리아 광장을 점령하고 대대적인 공세를 퍼부었다(당시 이탈리아 광장은 에밀 뒤발 광장으로 불렸다. 에밀 뒤발은 시민군의 고문이자 지도자였는데 4월 전투에서 정부군에 잡혀 총살되었다. 그래서 파리코뮌 기간 동안 시민자치정부는 근처에 있는 광장에 그의 이름을 붙였던 것이다). 결국 시민군은 많은 부상자를 내면서 언덕을 내어주고 센 강을 건너 우안으로 물러나게 되었다.

미스틱의 판화를 보고 오른쪽으로 돌아서 생크 디아망 거리를 걸어가다 보면 인테리어 상점, 전파상, 복덕방, 작은 호텔들이 나오다가 46번지에 이르면 흥미로운 진열창이 하나 나온다. 1882년, 그러니까 파리코뮌 실험 11년 후에 생긴 '파리코뮌의 친구들 Les Amies de la Commune de Paris'이라는 이름의 시민단체 사무실에 마련된 진열창이다. 진열창 위에는 굳센 주먹으로 1871이라는 숫자가 쐬어진 붉은 깃발을 들고 있는 시민단체의 로고가 보이고 진열창 속에는 앞서 말한 에밀 뒤발, 파리코뮌 당시의 여성 지도자였던 루이즈 미셸, 당시 시민군이 함께 부르던 혁명가 「벚꽃 필 무렵」을 작곡한 장-밥티스트 클레망 등에 대한 책들이 놓여 있다. 『파리코뮌과 민주주의: 인민주권』 『파리코뮌 치하의 파리』 『어느 파리 시민이 파리코뮌을 보는 시선』, 루이즈 미셸의 서간집 『나는 나의 밤에 그대에게 쓴다』 등도 나의 궁금증과 호기심을 자극한다. 이 시민단체에서는 감추어지거나 잊힌 파리코뮌의 역사적 사실을 발굴하여 자료와 책자를 출판하고 파리코뮌의 의미를 되새기는 역사교육 프로그램을 실시한다. 때로는 생-드니에 있는 파리코뮌 박물관을 견학하고 역사학자를 초청해 강연을 듣기도 하며 파리에 남아 있는 코뮌의 자취와 흔적을 발로 걸어 다니며 답사하는 프로그램도 있다. 그곳을 떠나 생크 디아망 거리를 걸어가는데 오후 햇살이 눈부시다. 시계를 보니까 3시 20분이다. 오른쪽에 연극인 장-루이 바로의 이름을 딴 '바로' 거리로 나가는 '바로' 샛길이 나 있다.

이름 없는 작은 광장

생크 디아망 거리가 끝나면서 뷔트 오 카이 거리와 만나는 곳에 이름도 없는 작은 광장이 있다. 3~4층 건물로 둘러싸인 작은 규모의 광장 주변에는 식당, 신문·담뱃가게, 빨래방, 아랍 상인이 운영하는 작은 식료품 가게, 오토바이와 자전거를 위한 주차 공간과 두 개의 카페가 있다. 르 빌라주 드 뷔트 카페와 르 디아망 카페이다. 르 빌라주 드 뷔트 카페는 면적도 넓고 손님들도 많다. 평소에도 경마 복권을 사러 오는 사람들로 붐비는데 어쩌다 축구 중계방송이 있는 날 저녁에는 온 동네 성인 남자들이 그 카페로 다 몰려든다. 카페 안에는 텔레비전 화면이 네다섯 개나 설치되어 있다. 반면에 르 디아망 카페는 면적도 작고 내부 시설도 낙후되어 있지만 무언가 자유로운 분위기를 풍겨서 동네의 젊은이들과 문화예술인들이 즐겨 찾는다. 그런데 오랜만에 가보니까 카페의 내부 모습이 달라져 있다. 보수공사를 한 모양이다. 카페에 들어가 주인에게 물어보니 두 달 반 동안 보수공사를 마치고 일주일 전에 다시 문을 열었다고 한다. 북아프리카 알제리에서 이민 온 이 카페 주인 남자는 20년 전에 이 동네로 이사 오면서 카페를 시작했는데, 그 당시 이 작은 광장 주변은 진짜 시골 동네 같았다고 한다. 지금도 한적한 느낌을 주는 분수대가 없어서 그렇지 어디 햇빛이 잘 비치는 남프랑스 작은 마을의 좌우 10미터 안팎 규모의 작은 광장을 연상시킨다.

파리코뮌
광장

나에게 파리의 카페는 커피를 마시는 장소이면서 동시에 지나가는 사람들을 바라보는 장소이기도 하다. 르 디아망 카페의 창가에 앉아 지나가는 사람들을 바라보기 시작했다. 흑인 소녀 셋이 도란도란 이야기하며 지나가고 중년 부부가 서둘러 지나간다. 모자 쓴 아저씨가 혼자 지나가고 오토바이를 타고 지나가는 청년도 보인다. 젊은 남녀가 다정하게 지나가고 어떤 여자가 유모차를 끌고 지나간다. 두 남자가 서로 다정한 눈초리로 바라보며 지나가기도 한다. 카페를 나와 뷔트 오 카이 거리를 걸어가면 다시 작은 광장 하나가 나온다. 이 광장의 공식 명칭은 파리코뮌 광장이다. 앞의 이름 없는 광장에 비해 상당히 공식적인 분위기를 풍긴다. 파리의 여느 광장에서처럼 초록색으로 된 발라스 분수대가 설치되어 있고, 이 광장의 내력과 의미를 알리는 파리 역사 안내판이 서 있다. 1543년 피에르 카이라는 사람이 아무도 살지 않던 황량한 언덕을 사서 포도밭을 일구기 시작했다. 뷔트 오 카이라는 이 언덕의 이름은 그의 이름에서 나온 것이다. 1783년, 그러니까 프랑스혁명이 일어나기 6년 전 이 언덕에는 아를랑 후작과 필라트르 드 로지에가 동승한 프랑스 최초의 기구(氣球)가 하늘을 날다가 이곳에 불시착하는 사건이 벌어지기도 했다. 당시 점토와 건축용 석재를 채취하는 채석장이 있기도 했던 이 언덕에는 바람을 이용한 풍차가 여럿 있었는데 마지막 남은 풍차는 1860년까지 존속했다. 그러다가 1848년 혁명과 1차 세계대전 사이에는 넝마주이들과 가죽제품 노동자들이 모여 사는 동네가 되었다. 그 당시 이 마을에는 성당이 없었다. 마을 주민들은 서로 도우며 자유로운 정신을 가지고 살았다. 이 언덕 아래쪽 톨비악 거리와 보비오 거리가 만나는 지점에 있는 생트-안느 성당은 1894년에서 1912년 사이에 건립되었다. 당시 이곳에는 파리의 가난한 사람들이 몰려들어 인구가 급증했다. 파리에서 가장 가난했던 이 동네에는 성당을 중심으로 많은 자선단체들이 활동했다(오늘날에도 파리의 스무 개 구 가운데 소득수준이 가장 낮은 구가 바로 이 13구이다).

보비오는 베트남을 식민지화하는 전쟁 당시 통킹만에서 사망한 용맹스러운 육군 중사였다. 그의 이름을 딴 보비오 거리와 만나는 톨비악 거리에서 샤를 푸리에 거리가 이어진다. 샤를 푸리에는 생시몽과 함께 프랑스혁명 이후 19세기 초에 활동한 유토피아적 사회주의 사상가이자 운동가이다. 거리 이름에 19세기 프랑스 국내외 역사가 스며들어 있다. 국내에서는 실험적인 사회주의 운동이 일어났고 해외로는 식민지 개척의 역사가 진행되었던 것이다.

포스터와 벽화

파리코뮌 광장에는 이 동네가 아직도 좌파 성향임을 보여주는 포스터가 붙어 있다. 국제 금융자본 소득자에게 세금을 부과하자는 주장 등을 내세우며 대안 세계화운동을 하는 아탁ATTAC으로 알려진 단체의 파리 13구 지부가 저녁 집회 모임을 알리고 있다. 자동차 회사, 석유 회사, 제약 회사 등이 국회, 유럽의회, 여러 국제기구 등에 로비 활동을 통해 자기들의 이익을 배타적으로 도모함으로써 일반 이익의 추구를 위한 공적 토론이 사라지고 민주주의가 위기에 처했음을 고발하는 기록영화를 함께 보고 토론을 해보자는 제안이다. 광장 주변 건물들의 담벼락에는 미스틱의 판화가 인기를 끌자 다른 판화가들도 자기 나름의 판화 작업을 선보이고 있다. 클림트의 눈을 감고 있는 몽롱한 여인의 모습을 연상시키는 판화가 있는가 하면, 덧문과 창문을 열고 맨발로 바깥을 바라보는 여자의 뒷모습을 표현한 벽화도 보인다. 여자의 목덜미에는 꽃모양의 문신이 그려져 있다. 이 벽화 밑에는 비에브르의 도마뱀lézard de la Bièvre이라는 사인이 찍혀 있다. 제프 아에로솔Jef Aérosol이라는 사인이 찍혀 있는 또 다른 판화에는, 에스페랑스 거리 이름이 쓰인 벽에 붙어 있는 표지판을 오른팔로 떠받치고 있는 남자의 모습이 그려져 있다(136쪽 사진을 볼 것). 뷔트 오 카이 언덕이 자유로운 벽화 제작자들의 실험장이 되고 있는 느낌이다.

언덕을
내려가며

이 광장에서 아래쪽 언덕으로 걸어 내려가면 에스페랑스 거리가 나온다. 나는 이 거리에서 왼쪽으로 내려가는 두 개의 샛길을 즐겨 걷는다. 뷔오 길과 미샬 길이다. 단층, 2층, 3층 집들이 늘어서 있는 이 좁은 골목길의 각각의 집들은 서로 다른 표정을 하고 사이좋게 줄지어 있다. 이를테면 미샬 거리로 내려가는 초입 15번지 집은 단층인데, 작은 마당에는 두 그루의 나무가 있고 여러 그루로 이루어진 대나무 숲도 있다. 철제 대문은 검은색이고 정원으로 들어서면 나타나는 현관문에는 푸른색이 칠해져 있다. 현관 입구에는 커다란 크기의 백열등이 달려 있다. 여름이면 나무와 화분의 꽃들이 어우러져 초록 집이 된다. 대문 앞 골목에서 서성거리며 그 집 정원을 들여다보고 있는데 40대 초반으로 보이는 여자가 바게트 두 개를 사 가지고 그 집 대문을 열고 들어간다.

　에스페랑스 거리를 다 걸어 내려오면 톨비악 거리와 만나는데 오른쪽으로 돌아 바로 거리로 걸어 올라가면 프랑스 정보통신대학이 나온다. 이 학교는 1878년 전신학교로 출발했는데, 통신기술의 변화에 따라 수많은 변화를 겪었다. 원래 파리 6구의 그르넬 거리에 있었으나 1934년 뷔트 오 카이 언덕에 새로 건물을 지어 이사 왔다. 2008년 이 학교의 졸업생 92퍼센트가 졸업 후 석 달 이내에 취직되었고 그들의 초봉은 평균 4만 유로 정도라고 한다. 몇 년 후 프랑스 최고의 공과대학 폴리테크닉이 있는 교외의 과학기술교육단지에 새로운 캠퍼스를 지어 이사 갈 계획이라고 한다. 바로 언덕길을 따라 올라가다 보면 왼쪽에 다비엘 거리가 나오는데 그 길에서 왼쪽으로 들어간 막다른 골목이 하나 있다. 그곳은 아마도 과거 채석장이 있던 자리인지 2층으로 된 작은 집들이 죽 늘어서 있다. 원래 노동자 주거였으나 지금은 예상할 수 있듯이 돈 많은 보보들이 사들여 개조해서 살고 있다.

함께 부르는
'벚꽃 필 무렵'

카이 언덕을 알기 위해서는 뷔트 오 카이 거리를 관통해 걸어보아야 한다. 그 거리 20번지에는 재미있는 식당이 하나 있다. 파리코뮌 당시 불렀던 혁명가 「벚꽃 필 무렵」이라는 이름의 이 식당 앞에는 생산노동자협동조합이라고 씌어져 있다. 몇 해 전 청파감리교회 김기석 목사가 파리에 왔을 때 이곳에서 함께 식사한 적이 있는데, 이 식당의 특별한 분위기를 금방 알아보고 식당의 유래를 물어보았다. 가난한 노동자들끼리 공동 출자해서 만든 이 식당은 값도 저렴하고 음식 맛도 좋은 편이다. 그리고 실내의 분위기가 자유롭고 따뜻하며 노동자로서 자부심을 갖게 하는 표어들이 씌어져 있다. "주인을 해고하라"라는 표어는 노동자를 대량 해고하는 경제 위기의 시대에 주인 없이 노동자들끼리 자치로 회사나 공장을 운영할 수 있다는 생각을 표현하고 있다. 때로 노동자들이 회식을 마치고 이야기를 나누다가 「벚꽃 필 무렵」이라는 노래를 부르기도 한다.

벚꽃 필 무렵
나이팅게일과 앵무새는 모두 축제를 벌이네
예쁜 처녀는 머릿속이 달아오르고
연인들은 마음속에 햇빛이 환해지지
벚꽃 필 무렵
앵무새는 더욱 즐겁게 노래하지

벚꽃 필 무렵
실연의 고통이 두렵다면
그대 아름다운 처녀를 피하게나
나 그 아픈 고통을 두려워하지 않나니
고통받지 않고는 살지도 않을 것일세

그 식당 앞에서 톨비악 거리로 내려가는 좁은 골목길인 부아통 샛길도 언제 시절의 골목인가 싶을 정도로 오래된 분위기를 자아낸다. 뷔트 오 카이 언덕 주변의 좁은 골목길들을 오르내리다 보면 21세기를 살고 있는 내가 19세기로 돌아간 느낌이 든다.

식당을 나와 뷔트 오 카이 길을 걸어 내려오다가 왼쪽으로 돌면 물랭 데 프레 거리가 나온다. 그 거리로 걸어 들어가 이탈리아 광장 쪽으로 빠지기 위해 오른쪽으로 난 페르 게랭 거리를 통과하다 보면 15번지에 재미있는 집이 하나 나타난다. (거리 이름에 나오는 게랭은 진보적 성향의 가톨릭 신부로서 노동 현장에 들어가 노동자들과 함께 생활하며 노동자들을 도왔다.) 온통 나무로 뒤덮인 그 집 마당 앞길을 지나다보면 새소리가 요란하게 들리는데 정작 새는 보이지 않는다. 그 마당 앞에 한참 서 있다 보면 참새들이 나무 속에 들어 있는 것이 보인다. 대충 세어보니까 15마리는 되어 보인다.

이탈리아 광장 주변의
저우언라이와 덩샤오핑

13구에서 가장 커다란 광장인 이탈리아 광장으로 나오면 13구 구청이 서 있다. 13구는 파리에서 아시아 출신 이민자들이 가장 많이 사는 구다. 파리 사람들은 아시아 사람을 그저 하나로 싸잡아 중국 사람이라고 부르지만, 사실은 캄보디아, 라오스, 베트남 사람 등 다양한 배경의 아시아 사람들이 모여 산다. 수아지 거리에는 베트남 쌀국수집이 즐비하고 탕 프레르라는 이름의 대형 중국 식료품 시장이 있다. 이탈리아 광장과 더불어 광장에서 남쪽으로 내려가는 이탈리아 대로에도 이탈리아라는 나라 이름이 들어 있다. 이 국도는 파리에서 남프랑스로 내려가는 남행도로로서 길을 따라 계속해서 내려가면 이탈리아의 국도와 만나게 된다. 그러니까 이탈리아 광장이라는 이름은 이탈리아반도로 향하는 국도의 초입에 있다고 해서 붙여진 이름이다. 파리지앵들이 줄여서 N7이라고 부르는 이 국도는 1950년대 이후 바캉스가 일반화되면서 여름이 오면 햇빛이 좋은 프로방스나 지중해 연안으로 바캉스를 떠나는 자동차들로 붐비게 되었다.

이탈리아 광장에서 내친김에 구청 왼쪽으로 나 있는 고드프루아 거리로 들어서면 1920년대 초 저우언라이가 파리에서 노동자 생활을 할 때 살던 집이 나온다. 이 길 17번지에는 1979년 중국의 화궈펑 수상이 프랑스를 방문했을 때 당시 파리 시장이던 자크 시라크 전 대통령과 함께 이곳을 방문하여 현판식을 한 팻말이 붙어 있다. 1920년대 초 혼란하고 가난했던 중국 땅을 떠나 이곳 프랑스로 일하러 온 중국 청년들 중에는 덩샤오핑도 끼어 있었는데, 당시 남프랑스의 마르세유에서 일하던 그가 파리에 올라오면 이 집에서 저우언라이와 함께 머물렀다고 한다. 두 사람은 프랑스에서 노동운동과 공산주의 이념을 배워 중국으로 돌아가 마오쩌둥이 이끄는 중국 공산주의 운동의 지도자가 되었다. (19세기와 20세기에 걸쳐 '혁명의 수도'였던 파리에는 수많은 혁명가들이 머물렀다. 1830년대에는 마르크스가, 1900년대에는 레닌이 파리에 머물렀고, 1960년대에는 나중에 킬링필드의 주인공이 된 캄보디아의 혁명가 폴 포트가 파리에 체류했다.) 프랑스에서의 체험이 바탕이 되었는지 두 사람은 훗날 세계정세의 움직임을 꿰뚫어보면서 중국의 운명을 바꾸어놓았다. 저우언라이는 1970년대 초 외무부 장관 시절 미국과 핑퐁 외교를 벌여 중미 외교관계를 열었으며, 덩샤오핑은 마오쩌둥 사후 중국 시장을 개방해서 오늘의 중국 경제가 가능하게 물꼬를 텄다. 저우언라이와 덩샤오핑이 살던 집 앞에서 이런 생각들을 하고 있는데 덩샤오핑을 닮은 작은 키의 중국 남자가 나를 힐끗 보고 지나간다.

이탈리아 광장에서 북쪽으로 향하는 고블랭 거리에는 절대왕정 시절 황실에 양탄자를 납품하던 고블랭 공장의 기념박물관이 있다. 그 거리에 서면 멀리 팡테옹의 돔 지붕이 보인다. 그곳을 향해 걸어가면 센 강변이 나올 것이다. 그러나 이제 거기까지 걸어가기에는 이미 너무 많이 걸었다. 그래서 나는 이탈리아 광장에서 다시 지하철 6번선을 타고 집으로 돌아온다. "걷는 자에게 복이 있나니, 그대가 꿈도 꾸지 않고 깊은 잠을 잘 것이다"라는 말 그대로, 그날 밤 저녁 식사 후 나는 꿈도 꾸지 않고 깊은 잠에 빠져들었다.

제 3 부

'장 소'에 숨은 뜻
자 세 히
찾 아   읽 기

2010년 3월 파리 14구
지하철 6번선 라스파이 역에서 내려 캉파뉴 프르미에르 거리를 걷다 보면
오른쪽으로 '지옥으로 빠지는 길'이 나온다. 길 양편에는 오래되었지만 깨끗하게 보수가
잘 되어 있는 건물들이 늘어서 있는데 나무로 된 덧문들이 인상적이다.
포석이 깔린 거리 위에 자동차 한 대가 서 있고
멀리 한 남자가 장바구니를 들고 돌아오는 모습이 보인다.

2010년 6월 파리 15구 브라상스 공원 앞 광장의 모습이다.
한때 이곳이 도축장이었음을 말해주듯 황소 상이 높은 기단 위에 서 있고
멀리 서울의 재개발 아파트를 연상시키는 거대한 아파트 단지의 모습이 보인다.
아파트 아래쪽이 공원이다. 초로의 남자가 동행한 여성의 팔을 잡아끄는 모습이 인상적이다.
나는 가끔씩 이곳 카페테라스에 앉아 지나가는 사람들을 무심코 바라본다.

2010년 4월 파리 6구 어느 비 온 날 오후의 파리 풍경이다.
비는 그쳤지만 거리에는 물기가 남아 있다.
골목길에 세 사람의 행인이 삼각형 구조를 이루고 있다.
파리 6구 그랑 오귀스탱 거리의 모습인데 앞을 향해 걸어가는 여성을 따라가면
한때 피카소의 아틀리에가 있던 건물이 나오고 이내 센 강이 나타난다.

2010년 4월 파리 14구 라스파이 거리에 있는 카르티에 현대미술재단의 뒷마당이다.
반원형의 노천극장 형식으로 된 이 정원에는 이름 모를 야생 풀꽃들이 즐비하게 피어 있고
뒷집들과 경계를 이루는 담벼락들의 표정이 다양하다.
비 온 뒤에 바람이 세게 불던 날이라 사람은 없고 의자 하나가 쓰러져 있다.

2005년 10월 불로뉴-비앙쿠르 파리에 있는 일본 정원 가운데 가장 오래된 에스파스 알베르 칸에 있는 일본 정원의 모습이다. 연못에는 비단잉어들이 노닐고 연못 가운데 있는 섬을 육지와 연결해주는 빨간 나무다리의 모습도 보인다. 모네가 연꽃을 그린 지베르니 저택의 일본식 다리를 연상시킨다.

캉파뉴 프르미에르 거리의
기호학

> 모든 집에는 주인이 있지만
> 그 집들의 외벽은 모든 사람의 것이다.
> ―빅토르 위고

**파리의 카페에서
바라보는 세상**

        나의 오후 산책 가운데 가장 단순한 코스는 파시 역에서 지하철 6번선을 타고 라스파이 역에서 내려 길 건너 캉파뉴 프르미에르 거리를 지나 뤽상부르 공원을 산책한 다음, 생-쉴피스 광장에서 63번 버스를 타고 집으로 돌아오는 행로이다. 그 전날 밤에 누구와 약속이 있었거나 오전 일찍 일을 시작해서 조금 피곤한 날 오후에는 지하철 라스파이 역 바로 앞에 있는 카페 데 자르에 앉아서 이 생각 저 생각을 하며 거리를 지나가는 사람들을 바라보다가 그냥 돌아오기도 한다. 그날그날의 행로나 기분에 따라 머무는 카페가 달라지기도 한다. 어느 날은 캉파뉴 프르미에르 길을 지나 몽파르나스 대로에 있는 '찬 서점'에 들렀다가 그랑 쇼미에르 거리를 지나 노트르담 데 샹 거리에 있는 바뱅 카페에 들르기도 하고, 어느 날은 뤽상부르 공원 구내의 야외 카페에 갈 때도 있고, 또 다른 날은 생-쉴피스 광장의 카페 드 라 메리에 가기도 한다. 카페에 앉아 있다 보면 성, 연령, 계급, 인종, 국적 등의 어느 기준을 적용해보더라도 다양한 사람들이 카페 앞길을 지나다닌다. 일본에서 활동하는 이우환 화백이 파리에 아틀리에를 마련한 까닭도 파리에는 인종적 다양성을 비롯하여 새로운 영감을 주는 분위기가 있기 때문이다. 클리시 광장 주변에 있는 그의 한적한 아틀리에를 나오자마자 거리에는 흑인, 백인, 동양인이 섞여 지나다닌다. 그래서 그는 파리와 도쿄를 6개월마다 오가는 변화 있는 생활을 하고 있다.

   파리에서는 사람뿐만 아니라 길에 다니는 자동차들도 다양한 모습에 다양한 빛깔이다. 새 차, 헌 차, 큰 차, 작은 차, 고급차, 승용차, 택시, 시내버스, 관광버스, 2층버스, 오토바이와 자전거들이 가로수가 늘어선 길 위를 달린다. 가끔씩 생-쉴피스 광장 앞에는 흑백영화에나 나올 법한 1920년대 구형 자동차를 몰고 와 주차시키는 사람도 있다. 도로 양편에는 서로 다른 시대에 지어진 다양한 표정의 건물들이 줄지어 서 있다. 카페 의자에 한참 앉아 있다 보면 눈에 보이는 것만이 아니라 귀에 들리는 소리도 다양하다. 자동차 소리, 바람 소리, 성당의 종소리, 사람들 이야기하는 소리, 새소리, 카페의 남자 점원이 주문하는 소리, 주방에서 접시와 그릇들이 달그락거리는 소리, 바 뒤에서 '칙' 하며 에스프레소 커피 내리는 소리, 공사장에서 들리는 소리 등이 점차 구별되어 들린다. 도시는 지속적인 자극의 연속이다. 가만히 앉아 있어도 심심하지가 않다. (18세기 프랑스 역사를 전공하는 여성 역사학자 아를레트 파르주는 최근 18세기 거리에서 들리던 '온갖 소리들의 역사Histoire des bruits'에 대한 책을 출판했다.)

피카소가 연
몽파르나스 시대

지하철 6번선 라스파이 역에서 내려 뤽상부르 공원으로 가는 가장 단순한 직선 코스는 라스파이 거리를 북쪽으로 걸어 올라가다가 바뱅 거리로 직진하여 아사스 거리에 있는 공원 출입구로 들어가는 방법이다. 그러나 자동차 위주의 대로를 피해 사람 위주의 골목길을 찾아다니는 나에게 라스파이 역에서 뤽상부르 공원으로 들어가는 최상의 방법은 '라스파이 거리→캉파뉴 프르미에르 거리→몽파르나스 대로→그랑 쇼미에르 거리→노트르담 데 샹 거리→바뱅 거리→아사스 거리→뤽상부르 공원'이라는, 지그재그로 구불거리는 다소 복잡한 행로이다. 라스파이 거리에서 시작하는 나의 산책 코스는 지하철역에서 올라와서 당페르-로슈로 쪽으로 몇 발짝 걸어가면 만나는 라스파이 거리 240번지와 242번지에 있는 2층 건물 앞에서 시작한다. ㅅ 모양의 지붕이 얹혀 있고 유리창이 커다란 이 건물은 얼핏 보아도 화가들의 아틀리에로 보인다. 6층 건물이 줄지어 선 거리에 예외적인 모습으로 서 있는 두 채의 건물은 '시테 니콜라 푸생'이라고 불리는 예술가들의 아틀리에다(푸생은 17세기 프랑스 고전주의 화가이다). 1912년 피카소가 몽마르트르 언덕을 내려와 '귀여운' 에바와 함께 이곳에 둥지를 튼 이후 이른바 '몽파르나스 시대'가 시작되었다(그래서 로댕이 만든 발자크 동상이 서 있는 바뱅 사거리 광장이 파블로 피카소 광장으로 명명되었다). 피카소는 이곳에 있다가 얼마 후 근처에 있는 쉘세르 거리 5-2번지의 아틀리에로 이사했다가 1915년 에바가 세상을 떠나면서 몽파르나스를 떠났다(쉘세르 거리 12번지에는 시몬 드 보부아르가 1955년에서 1986년, 세상을 떠날 때까지 살았다. 그녀는 바로 길 건너 몽파르나스 묘지에 사르트르와 함께 잠들어 있다). 피카소에 이어 이탈리아 출신의 두 화가 모딜리아니와 조르조 데 키리코가 몽파르나스로 왔고, 1913년 일본에서 온 후지다가 근처 들랑브르 거리에 아틀리에를 마련하였다.

지금은 1970년대에 지은 검은색 고층 건물 몽파르나스 타워가 이 동네의 기본 분위기를 비예술적으로 만들고 있지만, 1920년대 몽파르나스는 파리와 프랑스만이 아니라 세계 예술의 중심지였다(홍상수 감독의 영화 「밤과 낮」에는 한국인 화가가 나오는데 서울에서 별것 아닌 일로 쫓겨 파리로 온 이 화가는 파리에서 길을 잃으면 몽파르나스 타워를 보고 집을 찾아간다). 이후 몽파르나스는 세계의 모든 화가들이 동경하는 꿈의 장소였다. 그래서 세계 도처에서 몽파르나스에 모이기 시작한 화가들을 위한 아틀리에가 점점 더 멀리 퍼져 나갔다. 동쪽으로는 13구의 몽수리 공원 부근(이곳에 브라크와 니콜라 드 스타엘의 아틀리에가 있었다), 서쪽으로는 15구의 브라상스 공원 주변(파사주 당지그의 벌통 '라 뤼슈'에는 샤갈, 수틴, 모딜리아니 등이 작업했다) 그 사이에 있는 팔귀에르, 플래장스, 보지라르, 그르넬 등의 동네 여기저기에 화가와 조각가들의 작업실이 넓게 분포했다.

1920년대 몽파르나스의
일본인 화가들

세계 예술의 수도 파리에는 에콜 데 보자르를 비롯한 파리의 미술학교에서 많은 수의 한국인 학생들이 그림 공부를 하고 있다. 그런데 얼마 전 파리에서 만난 현대미술사 연구가 정병관 선생은 일제 강점기에 일본에서 공부한 한국인 화가들이 한국전쟁이 끝난 1950년대가 되어서야 겨우 파리에 올 수 있었다며 너무 늦은 나이에 파리에 왔기 때문에 두각을 나타냈기 힘들었고 그때는 이미 세계 미술의 중심이 파리에서 뉴욕으로 옮겨 갔을 때라고 말하기도 했다(『르 몽드』지의 미술 평론을 담당하는 필립 다장은 오늘날 프랑스 미술이 세계무대에서 미미한 자리를 차지하는 이유 가운데 하나로 독일의 표현주의와 미국의 팝아트를 정신적 혼돈의 결과로 해석하는 프랑스 미술 사학자들의 반독 반미 민족주의적 자만심을 들고 있다. 하지만 나에게는 아직도 앤디 워홀의 팝아트보다는 이브 클랭이 1950년대에 그린 푸른색 모노크롬이 훨씬 더 많은 영감을 준다).

2008년 파리일본문화원에서 '구로다에서 후지다까지: 파리의 일본 화가들'이라는 제목으로 열린 전시회는 일본의 서양화가 파리에 유학한 화가들에 의해 주도되었음을 보여준다. 1896년 일본 미술대학에 처음으로 서양화과가 개설될 당시 주임 교수가 된 구로다 세이키는 이미 1885년에서 1895년까지 10년 동안 파리에서 그림 공부를 한 일본 서양화의 선구자였다. 1900년 파리에서 열린 세계 만국박람회에는 구로다의 제자들이 그린 유화가 전시되었다. 이후 파리는 일본 서양화가들 사이에 필수적으로 가보아야 할 예술의 메카가 되었다. 1910년대 일본에서 발간되던 미술 잡지들은 파리 미술계의 최신 경향을 전달하면서 이런 분위기를 더욱 가속화시켰다. 1차 세계대전이 끝나면서 해외여행 금지령이 풀리자 1920년대 들어 일본인 화가들의 파리행이 가속화되었다. 1차 세계대전 이전에는 스무 명 정도에 불과했던 일본인 화가들이 1920년대에 들어서는 500명에 달했다. 그 가운데 구로다의 제자였던 후지다 추구하라는 1913년 파리에 와서 일찍감치 자리를 잡았다. 그의 뒤를 이어 1920년대에 사카모토 한지로, 사에키 유조, 고지마 젠자부로, 오카모토 타로 등이 파리에 아틀리에를 마련했다.

이런 분위기에서 후지다는 1920년대에 이미 에콜 드 파리의 일원으로 널리 알려진 인물이 되었다. 그는 1930년대에 귀국하여 종군화가로 활동하다가 전후 일본 파시즘의 앞잡이였다는 비판을 받았다. 그래서 일본을 떠나 다시 파리로 와서 프랑스 사람으로 귀화하여 가톨릭으로 개종해서 살다가 랭스에서 세상을 떠났다. 백색이 많이 배합된 물감으로 엷게 칠한 바탕 위에 가느다란 윤곽선을 그린 후지다의 그림에서는 일본 냄새가 난다.

나는 파리 유학파 일본인 화가 가운데 사에키 유조의 그림을 좋아한다. 그는 파리에 온 지 얼마 되지 않은 1924년에 반 고흐가 자살했던 현장인 오베르 쉬르 우아즈로 갔다. 교회 뒤쪽에 이젤을 놓고 반 고흐의 그림과 똑같은 각도에서 「오베르 교회」를 자기 스타일로 그렸다. 그는 반 고흐의 정신적 후예였다. 이후 파리 남쪽의 교외 클라마르에 정착했다가 뜻한 바 있어 짐을 싸들고 파리 몽파르나스 부근의 샤토 거리로 이사해서 파리 풍경화를 그리기 시작했다(샤토 거리는 1920년대 브르통을 비롯한 초현실주의자들이 모여 살던 곳이다). 그는 오랜 세월의 이끼가 낀 파리의 돌로 지은 건물들의 분위기를 화폭에 담았다. 그러다가 1926년 귀국해서 도쿄의 풍경화를 그렸는데, 도저히 영감이 느껴지지 않았다고 한다. 그래서 짐을 싸서 다시 파리로 향했다. 1927년 다시 파리에 와서 그린 파리의 둥근 광고탑「콜론 모리스」는 83년이 지난 지금 보아도 얼마 전에 그린 그림 같다. 1928년 그가 죽기 직전에 마지막으로 그린「팡테옹」은 건물 중간이 비스듬히 삐뚤어져 있고 첨탑은 길게 과장된 채 약간 꼬부라져 있다. 원래 병약했던 그는 자기가 원하는 그림을 그리기 위해 무리하게 정진하다가 그만 심한 우울증 상태에 빠졌다. 그러다가 1928년 6월 파리 교외의 한 정신병원에서 세상을 떠났다.

캉파뉴 프르미에르 길과
사귀기

피카소의 아틀리에가 있던 건물에서 라스파이 대로를 건너면 캉파뉴 프르미에르 거리가 시작된다. 처음에 '캉파뉴 프르미에르campagne première' 거리의 이름을 듣고서 나는 '첫번째 시골'이라는, 다소 낭만적 방식으로 해석했다. 그런데 파리 길 이름 사전을 찾아보니까 '첫번째 전투'라는 다소 공격적 의미를 담고 있었다(캉파뉴campagne는 '시골'과 '전투'라는 두 가지 뜻을 다 담고 있다). 이 골목은 그냥 지나가면 특별한 것이라고는 없는 평범한 파리의 골목길이다. 입구 왼쪽에는 작은 쌈지 공원이 있고 그 뒤에는 몇 년 전 새로 지은 호텔 경영에 필요한 경영학, 손님 접대, 요리 등 여러 기술을 가르치는 직업고등학교가 있다. 그냥 아무 생각 없이 지나가면 화려한 상점 하나 없고 어떻게 보면 건물들의 높이가 들쭉날쭉하고 형태와 소재에도 일관성이 없으며 가로수가 없어 메마른 느낌을 준다. 나에게도 이 골목길은 그저 뤽상부르 공원으로 가기 위해 통과해야 하는 골목길이었을 뿐이다. 그러나 자주 이 길을 오가게 되면서 이 길과 친해지게 되었고 처음에는 보이지 않던 기호들이 나에게 말을 걸기 시작했다. 그래서 눈에 보이는 기호들과 들리는 소리들에 주의를 기울이게 되었다. 그러면서 이 보잘것없는 평범한 골목길이 수많은 기호들로 가득 차 있는 의미의 창고라는 사실을 알게 되었다. 그래서 이 길을 걷는 일은 숨은 기호를 찾아내 해석하는 기호학적 산책의 기회를 제공한다. 겉으로 보기에는 아무 새로울 것이 없는 평범해 보이는 거리가 두터운 의미의 지층으로 덮여 있었던 것이다.

이스트리아 호텔의 예술가들

이 길의 오른쪽 첫 건물은 35번지로 시작한다(길을 걸어 들어가면서 오른쪽은 홀수고 왼쪽은 짝수로 되어 있다). 그러니까 이곳은 길이 시작하는 곳이 아니라 끝나는 곳이다(파리의 번지수는 파리 중앙과 가까운 데서 시작한다. 보기를 들어 보지라르 거리는 6구의 소르본 대학 앞 광장 맞은편에서 시작해 파리 15구 변두리에서 끝난다). 이 거리의 31번지에는 특별한 느낌을 주는 건물이 하나 서 있다. 외벽을 갈색 계통의 특별한 타일로 장식한 이 건물은 시원스럽게 큰 규모의 유리창으로 실내에 많은 햇빛을 끌어들인다. 어느 정도 재력을 갖춘 화가들의 아틀리에처럼 보인다. 한참 다니다 보니까 이 건물만이 아니라 이 골목에 있는 여러 건물들의 고층에는 긴 유리창이 나 있다. 이 건물 옆의 29번지에는 오래된 호텔 건물이 하나 나타나는데 그곳이 바로 이스트리아 호텔이다. 이 호텔에는 1920년대 가난한 예술가들이 많이 머물렀는데 호텔 입구 오른쪽 외벽에는 다음과 같은 내용의 석판이 붙어 있다.

> 1920년대 예술가들의 활동이 활발하던 시기에 이 호텔에는 화가 프랑시스 피카비아, 마르셀 뒤샹, 모이즈 키슬링; 사진작가 만 레이; 몽파르나스의 모델 키키; 작곡가 에릭 사티; 시인 라이너 마리아 릴케, 트리스탕 차라, 블라디미르 마야콥스키, 루이 아라공과 엘사 트리올레 등이 머물렀다.

호텔 로비에 놓인 객실 요금표 앞 장에는 이 호텔을 찾았던 유명 예술인들에 관한 좀더 자세한 계보가 적혀 있다.

> 1923년에서 1929년 사이 창조적 광란의 시대에 이스트리아 호텔은 바로 인접한 옆집에 아틀리에를 가지고 있던 만 레이가 즐겨 찾았던 곳이다. 그는 1923년 이 동네에 훗날 몽파르나스의 여왕이 된 그의 정부 키키와 함께 이사 왔다. 마르셀 뒤샹은 이곳에서 잔 레제와 인연을 맺었는데 그녀의 발작적 히스테리는 온 호텔을 흔들어놓았다. 트리스탕 차라는 호텔의 채색 유리로 된 정문

앞을 네 발로 기어 다녔는데 그건 밀린 방값을 내지 못하는 데 대한 적절한 이유를 찾지 못했기 때문이다. 프랑시스 피카비아와 에릭 사티는 이곳에서 사람들을 만나 사교 활동을 벌였다. 제르멘 에벌링은 몽유병 상태에서 요정을 추적하던 옆방의 화가 키슬링이 계단에서 굴러 떨어지는 소동에 종종 잠을 깨곤 했다. 엘사 트리올레는 클로즈리 데 릴라 식당에서 루이 아라공을 만나기 전까지 이곳에서 살았다. 엘사 트리올레가 이곳을 피난처 삼아 살러 왔을 때 마야콥스키도 이 호텔에 닻을 내렸는데 그는 엘사의 여동생 릴리 브릭의 연인이었다.

정신분석학과
지옥으로 빠지는 길

호텔을 지나 조금 더 가면 23번지에 '프로이트 정신분석학회' 건물이 나온다. 오늘날 프랑스처럼 정신분석이 일반화된 나라도 없을 것이다. 프랑스 전체에 6천 명 정도의 정신분석가들이 개업을 하고 있다. 그러니까 인구 1만 명에 정신분석가 한 명 정도가 있는 셈이다. 그래서 그런지 파리에서 거리를 걷다 보면 정신분석을 위한 캐비닛임을 알리는 검은색 표지판이 눈에 많이 들어온다. 의사, 변호사, 회계사 등의 사무실을 알리는 표지판과 똑같은 모양이다. '프로이트 정신분석학회'의 표지판에는 전화번호가 적혀 있다. 01 43 22 12 13. 프랑스 정신분석가들은 이런저런 이유로 여러 학회로 갈라져 있다(1926년에 마리 보나파르트를 중심으로 하는 1세대 정신분석가들이 모여 '파리정신분석학회Société Psychanalyse de Paris'를 창립한 다음, 세계정신분석학회IPA의 공식 인정을 받았다. 그러나 1964년 여기에 반기를 든 2세대 정신분석학자들이 자크 라캉을 중심으로 모여 '파리프로이트학회 École Freudienne de Paris'를 창립했다. 1981년 라캉 사후 이론적·실천적 투쟁이 지속되었고, 지금은 30여 개의 학회로 분화되었다). 그러나 크게 보면 프랑스 정신분석가들은 라캉 학파와 프로이트 학파로 갈린다. 두 학파 사이의 차이는 이론적인 면도 있지만, 흔히 1회 분석 시간으로 구별하기도 한다. 프로이트 학파가 1회 분석 시간을 45분에서 1시간으로 잡고 있는 데 반해 라캉 학파는 15~20분으로 잡고 있다(이는 자크 라캉이 유명해지면서 그를 찾는 고객이 엄청나게 늘어났다는 점과 그의 금전욕이 합쳐지면서 생겨난 실용적 관행이라는 설이 있다. 라캉은 말기에 가서는 1회당 2~3분씩 분석을 했으며, 심지어는 고객의 따귀를 때렸다는 일화도 있다). 캉파뉴 프르미에르 거리의 정신분석학회는 두 학파 가운데 프로이트 학파라는 간판을 내걸고 있다. 길거리에 면한 이 사무실은 단순화된 직선의 현대식 디자인으로 되어 있고 직사각형의 유리창 너머에는 사무실 내부가 보이고 책상 앞에 안경을 쓴 여성이 전화를 받고 있는 모습이 눈에 띄기도 한다.

정신분석학회 건물 옆 오른쪽에는 한번 걸어 들어가 보고 싶은 꼬부라진 길이 하나 나오는데, 이 길의 이름은 '지옥의 통로Passage de l'enfer'라고 되어 있다(파리의 대칭되는 거리 이름을 아는 일도 재미있다. 10구에는 '천국의 거리 Rue de Paradis'가 있다. 6구에 '마담 거리Rue Madame'가 있다면 7구에는 '무슈 거리Rue Monsieur'가 있고 15구에는 '마드무아젤 거리Rue Mademoiselle'가 있다). 지옥의 통로로 들어서면 파스텔 톤의 분홍색이나 베이지색 벽에 오래된 흰색 나무 덧문이 붙어 있는 건물들이 서 있다(제3부 시작하는 쪽 사진을 볼 것). 다행히 길은 이름과 달리 지옥으로 빠지지 않고 다시 라스파이 거리로 나온다.

무슈 르 모노크롬과
흥분한 어머니

다시 캉파뉴 프르미에르 길로 돌아오면 길 왼쪽 14번지에 투명한 아크릴로 된 현판이 하나 붙어 있다. "이브 모노크롬이라고 불린 이브 클랭이 이 집에서 1958년에서 1962년까지 살고 일했다"라는 문장의 끝에는 이브 클랭 고유의 푸른색으로 쓰인 그의 서명이 새겨져 있다(프랑스에서는 이브 클라인을 이브 클랭이라고 발음한다). 처음 이 길을 걸을 때는 없었는데 2006년 퐁피두센터에서 이브 클랭 회고전을 했을 때 붙인 모양이다.

이 길에는 두 개의 카페와 두 개의 식당이 있는데, 21번지에 전통 프랑스 냄비요리를 정통으로 하는 재미있는 이름의 식당이 하나 있다. 프랑스어로 어머니를 뜻하는 메르mère와 바다를 뜻하는 메르mer는 발음이 같다. 그런데 이 식당은 바다를 뜻하는 메르가 아니라 어머니를 뜻하는 메르 뒤에 출렁이는 또는 흥분한 등의 뜻을 지닌 형용사 아지테agitée를 붙인 '라 메르 아지테La Mère Agitée'라는 간판을 달고 있다. Agitée의 막대기가 붙은 é자는 일부러 삐뚤게 씌어져 있다. 출렁이는 바다라면 쉽게 이해가 되는데 '흥분한 어머니'란 뜻은 잘 이해가 되지 않는다. 음식 준비를 하고 손님맞이를 하느라고 들뜬 어머니의 이미지를 떠올릴 수도 있지만, 혹시나 프랑스 사람들 특유의 성적인 암시를 담고 있는지도 모른다. 디드로의 희곡을 연구하는 일본의 불

문학자 히사야가 나카가와의 책을 읽다가 알게 된 사실이다. 파리에 온 그는 글로만 읽던 디드로의 희곡 작품을 연극으로 보면서 자신의 작품 해석이 얼마나 순진했는지를 알게 되었다. 글로만 읽을 때는 남녀가 주고받는 대화 속에 성적인 암시가 들어 있었음을 전혀 눈치 채지 못했는데 배우들의 눈길, 몸동작, 목소리, 억양을 통해서 그것을 처음 알아차렸다고 한다.

유리창에는 세계 최고의 돼지머리meilleur tête de cochon du monde, '평온한 아버지'의 영적 상속녀heritière spirituelle du 'père tranquille'라는, 유머가 섞인 표현이 들어간 식당 안내문이 붙어 있다. 그리고 그 옆에는 비어 있는 담뱃갑이 하나 놓여 있다. 파리지앵이라면 뒤도 안 보고 길바닥에 내버릴 빈 담뱃갑이 왜 저기 있는지 궁금해서 찬찬히 들여다보니까 보통 담뱃갑과 다른 점이 눈에 들어왔다. 보통 담뱃갑에는 흡연율을 낮추기 위해 "담배 피우면 죽는다Fumer tue"라는 경고문이 씌어져 있는데, 유리창 앞에 놓인 담뱃갑에는 "잘 먹으면 안 죽는다Bien Manger ne tue pas"라는 문장이 씌어져 있었다.

아제의 아파트와
막다른 골목

그곳에서 조금 더 가면 17-2번지에 프랑스 현대 사진의 아버지 외젠 아제가 1898년에서 1927년 사이에 살던 집이 나온다. 그는 이 집에 혼자 살면서 파리 시내 곳곳을 누비고 다니며 파리의 사라지는 장면들을 사진으로 남겼다. 그 집 옆에는 안으로 쑥 들어간 막다른 골목이 있다. 이 골목 안에는 2층 정도의 건물들이 옹기종기 모여 있는데 골목 왼쪽으로 개성 있는 집이 하나 있다. 나무 대문과 마당이 있고 특별한 모양의 지붕을 얹은 2층집이다. 그런데 이 집만이 아니라 20미터 정도 되는 막다른 골목을 걸어 들어가다 보면 집집마다 개성이 넘친다(사실 이 길은 파리 한국 성당이 있는 부아소나드 거리와 연결되는데 그 길로 통하는 철창살문에 항상 큰 자물쇠를 채워놓아 실질적으로는 막다른 골목이 되었다). 어떤 집은 창고로 쓰였던 건물을 개조하여 건축 사무실로 쓰고 있다. 파리에 남아 있는 이런 옛날 마을 분위기의 집들은 점차 돈 많고 문화적 교양을 갖춘 보보들의 차지가 되어가고 있다. 다시 캉파뉴 프르미에르 거리로 나오면 13-2번지에 디자이너 베르나르 노댕이 살았다는 현판이 붙어 있다. 11번지는 '로즈 드 자바Rose de Java'라는 이름의 중고 서점이 있다. 이 서점 유리 진열창에는 절판된 모리스 바레스의 『나의 노트』 14권짜리 전집(300유로), 19권으로 된 폴 레오토 전집(350유로) 등 구하기 어려운 책들이 놓여 있다. 서점 바로 옆 9번지에는 작지만 언제나 재미있는 작품을 전시하는 '아틀리에 앙 지라르'라는 이름의 화랑이 있다. 나는 언젠가 그 화랑에서 프랑스 남부의 한가한 마을의 분수대가 있는 광장을 찍은 사진 작품을 본 것을 머릿속에 기억하고 있다. 그 길 건너편에는 14구의 모든 우편물을 관리하는 커다란 우체국 건물이 있다. 건물 앞에는 푸른색 몸체에 노란색 머리를 한 우체국 안내판이 서 있다(런던의 우체통은 빨간색이고 파리의 우체통은 노란색이다). 우체국 옆에 난 막다른 골목길로 들어가 보면 우편물 운송을 위한 우체국 자동차들에 할애된 넓은 주차장이 있다(파리의 우체국 자동차는 당연히 노란색이다).

동성애자를 위한 잡지

이 화랑의 맞은편 6-2번지에는 프랑스 최대의 동성애 잡지 『테튀』의 사무실이 있다(테튀têtu는 '고집스럽다'는 뜻의 형용사다). 『테튀』 잡지의 표지에는 항상 보디빌딩으로 몸을 잘 가꾼 근사한 남성 모델의 반나체가 실리는데, 파리 시내 곳곳에 설치된 신문과 잡지 가판대에 이 잡지의 광고 포스터가 붙어 있는 걸 보면 독자층이 많은 모양이다. 전해 들은 말로는 10만 부 이상 팔린다고 한다. 어느 날 이 길을 걷다가 그 사무실 입구 쪽을 바라보는데 두 사람이 나와서 담배를 피우며 이야기를 나누고 있다가 그들을 바라보는 나의 시선을 알아차렸는지 나에게 미소를 보냈다. 얼핏 그 잡지에서 일하는 사람들은 동성애자들일 거라는 생각이 들자 그들의 미소가 조금 이상하게 느껴졌다. 그저 지나가는 동양인 남자에 대한 예의의 미소일지도 모르는데 괜히 나의 편견이 작동하고 있는지도 모르겠다. 그러나 때로 마레의 카페나 서점 같은 곳에서 나에게 이상한 눈초리를 보내는 남자들이 있었는데, 나중에 알고 보니 마레는 동성애자들이 많이 모이는 장소였다(28쪽 사진을 볼 것).

캉파뉴 프르미에르 거리의 예술인 마을

약간 구부러진 이 길을 거의 빠져나갈 즈음이면 길 왼쪽 보도 9번지에는 파리 역사 안내판이 하나 서 있다. 이곳은 1889년 만국박람회 폐회 이후 여러 나라의 전시관 건물들을 허물면서 나온 폐건축자재들을 싼값에 사가지고 와서 지은 '아틀리에 데 자르티스Atelier des Artistes'라는 이름의 건물 단지이다(15구에는 '스위스 마을'이라는 골동품 가게 단지가 있는데 이 마을의 건물들도 만국박람회 건물 철거 후 나온 자재들로 지은 것이다). 몽마르트르 언덕은 이미 예술가들로 붐벼 집값이 비쌌으므로 가난한 예술가들은 새로운 영감을 주고 임대료가 싼 이곳 몽파르나스 부근으로 모이기 시작했고, 이 아틀리에는 그들을 겨냥하여 지어진 싼값의 임대 아틀리에였던 셈이다. 이 건물에만 약 백 명 정도의 예술가들이 살았다고 한다. 파리에는 아직 이와 비슷한 예술가들을 위한 임대 아틀리에가 여러 곳에 남아 있다. 캉파뉴 프르미에르 길의 아틀리에는 소르본 대학이 있는 라탱 구역과 인접해 있고 뤽상부르 공원이 바로 옆에 있으며, 르 뷜리에, 클로즈리 데 릴라 같은 위락시설과 게테 같은 환락가도 부근에 있어서 예술가들이 작업을 하다가 기분 전환을 하기에 적당한 장소였다. 1902년 파리에 공부하러 왔던 라이너 마리아 릴케가 빈곤한 생활을 하면서 『가난과 죽음에 대하여』를 쓴 곳이 바로 여기다. 얼마 후 그는 로댕을 만나 그의 비서가 되어 이곳을 떠났다(로댕 박물관에 가면 대문 안쪽에 과거 로댕의 비서로 일했던 릴케가 이 건물의 아틀리에를 로댕에게 알려주었다는 현판이 붙어 있다).

레옹 베르트,
생텍쥐페리의 가장 친한 친구

생텍쥐페리의 친구였던 레옹 베르트도 캉파뉴 프

르미에르 길에 살았다고 하는데 현판이 붙어 있지 않아서 정확하게 어느 건물에 살았는지는 알 수 없다. 『어린 왕자』를 읽어본 독자라면, 레옹 베르트라는 이름을 희미하게 기억할지도 모른다. 생텍쥐페리는 어린이들을 위한 동화책을 왜 이미 어른이 된 자기 친구 레옹 베르트에게 바치는가에 대해 다음과 같이 적고 있다.

레옹 베르트에게

  이 책을 어른에게 헌정하게 돼서 어린이들에게 양해를 구합니다. 제게는 꼭 그럴 이유가 있답니다. 우선 레옹 베르트는 저에게 세상에서 제일가는 친구랍니다. 또 다른 이유도 있는데요, 제 친구는 어린이를 위한 책도 아주 완전하게 이해한답니다. 세번째 이유는 이 친구가 프랑스에 사는데 춥고 배고픈 생활을 하고 있습니다. 그래서 그에게 위로가 필요하답니다. 이런 이유들이 충분하지 않다면, 저는 이 책을 아직 어른이 되기 이전에 아이였던 레옹 베르트에게 바치고 싶습니다. 모든 어른들은 누구나 어린이였던 적이 있지요(그런데 그걸 기억하는 어른들은 별로 없답니다). 그래서 저의 헌사를 다음과 같이 고칩니다.

어린이 시절의 레옹 베르트에게

  사실 『어린 왕자』는 어린이를 위한 동화라기보다는 어른을 위한 동화라고 할 수 있다. 그런데 이 헌사에도 나오듯이 어른들은 동화를 잘 읽지 않고 읽더라도 현실과 무관한 이야기로만 생각한다. 그래서 생텍쥐페리는 어른들에게 어린이와 같은 순수한 마음으로 돌아가 『어린 왕자』를 읽기를 기대하는 마음으로 이 헌사를 썼을 것이다. 어린 왕자가 이야기했듯이 중요한 것은 눈에 보이지 않는다. 그래서 나는 눈에 보이는 것을 넘어 보이지 않는 것까지 느낄 수 있는 마음으로 다시 캉파뉴 프르미에르 길을 걷는다.

인상파 화가 종캥과
찬 서점

캉파뉴 프르미에르 길이 끝나는 곳은 몽파르나스 대로와 연결된다. 그 길을 건너 왼쪽으로 조금 가면 127번지 건물이 나온다. 그곳 벽에 붙어 있는 석판은 이곳이 인상파 화가들 이전에 인상주의에 가까운 그림을 그렸던 장-밥티스트 종캥이 살았던 곳임을 알리고 있다. 종캥은 원래 반 고흐처럼 네덜란드 출신의 화가였는데 프랑스를 사랑하여 파리를 비롯하여 노르망디의 아름다운 도시 옹플뢰르의 모습을 풍경화로 남겼다. 내가 한국에서 접한 인상파 화가 말고도 인상파에 속하는 화가들이 여럿 있다는 것을 파리에 와서 알았는데, 종캥도 그중 한 사람이다. 몇 년 전에 오르세 미술관에서 그의 회고전이 열렸을 때 그의 그림을 감상하면서 그의 그림의 수준과 양이 만만치 않음을 알게 되었다.

그곳을 지나면 찬 서점이 나온다. 중국에서는 '선(禪)'을 '찬'으로 발음하고 일본에서는 '젠'으로 발음한다. 어느 날 이 서점에 들러 서점주인과 서점의 이름에 대한 이야기를 하게 되었다. 그의 말에 따르면 이 서점의 이름은 불교의 선과는 관계가 없다. 1927년에 창업한 서점주인 루이 찬Louis Tschan

의 성이 서점 이름이 된 것이라고 한다. 그는 알자스 출신으로 파리의 호화 호텔에서 집사 일을 하며 모은 돈으로 서점을 차렸다고 한다. 1950년 창업주 사망 후 딸이 이어받아 운영하다가 1993년 이후 현재의 주인에게 넘어왔다고 한다. 이 서점은 부근의 까다로운 지식인과 문화인들의 취향에 맞추어 책 진열을 신경 써서 잘하고 있다. 미국이나 남미, 아랍 지역에서 와서 파리에 머무는 외국 학자들도 이 서점을 많이 이용한다. 서점주인은 또한 김창열 화백이 이 동네에 사는데 그의 아들 김시몽이 철학과 문학 분야의 책을 많이 사 간다고 귀띔해주었다.

서점 진열대에서는 언제나 재미있는 책을 발견할 수 있다. 최근에 본 책들로는 피에르 아도의 대담집 『삶의 방식으로서의 철학』, 카미유 클로델이 오랫동안 정신병원에 입원해 있을 때 푸른 원피스를 입고 동생 폴 클로델을 기다리고 있는 사진에서 받은 강렬한 인상으로부터 시작하는 미셸 데보르드의 소설 『푸른 원피스』, 프랑수아 뒤피가 프랑스의 엘리트를 비판한 『엘리트의 피로: 자본주의와 그의 간부들』, 하이데거의 『형이상학의 완성과 시』, 1668년 라틴어로 출판된 토머스 홉스의 원전을 다시 번역한 『리바이어던』, 방법론적 개인주의자 레몽 부동이 쓴 『오늘의 토크빌』, 인류학자 마르크 오제의 『우리는 왜 사는가』 등이 나의 관심을 끌었다. 이 서점에서는 가끔씩 저자와의 대화가 열리는데, 2007년 가을에는 이성복의 시집이 프랑스어로 번역되어 번역자와 프랑스를 대표하는 시인의 한 사람인 미셸 드기 등이 독자들과 함께 문학의 밤을 갖기도 했다.

서점을 나와 조금 더 걸어가면 몽파르나스 대로와 라스파이 거리가 만나는 바뱅 광장이다(공식 명칭은 파블로 피카소 광장이다). 그곳에는 로댕이 만든 발자크 동상이 서 있다. 광장 주변에는 20세기 초 문인, 예술가, 혁명가들이 다니던 로통드, 돔, 셀렉트, 쿠폴 등의 유명한 카페와 식당들이 전통을 유지하고 있다. 오늘날 그 카페들에는 문화예술인보다는 관광객들이 더 많은데, 영국의 비트 제너레이션을 대표하는 잭 케루악은 이미 1957년 몽파르나스의 유명 카페들에 앉아 있는 미국 관광객들을 일러 '멍청이'들이라고 조롱했다.

캉파뉴 프르미에르
길의 변화

살아 있는 모든 것은 변한다. 파리도 살아 있는 도시라면 변화를 겪을 수밖에 없다. 2002년 파리에 살기 시작한 이후 지난 8년 동안 파리는 알게 모르게 변화를 겪고 있다. 세계화의 영향이 미치지 않는 곳은 없다. 파리가 아무리 세월의 변화에 저항하는 19세기의 기본 틀을 유지하고 있는 도시라고 하더라도 군데군데 새로 지은 현대식 건물들이 들어섰다. 캉파뉴 프르미에르 거리 입구에도 호텔학교 건물이 들어섰다. 지난 8년 동안 캉파뉴 프르미에르 길의 변화는 파리 전체의 변화와 같은 방향으로 진행되었다. 파리 전체에 늘어나는 것은 미용실, 부동산 중개업소, 옷가게, 웰빙 산업 등이다. 캉파뉴 프르미에르 길에도 웰빙을 내세우며 마사지를 하는 미용실과 중국 발마사지 시술소가 생겼고 빨래방도 하나 생겼다. 막다른 골목 안에는 살을 빼고 날씬해지기를 원하는 사람들을 위해 둥근 회전판 위에서 운동하는 기계를 설치한 스포츠센터가 생겼다. '두 명의 앙드레Les 2 Andrés'라는 이름으로 실내장식 사무실도 생겼다. 마르크 오제가 말하는 이른바 '비장소'들이 늘어나고 있는 것이다. 그럼에도 불구하고 자존심을 내세우는 미용사가 '머리 조각가Sculpteur du chevau'라는 이름을 내걸고 하는 전통적 미용실이 건재하고, 19세기 말에 쓰던 철제 다리미들을 전시하고 있는 오래된 세탁소도 건재하며, 몽파르나스 대로 쪽 길이 끝나는 곳에 문방구를 겸한 오래된 잡화상도 그대로 있다. 그냥 지나치면 아무 의미 없는 거리인 캉파뉴 프르미에르 길이 앞으로 어떻게 변화할지는 아직 분명하지 않지만, 나는 이 거리에 쌓여 있는 두터운 의미의 지층들이 파괴되지 않고 그 위에 새로운 의미층이 덧붙여지기를 바라면서 오늘도 이 길을 걷는다.

카르티에 재단의
풀꽃세상

정원의 목적은 무질서와 천박함을 우리들의 시야에서 사라지게 하고
고귀한 영혼의 피난처를 만드는 데 있다.
— 니체

**유리로
지은 집**

            파리에는 분주함을 잠시 피해 숨을 돌릴 휴식처가 곳곳에 있다. 카르티에 재단 건물 뒤에 숨겨진 정원도 그중의 하나다(228쪽 사진을 볼 것). 지하철 라스파이 역에서 내려 당페르-로슈로 쪽으로 걸어가다 보면 건축학교가 나오고 그 맞은편에 유리로 된 담장 안에 유리로 지은 건물이 나타난다. 주소가 라스파이 거리 261번지로 되어 있지만 번지수를 보기 전에 건물 자체가 금방 눈에 들어온다. 이곳이 바로 카르티에 현대미술재단이다. 세계적으로 유명한 고급 장신구와 시계를 제작·판매하여 재산을 모은

카르티에 가문이 1984년에 설립한 이 재단은 1년에 다섯 번 회화, 조각, 사진, 비디오 예술, 디자인, 패션, 행위 예술에 이르기까지 현대미술의 모든 장르의 작품을 기획·전시한다. 개인전을 열 때도 있고 어떤 주제를 중심으로 전시를 기획할 때도 있다. 전시뿐만 아니라 세계 모든 나라, 모든 세대의 예술가들을 후원하는 메세나 활동도 하는데, 이미 잘 알려진 유명 작가들의 새로운 작업도 지원하지만 아직 알려지지 않았지만 각 장르에서 지금까지와는 다른 새로운 지평을 열고 있는 젊고 장래가 유망한 작가들도 선별하여 지원한다. 지원은 경제적 지원에 머무르지 않는다. 지원받은 작가가 만든 작품을 이곳에 전시하고, 재단은 전시된 작품 가운데 주요 작품을 구입하여 소장한다.

이곳에는 원래 돌로 지은 건물이 있었는데, 19세기 초 『무덤 저편에』 등을 쓴 작가 샤토브리앙이 살던 집이었다. 이후 이곳은 미국에서 파리로 유학 온 학생들을 위한 기숙사로 쓰이다가 1980년대에는 미국문화원으로 전환되었다. 미국문화원이 프랑 게리가 설계한 베르시의 새 건물로 이사 가는 바람에 한동안 비어 있던 이곳은, 카르티에 재단이 인수하여 옛 건물을 헐고 새 건물을 지었다. 유리로 지은 만큼 투명성과 반사를 특징으로 하는 이 건물은 1993년 프랑스 현대건축을 대표하는 건축가의 한 사람인 장 누벨의 설계로 지어졌다. 그는 카르티에 재단 건물을 짓고 나서 파리 센 강변에 두 개의 유명한 건물을 더 지었는데, 하나는 아랍 문화권의 여러 나라들이 공동 출자하여 지은 '아랍문화원'이고 다른 하나는 자크 시라크 대통령이 주도하여 지은 '케브랑리 박물관'이다. 돌로 된 무거운 건물들 사이에 자리 잡은 철제와 유리로 지어진 경쾌한 건물들은 1978년 완공된 퐁피두센터의 건립 이후 점차 늘어나기 시작해 파리의 무거운 분위기를 적당히 가볍게 만들어준다. 무거운 돌로 지은 육중한 건물들이 줄지어 서 있는 파리의 대로에서 강철과 유리로 지은 극도로 단순한 구조의 카르티에 재단 건물의 파격은 그 앞을 지나다니는 사람들의 마음을 날아갈 듯이 가볍고 자유롭게 해준다. 이 건물의 맞은편에 있는 라스파이 건축학교는 실내 디자인 교육을 위한 부속 건물을 유리로 지어 카르티에 재단 건물에 화답하고 있고, 카르티에 재단에서 조금 떨어진 곳에 새로 지은 근처의 호텔경영학교도 유리를 재료로 사용한 건물을 지음으로써 투명한 건물 세 채가 서로 조응하는 삼각형이 만들어졌다. 그런데 이 근처를 잘 살펴보면 캉파뉴 프르미에르 길과 라스파이 길에 유리창이 크고 많은 건물들이 여럿 눈에 들어온다. 1920년대 몽마르트르를 떠나 몽파르나스 주변으로 몰린 화가들의 아틀리에들이다. 그러니까 카르티에 재단 건물은 파격적이면서도 주변과 어울리고 역사와 이어지는 셈이다.

내가 이곳을 처음 알게 된 것은 1997년 여름 여행객으로 파리를 찾았을 때였다. 그때 이곳에서는 나비와 잠자리를 비롯한 곤충을 주제로 만든 정교하고 세련된 금은보석 세공품 기획전이 열리고 있었다. 그때 이곳에 매료된 이후 나는 기회가 될 때마다 이 장소를 다시 찾아온다. 밖에서 건물을 바라보면 우선 길거리와 건물 마당을 가르는 담이 유리로 되어 있다. 그러니까 공간을 구분한다는 점에서는 담이지만 안이 들여다보인다는 점에서는 담이 아니다. 담 바로 옆에 있는 풀밭에는 형형색색의 풀꽃들이 자라고 있어서 담 밖을 지나다니는 보행자들이 들여다볼 수 있게 되어 있다. 그렇게 해서 길거리와 재단 건물 사이에 10미터 정도의 공간이 담 안팎 양쪽에서 바라볼 수 있는 공동의 정원이 된 것이다. 유리로 된 담 안에는 유리로 지은 7층 건물이 서 있다. 길거리에서 바라보면 4.2센티미터 두께의 투명한 유리벽들이 연속적으로 늘어서 있어 가볍고 밝은 느낌을 준다. 어떻게 보면 임시로 지어놓은 위태로운 가상의 빈 건물처럼 보인다.

샤토브리앙이
심은 삼나무

마당과 보도를 가르는 담을 지나 건물로 진입하다 보면 키가 큰 레바논 삼나무 한 그루가 마치 수문장처럼 서 있는데, 이 나무는 1823년 샤토브리앙이 이곳에 살 때 심은 나무로 알려져 있다. 여러 색의 타일을 붙인 모자이크 화분 모양의 조형물이 나무의 밑동을 보호하고 있다. 그 나무 바로 뒤에 있는 현관 입구 벽에는 온갖 종류의 열대식물들이 수직으로 붙어 있다. 흔히 보는 담쟁이덩굴이 아니라 여러 종류의 열대식물들이 벽의 전면을 덮고 있다. 식물로 뒤덮인 벽은 파트릭 블랑슈의 작품으로 그는 열대성 식물을 공부한 식물학도이자 동시에 디자인을 공부한 미술학도였다. 그는 그 두 개의 전공을 통섭하여 수직의 조경사가 되었다. 항상 모자라기만 한 수평의 공간이 아니라 그저 분리의 기능만 하는 수직의 공간에 녹지를 만든 그의 발상이 참신하다. 푸른 하늘과 초록 정원으로 둘러싸인 이 건물의 1층과 지하층에는 총 1,200제곱미터의 전시실이 있고 2층부터 7층까지는 재단의 사무실로 쓰인다. 1층 전시실은 높이가 다른 층의 두 배 이상이고 칸막이가 없이 하나의 큰 공간으로 되어 있어 전시회의 성격에 따라 여러 방식으로 공간 배치를 할 수 있다.

오래된 담 옆의
야생화 정원

파리에는 겉으로 보면 평범한 건물이지만, 건물 안으로 들어가면 예상치 못한 정원을 지닌 큰 저택들이 많이 있다. 오텔hôtel이라고 불리는 저택들은 거의 모두 건물 뒤쪽에 널찍한 정원을 가지고 있다. 그곳은 평소에는 저택 주인들의 산책 장소가 되고 여름에는 점심 식사의 장소가 되며 특별한 경우에는 파티 장소가 되기도 한다. 카르티에 재단 건물의 뒤편에 있는 정원도 그런 저택에 딸린 정원에서 비롯된 것이지만 현대미술 작품을 전시하는 공공건물이 되면서 특별한 정원이 만들어졌다. 건물 안에서 이루어지는 전시회를 보고 건물 밖으로 나와 천천히 거닐면서 맑은 공기를 마음껏 들이마실 수 있는 정원이다. 1996년 로타르 바움가르텐이 설계하여 새롭게 조성한 이 정원에는 소나무, 전나무, 마로니에, 아카시아 등 여러 종류의 나무들이 가장자리에 서 있고 일부러 선별하여 심은 형형색색의 야생화들이 정원의 이곳저곳에 자연스럽게 피어 있다. 산딸기도 보인다. 뱀은 없다.

아홉 단계의 계단으로 된 소규모의 노천극장 형식으로 만들어진 이 정원의 기본 구조는 조용히 앉아서 탁 트인 하늘을 보기에 적합하다. 대도시 한구석에서 마음껏 넓은 하늘을 바라보는 일도 이제는 사치에 속한다. 노천극장 앞 유리 건물에는 유리로 만든 투명한 엘리베이터가 가끔씩 오르락내리락한다.

노천극장 뒤편으로는 이끼가 끼고 오랜 세월에 색이 바랜 뒷집의 돌담들이 아늑한 분위기를 만들어준다. 여러 집과 경계를 이루고 있는 벽은 여러 가지 소재로 서로 다른 시기에 쌓아올린 것이라서 획일적이지 않고 자연스럽게 다양성을 보여준다. 벽은 대부분 직각으로 서 있지만 어느 부분은 약간 경사지게 서 있는 부분도 있다. 벽들은 직선이 아니라 약간 들어왔다 나갔다 하는 불규칙한 선을 이루고 있다. 여러 시기에 걸쳐 서로 다른 소재에 각기 다른 방식으로 쌓아올린 벽들이 서로 조화를 이루며 예상치 못한 특별한 효과를 내고 있다. 벽에 붙은 이끼와 넝쿨 식물들은 세월의 흐름을 말해준다. 정원에 서 있는 밤나무와 호두나무가 담 넘어 이웃집의 무화과나무들과 조화를 이루고 대화를 나눈다. 나무 그늘 아래 풀밭에는 야생화들이 지천으로 피어 있고 비바람에 떨어진 가는 나뭇가지들이 여기저기 흩어져 있다. 나비와 새들이 날아다니기도 한다.

  이 정원은 봄, 여름, 가을, 겨울, 사철 계절에 따라 분위기가 달라진다. 그래서 갈 때마다 새로운 모습을 보여주는 처음 보는 장소가 된다. 어느 날은 보지 못했던 바위를 보게 되고, 어느 날은 이탈리아의 현대 조각가 주세페 페노네의 쓰러진 나무를 모방한 청동 조각 작품을 발견하는가 하면, 어느 날은 담벼락에 담쟁이덩굴이 붉게 물든 모습을 바라보게 되고, 어느 날은 벌이 나는 모습을 보게 되고, 어느 날은 발밑의 고운 흙 위로 개미들이 부지런히 지나다니는 모습도 보인다. 어느 날은 근처 성당의 종소리가 들리고 다른 날은 옆집의 철물 공장에서 일하는 소리가 들린다.

정원 안의
명상을 위한 공간

우리는 정원을 거닐면서 정신의 고양을 경험한다. 많은 경우, 똑같은 높이의 평지를 걸을 때보다는 높낮이의 변화가 있는 길을 걸을 때 기분이 전환되고 의식이 변화를 겪는다. 지형의 변경을 통해 정원을 걷는 산보객의 마음에 생기를 불어넣을 수 있고 동요된 마음을 가라앉혀줄 수도 있다. 카르티에 재단 뒷마당 정원 한편에는 평지를 파서 타원형으로 만든 지하에 명상의 장소가 마련되어 있다. 세 개의 방향으로 난 계단을 통해 걸어 내려갈 수 있게 만든 타원형 공간은 하늘로 열린 정원 속에 있는 고요한 명상 장소다. 그곳에 앉아 있으면 다른 것은 다 사라지고 하늘만 바라볼 수 있게 되어 있다. 이 고요한 장소 한쪽에 수반을 만들어놓았는데 물의 표면에는 정원에 서 있는 나무들과 하늘의 모습이 반사되어 흔들리고 있다. 그 수반을 가만히 들여다보면 바람이 불면서 나뭇가지가 미세하게 흔들리는 모습도 보이고 구름이 고요하게 흘러가는 모습도 보인다. 수반을 들여다보는 내 얼굴도 보인다. 그런데 그 명상의 장소에 앉아 가만히 귀 기울여보면 물방울이 천천히 떨어지면서 자연스러운 음향효과를 내고 있다. 물방울 떨어지는 소리에 바람에 흔들리는 나뭇가지 소리들이 더해지기도 한다.

정원에 사는 동물, 식물, 곤충들이 정원의 주인들이고 인간은 그 집의 손님들이다. 정원에는 원래 그곳에 살고 있던 원주민 식물들에다가 조경사 바움가르텐이 심은 구근이나 풀씨가 더해지고 바람에 실려 온 홀씨와 벌레, 새, 방문객 등이 떨어뜨린 여러 종류의 씨앗들로부터 피어난 식물 등이 합쳐져

약 200여 종의 식물이 살고 있다. 나무들로는 호두나무, 플라타너스, 레몬나무, 밤나무, 너도밤나무, 무화과나무, 소나무, 복숭아, 버찌나무, 아카시아, 가죽나무, 물푸레나무, 서양 삼나무, 회화나무, 단풍나무, 주목, 떡갈나무 등이 있다. 풀꽃으로는 아칸서스, 디기탈리스, 별꽃, 냉이, 쇠뜨기, 아재비, 황새 냉이속, 쑥국화, 제비꽃, 고추나물, 개쑥갓, 개불알, 바꽃, 고사리, 서양 가새풀, 카밀러, 원산초, 개양귀비, 끈끈이대나물, 채진목, 아네모네, 샐비어, 은방울꽃, 어수리, 석죽, 치커리, 접시꽃, 산딸기 등이 있다. 그 공간을 풍뎅이, 잠자리, 나비, 말벌, 무당벌레 등이 날아다니고 땅 위로는 개미와 들쥐들이 오간다. 때로는 방울새, 까치, 올빼미, 티티새, 꾀꼬리 등이 날아온다. 정원 남쪽 벽 너머에는 노인 복지시설의 커다란 정원이 있어 새들이 많이 날아든다.

유목민의 밤

바움가르텐은 자신이 만든 정원을 '테아트룸 보타니쿰Theatrum Botanicum'이라고 이름 붙였는데 그것은 중세에 수도사들이 식물들을 발견, 분류, 명명한 것을 기록한 책을 뜻하는 라틴어이다. 테아트룸 보타니쿰 정원은 메마른 도시에 자연을 복원하려는 '생태학적 상상력'이 만든 풀꽃세상이다. 테아트룸이 테아트르라는 극장의 뜻을 갖고 있고 보타니쿰이 식물이라는 뜻을 포함하고 있다면, 테아트룸 보타니쿰은 말 그대로 '식물들의 극장'이라고 할 수 있다. 그러니까 정원의 노천극장 계단에 잠시 가만히 앉으면 하늘을 배경으로 식물들의 합창과 연극 공연이 펼쳐지는 것을 관람할 수 있다. 이곳에서는 상상의 공연이 아니라 실제 공연이 열리기도 한다. 전시가 이루어지는 기간 동안 매주 목요일 저녁 8시 30분부터 이곳에서 '유목민의 밤Nomadic Nights'이라는 제목으로 무용, 연주, 퍼포먼스, 낭송 등이 혼합된 행사가 펼쳐진다. 정원은 때로 실외 전시장이 되기도 한다. 2003년 프랑스의 대표적 조형 미술가의 한 사람인 장-미셸 오토니에가 만든 형형색색의 유리구슬들로 만든 조형물들이 건물 내부에 전시되었을 때 정원의 나무들에도 유리구슬로 만든 목걸이들이 여기저기 걸려 아주 환상적인 분위기를 연출한 적도 있다(지하철 팔레 르와얄 역 입구를 장식하는 구슬로 만든 꽃가마 또는 왕관 모양의 설치미술도 그의 작품이다).

생태학적 정원

테아트룸 보타니쿰 정원은 프랑스식 정원도 아니고 영국식 정원도 아니다. 그것은 중세의 정원 양식에서 영감을 받은 생태학적 정원이다. 이 정원은 파리 5구의 클뤼니 중세박물관 옆에 새로 조성된 중세 정원처럼 사방이 둘러싸인 방어적 공간에 조성되어 있다. 계획적으로 조성된 정원이 아니라서 기하학적 직사각형이 아니라 오각형 모양을 하고 있고 그 오각형 안에는 직사각형, 삼각형, 원형, 타원형이 들어 있다. 재단 건물은 직사각형이고 다른 집 벽과 맞닿아 있는 정원의 한구석은 삼각형을 이루고 있으며, 노천극장의 계단은 반원형이고, 명상의 지하 공간은 타원형이다.

흔히 베르사유 궁전의 정원으로 상징되는 프랑스식 정원의 고전적 전통이 직선의 길을 뚫어 시야를 확보하고 지평선과 궁전 사이에 기하학적으로 디자인된 정원을 조성하는 것이라면, 거기에는 밖을 정복하고 길들이겠다는 인간의 권력의지가 표현되어 있다. 그것은 광활한 대지와 위협적인 자연 앞에서 인간의 정복의지를 표명하는 것이다. 그러나 도시 공간 속의 소규모 정원은 그런 논리를 따를 수 없다. 도시의 정원은 소란하고 현란한 도시의 논리를 따르지 않는 한적한 공간으로서 공격적이기보다는 방어적 태도를 취할 수밖에 없다. 왜냐하면 사람과 물건의 이동을 원활하게 하는 교통체계를 우선시하는 도시 공간의 기본 논리가 정원의 존재를 부정하고 침범하고 파괴하기 때문이다. 프랑스의 고전적 정원이 자연을 지배하겠다는 의도의 표현이라면, 중세의 정원은 자연으로 숨어들어 내면세계를 심화하겠다는 의도의 반영이다. 베르사유 궁전의 정원이 혼란하고 무질서한 자연에 질서를 부여하겠다는 권력의지의 표현이라면, 중세의 정원은 자연의 질서를 존중하고 그것과 조화를 이룸으로써 맑은 영혼을 유지하겠다는 종교적 소망의 표현이다.

정신병동에서
풀꽃 정원으로

자연을 떠난 인간의 삶은 인간 존재 본연의 진정한 삶이 아니다. 인간은 자연의 품에 안길 때 행복하게 된다. 정원은 인간이 도시 속에서 자연과 만나기 위해 발명한 공간이다. 정원은 심신의 건강을 위해 중요한 역할을 한다. 정원의 숫자가 느는 만큼 정신병동의 숫자가 줄어들 것이다. 현대 도시인의 생활에 정원은 있으면 좋고 없어도 상관없는 선택 사항이 아니라 없어서는 안 될 필수품이다. 풀꽃이 만발한 테아트룸 보타니쿰은 자연에 가까운 모습으로 조성된 공원이다. 산보객은 그곳을 걸으면서 몸으로 자연을 느낀다. 그곳은 계절의 흐름에 따라 새로운 발견이 이루어지는 장소이다. 이 정원의 동선은, 1층 전시장에서 나와 오른쪽으로 돌아서 시작되어 반원형 노천강당과 반지하 명상의 장소를 지나서 유리 건물을 돌아 정문으로 나가게 구성되어 있다. 그런데 명상의 장소를 지나 건물을 돌아서기 전에 바람에 쓰러져버린 커다란 나무 하나를 발견하게 된다. 가까이 가서 들여다보면 그것이 청동으로 만든 주세페 페노네의 조각 작품임을 알게 된다(이탈리아 출신 조각가 페노네의 '쓰러진 나무' 연작 가운데 다른 하나는 솔페리노 다리를 건너 튈르리 공원으로 들어가면 바로 오른쪽 구석의 정원에 바람에 쓰러진 듯이 누워 있다). 모든 예술은 자연의 모방이라는 말이 있지만, 살아 있는 나무를 거의 있는 그대로 모방한 이 작품의 발견은 가벼운 탄성과 함께 입가에 작은 미소를 머금게 한다. 테아트룸 보타니쿰은 큰 발견이 아니라 자연에서 일어나는 미세한 변화를 발견하는 즐거움이 있는 장소이다. 그곳을 거닐면서 우리는 인간과 자연의 관계를 다르게 보고 잊어버리고 살던 자기 자신의 모습을 되찾을 수도 있을 것이다.

'에스파스 알베르 칸'의 일본 정원

> 진정한 정원이라면 우리들의 감각을 황홀하게 하면서
> 그와 동시에 우리들의 삶에 대해 질문하게 만들어야 한다.
> ——피에르 상소

**도시 안의
자연**

    인간은 자연이 두려워 도시를 만들었지만, 도시 공간에 지치고 자연이 그리워 다시 도시 안에 정원을 만들었다. 정원은 인간이 도시 안에 끌어들인 자연이다. 정원이 자연의 모방이라면 정원에는 인간이 자연을 바라보는 방식이 스며들어 있다. 그러나 정원은 단지 자연세계의 모방이 아니다. 정원은 인간이 바라는 이상적 공간의 표현이기도 하다. 그런 뜻에서 본다면 정원은 유토피아다. 정원은 인간의 꿈이 깃들어 새롭게 창조된 자연이다. 그것은 순수한 자연이 아니라 인간의 꿈으로 재구성된 자연이다. 정원은 문화를 통해 새롭게 창조된 자연이다. 시인 정현종은 예술은 인공자연이라고 말했는데, 그렇다면 정원은 예술이다. 각 문화권마다 종교가 다르고 언어가 다르듯이 정원을 구성하는 방식도 문화권마다 다르게 나타난다. 프랑스식 정원과 영국식 정원이 다르고 중국과 일본, 한국의 정원이 각기 다르다. 문화의 이동이 일어나면서 여러 문화권의 정원 양식이 혼합되기도 하지만 각 문화권의 고유한 정원 양식이 여전히 남아 있다.

반일 민족주의
정서의 원천

나는 1960년대에 초등학교를 다니면서 반일 분위기에서 교육을 받았다. 정부의 교육정책도 그러하였지만 일제 강점기와 해방 정국 그리고 한국전쟁을 체험한 세대에 속한 선생님들의 개인적 정서도 반일 민족주의적이었다. 따라서 일본 문화에 대한 나의 태도도 당연히 부정적이었다. 일본 문화는 일방적인 비판과 외면의 대상이었을 뿐, 감상과 향유의 대상이 되지 못했다. 항일 독립운동을 다룬 영화에 나오는 일본 사람들은 모두 잔인함과 교활함과 사기성을 골고루 갖춘 악당들이었다. 기모노나 훈도시에 칼을 찬 무식한 사무라이의 후예들이 일본 사람들이었고, 그들에게 문화가 있다면 백제로부터 배운 한자와 불교문화가 있을 뿐이었다. 일본은 우리나라를 통해 고급문화를 전수받아 저급하게 모방한 문화 열등국이었다. '쪽발이' '왜놈'이라는 말로 그들의 문화를 낮추어보았다. 그런 분위기에서 일본 문화에 대한 접근이 원천적으로 차단되었다. 학교를 통한 나의 오랜 교육과정에서 일본 문화를 직접 접할 수 있는 기회는 거의 없었다. 사회의 공식적 분위기와 학교 교육에는 반일 민족주의가 팽배했다. 그러나 다른 한편으로 보면 가족생활을 포함한 사적 영역에서는 일본에 대한 열등감과 부러움이 공존했다. 많은 엘리트와 지식층들이 일본 사람들이 버리고 간 다다미가 깔린 일본식으로 개량된 양옥집에 살면서 계속해서 일본 책과 잡지를 읽었고, 부모님과 어른들은 일본어를 쓰면 안 된다는 학교 선생님의 말과 다르게 빠가야로, 벤또, 야끼모, 자부동, 우동, 스끼야끼, 다다미, 구루마, 보루바꾸 등의 일본말을 스스럼없이 내뱉었다. 그런 과정에서 공과 사가 다르고 겉과 속이 다르다는 것을 어렴풋이 느꼈던 것 같다.

일본에 대한 '묘한' 관심

내가 일본에 대해 관심을 갖기 시작한 것은 역설적이게도 1982년 한국을 떠나 프랑스에 유학할 당시였다. 먼저 나는 파리에서 일본 사람과 난생처음으로 개인적 관계를 맺게 되었다. 일본 사회학자와 일본 정신분석가 두 사람을 통해 일본인이 그렇게 야만적이지 않으며, 오히려 어떤 점에서는 한국 사람보다 예의 바르고 교양이 많고 남을 배려하는 사람들임을 알게 되었다. 게다가 당시 프랑스에 불고 있던 일본 문화 열풍도 일본 문화에 대한 관심을 자극하는 데 한몫했다. 그러다가 귀국 이후 1998년 아시아 국가들의 환경운동과 환경정책 비교연구를 위한 자료 수집 차 일본 땅을 처음 밟게 되었다. 도쿄, 교토, 오사카를 중심으로 기차를 타고 지하철을 타고 식당을 다니면서 도시 공간을 체험했고, 박물관, 일본식 정원, '철학의 길' 대나무 숲 등을 걸으면서 일본 문화를 직접 체험할 수 있었다. 그러다가 2002년 두번째 파리 체류를 시작하면서 우연히 일본 문화에 가까워질 수 있는 좋은 기회를 얻었다. 내가 살고 있는 집 가까이에 파리일본문화원이 있었기 때문이다. 센 강변의 비르-아켐 다리 옆에 위치한 그곳에 가면 일어와 영어와 프랑스어로 된 일본에 관한 풍부한 자료들이 언제나 나를 기다리고 있다. 그럼에도 불구하고 일본 문화에 대한 나의 태도는 여전히 양가적이며 모호한 상태에 있다. 어린 시절에 받은 반일교육의 영향 때문인지 일본 문화를 그대로 보고 즐기고 향유하는 행위는 반민족적 반역 행위라는 희미한 의식이 계속 뇌리에서 떠나지 않고 있는 모양이다. 그럴수록 나는 일본 문화를 객관적으로 보고 즐기고 분석할 수 있는 능력을 가지려고 의도적으로 애쓴다. 그 구체적 보기가 파리에서 우연히 만난 일본식 정원이다.

파리에서 걷는
일본 정원들

파리에는 일본식 정원이 몇 개 있다. 유네스코 본부 건물에 노구치 정원이 있고 마레 지역에 있는 '유럽 사진의 집' 입구에도 자갈이 깔린 일본식 선(禪) 정원이 있다. 일본 출신 디자이너 겐조가 바스티유 근처에 폐쇄된 공장 부지를 매입하여 일본식 개인 정원을 만들어놓았고 이에나 거리에 있는 만불전(萬佛殿) 박물관 뒷마당에도 작은 일본식 정원이 있다. 그러나 가장 오래전에 만들어졌고 규모나 내용 면에서 일본식 정원을 대표하는 정원은 불로뉴-비앙쿠르에 있는 '알베르 칸 공간'에 조성된 일본식 정원이다(229쪽 사진을 볼 것). '에스파스 알베르 칸Espace Albert Khan'이라는 금융가의 이름이 붙은 이 문화-녹지 공간을 1980년대 프랑스 친구들과 한 번 방문했던 희미한 기억이 남아 있다. 그 당시에 대대적인 보수공사를 하고 있었는데, 그곳이 현재 사용하고 있는 입구와 전시 공간이 되었다. 2002년 생-클루 언덕에 사는 드 콜롱그 가족의 집을 방문할 때 알게 된 이후 이 정원에 열 번도 넘게 왔을 것이다. 정기 휴관하는 겨울철을 빼놓고 봄, 여름, 가을, 모든 계절에 골고루 와본 적이 있다. 여러 번의 산책 가운데서도 2002년 어느 가을날 이곳에서 보낸 한나절이 인상적이어서 가을이 오면 언제나 한번쯤 가보곤 한다. 이곳에 가기 위해서는 72번 버스를 타고 다뉴브-라인 광장에 내리거나 지하철 10번선의 종점에 내리면 된다. 다뉴브-라인 광장에서 3분 거리에 있는 알베르 칸 문화 공간은 전시 공간과 더불어 프랑스 정원, 영국 정원, 보즈 지역의 숲, 습지, 푸른 전나무 숲 등의 정원들로 구성되어 있다. 그 가운데 가장 오래된 정원이 바로 일본 정원이다. 2002년 가을 그곳을 방문했을 때 날씨가 흐려서인지 정원에는 사람들이 거의 없었다. 전날 밤에 비가 와서 정원은 축축한 상태였다.

**알베르 칸의
일본 정원**

입장권을 파는 출입구와 그곳에 연이어 붙어 있는 전시 공간을 지나 정원으로 나오면 S자로 구불거리는 길을 통해 일본 정원에

도착한다. 일본식 정자와 문, 연못 위의 다리와 징검다리, 언덕, 불상, 샘물들이 모두 조화를 이루고 있다. 언덕과 연못 주변을 걸어 다니다 보면 서 있는 장소에 따라 눈에 들어오는 풍경이 시시각각으로 달라진다. 나는 그곳에서 자연을 구성하는 요소들을 생각해본다. 물, 공기(바람), 하늘, 땅, 바위, 이끼, 나무, 물고기, 새, 사람 등이 눈에 들어온다. 그 가운데 새, 물고기, 사람, 바람, 물 등은 움직이고 하늘, 땅, 바위, 나무, 이끼 등은 고정되어 있다. 지형과 공간 배치의 관점에서 보면 일본식 정원은 언덕과 평지와 연못으로 구성되어 있다. 상하좌우 위아래로 몸을 움직일 때 일어나는 공간 체험이 정원 산책의 묘미를 이룬다. 언덕에서 평지로, 동에서 서로, 남에서 북으로 움직이면서 몸으로 느껴지는 것들이 몸과 머리에 예상치 못한 느낌과 상념들을 불러일으킨다. 걷다가 멈추고 올라가고 돌아가고 멈추었다 다시 내려가는 움직임 속에 영감이 떠오른다.

연못과 다리

정원 연못에는 두 가지 종류의 다리가 있다. 연못 양안을 연결해주는 두 개의 둥근 아치형의 붉은색을 칠한 나무다리가 있고 연못 한구석의 돌과 두껍고 오래된 널빤지로 구성된 징검다리도 있다. 모든 다리는 단절된 두 공간을 이어주는 연결 고리이다. 나무다리가 일관성 있게 이어지는 다리라면, 징검다리는 이어지면서도 끊어지고 끊어지면서도 이어지는 다리이다. 다리를 건너 한 공간에서 다른 공간으로 이동하다 보면 정신

상태의 변화가 느껴진다. 걷는 사람이 서 있는 위치에 따라 시점이 달라지고 보고 듣고 느끼는 것이 달라지기 때문이다. 언덕에 올라가면 연못이 저 아래로 보이고 연못에서 바라보면 언덕이 저 위로 보인다. 언덕에 올라가는 길은 구불구불하고 이리저리로 이어진다. 언덕과 연못을 이어주는 여러 갈래의 길은 쉽게 기억되지 않는다. 그래서 그곳을 걸을 때마다 새롭다. 그저 아무 생각 없이 길을 따라가다 보면 이곳저곳이 서로 순환적으로 얽혀 있음을 알게 된다. 초록색 소나무와 대나무 숲을 배경으로 연못 위에 떠 있는 붉은색 다리의 선명한 모습이 대비적 조화가 무엇인가를 느끼게 해준다.

순환과 상생

순환은 우주의 원리다. 일본식 정원은 구성 요소들 사이의 자연스러운 조화와 순환과 상생의 원리를 표현하고 있다. 정원에는 물이 흐르고 공기가 흐르고 길이 흐르고 사람이 흐르고 마음이 흐른다. 모든 것은 함께 흐르고 만나고 어울려 하나가 된다. 연못 속에는 잉어와 붕어가 지느러미를 움직이고 물살의 흐름에 따라 수초가 움직이고 물 위로 머리를 내민 수초들이 바람의 움직임에 화답하며 흔들린다. 언젠가 봄날 연못 위로 고개를 내민 흰색 연꽃을 만난 기억이 떠올랐다. 언덕에서 흘러내리는 구곡폭포는 바위와 부딪치는 순간 상쾌한 소리를 내며 연못으로 흘러 들어간다. 하늘에는 새들이 날개를 펄럭이며 날아가면서 영롱한 소리로 노래한다. 가지에서 떨어진 붉은 단풍잎이 연못의 수면 위를 바람에 따라 떠다닌다. 발밑의 흙은 내가 발걸음을 옮길 때마다 사각사각 소리를 낸다. 좁은 산책로에는 때로 깨진 기와 조각이 흙 속에 묻혀 있다. 돌계단으로 언덕을 걸어 내려오면 연못에 이른다. 연못의 여울목에는 물살이 빠르고 물 흐르는 소리가 제법 요란하다. 물은 고여 있는 듯하면서 흐르고 있다. 바람이 불면 연못의 수면 위로 파르르 물살이 인다. 수면에는 수초들과 수초들의 그림자가 떠 있다. 비단잉어들이 물속을 떼 지어 지나가고 나면 물살이 다시 흔들린다. 물은 높은 곳에서 낮은 곳으로 흐르게 되어 있다. 그런데 연못 속의 물이 보이지 않게 소리 없이 흐른다면 언덕의 폭포수는 급류를 이루며 요란하게 아래로 떨어진다.

나무를 찬양함

인간은 눈에 보이는 풍경을 형태와 색채로 구별한다. 언덕과 평지와 연못으로 높낮이를 구별할 수 있고, 둥근 형태와 각진 형태를 구별할 수 있고, 노랑, 빨강, 초록색을 구별할 수 있다. 시각적으로 높낮이, 형태, 색채를 구별해볼 수 있다. 정원에는 소나무, 대나무, 단풍나무, 은행나무, 벚나무, 동백 등 다양한 종류의 나무들이 서 있다. 숲과 나무에 대한 나의 무지는 그 밖에도 멋진 풍모를 자랑하고 서 있는 나무들의 이름을 말해주지 않는다. 사람마다 그 모습이 다르듯 나무들도 각기 다른 모습을 하고 있다. 밑동이 굵은 나무, 가는 나무, 표피가 거친 나무, 반질거리는 나무, 하늘로 쭉 치솟은 키가 큰 나무, 옆으로 가지를 펼치는 나무, 침엽수와 활엽수,

이미 거의 나뭇잎을 다 떨어뜨린 나무, 떨어뜨리고 있는 나무 들이 제각기 다른 모습으로 눈앞에 다가와 말을 건다. 파리 시내를 산책하다가 어느 서점에서 본 『나무와 대화하는 법』이란 제목의 책이 생각났다. 그때 사지 않은 것이 후회가 된다. 정원을 걷다 보니 노란 은행잎이 발밑으로 굴러 떨어진다. 노란 은행나무와 붉은 단풍나무의 조화에 아직 푸른 소나무와 연둣빛의 대나무가 서로 잘 어울려 복합적 조화의 아름다움을 선사한다.

언덕 전망대에서 연못을 향해 내려오다가 겉껍질이 마치 과일 껍질을 연상시키는 나무를 만났다. 그 나무를 가까이에서 한참 바라보는데, 아주 작은 달팽이 한 마리가 나무 위로 기어 올라가는 모습이 보였다. 계속 보고 있노라니 한 마리가 아니다. 두 마리, 세 마리…… 일곱 마리까지 보았다. 어제 내린 가랑비에 촉촉이 젖어 있는 반질거리는 나무 위를 힘겹게 기어오르고 있는 달팽이들의 모습을 보고 났더니 풀잎에 맺혀 있는 작은 물방울들이 눈에 들어오기 시작한다. 언덕과 연못 사이에 있는 둥근 평지에는 위로 쭉 솟아 오른 직선의 소나무와 옆으로 풍요롭게 펼쳐진 곡선의 활엽수가 서로 마주 보며 서 있다. 마치 음과 양의 조화를 상징하듯.

돌부처 상과 물소리

지붕에 짚을 얹은 일본 정원의 나무 대문을 나서면 프랑스식 정원이 나온다. 프랑스식 정원이 기하학적 대칭의 형태를 지닌 프랑스 정신(데카르트 정신)의 표현이라면, 일본식 정원은 우주와 자연의 원리를 형상화한 공간이다. 프랑스식 정원이 예측과 설명이 가능한 합리성의 공간이라면, 일본식 정원은 질서가 있는 듯하면서도 기대치 않은 돌출이 일어나는 우연성의 공간이다. 프랑스식 정원과 달리 일본식 정원에는 숨겨진 것을 체험하며 발견하는 즐거움이 있다. 구곡폭포가 흐르는 언덕의 중간쯤에 위치한 돌부처 상이 그중의 하나다. 마모되어 얼굴 윤곽이 분명치 않은 그 부처상은 세월의 흐름을 느끼게 해준다. 돌부처 위에 붙어 있는 푸른 이끼는 돌부처와 자연 사이에 이루어진 대화의 기록이다.

돌부처 상 옆에는 대나무로 만든 물받이 장치가 있다. 위의 대나무 조각에서 흘러나온 물이 아래쪽의 대나무 통 속에 일정한 양으로 고이면 '좌악' 소리를 내며 고인 물이 쏟아진다. 마치 시소처럼 균형이 깨지면 한쪽이 올라가고 다른 쪽은 내려가는 원리로 되어 있다. 물이 차면 비우고, 비우고 나면 다시 차는 순환의 논리를 볼 수 있다. 물의 움직임과 대나무 통의 움직임이 연결되면서 소리의 변화가 일어난다. 물이 차는 동안에는 정적 속에서 작은 물소리만 들리다가 물을 쏟아놓고 제자리로 돌아가는 대나무 통이 밑에 있는 바위와 부딪쳐 '탁' 하는 소리를 낸다. 마치 선을 하다가 조는 선승의 어깨 위로 떨어지며 정신의 각성을 촉구하는 죽비 소리 같다. 잘 들어보면 정적(30초)—'좍' 하고 물 쏟아지는 소리(2초)—'탁' 소리를 내며 대나무 통이 바위에 부딪치는 소리(1초)—다시 정적이 반복된다. '좌악-탁-정적-좌악-탁-정적'이 반복되는 소리 옆에는 앞에 말한 부처님 상이 놓여 있고 위쪽 언덕에는 바위들 사이로 흐르는 폭포수가 보이고 아래쪽에는 연못과 대나무 숲이 보인다. 숨겨져 있는 예상치 못한 설치미술 작품이다.

대나무 숲과 연못 사이에는 작고 둥근 자갈들로 바닥을 깔고 나지막한 담을 만들어놓았다. 돌계단, 기와 조각이 들어가 있는 흙길, 오래된 철도 침목이 깔린 계단을 통해 언덕을 오르내릴 수 있다. 언덕 곳곳에 박혀 있는 바위들의 종류와 형태와 색깔의 변화를 발견할 수 있다. 예상치 않고 기대치 않은 만남과 발견의 즐거움.

오솔길을
걸으며

　　　　　　　　　　프랑스식 정원과 일본식 정원을 가르는 대나무 숲에는 고요한 오솔길이 나 있다. 바람이 불면 대나무가 흔들리면서 서걱거리는 소리가 상쾌하다. 대나무 숲에는 군데군데 소나무가 서 있다. 송죽(松竹)이 품위 있게 배치된 오솔길을 따라 들어가면 일본식 다정(茶亭)이 나온다. 때로 이곳에서 다도 행사가 열리기도 한다. 군데군데 세 채의 일본식 다정 사이사이에는 석등과 석탑이 서 있다. 그곳에서 나무를 손질하고 있는 정원사를 만났다. 알베르 칸 정원 전체의 관리 유지를 책임지고 있는 프랑스인 정원사였다. 그는 일본의 선사가 이곳을 방문했을 때 정원 안내를 맡았다가 일본 선사의 마음을 움직여 일본에 초청되어 일본식 정원 가꾸기를 배우고 돌아왔다고 말한다. 그 후 그는 일본과 아시아 문화에 관심을 갖게 되었고 "정신분석을 받기보다는 정원을 산책하는 것이 더 현명한 일이다"라고 말하는 단계에 이르게 되었다. 정신적 불안과 고통에서 벗어나는 방법은 여러 가지이다. 마약과 종교와 정신분석과 더불어 그의 말대로 정원 산책이 또 하나의 방법이

될 수 있을지도 모른다. 그는 나에게 정원의 내력과 의미 그리고 자신의 정원에 대한 생각을 스스럼없이 말해주었다.

알베르 칸의
삶과 사상

'에스파스 알베르 칸'은 알자스 출신의 은행가 알베르 칸의 평화사상이 녹아 있는 공간이다. 가난한 유대인 가정에서 태어난 그는 열일곱 살에 맨손으로 파리에 올라와 성공한 입지전적 인물이다. 돈벌이를 하면서 틈틈이 독학으로 공부해서 경제 원리를 터득한 그는 은행업과 증권투자를 통해 막대한 돈을 벌게 되었다. 1차 세계대전은 그에게 깊은 정신적 상처를 남겼고 그는 세상을 위해 자신이 기여할 수 있는 일이 무엇인가를 생각하게 되었다. 그러다가 서로 다른 문화권 사이의 상호 이해만이 전쟁을 막고 평화를 이룰 수 있다는 생각에 도달했다. 그래서 자기가 모은 재산으로 두 개의 문화사업을 지원하였다. 먼저 세계 곳곳에 젊은이들을 보내서 당시 한창 발달하고 있던 사진 기술을 활용해 다양한 나라의 문화와 그 나라 사람들이 사는 모습을 찍어 오게 하였다. 알베르 칸은 "세계를 직접 여행할 수단이 없는 사람들이 사진을 통해서 세상의 다른 모습을 볼 수 있기를 바랐다." 그는 "우리들 각자는 자신의 삶만을 알아서는 안 된다. 공장 노동자의 삶, 밭에서 일하는 농민의 삶을 알아야 하고 스페인 사람들의 삶과 핀란드 사람들의 삶을 알아야 한다. 다양한 사람들의 삶의 모습을 보면서 우리는 비로소 인간이란 무엇인가를 알 수 있게 된다"라고 말했다. 그래서 오늘날 알베르 칸 박물관은 20세기 초 세계 50여 개 나라의 모습을 담은 엄청난 양의 사진을 보유하게 되었고, 매년 이 사진 자료들을 주제별이나 지역별로 분류하여 전시하는 작업을 하고 있다. 나는 이곳에서 뤼미에르 형제의 사진 기술발전 과정, 20세기 초반 아일랜드의 가난한 농촌의 삶, 중국 문사들의 정원을 주제로 한 전시회 등을 보았다. 그가 벌인 두번째 사업은 세계 평화를 상징하는 구체적 공간을 조성하는 일이었다. 이를 위해 그는 영국, 프랑스, 일본 등 여러 나라의 정원들이 공존하는 공간을 만들었다. 그리고 그 공간에서 세계적인 정치인과 지식인과 종교인들을 초청하여 세계 평화를 논의했다. 알베르 칸이 세계 평화를 논의하기 위해 만든 '세계일주 서클'에 참여했던 철학자 베르그송은 1931년 다음과 같이 말했다.

> 이 정원은 세계에서 온 탁월한 사람들에게 특별한 정신적 분위기를 만들었다. 제네바에 만들어진 국제연맹이 새로운 인류 사회를 만들고 있다면 불로뉴의 알베르 칸 정원은 새로운 인류 사회의 '영혼'을 만드는 데 일정한 기여를 했다.

사진 기록과 정원 조성이라는 두 개의 사업은 서로 다른 문화권에 속하는 사람들 사이의 상호 이해를 통한 세계 평화라는 하나의 목적을 이루기 위한 두 개의 수단이었다. 알베르 칸은 1898년 38세의 나이에 이 일을 시작해서 1932년 증권시장의 파동으로 재산을 잃을 때까지 이 일을 계속했다.

프랑스 정원사의
선(禪) 강의

일본 정원에서 만난 미셸 파리스라는 이름의 프랑스 정원사는 일본식 정원을 '철학 정원jardin philosophique'이며 '영성을 고양시키는 정원jardin spirituelle'이라고 말한다. 그가 볼 때 삶과 죽음과 우주의 원리가 깃들어 있는 정원을 산책하는 일은 병든 몸과 마음을 치유하는 일이기도 하다. 확 폈다가 일시에 떨어지는 벚꽃은 인생과 아름다움의 무상함을 일깨우고 묵묵히 한곳에 존재하는 바위는 불변의 진리를 말해준다. 꽉 찬 상태는 비워지게 되어 있고 빈 것은 차게 되어 있다. 그래서 그는 자기가 관리하는 일본 정원을 작지만 큰 정원이라고 말한다. 다양한 구성 요소들이 균형과 조화를 이루고 있는 일본식 정원은 아름다운 미학적 공간이면서 동시에 명상의 공간이다. 그는 자신의 휴대폰 번호를 알려주면서 의미심장한 한마디를 남겼다.

빈 곳이 없으면 아무것도 없다Sans le vide, il n'y a rien.

그는 오늘도 정원을 산책하면서 정성스럽게 나무들을 가꾸고 길을 다듬고 정자들을 손질하고 있을 것이다. 사람들이 이곳을 산책하며 영혼의 고통에서 벗어나고 정신의 상처를 치유받기를 기원하면서.

국경 없는 정원

　　　　　　　세 채의 정자가 서로 마주 보며 다소곳이 서 있는 일본식 정원을 나오면 곧바로 영국식 정원이 이어진다. 두 공원은 서로의 영역을 지키며 분리되어 있으면서 자연스럽게 조화를 이루며 공존한다. 중심에 넓게 펼쳐진 풀밭을 감싸고도는 잔잔한 물줄기의 흐름과 중국식 기암으로 만든 다리를 지나 조금 더 걸어 들어가면, 프랑스 동부의 보즈 지역 방식으로 조성한 숲이 나오고 늪지가 나오고 푸른 전나무 숲이 나오고 이어서 과수밭 정원이 나온다. 그리고 그 앞에는 열대식물을 위해 유리와 철로 지은 식물원이 있다. 총 일곱 개의 정원이 서로 구별되면서도 하나의 우주를 이루고 있는 에스파스 알베르 칸의 녹지 공간은 서로 다른 문화권 사이의 대화와 상호 이해에 기초한 세계 평화를 상징하고 있다. 그것은 순환과 상생의 원리를 표현하는 '국경 없는 정원'의 모습을 하고 있다. 이 정원에서 저 정원으로 나비처럼 자유롭게 옮겨 다니다 보면 서로 다른 정원들이 모여 이룬 전체 녹지 공간의 비밀스러운 조화를 느낄 수 있다. 그러나 부디 서두르지 말 일이다. 정원 밖 속세에서 있었던 일들을 잠시 잊어버리고 나무와 돌과 하늘과 물과 공기가 전하는 말들에 온몸의 감각을 맡기다 보면 이내 자연의 신선한 흐름이 온몸을 감싸게 될 것이다. 그때가 바로 발걸음을 내디딜 순간이다.

심미적 생태주의자

사람이 아니라 자연에게 상을 주는 '풀꽃세상'이라는 환경단체에서 활동하는 시인 최성각은 『바다로 간 게으름뱅이』라는 책에 대한 서평에서 나를 '탐미적 생태주의자'라고 말한 적이 있다. 나는 최성각의 지적을 기꺼이 받아들이지만 탐미라는 말을 심미라는 말로 바꾸어놓고 싶다. '탐미(眈美)'가 아름다움에 도가 지나치게 깊이 빠져 즐기는 태도라면 '심미(審美)'는 아름다움을 찾아내고 즐거워하는 태도를 말하기 때문이다. 그런 뜻에서 나는 진정한 심미주의자는 생태적 심미주의자이며 진정한 생태주의자는 심미적 생태주의자가 될 수밖에 없다고 생각한다. 모든 인간은 자연의 아름다움을 느낄 수 있는 능력을 가지고 태어난다. 다만 그것을 키우고 보살피지 않을 경우 메말라버리는 것이다. 정원은 도시 문화 속의 자연이다. 정원, 그것은 하나의 예술작품이다. 자연에서 발견한 아름다움을 작은 규모로 만들어놓고 그 속에서 문예를 즐기는 일이야말로 동양의 선비가 추구하던 최고의 정신적 경지가 아니겠는가. 그러나 나의 사회학적 상상력은 여기에 제동을 건다. 추한 현실에서 벗어나 아름다움에 마취되고 도취되고 중독되면 현실을 제대로 볼 수 없게 되고 세상의 추함은 그대로 남아 있게 된다. 그러니 취함에서 깨어나라! 각성하라! 차가워져라! 이것이 나의 비극이자 인간의 비극이다. 취하지 않으면 살 수 없지만 동시에 깨어 있지 않으면 썩어버리는 인간 존재의 비극성이여!

브라상스 공원 앞의
파리지앵들

> 묘사는 이해하기 위한 노력이다.
> ―장 말로리

**국민 가수 브라상스의
소박한 꿈**

     파리 15구에 있는 조르주 브라상스 공원은 내가 자주 찾는 공원 가운데 하나이다(226쪽 사진을 볼 것). 이 공원에 대한 나의 관심은 공원의 이름에서 촉발되었다. 조르주 브라상스는 20세기 프랑스를 대표하는 대중 가수 가운데 한 사람이다. 나는 1980년대 유학 시절에 단순한 기타 반주로 부르는 「작은 흰색 말」을 비롯한 그의 노래를 카세트테이프로 자주 듣곤 했다. 살아생전 그는 "저는 많은 사람들이 저를 좋아해주기를 바라지 않습니다. 한 5만 명만 제 노래를 들어주면 만족입니다"라고 말했다.

100만 장이 넘게 팔리는 시디가 수다한 오늘날의 음반 시장의 관점에서 보면 그의 꿈은 소박해 보인다. 그러나 그 말속에는 자기는 시장의 논리와 유행에 따르지 않겠다는 결의가 담겨 있다. 5만 명이 어떻게 나온 숫자인지는 모르지만, 자기는 많은 돈을 벌겠다는 욕심이 없으며 자기 내면에서 우러나온 자기가 하고 싶은 노래를 만들어 부르면서 먹고살 만하면 만족한다는 뜻을 담고 있다. 거기에는 수많은 껍데기 팬보다는 진짜 자기와 공감하는 소수의 팬이 필요하다는 뜻이 담겨 있는지도 모르겠다. 아무튼 그의 소박한 희망과 달리 그의 음반은 수백만 장이 팔렸고 지금도 그의 노래를 즐겨 듣는 사람들이 많다. 한때 반짝 유행했다가 완전히 사라져버린 노래와 달리 브라상스의 노래는 그가 세상을 떠난 후에도 계속 사람들의 심금을 울린다. 할아버지, 할머니가 듣던 노래를 손자와 손녀들이 듣고 있다. 그의 노래 가사들은 시집의 형태로 출판되어 널리 읽히기도 한다. 그는 5만 명이면 만족한다고 했지만, 바로 그런 고집스러운 태도 때문에 아직도 그의 음악성과 문학성을 따르는 젊은 가수들이 많다.

　파리 변두리 15구의 이 공원 이름이 브라상스 공원이 된 이유는 그가 생전에 이 공원 근처의 좁은 골목길인 상토-뒤몽 길에 있는 소박한 집에서 살았기 때문이다. 독신으로 살던 그는 1969년 이곳에 정착해서 1981년 세상을 떠날 때까지 줄곧 이 집에서 생활했다. 내가 아는 인류학자 장-피에르 도종 또한 어렸을 때 이 동네에서 살았다고 하는데, 조르주 브라상스가 기타를 들고 가는 모습을 자주 보았다고 한다. 공원 정문 앞에는 두 개의 건물이 서 있고, 공원 밖에서 정문을 바라보면서 왼쪽에 있는 건물이 15구 주민들을 위한 문화센터이다. 그 건물의 이름도 그의 이름을 따서 '조르주 브라상스 센터'이다. 공원을 처음 안 지 얼마 안 되었을 때 그곳에 들어가서 안내 직원에게 브라상스의 삶이나 노래를 주제로 하는 프로그램이 있느냐고 물어보았더니 이름만 조르주 브라상스 지역 문화회관이지 그를 위한 특별한 프로그램은 없다고 말했다.

브라상스 공원의 발견

내가 이 공원에 첫발을 디딘 것은 2002년 가을이다. 그러나 이미 그해 봄에 지하철 콩방시옹 역에서 내려 그곳을 찾아가다가 반대 방향인 센 강 쪽으로 잘못 들어 방향을 잃고 그냥 집으로 돌아온 적이 있다. 그러다가 우연한 기회에 인류학자 마르크 오제가 『내셔널 지오그래픽』지에 발표한 파리의 '구역quartier'에 관한 글을 읽게 되었다. 글 가운데 15구 조르주 브라상스 공원 근처 동네 분위기를 너무나도 재미있게 묘사한 것을 보고 다시 한 번 그 공원을 찾아 나섰다. 이번에는 지난번의 엇갈린 만남을 기억하며 지도를 꼼꼼하게 보고 방향감각의 날을 세우고 공원으로 들어가는 길 이름인 모리옹 거리를 분명히 외우고 집을 떠났다. 콩방시옹 지하철역에 내려 동쪽인 14구 쪽으로 방향을 잡고 걸어가다 보니 디방 서점이 나왔다. 갈리마르 출판사에서 운영하는 서점인데 생-제르맹-데-프레 광장에 있다가 집세를 감당하지 못해서 크리스티앙 디오르에 자리를 내어주고 이리로 이사 왔다. 서점을 지나 한참 가니까 왼쪽에 당지그 거리가 나온다. 조금 더 가니까 내가 찾던 공원으로 인도하는 그롱스타 거리가 나온다. 그 길로 들어서서 죽 걸어 들어가니까 드디어 모리옹 거리가 나타나고 공원 정문이 보인다. 공원의 뒤편에는 거대한 고층 아파트 단지가 병풍 모양으로 넓게 펼쳐져 있어서 서울 달동네의 재개발 아파트 단지를 연상시킨다. 정문 왼쪽에는 파리 어딜 가나 나의 다정한 안내자 역할을 하는 갈색 방패 모양의 파리 역사 안내판이 서 있다.

브라상스 공원의 역사

약 8헥타르 규모의 약간 경사진 지형의 이 공원에는 원래 포도밭과 채소밭이 있었다. 그러다가 땅속이 암반으로 되어 있어서 건축자재로 쓰는 돌을 캐내는 채석장으로 사용되었다. 얼마 후 더 이상 돌을 캐기가 어려워지자 1894년에서 1897년 사이 이곳에 종합 도축장 공사가 진행되어 1898년에 문을 열게 되었다. 공원 정문 앞의 높은 기단 위에 대칭으로 서 있는 두 마리의 우람한 황소 상은 오귀스트 캥의 작품으로 이곳이 한때 도축장이었음을 말해주고 있다. 짝을 이루고 있는 황소 상 뒤에는 공원으로 들어가는 정문 앞 가운데 길을 사이에 두고 과거 도축장 시절에 쓰던 두 채의 벽돌 건물이 사이좋게 짝을 이루며 서 있다. 브랑시옹 거리 쪽 입구에 설치된 커다란 정육을 어깨에 걸치고 서 있는 건장한 노동자 상도 이곳이 도축장이었음을 웅변하고 있다(이 일을 어느 정도 하면 나이가 들면서 어깨가 상해 더 이상 일을 하지 못하게 된다). 이곳에 있던 보지라르 도축장은 파리 북동쪽의 라 빌레트에 있던 도축장과 함께 파리 사람들의 식탁에 오르는 싱싱한 육류들의 주요 공급처였다. 보지라르 도축장은 1907년에 처음으로 말을 공식적으로 도살해서 파리 시민들에게 말고기를 제공한 것으로 유명하다. 모리옹 거리에 있는 공원의 동쪽 입구에 돌로 만든 문이 하나 있는데, 그 위에 말의 머리 상이 붙어 있는 이유가 여기에 있다. 브리앙송 거리 쪽에는 건강에 좋다는 이유로 말고기를 적극 권장했던 의사 에밀 드크루아를 기념하는 팻말도 붙어 있다(파트릭 모디아노의 작품 어딘가에는 부유층 주거지인 뇌유에서 쓰이다가 용도 폐기된 늙은 말들이 슬픈 얼굴을 하고 브랑시옹 거리의 도살장으로 터벅터벅 걸어 들어가는 장면이 나온다. 동물 보호운동을 하는 브리지트 바르도 재단은 개고기와 더불어 말고기도 먹지 말자는 캠페인을 하고 있다).

파리 시는 1969년부터 이 도축장의 규모를 점차 줄이다가 1979년에 가서 완전 폐쇄를 결정하였다. 그 자리에 거대한 체육관을 짓자는 의견도 있었고 공공 아파트를 짓자는 주장도 있었으나 파리 시는 지역 주민들을 위해 공원을 조성하기로 결정하였다. 그런 결정을 내리는 데는 이곳이 한때 채석장이었다는 점이 작용했다. 대형 건물을 지으려면 돌을 캐낸 자리를 메워서 약해진 지반을 강화해야 했고 그러려면 추가 공사비가 많이 들어가기 때문에 결국 공원을 조성하기로 결정한 것이다. 더군다나 이 주변은 대형 아파트 단지가 생기면서 주민들을 위한 녹지 공간이 부족한 상태였다. 공사를 마치고 공원 문을 연 것은 1994년의 일이다. 한 세기 동안에 포도밭과 채소밭에서 채석장을 거쳐 도축장이 되었다가 결국에는 공원으로 전환된 것이다. 그래서 과거에는 불쾌한 도축장을 우회해서 다니던 주민들이 상쾌한 마음으로 공원을 가로질러 다닐 수 있게 되었다.

공간에 남아 있는
과거의 흔적들

1994년에 문을 연 이 공원은 이상하게 그보다 훨씬 더 오래된 공원처럼 느껴진다. 1860년대 오스만 시장 시절에 만들어진 뷔트 쇼몽 공원이나 몽수리 공원과 비슷한 느낌을 준다. 그 첫번째 이유는 브라상스 공원이 앞의 두 공원처럼 언덕과 굴곡이 있는 지형을 하고 있기 때문이다. 하지만 지형보다 더 중요한 것은 브라상스 공원이 과거의 역사를 간직하고 있다는 점이다. 공원을 거닐다 보면 이 공간이 한 세기 동안 겪은 변화의 흔적이 군데군데 남아 있다. 모리옹 거리에서 공원 정문으로 들어서자마자 분수대가 있는 거대한 수반과 마주치게 된다. 이 수반은 공원의 심장을 이룬다. 그 수반 뒤에 종루와 시계탑이 함께 있는 옛 건물은 도축장 시절 경매장으로 사용하던 공간이다. 이 경매장에 싱싱한 육류를 사러 온 도매상들이 싼 가격에 좋은 물건을 사려고 목청을 높이던 모습은 더 이상 보이지 않는다.

경매장 뒤 언덕에는 벌을 키워 꿀을 만드는 양봉장을 만들어놓았다. 그 언덕 한쪽에 남아 있는 포도밭은 이곳이 제법 포도 농사가 성했던 지역임을 환기시킨다. 양봉장을 돌아 내려오면 육교가 있고 육교 밑에는 원형의 대지 위에 특별한 고깔 모양을 하고 있는 실바-몽포르 연극 공연장이 있다(이 공연장은 르 코르뷔지에의 제자이자 장 누벨의 스승이었던 클로드 파랑의 작품이다). 다리를 건너면 청동으로 만든 조랑말이 서 있는데 아이들이 타고 놀게 말 등에 안장을 만들어놓았다. 그 조랑말 뒤쪽 구석진 장소에 세워진 기단 위에 어느 남자의 청동 상반신 상이 놓여 있는데, 그가 바로 이 공원에 이름을 제공한 조르주 브라상스다(이 동상은 15구 구청이 조각가 앙드레 그렉에게 의뢰하여 만든 것으로 공원이 문을 연 지 5년이 지난 1999년에야 설치되었다). 약간 곱슬거리는 머리에 콧수염을 기른 선한 눈동자를 가진 중년 남자의 얼굴이다. 과장되지 않은 거의 실물 크기의 이 동상은 누구에게나 친근한 느낌을 준다.

브라상스의 동상 맞은편에는 어린이들이 오르락내리락하며 놀 수 있게 돌로 만들어놓은 놀이터가 있다. 아이들은 이 돌 언덕을 암벽 등반을 하는 기분으로 오르내린다(모리옹 거리와 인접해 있는 공원 가장자리에는 탁아소 crèche와 유아원école matrenelle이 있는데 부모들이 아침에 맡긴 아이를 찾아서 집으로 돌아가다가 이 놀이터에서 놀다 가기도 한다). 돌 언덕을 이루고 있는 사각형의 흰색 돌들은 이곳이 과거에 채석장 자리였음을 환기시킨다.

공원에는 어린이를 위한 인형극 극장과 탈것들, 자연학습장, 노인들이 햇볕을 즐기는 언덕, 젊은이들이 뒹구는 풀밭, 조용한 사색을 즐길 수 있는 오솔길, 약초와 향기 나는 식물을 심어놓은 산책로, 장미원, 언덕을 구불거리며 흘러내려오는 시냇물 등으로 아기자기하게 조성되어 있다. 공원에는 나무들도 많다. 정문 앞의 길가에 늘어선 왕벚나무에서 시작하여 야생 벚나무, 사이프러스, 마가목, 마로니에, 보리수, 사과나무, 소나무, 개나리에 이르기까지 서로 다른 나무들이 서로 다른 자태로 공원에 오는 동네 사람들을 반긴다. 어느 날 시냇물이 흐르는 언덕에 올라갔다가 내려오는 길가 나무 밑에서 조르주 브라상스의 노랫말이 적힌 석판을 발견했다.

> 그때 나는 나의 나무 곁에 있었네.
> 나는 나의 나무 곁을 결코 떠나지 말았어야 했네.

나는 그 가사를 읽으며 오래전 서울에서 읽었던 『아낌없이 주는 나무』 이야기를 떠올렸다. 공원의 이곳저곳을 돌다가 주의 깊게 살펴보면 마치 보물찾기 놀이를 위한 것처럼 잘 보이지 않는 곳에 숨어 있는 브라상스의 노랫말이 적힌 석판을 몇 개 더 발견할 수 있다.

자연 친화적 설치미술

그렇게 해서 알게 된 브라상스 공원은 나에게 많은 위안과 기쁨을 주었고, 브라상스 공원에 대한 나의 사랑은 점점 더 깊어갔다. 지하철 12번선의 콩방시옹 역에서 내려 천천히 걸어오기도 하고 지하철 6번선 파스퇴르 역에 내려 독퇴르 루 거리에서 95번 버스를 타고 오기도 했다. 가끔씩 16구에서 13구를 이어주는 새로 개통한 전차를 타고 브랑시옹 역에서 내려 걸어오기도 한다. 그러다가 바람 부는 가을날 오후 이 공원을 찾았을 때 경매장 앞에 조성된 분수대 수반에서 가벼운 느낌의 조형물이 펄럭이는 인상적 장면을 만나게 되었다. 그 조형물들은 색조상으로는 퐁피두센터 옆 스트라빈스키 광장의 니키 드 생-팔과 팅겔리가 만든 철제 조형물들의 붉은색, 노란색, 푸른색 등의 원색과 거의 비슷한 인상을 풍겼는데, 아주 가벼운 대나무 줄기와 채색한 얇은 비닐로 만들어져 있었다. 그래서 전기로 움직이며 물을 쏘아대는 니키 드 생-팔과 팅겔리의 작품이 산업사회의 에너지 낭비적 작품이라면 브라상스 공원 분수대 수반에 전시된 이 작품은 그야말로 자연의 바람을 이용한 환경친화적 작품이라는 생각이 들기도 했다. 그날 나는 그 설치미술 작품을 이쪽저쪽으로 시점을 옮겨가며 감상하고 있었는데, 어떤 여성이 다가와서 자기가 저 작품을 만든 사람이라며 말을 붙였다. 그래서 그 작품에 대한 내 느낌과 생각을 이야기했더니 마음에 들었는지 근처에 있는 자기 아틀리에에 한번 구경하러 오라며 주소를 적어주었다. 그때는 무심코 지나갔는데 나중에 다시 그 주소를 확인해보니까 파사주 당지그 2번지라고 되어 있다.

코즈모폴리턴
'벌집'

　　　　　　　　브라상스 공원 가까이에 있는 파사주 당지그 2번지는 '벌통La Ruche'으로 불린다. 나는 그 이름을 듣고 1970년대 서울의 영등포 공단 부근에서 하나의 집을 여러 개로 쪼개서 세놓은 '벌집'을 떠올렸는데, 그곳에 가보니까 그게 아니었다. 철 대문 기둥에 '라 뤼슈-세두 재단'이라는 금색 팻말을 달고 있는 벌통 건물은 규모가 상당히 큰 특별한 건물이었다. 보수공사를 준비하고 있는 마당 안쪽에 자리 잡은 이 원형 건물은 1900년 만국박람회 당시 포도주를 전시하던 장소였다. 지붕에 관제탑 모양으로 솟아

오른 유리방이 있는 이 건물을 설계한 사람은 파리의 상징인 에펠탑을 세운 구스타브 에펠이었다. 행사 종료 후 이 건물이 매각될 때 당시 유명세를 타던 조각가 알프레드 부셰가 이 건물과 주위의 대지를 함께 매입했다. 그는 이곳에 140여 개의 아틀리에를 만들어서 주로 외국에서 온 가난한 화가들에게 헐값으로 빌려주었고, 그 결과 일종의 예술가 생활공동체가 만들어졌다. 메세나를 한 셈이다. 그는 그곳에서 작업하던 화가들을 '나의 벌들 mes abeilles'이라는 애칭으로 불렀다고 한다. 그러니까 이곳이 '벌통'인 까닭은 그가 사랑하는 벌들이 사는 집이었기 때문이다. 샤갈, 수틴, 레제 등이 모두 그의 사랑스러운 벌들이었다. 자코메티도 14구 이폴리트 맹드롱 거리의 아틀리에로 이사 가기 전에 이곳에서 지낸 적이 있다. 그래서 그곳은 러시아, 우크라이나, 스페인 등 외국에서 이주해온 화가들이 모여 사는 코즈모폴리턴 예술인 마을이 되었다. 수틴은 근처의 도살장에서 살을 다 도려내고 내버린 뼈만 남은 소와 말의 잔해들을 가져다가 벽에 걸어놓고 그림을 그렸다(영화 「모나리자의 미소」에 수틴의 그 충격적인 그림들이 나온다).

주말의 중고 책 시장

공원 동쪽에는 기와지붕에 쇠창살로 담을 친 공간이 있다. 그곳은 옛날에 말을 사고팔던 말 시장이었다. 오늘날 이 시장은 주말마다 열리는 고서와 중고 책 시장으로 쓰인다. 어느 가을날 주말 오후 공원 주변에 있는 프왈란 빵집에 들어갔다가 인류학자 마르크 오제와 그의 부인을 마주치기도 했다. 그는 『뤽상부르 공원 건너기』라는 인류학적 소설을 쓰기도 했고 기념비, 공원, 미술관 등 도시의 정체성과 관련된 의미 있는 '장소lieu'와 달리 오로지 기능만 있는 주유소, 편의점, 스타벅스, 맥도날드 등을 지칭하는 '비장소non-lieu'라는 개념을 만들어내기도 했다. 내가 이 공원에 자주 오는 이유가 당신이 『내셔널 지오그래픽』에 쓴 글 때문이라고 이야기하니 자기도 이 동네로 이사 온 지 얼마 안 되었는데 이 공원을 자주 산책한다며 얼굴에 특유의 미소를 짓는다. 근황을 물으니 최근에 파리에 남은 오래된 흔적들의 의미에 대한 책을 출판했다고 한다.

어느 겨울 일요일 오후에 그곳에 들러 가판대를 어슬렁거리다가 필리프 솔레르스가 쓴 1998년 일기인 『호랑이 해』와 재미 교포 작가 수지 킴이 영어로 쓴 소설 『통역사』의 프랑스어 번역판, 이렇게 두 권을 5유로에 사서 기쁜 마음으로 집으로 돌아온 적도 있다. 파리에 대한 모든 책에 관심이 있는 나는 어느 날 그 헌책 시장에서 『파리의 불량한 장소들』이라는 제목의 책 한 권을 5유로에 사가지고 집에 돌아와서 그날 밤 늦게까지 읽기도 했다. 책의 내용은 생-쉴피스, 몽파르나스, 레 알, 카르티에 라탱, 생-제르맹-데-프레, 팔레 르와얄 등의 장소를 배경으로 벌어지는 암흑가의 이야기들이었다.

조르주 브라상스
음악제

그 후로도 심심하면 가끔씩 브라상스 공원을 찾곤 했는데, 2009년 10월 10일 토요일 오후 그 공원에서 브라상스의 노래를 듣게 되었다. 그날 공원에 도착하니까 벌써 주변 분위기가 심상치 않았다. 평소에 듣지 못하던 음악 소리가 나고 아저씨, 아주머니, 친구들과 모여 있는 할아버지들, 손자 손녀를 데리고 나온 할머니들, 유모차를 끌고 가는 젊은 부부들, 청소년 등 남녀노소가 공원 이곳저곳에 즐거운 표정으로 서 있거나 벤치에 앉아 있었다. 내가 처음 이 공원을 알게 되면서부터 기대했던 브라상스 음악제 Journées Georges Brassens가 뒤늦게나마 열린 것이다. 브라상스를 사랑하는 사람들의 모임, 주민단체, 파리 시청, 15구 구청 등이 지혜를 모아 개최한 이 음악제를 통해 브라상스 공원은 비로소 그 이름에 걸맞은 공원이 되었다.

10월 10일 토요일 아침에 시작된 축제는 세 개의 합창단이 연이어 부르는 브라상스의 노래로 문을 열었다. 그러고는 공원 곳곳에서 다양한 행사가 동시다발로 진행되었다. 어린이들을 위한 인형극장에서는 로베르 사전을 펴내는 출판사와 공동으로 브라상스가 부른 노래의 가사를 틀리지 않게 받아쓰는 경연대회가 열렸다. 대회에는 나이 지긋한 할머니, 할아버지와 중·고등학생이 함께 참가했다. 12시에는 2009년 조르주 브라상스 문학상 시상식이 있었다. 브라상스는 단순한 가수가 아니라 서민들의 애환을 노래한 시인이었고, 그러기에 노래 가사만이 아니라 시도 썼다. 그래서 그의 문학 정신을 기리는 문학상이 제정된 것이다.

12시에서 오후 1시 사이에는 유명 인사와 기자들을 초청해서 행사를 알리는 다과회가 열렸다. 1시에서 2시 반 사이에는 공원 주변에 있는 고등학교 학생들의 브라스 밴드가 팡파르를 울리며 공원 안과 공원 주변을 돌았다. 이어서 오후 2시 30분에서 5시 30분 사이에는 채석장 앞에 설치된 무대에서 개인 가수, 듀엣, 합창단들이 나와 기타와 아코디언 반주로 브라상스의 노래나 자작곡을 부르는 경연대회가 열렸다. 오후 4시에서 5시 사이 인형극장에서는 「친구 조르주를 위한 발라드」라는 제목의 인형극이 상연되었다. 이날의 프로그램은 밤 11시 반에 막을 내렸고 남은 사람들은 공원 모퉁이 골목에 있는 식당 '좋은 모퉁이에서Au Bon Coin'로 몰려가서 식사를 하고 포도주를 마셨다.

다음 날인 일요일에도 아침 10시부터 여섯 개의 합창단이 차례대로 나와 브라상스의 노래를 불렀다. 오전 11시에서 오후 3시까지는 임시로 친 천막 영화관에서 브라상스 그리고 그와 같은 시대에 활동했던 자크 브렐, 레오 페레, 이렇게 세 사람의 국민 가수를 엮어 만든 다큐멘터리 영화를 계속 상영했다. (센 강변의 부키니스트들의 초록 상자에 가면 이 세 사람의 가수가 라디오 방송 스튜디오에 함께 출연한 장면을 찍은 대형 사진이나 엽서를 살 수 있다.) 5시에 영화 상영이 끝난 다음에는 이 영화를 만든 감독과 기자, 사진작가, 대중가요 평론가들이 모여 영화 내용을 중심으로 라운드 테이블을 열었다. 한편 오후 2시 30분에는 어제 실시되었던 브라상스 노래 가사 받아쓰기 대회 시상식이 열렸다. 오후 1시에서 2시 반 사이에는 어제 인기를 끌었던 브라스 밴드가 공원과 공원 주변을 다시 한 바퀴 돌았다. 오후 3시에는 브라상스 가요 경연대회 시상식이 열렸고, 이어서 4시 반에서 6시 반 사이에는 마르크 뒤디쿠르 등 브라상스의 정신을 이어받은 가수들이 나와 자신의 노래와 브라상스의 노래를 불렀다. 마지막으로 브라상스의 유명한 노래 제목인 「공용 벤치」

라는 이름의 합창단이 나와 조르주 브라상스, 레오 페레, 자크 브렐의 노래를 연이어 부르는 것으로 행사를 마쳤다. 알고 보니 이 축제의 이름은 '브라상스 세대'였는데 조르주 브라상스, 레오 페레, 자크 브렐, 이렇게 세 사람은 브라상스 세대의 대표적 가수였던 것이다.

카페테라스에 앉아

브라상스 공원은 15구의 변두리에 위치하고 있어서 관광객들은 거의 찾아볼 수 없고 동네 주민들이 주로 이용한다. (브라상스 공원 남쪽 경계선에는 19세기 중반 파리 가장자리를 순환하던 열차의 궤도가 그대로 남아 있다.) 공원 옆에 탁아소가 있어서 엄마들이 아이들을 찾으러 오가고 퇴직한 노인들이 벤치에 앉아 햇볕을 즐기고 직장인들이 빵을 사가지고 공원을 가로질러 집으로 돌아간다. 파리 중심부의 화려하게 빛나는 뤽상부르 공원이나 튈르리 공원도 좋지만, 파리 변두리에 위치한 브라상스 공원처럼 소박한 동네 사람들의 삶이 묻어 있는 차분하고 안정된 느낌의 공원도 그 나름의 매력을 가지고 있다. 가끔씩 이 공원을 찾을 때면 공원을 한 바퀴 돈 다음 공원 주변 동네의 조용하게 가라앉은 한적한 골목길도 걸어보는데, 지금은 사라진 19세기 말에서 20세기 초 옛 파리의 서민적 동네 분위기를 많이 간직하고 있다. 나는 이 동네를 산책할 때마다 1960년대 초 가난했지만 정감 어린 삶의 분위기가 묻어 있던 서울의 동네 골목길들을 떠올린다. 공원과 그 주변 골목길을 산책하고 난 다음 공원 앞 광장에 있는 카페의 테라스에 앉아 있다 보면 나도 모르게 공원을 배경으로 지나다니는 사람들을 물끄러미 바라보게 된다.

  2009년 어느 가을날 오후, 나는 공원을 한 바퀴 산책하고 광장 앞의 바라니모라는 특이한 이름의 카페테라스에 배치된 의자 하나에 등을 기대었다(동성애자들이 제법 많이 다니는 이 카페의 분위기는 특별하다. 주말에는 젊은 남자 두 사람이 유모차에 아이를 데리고 나와 아이에게 우유병을 물리기도 한다). 아주 천천히 커피를 마시면서 몸과 마음의 긴장을 풀고 눈앞에 전개되는 장면들을 바라보았다. 오후 4시 30분이었다. 그때 1920년대 헤밍웨이가 가난했지만 행복했던 파리 시절 카페에 앉아 지나가는 사람들을 쳐다보던 장면이 떠올랐다. 당시 그는 파리 5구 콩트르에스카르프 광장 옆에 있는 카르디날 르무안 거리 74번지에 살았는데, 어느 카페에 앉아 다음과 같은 글을 남겼다.

  태양이 어지러운 거리를 비출 때, 황혼이 황금먼지처럼 따스한 대지 속으로 밀려올 때, 아니면 밤이 찾아와 수백만 개의 불빛들이 세상을 밝혀줄 때면 나는 어김없이 카페의 테라스에 커피 한 잔을 앞에 놓고 멍하니 앉아 있다. 시간을 잊은 채 생각에 잠겨 있다가 커피 한 모금을 마시고 내 앞에 펼쳐지는 세상을 바라본다. 당신은 이곳에서 백만장자와 거지, 성자와 죄인, 목사와 창녀, 강자와 약자, 유명인과 보통 사람을 볼 수 있을 것이다. 파리는 문을 활짝 열고 모든 사람을 받아들이며 날마다 큰 길을 끊임없이 지나다니는 각양각색의 군중을 사열하고 있다. 거기에는 모든 인생의 모습들이 총망라되어 있다. 커피 한 잔 값으로 당신은 그 모든 것을 볼 수 있으며 만일 당신에게 그것을 볼 수 있는 감수성이 있다면 당신은 천 가지 이야기를 풀어낼 수 있을 것이다.

그러다가 프랑스 고등학교 국어교과서에도 나오는 『나는 기억한다』를 쓴 작가 조르주 페렉이 파리 6구 생-쉴피스 광장 주위에 있는 카페에서 쓴 『파리의 어느 장소에 대한 완벽한 기록의 시도』가 생각났다(그의 관찰기록은 1974년 10월 18일 금요일, 19일 토요일, 20일 일요일 사흘에 걸쳐 타바 생-쉴피스, 카페 드 라 메리, 퐁텐 생-쉴피스, 이렇게 세 개의 카페를 번갈아 다니면서 이루어졌다. 현재는 카페 드 라 메리만 남아 있다. 옆집으로 이사한 타바 생-쉴피스는 이제 카페는 없어지고 담배만 판다. 이 글을 읽다 보면 1974년 당시 파리의 거리 분위기를 짐작할 수 있게 된다). 페렉은 사람들이 거의 주의를 기울이지 않고 눈에 띄지도 않는 대수롭지 않은 일들, "아무 일도 일어나지 않을 때 일어나는" 미세한 움직임들을 자세히 관찰하고 기록했다. 그는 이 글을 통해 우리의 관심이 얼마나 한정되어 있고 우리의 인식이 얼마나 제한적인가를 일깨우면서, 우리가 모르는 사이에 수없이 많은 작은 일들이 벌어지고 있음을 여실히 보여주었다. 나는 매일 가지고 다니는 수첩을 꺼내 내 앞에서 일어나고 있는 움직임들을 기록하기 시작했다.

지나가는 사람들을 바라보다

카페 앞에는 삼각형 모양으로 된 작은 광장이 있고 그 광장에는 네 그루의 왕벚나무가 서 있으며 오토바이나 자전거 등 두 개의 바퀴로 움직이는 탈것들을 묶어놓는 장소가 마련되어 있다. 작은 광장이지만 승용차, 트럭, 버스 등이 한 바퀴 돌면서 방향을 바꾸어 지나가는 로터리의 역할을 한다. 그러니까 자동차들이 삼각 깔때기를 한 바퀴 돌아서 빠져나가는 형국이다. 공원 정문 앞에 조각 작품이 되어 서 있는 되새김 동물을 바라보고 있는데 89번 버스가 지나간다.

  테이블 위에 커피가 들어 있던 내 찻잔은 거의 비어 있다. 주위의 탁아소, 유아원, 초·중·고등학교가 4시 반에 끝나서 거리에는 이동 인구가 많다. 공원에 붙어 있는 탁아소에서 아침에 맡긴 아이를 찾아 유모차에 태워서 데리고 가는 젊은 엄마의 모습이 보인다. 내가 앉아 있는 자리 뒤쪽에 할머니 한 분이 커피를 마시다가 웃음 띤 얼굴로 젊은 엄마와 유모차 속의 아이를 바라본다(할머니는 손자들을 떠올렸거나 아니면 자신이 아이를 키우던 젊은 시절을 떠올렸는지도 모른다). 잠시 후에 자주색 원피스에 자주색 레인코트를 입은 할머니가 그 옆자리에 앉아 커피를 시킨다. 친구 관계인 모양이다. 4시 43분이다. 20대 초반으로 보이는 젊은 남녀들이 무리를 지어 공원에서 나온다. 큰 소리로 왁자지껄하게 이야기하며 지나간다(자유로운 옷차림, 표정이 많은 얼굴들, 동작과 제스처, 말투 등으로 보아 공원 옆에 있는 실바-몽포르 극장의 연극쟁이들인 것 같다). 내 앞에는 나보다 먼저 와 자리를 잡은 중년 남자가 다 마신 커피 잔을 앞에 놓고 담뱃갑의 셀로판지를 벗겨 땅바닥에 버리고 난 다음 담배 한 대를 꺼내 라이터로 불을 붙인다. 청바지에 진한 카키색 재킷을 입은 이 남자는 눈앞에 펼쳐지는 풍경에 아무런 관심이 없다. 그 대신 휴대폰 화면을 들여다보며 문자판을 연방 눌러댄다. 한 젊은 남자가 자전거를 타고 지나간다. 그 뒤로 다른 젊은 남자가 유모차를 끌고 간다(요즈음 파리의 젊은 아빠들은 아이들을 돌보며 정서적 만족감을 느낀다). 내 오른쪽 뒷자리에 앉아 있던 자주색 옷을 입은 할머니가 카페 종업원에게 인사를 하고 떠난다(단골손님인 모양이다). 학교 수업을 마친 고등학생으로 보이는 청소년 세 명이 이야기를 나누며 지나간다. 스페인어를 쓰는 젊은 남녀가 카메라를 꺼내 들고 즐거운 얼굴로 지나간다(공원 옆에 있는 파리 시 분실물 센터에서 잃어버렸던 카메라를 되찾은 모양이다). 내 앞의 남자가 담배꽁초를 길바닥에 던지며 자리를 떠난다. 여학생 두 명이 재잘거리며 지나간다. 모자 쓴 할아버지가 말없이 지나간다. 경찰 두 명이 자전거를 타고 지나간다(혼자 다니는 경찰은 거의 없다. 언제나 둘씩 짝을 이루어 다닌다. 여자 경찰이 늘어나면서 남녀가 한 조가 되기도 한다). 중년 남녀가 내 뒷자리에 앉는다(부부는 아닌 것 같다). 내 뒷자리에 계속 사람이 앉는 것을 보면 거기가 명당자리인가 보다. 그 두 사람이 커피 두 잔을 시킨다. 오늘은 사람들이 커피만 마신다. 날씨가 쌀쌀해서 찬 음료를 주문하는 사람이 거의 없다. 89번 버스가 지나간다. 13구에 있는 국립도서관 쪽으로 가는 버스다. 지금 시각은 4시 50분이다.

계속
바라보다

오랜만에 하늘이 맑아지고 해가 보이더니 다시 흐려진다. 아랍 아주머니가 흑인 아이 두 명을 데리고 지나간다(아이들의 엄마가 아니고 유모다). 청소년 네 명이 지나간다. 여자아이 세 명에 남자아이 하나가 끼어 있다(여자아이들과 잘 지내는 남자아이인 모양이다. 지난번 16구의 란느라그 공원에서도 여자아이들 틈에 끼어 있는 남자아이 한 명을 본 적이 있다). 60대의 남녀가 내 뒤쪽 자리에 와서 앉는다. 남자가 모자와 외투를 벗는다. 할머니는 랑콤Lancôme이라고 쓰인 노란 가방을 들었다(Lancôme은 프랑스 고급 화장품 상표다. 들고 다니는 가방이 그 사람의 소비수준을 말해준다). 커다란 스케치북을 담은 큰 가방을 든 젊은 여자가 지나간다(미술대학보다는 패션 계통의 직업학교를 다니는 느낌이다). 흰머리의 남자가 검은색 안경을 끼고 분홍색 가방에 초록색 비옷을 입고 손에는 책을 들고 지나간다. 아주머니가 여자아이 두 명을 데리고 지나간다. 갑자기 주위가 조용해지고 한가해진다. 자동차도, 행인도, 오토바이도, 자전거도 지나가지 않는다. 잠시 후 운전연습 학원차가 지나간다. 운전석 옆에는 학원 선생이 앉아 있다. 한참 동안 조용하다가 중년 여자가 운전하는 자동차가 지나간다. 뒷자리에 아이 두 명이 앉아 있다. 봉고차가 지나간다. 운전하는 남자 옆에 큰 개가 한 마리 앉아 있다(프랑스 사람들처럼 개를 사랑하는 민족도 없다. 얼마 전에 텔레비전에서 어떤 남자가 어느 날 갑자기 개로 변신한 뒤에 일어난 일을 줄거리로 한 영화를 보았다). 89번 버스가 또 지나간다.

4시 55분이다. 하늘색 반팔 티셔츠에 청바지를 입은 여자가 지나간다. 그 옆에 가죽 잠바를 입은 여자가, 가죽 반코트를 입은 남자가 지나간다. 앰뷸런스 차가 경적도 없이 조용히 지나간다(프랑스 사람들은 소방차나 앰뷸런스의 경적을 빵빵이 아니라 팽-퐁pin-pon으로 표현한다. 쓸쓸한 밤에 팽퐁거리며 지나가는 앰뷸런스의 경적 소리는 을씨년스럽다). 청소차가 지나간다. 차 뒤에는 초록색 작업복에 노란색 야광 띠를 두른 청소부 두 명이 매달려 있다. 언제나 그렇듯이 흑인이다. 빨간색 코트에 청색 배낭을 멘 여자아이가 지나간다. 짙은 잉크색 코트에 등이 약간 굽은 할아버지가 프낙FNAC이라고 씌어진 옅은 밤색 봉투를 들고 뒷짐을 하고 지나간다(FNAC은 프랑스에서 제일 큰 대형서점 체인을 뜻한다. 컴퓨터, 카메라 등도 판다). 금발의 여자가 노란색 잠바 입은 아이를 안고 간다. 베이지색 누비 반코트를 입은 중년 여자가 지나간다. 종업원이 내 뒤에 앉은 60대 남녀에게 커피 두 잔을 갖다놓고 간다. 흑인 여성 두 명이 이야기를 하며 유모차를 끌고 간다. 한 여자는 유모차 옆에 백인 남자아이를 데리고 간다. 유모들인가 보다.

개미의 출현

조금 지루해진다. 내 입속에는 아직 커피향이 남아 있다. 그때 내 테이블 위에 작은 개미 한 마리가 나타났다. 처음에는 테이블의 설탕 가루가 떨어져 있는 부분을 헤매더니 내 재킷의 오른쪽 소매를 타고 필사적으로 올라온다. 나의 시선을 의식했는지 당황한 모습으로 여러 개의 다리를 부산하게 움직인다. 나는 그냥 놔두고 지켜본다. 밤색 코트를 입은 젊은 여자가 자전거를 타고 지나간다. 오토바이가 지나간다. 스케이트보드를 타고 흑인 소년이 지나간다. 머리에는 흰색 모자를 썼다. 큰 키에 뚱뚱한 할아버지가 카페의 메뉴판을 보고 지나간다. 할머니가 개를 데리고 간다. 할머니 두 사람이 이야기를 나누며 지나간다. 젊은 남자가 마실 것이 든 투명한 봉지를 들고 공원 안으로 들어간다. 공원 관리소에서 자동차 한 대가 나온다. 차번호는 26 DLA 92이다(뒤의 92번은 파리 교외의 오 드 센느를 뜻하는 지역 번호이다). 차의 운전석에는 아주머니가 타고 있다. 일을 마치고 퇴근하는 모양이다. 중년 남자가 양손을 양쪽 윗주머니에 넣고 지나간다. 다른 중년 남자가 주머니에서 휴대폰을 꺼내 화면을 보면서 지나간다. 뒤에 앉아 있는 60대 남녀가 크게 이야기하는 소리가 약간 귀에 거슬린다. 중년 여성 두 사람이 이야기하며 카페 안으로 들어간다. 방브-말라코프 쪽으로 가는 89번 버스가 지나간다. 버스는 만원이다. 국립도서관 쪽으로 가는 89번 버스가 지나간다. 승객이 거의 없다. 5시 4분이다.

중심부와
변두리의 차이

사방이 조용하다. 하늘에는 구름이 흘러간다. 생-제르맹-데-프레 광장이나 생-쉴피스 광장 주변에는 지나다니는 사람들이 다양하고 관광객들도 많은데, 브라상스 공원 앞 광장에는 동네 사람들만 다니고 관광객은커녕 나처럼 다른 동네에서 온 사람도 찾아보기 어렵다. 그래서 입고 다니는 옷들도 허식이 없고 얼굴 표정도 대체로 편안하게 느껴진다. 이런 생각을 하고 있는데 밤색 코트를 입은 할머니가 오른손에 바게트 반쪽을 들고 카페의 메뉴판을 보고 지나간다(이 카페는 점심과 저녁 시간에는 식당이 된다). 일고여덟 대의 자동차가 한꺼번에 몰려서 지나간다. 젊은 여자가 할아버지가 앉아 있는 휠체어를 밀며 공원 안으로 들어간다(젊은 여자는 딸이

나 며느리가 아니라 재혼한 부인이거나 고용한 사람일 가능성이 더 높다). 젊은 여자가 빨간 비옷을 입고 초록색 유모차에 아이를 싣고 휴대폰으로 통화를 하면서 지나간다. 길 건너편에도 젊은 여자가 담배를 피우며 유모차를 끌고 간다. 흑인 남자아이들 다섯 명이 왁자지껄하게 떠들며 떼 지어 지나간다(성인보다는 청소년들이, 백인보다는 흑인들이 떼 지어 다니는 모습이 더 자주 눈에 띈다). 조르주 브라상스 문화센터에서 할머니 네 분이 나온다(은퇴한 할머니들이 문화 프로그램의 가장 열렬한 참여자들이다). 젊은 남자가 검은색 봉투를 들고 지나간다. 빨간 비옷을 입고 유모차를 밀면서 휴대폰으로 통화하던 여자가 어떤 남자를 만나서 함께 길을 건너 공원으로 들어간다. 유모차는 남자가 밀고 간다(부부인 모양이다. 그러나 부부가 아닐 수도 있다). 트럭 한 대가 덜덜거리며 지나간다. 잠시 소강상태로 사방이 조용하다.

잠시 후 검은색 안경을 낀 남자가 나타나 광장에 묶여 있던 노란색 자전거를 풀려고 애쓰고 있다. 검은색 양복 정장에 검은색 코트를 입고 검은색 가방을 든 젊은 남자가 지나간다. 노부부가 손을 잡고 공원으로 들어간다(애정 표현이라기보다는 서로 넘어지지 않기 위해서라고 한다). 검은색 긴 코트를 입은 아주머니가 밤색 가방을 들고 길을 건넌다. 젊은 남녀가 손을 꼭 잡고 이야기하며 웃으며 지나간다(이건 애정 표현이다). 또 다른 젊은 남녀가 카페 안으로 들어간다. 모자 쓰고 우산 들고 레인코트 입고 목도리까지 두른 할아버지가 길을 건너온다(노인은 비와 추위를 두려워한다). 검은색 안경을 쓴 남자가 드디어 묶여 있던 노란 자전거를 해방시켜 타고 간다. 내 앞으로 지나가는 모습을 보니까 50대 후반은 되어 보이는 남자다. 89번 버스가 지나간다. 버스 안에는 승객이 거의 없다(이곳은 변두리다. 파리 중심부를 통과하다 보면 승객 수가 늘어날 것이다). 5시 11분이다.

추워지기 시작하다

어떤 남자가 작은 동물을 넣어가지고 다니는 푸른색 플라스틱 상자에 검은색 고양이를 넣어가지고 지나간다(그렇게 하면 고양이와 함께 지하철이나 버스도 탈 수 있다). 아주머니가 바퀴 달린 시장 가방을 끌고 지나간다. 치커리의 끝 부분이 시장 가방 밖으로 삐져나와 있다. 양복 입은 할아버지가 흰 편지봉투를 들고 지나간다. 뒷자리의 60대 남녀가 계속 크게 이야기하며 웃는다. 치마 입은 중년 부인이 트레이닝복을 입은 남자와 지나간다(동네 산책을 나온 모양이다). 오토바이가 지나간다. 흰색 구레나룻 수염을 한 할아버지가 회색 모자를 쓰고 자주색 시장 가방을 끌고 간다. 젊은 남녀가 지나간다. 남자 반코트의 왼쪽 소매가 바람에 날린다(자세히 보니까 왼쪽 팔에 깁스를 했다). 자전거 두 대가 나란히 지나간다. 반바지 입고 땀을 흘리며 조깅하는 남자가 지나간다. 젊은 아빠가 유모차를 끌고 지나간다. 유모차에는 남자아이가 앉아 있고 유모차 옆에서 여자아이가 아빠에게 뭐라고 이야기하며 따라간다. 붉은색 코트를 입은 여자가 담배 연기를 푸하 내뿜으며 지나간다. 중년 여성이 얼룩무늬 개를 데리고 지나간다. 개가 나무 기둥 옆에서 킁킁거리며 냄새를 맡자 개의 주인 여자가 "알레, 비앵Allez, viens!"(이리 와!)이라고 말하면서 늘어났다 줄어들었다 하는 끈을 잡아당긴다. 뒤에 앉은 60대 할아버지가 피우는 담배 연기가 나한테까지 날아온다. 할머니가 바퀴 달린 시장바구니를 끌고 간다(파리에는 혼자 독립적으로 사는 할머니들이 많다). 젊은 여자가 왼손에 휴대폰을 들고 이야기하며 지나간다. 오른손에는 슈퍼마켓 모노프리Monoprix의 비닐봉지를 들었다. 오토바이가 큰 소리를 내며 과속으로 질주한다(저렇게 남을 놀라게 하며 즐거움을 느끼는 족속들이 있다). 뒷자리의 할머니가 지하 주차장의 문제점에 대한 이야기를 하고 있다. 자동차 속에 젊은 아빠가 여자아이를 옆자리에 태우고 운전을 하며 지나간다. 아주머니가 뒷자리에 아이 둘을 태우고 운전하며 지나간다. 건장한 체격의 노동자 두 명이 횡단보도를 건너온다. 한 노동자는 푸른색 헬멧에 주황색 연장 가방을 들고 있다. 다른 남자가 주차해놓은 봉고차의 문을 연다. 89번 버스가 지나간다. 조금 전 과속으로 지나갔던 오토바이가 천천히 반대 방향으로 오고 있다. 어느 번지수를 찾고 있는 모양이다. 5시 23분이다. 눈이 내린 듯 흰 머리의 할머니가 검은색 개를 데리고 지나간다.

**이제
떠날 시간이다**

점점 더 지루해진다. 지나다니는 사람도 줄어들고 있다. 그래도 계속 카페테라스 의자에 버티고 앉아 나의 인내심과 관찰력을 시험해본다. 하늘에는 새들이 떼를 지어 공원 주변을 빙빙 돌고 있다. 아시아계의 젊은 여자가 아이를 유모차에 데리고 지나간다. 무뚝뚝한 표정의 뚱뚱한 남자가 덩치가 큰 개를 데리고 지나간다(개와 주인의 얼굴은 거의 같은 분위기다. 같은 집에서 감정 교환을 하면서 오래 살다 보면 얼굴 표정이 닮게 된다). 카페 안에서 중년 남녀가 나온다. 젊은 남자가 시장바구니를 들고 지나간다(남녀 역할 구별에 변화가 일어났다). 뒷자리의 할머니가 누가 이혼한 이야기를 하더니 재혼한 이야기까지 하고 있다. 오후의 청명했던 햇빛이 점차 저녁의 황혼으로 바뀌어간다. 좀 전에 지나갔던 청소차가 반대 방향에서 오고 있다. 청소차 앞쪽에는 세 개의 전조등이 번쩍이고 있다. 뒤쪽에 매달려 있던 청소부 두 명이 길거리에 내놓은 초록색 플라스틱 청소통 속에 들어 있던 대형 쓰레기봉투를 청소차 컨테이너 속에 집어던진다. 89번 버스가 지나간다. 흑인 여성이 버스 운전석에 앉아 있다. 5시 28분이다. 한참을 한자리에 앉아 있었더니 몸이 조금씩 추워진다. 공원 관리인 복장을 한 여자가 긴 우산을 들고 지나간다. 아빠가 유모차를 끌고 옆에 남자아이와 이야기하며 지나간다. 뒷자리의 남녀가 이야기를 마치고 떠날 준비를 한다. 다음 일요일에 다시 만날 약속을 한다(그들은 부부가 아니었다). 노동자들도 봉고차에 짐을 다 싣고 떠난다. 5시 30분이다. 한 시간이 넘도록 의자에 계속 앉아 있었더니 몸이 식어 점점 더 추워진다. 이제 나도 떠나야겠다.

제 4 부

한 가 로 운 '장 소'
마 음 가 는 대 로
걷 기

2010년 7월 파리 14구
국제학생기숙사인 시테 위니베르시테르 앞에 있는 몽수리 공원의 북쪽 입구에서
바라본 모습이다. 한 남자가 개를 데리고 여유롭게 산보하고 있는데,
그 오른쪽으로 다른 남자가 땀을 흘리며 조깅을 하고 있다.
몽수리 공원 근처에는 20세기 초 브라크를 비롯해 화가들이 모여 살던 예술가 마을이 있다.

2010년 4월 파리 6구 비가 내린 생-제르맹-데-프레의 퓌르스텐베르그 광장 모습이다. 네 그루의 나무와 가로등이 조화를 이루고 있다. 이 광장 주변에는 고전적 분위기를 풍기는 장식용 천을 파는 전문점들이 있고, 왼쪽으로는 들라크루아가 살던 집이 있다. 그의 아틀리에는 오늘날 들라크루아 박물관으로 개조되어 방문객을 기다리고 있다.

2010년 5월 파리 6구 뤽상부르그 공원 페탕크 놀이장 앞에 사뮈엘 베케트를 닮은 한 노인이 개인용 철제 의자에 앉아 있다. 이 공원에는 플로베르, 스탕달, 보들레르, 베를렌느, 쇼팽, 조르주 상드, 베토벤 등 수많은 작가, 시인, 음악가들의 동상이 설치되어 있다.

2010년 3월 파리 4구   마레와 생-루이 섬을 이어주는 루이 필리프 다리의 모습이다.
다리를 건너가고 있는 남자 옆의 가로등이 고색창연하다.
이 가로등은 원래 가스등이었다.
멀리 앞 쪽에는 생-테티엔 성당의 종탑이 보인다.
그 오른쪽에 팡테옹이 있는데 사진에는 나오지 않았다.

2009년 11월 파리 4구   생-루이 섬의 부르봉 강변에 있는 서점 앞 풍경이다.
쌀쌀한 날씨 탓에 외투를 입은 남자가 주머니에 손을 찔러 넣고
진열창에 전시된 책들을 들여다보고 있다.
부르봉 강변에는 카미유 클로델이 정신병원에 입원하기 전에 작업하던
아틀리에가 있는 건물이 있다.

생-루이 섬의
센 강변 산책

나의 가슴이여 가을이 너의 사랑하는 섬을
어떻게 만드는가를 보려무나.
—제스라브 밀로스

**산책길에 만나는
서점들**

파리 산책이 주는 재미 가운데 하나는 목적 없이 무심코 걷다가 마음에 내키는 서점이 있으면 살 책이 있어서가 아니라 그냥 들어가서 진열대 위에 놓여 있거나 서가에 꽂혀 있는 이 책 저 책을 여기저기 뒤적이는 일이다. 파리의 장소들을 자신의 소설 속에 자주 등장시키는 파트릭 모디아노의 말대로 "서점은 피난처다. 그 안에 들어서면 우리는 고요함과 더불어 외교적 면책특권을 누린다." 서점은 파리 산책을 하다가 들르는 정신의 약수터일 수도 있다. 서점의 진열대나 서가 앞에서 평소에 관심 있는 저자의 책을 뒤적일 수도 있고 흥미를 유발하는 주제를 다룬 새로 나온 책을 꺼내 들어 앞뒤로 페이지를 넘기기도 한다. 그러다 보면 내가 지금 어디에 와 있는지 잊어버리게 된다. 얼마 후 눈이 피곤해지고 온몸이 뻐근해지면 서점을 나와 다시 길을 걷는다.

파리에서 내가 잘 다니는 서점이 몇 군데 있다. 교보문고나 영풍문고 같은 규모는 아니지만, 그래도 제법 큰 규모의 프낙FNAC, 조제프 지베르Joseph Gibert 등의 대형서점에 가면 책 바다의 파도에 휩쓸리는 작은 쪽배가 되는 느낌이다. 그러나 내가 다니는 동네의 길모퉁이에 있는 인간적인 규모의 서점들에 들어가면 문학 살롱이나 철학 살롱에 들어온 것 같은 교양의 냄새가 물씬 풍긴다. 글자가 달린 나무L'arbre à lettres, 페이지의 거품L'Écumes des pages, 여행자의 나무L'arbre du voyageur, 소설처럼Comme un roman, 계단L'escalier, (정신분석용) 침상Le Divan 등 재미있는 이름의 서점들이 나를 반긴다.

대형서점에 맞서 소형서점들이 살아남는 이유는 우선 서점 주위에 사는 주민들의 성격에 맞추어 독자들의 기호를 자극하는 신간서적들을 거리 쪽의 유리 진열장에 요령 있게 배치하는 기술에 있다. 호기심을 가지고 서점 안으로 들어가면 프랑스 문학, 외국 문학, 철학, 역사, 정신분석학, 사회학, 인류학, 미술, 디자인, 사진, 건축, 종교, 정기간행물 등 분야별 양서들이 진열대 위에 가지런히 전시되어 있다. 책의 향기가 실내를 떠돌고 서점의 직원들은 언제라도 고객이 원하는 책을 찾아주거나 상담해줄 준비가 되어 있다. 그리고 가끔씩 화제가 된 책의 저자를 초청해서 독자와의 대화 시간을 마련한다. 실내의 책 진열대를 옆으로 밀어놓고 의자를 배치한 임시 공간이지만 모두 진지한 표정으로 이야기를 나눈다.

생-제르맹-데-프레 광장 주변에는 레큄 데 파주L'Ecume des pages와 라 윈느La Hyune가 있다. 두 서점은 생-제르맹 대로의 카페 드 플로르를 가운데 두고 양옆으로 자리를 잡고 있다. 드라공 거리, 생페르 거리, 센 거리, 오데옹 광장 등 그 근처를 지나갈 때면, 날아가던 참새가 눈앞에 나타난 방앗간에 들르듯이 들어가 보는 장소다. 지하철 라스파이 역이나 바뱅 역 주변을 산책할 때면 몽파르나스 대로에 있는 찬Tschan 서점을 들른다. 1920년대 말 나혜석이 파리 체류 시 다녔다는 '그랑 쇼미에르' 미술학교 부근에 있는 이 서점의 진열장에 전시된 책들은 지나가는 나를 기어코 서점 안으로 들어가게 유인한다.

소르본 대학 광장에 있는 철학 전문 서점 르 브랭Le Vrin은 그곳에 있는 카페 레크리투아르에 갈 때마다 빠지지 않고 들러보는 장소다. (과거에 이 광장의 생-미셸 거리 쪽에 있던 퓌프PUF 서점은 문화·예술인들과 학생들의 구명운동에도 불구하고 옷가게에 자리를 내주고 사라졌다. 생-제르맹-데-프레 광장에 있던 디방 서점은 크리스티앙 디오르 의상실에 자리를 내주고 15구의 콩방시옹 거리로 이사했다.) 헤밍웨이가 파리 체류 시절 살았던 집이 멀지 않은 곳에 있는 콩트레스카르프 광장 부근을 지날 때면 무프타르 거리에 있는 서점 '여행자의 나무'에 들른다.

당페르-로슈로 부근을 지나갈 때면 '글자가 달린 나무'에 들어간다(똑같은 이름을 가진 서점이 파리에 여러 군데 있다. 무프타르 광장 끝에도 하나 있고 20구 구청 부근에도 하나 있고 12구 프랑스 공산당사 부근에도 하나 있다. 주인이 같은 모양이다. 다른 한편 갈리마르 출판사가 직영하는 서점이 파리에 다섯 개 있는데 서점 이름이 각기 다르다). 16구 아농시아시옹 거리에 장을 보러 갈 때면 그 거리에 있는 라 퐁텐 서점에 들어간다. 같은 이름의 서점이 지하철 뒤록 역 앞과 오퇴이유 거리에도 있다. 서점주인이 19세기 말부터 같은 상호로 파리 여러 곳에 서점을 열었다고 한다. '글자가 달린 나무'나 '라 퐁텐'이나 몇 군데 같은 이름을 달고 있는 서점들도 서점의 형태와 규모가 다 다르고 동네 분위기에 따라 서로 다른 분위기를 풍긴다.

콩파니
서점에서

그러나 요즈음 내가 가장 자주 들르는 서점은 에콜 거리에 있는 콩파니 서점이다. 우리말로 하면 '학교길'쯤 되는 이 길에는 소르본 대학과 콜레주 드 프랑스가 있다. 옛날부터 이 길에 학교가 많아서 붙여진 이름인 모양이다. 이 근처에는 프랑스 최고의 명문고 루이 르 그랑 고등학교와 앙리 4세 고등학교 그리고 문과의 수재들이 입학하는 파리고등사범학교가 몰려 있다. 과거에는 이공계 수재들이 다니는 에콜 폴리테크닉도 이 길에 접해 있었는데, 지금은 파리 남쪽의 교외로 이전했다. 파리 제7대학도 이 길에서 멀지 않다. 이 길 58번지에 르 소르봉이라는 카페가 하나 있는데 주로 학생과 교수, 작가, 출판 관계 종사자 등이 주요 고객이다. 관광객으로 붐비는 소르본 광장에 줄지어 선 카페들과 달리 르 소르봉 카페는 크게 붐비지 않고 다소 여유가 있는 편이다. 카페는 2층으로 되어 있는데 아래층 길가 쪽으로 배치된 테이블에 앉아 있으면 지나가는 사람들과 자동차의 흐름을 관찰할 수 있다. 이 거리의 도로 폭은 꽤 넓은 데 비해 차량은 크게 붐비지 않는다. 그래서 그런지 자전거를 타고 다니는 사람들이 꽤 많다. 그 카페 옆에 붙어 있는 서점이 바로 콩파니 서점 Librairie Compagnie이다(콩파니는 우리 말로는 '동반' 또는 '동행'이라는 뜻으로 원래 사뮈엘 베케트의 희곡 제목에서 따온 것이다). 나는 이 동네에 볼일이 있는 경우에는 일을 마치고 집으로 돌아가면서 거의 언제나 이 서점에 들러 최근에 출판된 책들을 구경한다(길모퉁이에 자리 잡고 있는 이 서점의 전면은 모두 진열창으로 되어 있어 서점 앞에 설치된 버스 정거장에서 버스를 타는 사람들은 진열창 안에 진열된 책들을 구경하면서 버스가 도착하기를 기다리는 지루함을 잊는다). 책을 구경하다가 우리 동네로 가는 63번 버스가 도착하면 얼른 올라탄다. 콩파니 서점 1층에는 문학과 예술 분야의 책들이 자리 잡고 있고 철학과 역사학, 사회과학 분야는 지하에 배치되어 있다. 오랜만에 서점에 들르면 이 책 저 책을 펼쳐보게 되고 그러다 보면 시간이 금세 지나간다.

　어느 가을날, 콩파니 서점에서 조르주 스타이너의 『스승과 제자』라는 제목의 책을 발견했다. 이 책은 그가 2001년에서 2002년 사이에 찰스 엘리엇 노턴 강좌(The Charles Eliot Norton Lecture, 2001~2002)에서 강의한 내용을 프랑스어로 번역한 것이다. 이 책에서 그는 총체적인 안목을 길러주는 인문적 교양체계의 세대 간 전달의 중요성에 대해서 이야기했다. 특히 교육 현장에서 이루어지는 스승과 제자 사이의 관계에 대해서 이야기했다. 그는 예수와 그의 제자들, 공자와 그의 제자들, 소크라테스와 그의 제자들, 싯다르타와 그의 제자들 사이의 관계가 없었다면 오늘날 인류가 도달한 정신문명은 성립 불가능했을 것이며 앞으로도 많은 제자들에게 영감을 불러일으키는 훌륭한 스승과 자기 자신과 자신을 둘러싼 세상에 대한 진실을 목마르게 추구하는 제자 사이의 진정한 관계가 이루어지지 않는다면 인류 문명의 지속적 발전은 불가능하다고 말했다. 그 책 옆에는 『전달의 찬양, 스승과 제자』라는 제목의 책이 놓여 있었다. 이 책은 스타이너와 고등학교 프랑스어 교사인 세실 라잘리 두 사람이 사제 관계와 교양적 지식의 전달을 주제로 이야기를 나눈 대담집이다. 앞의 스타이너의 책이 학문적·이론적 책이라면, 뒤의 대담집은 현장에서 이루어지는 사제 관계와 교양의 전달 문제에 대한 실천적·실제적 문제를 다루고 있었다. 지하에 있는 서가 앞에서 한참 동안 서서 문자와 씨름하다 보니 눈도 아프고 숨이 막히는 느낌이 들어서 서둘러 대담집을 사들고 서점 밖으로 나왔다. 바깥에는 벌써 어둠이 내리고 있었다.

벤야민의
파리

이런저런 일로 콩파니 서점에서 산 스타이너의 대담집 『전달의 찬양, 스승과 제자』를 읽을 시간을 찾지 못하다가 어느 날 저녁 식사 후 드디어 그 책을 읽기 시작했다. 책의 서문을 읽다가 내가 파리를 산책하면서 느끼는 것을 기가 막히게 잘 표현한 발터 벤야민의 글을 발견했다. 파리를 발견하는 즐거움도 크지만, 그것을 절묘하게 표현한 문장을 발견하는 즐거움도 그에 못지않다. 벤야민은 『일방통행』이라는 책에 실린 「도시의 풍경」이라는 글에서 이렇게 썼다.

> 파리, 거울 속의 도시, 세계의 수도인 파리에 시인과 예술가들이 사랑을 고백했다. 그런데 어떤 도시도 파리만큼 책과 내밀하게 연결된 도시는 없다. 인간은 강가를 따라 산책할 때 가장 고귀한 자유를 느낀다고 말한 지로두가 옳다면, 가장 완성된 형태의 산책, 그러니까 당연히 가장 행복한 산책은 여기서 책을 향한 산책이고 책 속으로의 산책이다. 왜냐하면 수세기 전부터 센 강에는 학문의 담쟁이덩굴이 붙어 있기 때문이다. 파리는 센 강이 가로지르는 도서관의 거대한 열람실이다.

파리라는 도시 자체가 하나의 거대한 도서관이며 그곳에는 읽히기를 기다리는 수많은 책들이 배열되어 있다. 건물, 길, 공원, 팻말, 카페, 광장, 골목길, 성당, 학교, 신문 가판대, 공연장, 극장과 영화관, 박물관, 사무실, 동상, 사람들, 버스, 지하철, 그 모든 것이 읽히고 해석되기를 기다리는 기호들이다. 파리는 파리에서 나고 자라서 파리에 익숙해지고 무감각해진 파리 사람들보다는 벤야민처럼 나치의 위협을 피해 망명 온 절박한 상태의 이방인에게 자신의 진정한 모습을 드러낸다. 나는 "인간은 강가를 따라 산책할 때 가장 고귀한 자유를 느낀다"라는 지로두의 말이 옳다는 것을 콩파니 서점에서 나와 생-루이 섬의 강변을 산책하면서 확인한다.

자유의 섬,
생-루이 섬

파리를 가로지르는 센 강에는 두 개의 섬이 오누이처럼 다정하게 떠 있다. 큰 섬이 시테 섬이고 작은 섬이 생-루이 섬이다. 그런데 내가 살고 있는 아파트 거실에 걸려 있는, 튀르고가 만든 파리의 옛 지도를 보면 거기에는 분명히 세 개의 섬이 보인다. 나중에 알고 보니까 생-루이 섬 옆에 작은 섬이 하나 더 있었는데, 그 섬과 육지 사이에 점차 모래가 쌓여 어느 날 섬과 육지와 맞닿게 되었다. 자연의 힘이 섬을 육지로 바꾸어 놓은 것이다. 더 이상 섬이 아닌 그 자리에는 파리 시청의 행정 건물이 들어서 있다. 그와 반대로 생-루이 섬은 원래 시테 섬과 한 몸을 이루고 있었으나 어느 날 분리되어 독자적인 섬이 되었다. 모든 형태의 억압과 지배를 거부하는 무정부주의자의 정신으로 누구보다도 자유롭게 노래한 레오 페레의 노래 「일 생-루이」의 가사에는 다음과 같은 구절이 나온다.

> 생-루이 섬은 시테 섬 옆에 붙어 있는 게 싫증이 나서
> 어느 날 닻줄을 풀어버렸네.
> 생-루이 섬은 자유에 목말라했네.
> 사람들은 생-루이 섬이 센 강을 떠내려가는 것을 보았네.

레오 페레의 노래 주제와 결맞은 소설 한 편이 생각난다. 프레데릭 비투가 쓴 소설 『세레니심』에는 생-루이 섬에 사는 인쇄업자, 미학자, 대학생, 서점

주인, 네 사람이 등장하여 세상 역사의 소용돌이에서 벗어나 고요한 삶을 누리기 위해 생-루이 섬의 독립을 선언하고 새로운 헌법을 제정하는 상상의 이야기가 전개된다. 섬이 갖는 고립과 은둔과 자유라는 오래된 이미지를 다시 한 번 살려내어 독자에게 전달하면서 생-루이 섬의 고요함을 그리고 있다.

생-루이 섬의 발견

생-루이 섬은 1980년대 유학 시절부터 내가 가장 자주 산책하는 장소의 하나다. 그 당시 파리 국제학생기숙사에 함께 살던 멕시코 친구의 방에 갔다가 파리의 조용한 장소에 대한 이야기가 나왔다. 도이치 드 라 메르트 관에 살던 그 친구의 방에는 피카소가 그린 돈키호테 포스터가 붙어 있었다. 나보다 먼저 파리에 와서 파리 이곳저곳에 대해 잘 알고 있던 그 친구는 시끄럽고 분주한 파리에서 조용하고 한적한 곳을 걷고 싶을 때면 생-루이 섬으로 간다면서 나에게도 한번 가보라고 권했던 기억이 난다. 그 이후 나는 파리 중심부에 자리 잡고 있어 언제나 가기에 편리하고 갈 때마다 마음이 가라앉고 정신이 정화되는 느낌을 주는 생-루이 섬의 강변로를 자주 찾게 되었다(308~309쪽 사진을 볼 것). 1995년 12월 파리에 출장 왔을 때 생-제르맹-데-프레에서 바스티유를 지나 마레 지역에 있는 사회학자 에드가 모랭의 집을 찾아가면서 바라보던 생-루이 섬은 아직도 뇌리에 선명하게 각인되어 있다. 그 당시 파리는 총파업으로 모든 공공 교통수단이 마비된 상태였다. 그때 나는 어쩔 수 없이 센 강 우안의 강변도로를 따라 걷고 있었는데, 셀레스탱 강변로에서 바라본 생-루이 섬의 모습은 고요하고 평화롭고 찬란하며 고적하였다. 강변에 늘어선, 남루하게 가지만 남은 키 큰 플라타너스 나무들, 강둑 위에 제각기 다른 모습을 하고 있는 길고 가지런하게 늘어선 건물들이 이루는 특별한 분위기는 그 이후 그곳을 아무리 다시 걸어도 만날 수가 없다. 똑같은 장소도 시간에 따라 다른 분위기의 옷을 입는다. 나는 지금도 그때 그곳의 분위기를 다시 느껴보기 위해 생-루이 섬 산책을 계속하고 있는지도 모른다. 어느 겨울밤 나시옹 광장에서 87번 버스를 타고 바스티유 광장을 지나 쉴리 다리를 건널 때 보았던 생-루이 섬의 모습이 기억에 남아 있고 아카시아 꽃이 활짝 핀 늦은 5월 어느 날 생-루이 섬의 베튄 강변 산책도 기억에 남는다. 그날은 나른할 정도로 따스했다.

돌로 지은
거대한 배

벤야민이 인용한 지로두의 말대로 인간은 산책할 때, 특히 강가를 따라 산책할 때 가장 큰 자유로움을 느낀다면 센 강 위에 거대한 함선처럼 떠 있는 작은 섬 생-루이를 감도는 센 강변을 산책하는 즐거움을 어디에 비길 것인가? 그런데 어떤 장소에 가든지 그 진입이 중요하다. 생-루이 섬으로 들어가는 방법이 여러 가지 있지만 내가 많이 선택하는 코스는 지하철 10번선 모베르-뮈티알리테 역에서 내려 비에브르 거리나 베르나르댕 거리를 거쳐 센 강변으로 나와서 노트르담 사원의 뒤가 보이는 아르슈베쉐 다리를 지나 시테 섬의 끝자락으로 들어온 다음 생-루이 다리를 건너 생-루이 섬으로 들어서는 경로다. 노트르담 뒤쪽 모습이 장관일 뿐만 아니라 생-루이 섬에 들어서서 바라보는 파리 좌안의 풍경이 아름답기 때문이다. 때로는 72번 버스를 타고 종점인 파리 시청 앞에서 내려 아르콜 다리를 건너 시테 섬으로 들어온 다음 생-루이 섬을 바라보며 케 오 플뢰르(꽃이 있는 강변로라는 뜻인데 이곳에 전통적으로 꽃 가게가 늘어서 있다)를 걸어 생-루이 섬으로 들어갈 때도 있다. 그럴 때면 케 오 플뢰르 1번지에 있는 철학자 블라디미르 장켈레비치가 살았던 집 앞을 지나가게 된다. 그는 1938년부터 전쟁 기간을 제외하고는 세상을 떠날 때까지 줄곧 이곳에 살았다. 기억과 노스탤지어에 대한 철학적 논의로 유명한 그는 고전음악을 사랑하면서 이오네스코의 연극을 즐겼다. 그 건물의 외벽에 '장소의 기억'이라는 단체가 붙인 현판에는 그의 저서 『돌이킬 수 없는 것과 노스탤지어』에 나오는 다음과 같은 의미심장한 구절이 적혀 있다.

> 이미 있었던 것은 이후 없었던 것이 될 수 없다. 우리가 이미 경험한 신비롭고 심연과도 같은 사실은 앞으로 그 이후 영원히 우리들의 삶의 여정을 동반하게 된다.

그 집 앞을 지나면 곧바로 생-루이 다리가 나온다. 생-루이 섬을 거리를 두고 바라보면 센 강 위에 평화롭게 떠 있는 돌로 지은 거대한 배의 모습을 하고 있다. 17세기 초반 루이 13세 시절 귀족들의 거처로 지은 유서 깊은 건물들이 수세기 동안 변화의 물결을 이기고 옛 분위기를 그대로 간직한 채 품위 있게 줄지어 서 있다. 시테 섬과 생-루이 섬을 연결하는 생-루이 다리를 건너면서 양쪽을 바라보면 벌써 가슴이 시원해진다. 다리 위에는 거의 언제나 거리의 악사들이 연주를 하고 있고 그 주위에는 구경꾼들이 모여 있다. 그러나 다리를 건너 생-루이 섬으로 들어서면 언제 그랬냐는 듯 조용해진다. 에펠탑 부근과 마찬가지로 언제나 관광객들로 붐비는 노트르담 성당 앞 광장과는 대조적이다. 때로 저녁 무렵 투르넬 강변로에서 투르넬 다리를 건너 생-루이 섬으로 들어오기도 한다. 19세기의 시인 테오필 고티에의 시를 떠올리면서.

투르넬 다리를 건너면서, 어느 날 저녁
나는 잠시 걸음을 멈추었네.
노트르담 뒤로 지는 태양을 보기 위해서
불꽃이 타오르는 지평선 위에는
엄청나게 큰 새가 비상하는 모습으로
황홀한 구름이 떠 있고
그 새는 하늘 이편에서 저편으로
황금빛 날개를 퍼덕거렸네.

오를레앙 강변로의 풍경화

생-루이 다리를 건너 섬에 들어와서 오른쪽으로

들어서면 오를레앙 강변로다. 그곳에 서면 멀리 팡테옹 건물이 그 자태를 드러낸다. (17세기에 지어진 이 산책로는 프랑스혁명기에는 '평등 강변로'로 불리다가 1806년 원래 이름인 오를레앙 강변로를 되찾았다. 오를레앙은 부르봉과 더불어 프랑스 왕가의 이름이다.) 팡테옹 건물을 여러 곳에서 볼 수 있지만 내 눈에는 생-루이 섬에서 바라보는 팡테옹이 가장 품위 있게 보인다. 멀지도 않고 가깝지도 않은 적당한 거리에 있으며 센 강과 팡테옹 주변의 생-테티엔 교회의 종루 등 주위의 건물들이 팡테옹을 더욱 돋보이게 만들기 때문이다. 7~8미터가량 되는 강둑 아래에도 산책로가 마련되어 있지만, 나에게는 강물과 가까이 있는 것보다는 강물과 약간의 거리를 두고 강 건너편 풍경을 바라보면서 걷는 것이 더 상쾌하다. 오를레앙 강변로에는 시인 아담 미키에비치 등 폴란드를 떠난 망명객들이 1930년대에 만든 폴란드 역사문학 도서관이 있는데, 현재 그곳에는 올해(2010) 탄생 200주년을 맞이하여 세계 곳곳에서 연주회가 이루어지고 있는 쇼팽을 위한 박물관도 있다. 그곳에는 다른 무엇보다도 쇼팽이 손수 치던 플레이엘 피아노가 전시되어 있다. 오를레앙 강둑을 지나면 베튄 강둑이 나오고 그 중간에 벤치가 마련되어 있다. 늦은 봄 황혼 무렵 아카시아 나무가 서 있는 베튄 강둑의 마음에 드는 벤치에 앉아 강바람을 쐬다 보면 어느새 어둠이 내린다. 루이 아라공은 「베튄 강변로」라는 시에서 생-루이 섬의 고요를 다음과 같이 노래했다.

> 그대는 도시의 한가운데 있는 섬을 아는가?
> 그곳에서는 모든 것이 고요한 섬을

영원한 고요의 섬을 [······]
깊게 흐르는 센 강은
그 황금빛 두 팔로
세계의 중심에서
그 섬을 껴안는다.
꿈을 꾸면서

베튄 강변로 22번지는 1645년에 지어진 건물로서 이 집의 주인 르페브르 드 라 말메종은 당시 의회의 고문이었다는 석판이 붙어 있다. 석판 아래쪽에는 1842년과 1843년에 보들레르가 여기에 살았다고 씌어져 있다. 24번지는 퐁피두센터를 만든 퐁피두 대통령이 1969년에서 1974년까지 살았던 집이다. 18세기 경제학자이자 재상이었던 튀르고가 살았던 저택도 나온다. 베튄 강변로를 계속 걸어가면 쉴리 다리와 만난다. 쉴리 다리는 생-루이 섬을 가운데 두고 파리의 좌안과 우안을 이어주고 있다. 섬의 맨 끝에는 조그만 바리 공원이 있다. 그 공원에는 강변으로 내려가는 계단이 있는데 한적한 강변에 앉아 지나가는 유람선들을 가까이에서 바라볼 수도 있다.

**랑베르 저택의
수난**

오를레앙 강변로를 지나 베튄 강변로의 끝에서 왼쪽으로 돌아서면 섬의 중앙로인 생-루이 거리로 들어갈 수 있다. 겨울에 산책할 때 강바람이 너무 세게 불 때면 그 길로 들어선다. 그 길 양편에는 재미있는 상점들과 '우리들의 조상 골족' 등의 식당들이 줄지어 서 있다. 관광객을 상대로 하는 기념품 상점들이 점점 더 늘어나고 있기도 하다. 최근에 그 거리 2번지에 있는 랑베르 저택을 러시아의 부호가 사들여서 대대적인 보수 공사를 벌이고 있다. 그 집 앞에는 건축법과 문화재법 14개 항목을 심사한 결과 2009년 6월 11일자로 난 문화부장관 명의의 공사 허가장이 붙어 있다. 공사 기간은 36개월이고 2,027제곱미터의 공간에 40개의 공사가 이루어진다고 한다.

그러나 프랑스의 고건축을 연구하는 학자들에 따르면, 건물 지하에 큰 주차장을 만드느라고 역사적인 가치가 있는 건물의 계단 등 중요한 부분을 없애는 방식으로 보수 설계가 되어 있다는 비판이 일고 있다. 이런 비판을 의식해서인지 보수공사 허가장에는 문화부 총무과나 파리 시 건축과에 가면 심사한 서류를 볼 수 있다고 명기되어 있으며 01 43 25 34 34라는 공사 현장소장의 전화번호도 적혀 있다. 그 거리 12번지에는 1799년 가스를 사용한 조명의 원리를 발견한 필립 르봉이 살았다는 표지판이 붙어 있다(이 원리를 활용하여 1840년대에 파리의 가로등을 기름등에서 가스등으로 바꾼 사람이 오스만 직전의 파리 시장 랑뷔토다). 생-루이 섬의 중앙로에는 이 섬의 지위를 상징하듯 1726년 7월 14일에 봉헌된 생-루이 앙 일 성당이 고고한 자태로 서 있다.

생-루이 섬의 역사

생-루이 섬의 건물들에는 군데군데 대리석으로 된 팻말에 그 집에서 살았던 유명한 사람의 이름이 적혀 있다. 누가 언제부터 언제까지 이곳에서 살았다는 단순한 내용의 현판들이다. 현판들을 보면 1640년대에 지은 건물들이 즐비하다. 루이 13세는 사람이 살지 않던 생-루이 섬을 귀족들을 위한 저택들이 들어설 단지로 개발했다. 단지 조성 작업은 1614년에 시작되었고 대지가 정리되고 건축공사가 시작되어 1640년대에 이르면 거의 현재의 모습을 갖게 된다. 건물들의 외벽에 붙어 있는 현판에는 주인의 이름과 더불어 직함들이 적혀 있다. 피카르디 전쟁 당시 물품 보급자이자 콜베르의 동서, 루이 13세의 의사, 화가이자 왕태후의 시종, 루이 13세의 건축가, 콜레주 드 프랑스의 아랍 문화 교수, 국고 관리 책임자 등 루이 13세 당시 궁정을 드나들던 세도가 귀족들이 한 필지씩을 차지하여 사철 센 강 풍경을 즐길 수 있는 자리에 저택들을 건립했던 것이다(베니스, 스톡홀름, 암스테르담 등 물로 둘러싸인 섬들을 이어 만든 도시는 모두 바닷가에 있지만 파리의 생-루이 섬은 강물로 둘러싸여 있다). 그 후 19세기에 들어서 이곳에는 시인 보들레르, 화가 에밀 베르나르, 풍자화가 오노레 도미에, 조각가 카미유 클로델 등의 예술가들이 살았고, 20세기에 들어서는 퐁피두센터를 지은 퐁피두 대통령과 노벨상을 받은 퀴리 부인 등이 이곳에 살았다. 앙주 강둑 17번지에는 1657년에 지은 로죙 저택이 화려한 발코니를 자랑하며 서 있다. 이 집은 보들레르, 고티에, 라이너 마리아 릴케, 리하르트 바그너 등이 인생의 한 시절 머물렀던 장소로 유명하며, 한때 대마초 흡연자 클럽이 있었던 곳이기도 하다.

카미유 클로델의
아틀리에

생-루이 섬의 강둑을 걷다 보면 돌난간 위에 초록색 이끼가 끼어 있는 것을 발견할 수 있다. 세월의 흔적이다. 생-루이 다리를 건너 생-루이 섬을 우안과 이어주는 루이 필리프 다리를 건너기 직전에 오른쪽으로 방향을 틀면 부르봉 강변로가 나온다. 그 강변로 19번지 건물 외벽에는 보통 팻말보다 조금 큰 형태의 대리석 현판이 하나 붙어 있다. 이 석판을 바라볼 때마다 내 가슴은 찡하게 울린다. 이 집에서 로댕의 연인이자 폴 클로델의 누이이며 천재적인 조각가였던 카미유 클로델이 고통을 겪으며 창조의 뜨거운 불꽃을 태웠다. 어느 날 그 집 앞을 지나가는데 30대 여자가 대문을 열고 나오고 있었다. 열린 대문 사이로 정원의 나무와 큰 유리창이 나 있는 실내 공간이 보였다. 그녀는 1913년 불같은 젊음과 고통의 시간을 뒤로하고 이곳의 작업실을 떠나 아비뇽 근처의 작은 마을에 있는 정신병원에서 일생을 마쳤다. 조각가로 활동한 창조의 기간은 너무 짧았고 정신병원에서 보낸 암흑의 시간은 너무 길었다. 무려 30년이라는 세월을 정신병원에 갇혀 지내면서 그녀가 기다린 유일한 사람은 남동생 폴 클로델이었다. 〔폴 클로델은 중국과 일본 대사를 역임한 외교관이었는데 귀국할 때면 언제나 누나 카미유 클로델의 병원을 방문했다. 두 사람은 어린 시절부터 예술가적 기질이 통했고 서로를 잘 이해했다. 누나는 동생을 프티 폴(꼬마 폴)이라고 부르며 귀여워했다. 그 호칭은 누나가 세상을 떠날 때까지 변함없었다.] 집 앞 석판에는 그 오랜 암흑과 유실의 시간을 보내기 위해 이 집을 떠난 카미유 클로델의 사연이 짧게 적혀 있다.

카미유 클로델

1864~1943

조각가

카미유 클로델은 1899년에서 1913년 사이에 이 집의 정원 쪽으로 위치한 맨 아래층 아파트에서 살며 작품 활동을 했다.

1913년은 그녀가 예술가로서의 짧은 경력을 마감하고 긴 입원생활을 시작한 해이다. 대리석판의 맨 아래쪽에는 1896년에 카미유 클로델이 로댕에게 보낸 편지의 한 구절을 인용하고 있다.

항상 뭔가 빈 것이 있어 나를 괴롭힌다Il y a toujours quelque chose d'absente qui me tourmente.

그 글귀를 처음 읽는 순간 내 가슴속에 불꽃이 일어나듯 온몸에 전율이 느껴졌다. 어찌 카미유 클로델뿐이겠는가. 누구라도 인간이라면 결코 채워지지 않을 존재의 근원적 허무감을 벗어날 수 없을 것이다. 다만 그것을 덮어버리고 위장을 하고 속세의 흐름에 몸과 마음을 맡기고 살고 있을 뿐이다. 그러나 그 근원적 허무감과 정직하게 대면해 그것을 극복하기 위해 자기 나름의 시도를 계속할 때 종교와 예술과 학문이 탄생하고 진정한 삶이 만들어진다. 그 문장을 쓸 당시 카미유 클로델의 마음을 그려보면서 나는 부르봉 강변로를 걷는다. 거기에 서면 왼쪽으로는 시테 섬의 강둑이 보이고 오른쪽으로는 파리 시청과 샤틀레 극장의 모습이 보인다. 그리고 눈앞에는 센 강이 흐르고 있다. 고통으로 괴로워하며 그 고통을 조각하던 카미유 클로델도 때로 절망적인 상태가 되어 지금의 나처럼 한없이 답답한 마음을 달래기 위해 센 강변을 산책하였을 것이다. 강 건너편의 생-제르베 성당의 종탑에서 울리는 종소리를 들으며.

눈 내린 날 오후의 생-루이 섬

2010년 2월 10일 눈 내린 날 오후 5시에서 6시 사이에 나는 생-루이 섬의 생-레지 카페의 생-루이 다리가 바라보이는 창가 테이블에 앉아 있었다. 5시 23분 구름에 가렸던 태양이 나타나 눈이 부시다. 잠시 후 태양은 다시 구름에 덮인다. 구름은 짙은 회색인데 황혼 빛이 구름 사이에 언덕 모양의 선을 그리고 있다. 5시 36분, 다시 햇빛이 눈부시게 비친다. 해가 지고 있다. 몽파르나스 타워 위쪽에 있던 해가 불과 몇 분 사이에 건물 중간까지 내려왔다. 햇빛이 약해져서 선글라스를 끼지 않은 육안으로도

해를 바라볼 수 있다. 해는 선명한 형태가 아니라 여러 개의 동그라미가 겹쳐지는 모습으로 보인다. 해가 나에게 가까이 다가오는 것처럼 느껴진다. 5시 40분, 해는 점점 내려가 멀리 건물 지붕 위에 걸려 있다. 하늘의 구름들이 붉은 노을에 물들어 있다. 5시 42분, 해는 멀리 있는 건물 지붕 아래로 사라졌다. 해는 졌지만 아직 환하다. 점차 어둠이 내릴 것이다.

눈 내린 겨울 쌀쌀한 날씨의 저녁, 파리, 생-루이 섬. 나는 좌안의 집 굴뚝에서 솟아오르는, 노을 진 하늘 아래 솟아오르는 회색 연기를 바라본다. 갈매기들은 센 강 위 하늘을 날아다니고 추위에 어깨를 움츠리고 생-루이 다리를 건너오는 사람들은 발걸음을 재촉한다. 하늘에는 비행기가 사선을 그리며 날아올라간다. 비행기는 하늘에 황혼 빛 긴 꼬리를 달고 난다. 어린 시절 서울 하늘에서 보던 비행기가 생각난다. 이제 철새들이 무리 지어 전후좌우로 떼를 지어 날아다닌다. 모였다 흩어졌다를 반복하며 자유롭게 하늘을 수놓는다. 시적 풍경화다. 담배에는 니코틴이 들어 있고 파리에는 파리진이 들어 있다는데, 나는 파리진에 취해 카페의 벽 거울에 비치는 생-루이 다리의 모습과 눈앞의 실제 다리를 번갈아 바라본다. 거울 속에는 몽파르나스 타워도 보인다. 한참 들여다보면 무엇이 현실이고 무엇이 허상인지 모르게 된다.

6시 15분, 어둠이 내리기 시작한다. 카페의 카운터에는 동네 단골들이 와서 한 잔씩 마시며 이야기를 나눈다. 6시 20분, 거리 쪽에서 카페 앞 광장까지 줄지어 선 가로등에 불이 좌악 들어온다. 멀리 팡테옹 쪽 건물들이 어둠에 잠겨 검은 실루엣이 되고 몽파르나스 타워에 불빛이 하나 둘 늘어난다. 시테 섬 강변의 아파트들에도 하나 둘 차례로 불이 켜진다. 밝음에서 어둠으로 바뀌는 황혼의 순간. 6시 34분. 지나가는 행인의 수가 점점 줄어든다. 쌀쌀한 바람이 부는 추운 겨울날, 눈 내린 날 저녁. 사람들은 모자를 눌러쓰고 옷깃을 여미고 몸을 웅크리고 바쁜 걸음으로 귀가를 서두른다.

하늘을 날던 새들도 다 보금자리를 찾아갔는지 하늘에는 이제 검은 구름만 보인다. 멀리 건물 지붕 위에는 아직 희미한 황혼 빛이 남아 있다. 카페테라스의 햇빛을 가리는 차양이 바람에 흔들린다. 노트르담 사원 뒤 요한 23세 공원 안에 성모 마리아 상이 서 있는 분수대 꼭대기가 삼각형으로 보인다. 점차 어둠이 짙어진다. 젊은 여자가 자전거를 타고 생-루이 다리를 건너와 루이 필리프 다리 쪽으로 지나간다. 중년 남자가 오토바이를 타고 오를레앙 강변로 쪽으로 나간다. 무릎까지 오는 털신을 신은 여자가 바쁜 걸음으로 노트르담 쪽으로 걸어간다. 나도 의자에서 일어나 부르봉 강변로 쪽으로 나간다. 어둠 속을 흐르는 강물 소리가 들린다.

생-마르탱 운하
물길 따라 떠돌기

책이나 사람이나 음악을 평가할 때 나에게 떠오르는 즉각적인 질문은
그들이 리듬을 만들며 걸을 줄 아느냐는 것이다.
―니체

파리를 흐르는
또 하나의 물길

생-마르탱 운하는 1980년대 유학 시절에는 모르고 지냈던 장소 가운데 하나다. 처음 파리에 와서 14구의 학생 기숙사와 6구의 학교 사이를 오갔고 3년 후 파리 서남쪽 교외 세브르로 이사 간 해 여름에 저녁마다 파리를 돌아다녔지만 생-제르맹-데-프레와 센 강 중심부의 몇몇 다리를 건너다녔을 뿐이다. 1년 만에 세브르를 떠나 파리에서 남동쪽으로 20킬로미터 떨어진 그리니라는 교외에 살 때 주말이면 고속전철RER을 타고 생-미셸 역에 내려 노트르담과 라탱 구역 그리고 센 강변을 산책하다 돌아갔다.

현실적으로 공부에 바빴고 파리 중심부 너머에는 관심도 없었기 때문에 파리의 주변부는 미지의 세계로 남아 있었다. 1990년대 서울에서 활동할 때 두세 번 파리에 올 기회가 있어서 유학 시절 안 가보던 곳을 가본다고 햇볕이 내리쪼이는 무더운 여름날 오후 뷔트 쇼몽 공원과 생-마르탱 운하를 찾아온 적이 있었지만, 시간에 쫓기고 더위에 지쳐서 '장소'의 진가를 발견하지 못하고 그냥 한 번 스쳐갔을 뿐이다. 2002년 이후 두번째로 파리에 체류하게 되면서야 비로소 생-마르탱 운하와 그 주변의 매력을 음미하게 되었다.

생-마르탱 운하는 파리 동북부 10구와 19구를 가로지르며 흐르는 물길이다. 그러니까 파리에는 센 강과 생-마르탱 운하 이렇게 두 개의 물길이 있는 셈이다. 생-마르탱 운하는 센 강과 달리 규모가 작은 인공으로 만든 물길이다. 센 강이 파리의 중심부를 동서로 가로지르며 좌우 양안에 화려한 기념비적 건물과 장소들을 동반하며 흐른다면, 생-마르탱 운하는 파리 동북부의 서민들의 주거지를 남북으로 가르며 운하 양쪽으로 소박하게 사는 사람들의 동네를 끼고 흐른다.

빌맹 공원
가로지르기

생-마르탱 운하를 따라 걷기 위해 사람들이 보통 취하는 방법은 다섯 개의 지하철 노선이 만나는 레퓌블리크 광장 역에서 내려 포부르 탕플 거리를 거친 다음, 운하가 흐르는 길로 들어서는 경로다. 그런데 레퓌블리크 광장 주변은 언제나 사람들이 많이 오가는 복잡하고 혼잡한 장소다. 그래서 나는 다른 방법으로 생-마르탱 운하에 접근한다. 우리 동네에서 30번이나 32번 버스를 타고 파리 동역에 내려 한적한 빌맹 공원을 가로질러 동쪽으로 나가면 곧바로 운하가 펼쳐진다. 동역에서 걸어서 5분 거리이다. 2002년 처음 왔을 때만 해도 시커먼 세월의 때에 절어 있던 동역의 역사는 한참 동안의 공사 기간을 거쳐 맑은 모습을 되찾았다. 파리 동역에서는 프랑스 동부 스트라스부르를 거쳐 슈투트가르트, 뮌헨 등 독일을 통과해 동유럽 방향으로 가는 기차들이 출발한다. 1차 세계대전 당시에 동역은 동부전선에서 부상당한 군인들이 기차에 실려 도착하던 장소였다. 빌맹 공원 터에는 원래 그 부상병들을 치료하던 군대병원이 있었다. (공원 남쪽 레콜트 거리 쪽의 출입문 이마에는 '오피탈 밀리테르'라고 씌어져 있다. 군대병원 전에 그 자리는 수녀원이었다. 하나의 장소가 수녀원에서 군대병원 그리고 공원으로 변화를 거듭했다.)

  빌맹 공원에는 남녀노소를 위한 시설이 고루 갖추어져 있다. 어린이 놀이터에는 아이들을 유모차에 데리고 나온 엄마나 할머니, 보모들이 한가롭게 이야기를 나누고 있고, 철망이 쳐진 농구장에는 흑인, 백인, 아랍인 등 인종의 구별 없이 동네 젊은이들이 땀을 뻘뻘 흘리며 시합을 하고 있고, 야외 음악당 건물 근처의 벤치에는 나이 든 남자들이 심심한 표정으로 모여 있고, 레콜트 거리 쪽에는 두 개의 노란색 사각형이 기우뚱하게 서 있는 어린이집 건물이 있다. 똑바로 안정되게 서 있는 어른들의 집 사이에 15도 정도 기울어진 각도로 서 있는 노란색 건물은 아이들뿐만 아니라 어른들에게도 엷은 웃음을 자아내며 상상력을 자극한다. 2차 세계대전 때는 이 공원 가까이에 있는 비네그리에 거리에 독일 폭격기가 투하한 폭탄이 떨어져 사망자를 내기도 했다('비네그리에'는 '식초 제조 판매인'을 뜻한다). 그러나 오늘날 공원 옆의 레콜트 거리는 마냥 한가롭고 평화롭다.

생-마르탱 운하의 흐름새

사실 생-마르탱 운하는 파리 동북부를 가르는 운하의 일부분이다. 기차나 자동차를 통한 육로 수송이 발달하지 않았을 때 노르망디를 비롯한 파리 북쪽과 동쪽 지방의 농수산물을 파리로 운송하기 위해 인위적으로 조성한 물길이다. 운하는 12구 바스티유 광장 남쪽에 있는 아스날 항구에서 시작한다(원래 해군 선박을 위해 만들어진 이 항구는 센 강과 이어져 있다). 그러나 리샤르-르누아르 거리와 쥘 페리 거리를 지날 때까지 운하는 복개되어 있어 지상에서는 보이지 않을 뿐이다. 원래 19세기 초 나폴레옹 황제에 의해 공사가 시작되어 1825년 왕정복고 시대에 완공될 당시에는 노천 운하였는데 나폴레옹 3세의 제2제정 시기(1851~1870)에 복개공사가 이루어졌다. 2차 세계대전 후에는 현재 노천으로 있는 생-마르탱 운하도 복개할 계획이 있었는데, 주민들과 도시사회운동가들의 반대로 저지되었다. 생-루이 병원 근처에서 오른쪽으로 몸을 틀어 북진하다가 지하로 들어갔던 생-마르탱 운하는 바타유 드 스탈린그라드 광장을 지나면서 다시 지상으로 나온다(이 광장에는 프랑스혁명 이전 파리로 들어오던 모든 물건에 대해 세금을 걷던 세관 건물이 남아 있다).

지상으로 나온 물길은 길이가 1킬로미터쯤 되는 거대한 라 빌레트 저수조에서 갑자기 좌우로 폭이 확 넓어진다(이 저수조에 직접 가려면 지하철 2번선 조레스 역에 내리면 된다). 그러다가 크리메 거리를 지난 물길은 다시 좁아져 우르크 운하로 이름을 바꾼다(우르크 운하로 직접 진입하려면 지하철 5번선 우르크 역에서 내리면 된다). 그렇게 한참을 흐르던 물길은 두 갈래로 갈라져, 왼쪽으로 머리를 튼 운하는 생-드니 운하가 되어 북쪽으로 빠져나가고 우르크 운하는 라 빌레트 공원을 직선으로 가로지르면서 계속 같은 방향으로 흐르다가 팡탱 부근에서 동쪽으로 방향을 튼다. 그러니까 운하의 총 길이는 12킬로미터이고 그 가운데 생-마르탱 운하는 4.5킬로미터에 해당한다. 폭 27미터의 생-마르탱 운하에는 아홉 개의 수문이 설치되어 있어 배가 지나갈 때면 문이 열려 물 높이를 조정한다.

19세기에는 밀가루, 설탕, 과일, 채소, 육류, 건축자재 등을 운반하는 거룻배들이 다녔던 이 운하에는 오늘날 카노라마Canauxrama라는 이름의 유람선이 다닌다. 바스티유에서 이 유람선을 타고 지하 터널을 빠져 나와 생-마르탱 운하를 지나 라 빌레트 공원까지 갈 수 있다. 그러나 센 강변의 유람선과 달리 좁은 운하 길을 배를 타고 다니는 유람이 그리 시원스럽지는 못하다. 1997년 여름 파리에 왔을 때 시험 삼아 한 번 타보았는데, 여름이라 덥기도 했고 마침 수문에 문제가 생겨 배가 30분 이상 같은 장소에 머물러 있었다. 그때 답답함을 못 이긴 어떤 젊은 여자가 배 난간을 훌쩍 뛰어넘어 육지로 건너가서 담배 연기를 내뿜으며 유유히 사라지던 기억이 새롭다. 그 배에 같이 탔던 한 파리지엔느는 아침 일찍 바스티유 쪽에서 카노라마를 타고 올라오면 터널 안에 햇빛이 들어오면서 황홀한 풍경이 만들어진다고 가르쳐주었다. 그러나 그 이후 나는 그 유람선을 타본 적이 없다. 그 대신 버스나 지하철을 이용해 운하 근처에 도달해 내 발로 자유롭게 걸으며 물길 따라 산책하기를 즐긴다.

운하변의 오래된 카페
'앗모스페르'

나는 보통 빌맹 공원을 지나 오피탈 밀리테르 문으로 나와 레콜트 거리를 통해 운하로 나간다. 조용한 레콜트 거리를 즐기며 운하 쪽으로 걸어 나가면 운하 바로 앞에 두 개의 카페가 나타난다. 지난 몇 년 동안 나는 길 오른쪽에 있는 카페를 애용했다. 카페의 테라스에 앉아 운하 앞을 지나가는 사람들을 바라보곤 했는데, 어느 일요일 오후에는 리오넬 조스팽 전 총리가 그의 부인인 여성 철학자 실비안 아가셍스키와 나란히 자전거를 타고 지나가는 모습을 보기도 했다. 어느 날 그 카페가 문을 닫고 보수공사를 시작했다. 그래서 그 맞은편 카페로 들어갔다. 그 카페의 이름은 앗모스페르 Atmosphère다. 밖에서 보기와 달리, 이름대로 분위기와 정취가 있었다. 실내 맨 안쪽의 창가 테이블에 앉았다. 벽의 장식대 위에는 1930년대에나 만들어졌을 법한 나무상자로 된 오래된 라디오, 19세기 시골풍의 냄비, 물병 등이 놓여 있다. 그리고 벽에는 생-마르탱 운하의 옛 모습을 찍은 1930년대 사진이 두 장 붙어 있다. 왼쪽 벽의 사진에는 10여 명 정도의 노동자들이 서 있고 정장에 모자를 쓴 부르주아 남성과 아이를 데리고 있는 부르주아 여성이 운하 옆에 서 있다. 사진의 왼쪽 부분에는 운하 양안을 이어주는 다리의 모습과 통행세를 받는 세관의 모습도 보인다. 두번째 사진에는 운하 양안에 공장과 창고들이 즐비하고 높은 굴뚝도 보인다. 운하를 지나가는 거룻배는 짐을 잔뜩 싣고 있다. 카페의 유리창은 옛날 영화에나 나올 법한 꽃무늬 레이스 천으로 3분의 1쯤 가려져 있고 나무로 만든 테이블과 의자도 오래된 티가 역력하다. 벽에 붙어 있는 옷걸이, 시계, 거울, 라디에이터, 천장에 매달려 있는 전등갓 등도 고물상에나 가야 찾을 수 있는 물건들이다. 그래서 이 카페에 앉아 있다 보면 마치 1930년대로 돌아간 느낌이 든다. 40대로 보이는 카페 여주인의 말에 따르면, 이 카페는 1910년 그녀의 외증조할머니가 시작해서 외할머니, 어머니를 거쳐 자기에 이르기까지 여성 4대가 대를 이어서 계속하고 있는 카페라고 한다. 그래서 이 카페는 아주 오래된 파리 카페의 편안한 분위기를 그대로 간직하고 있다.

둑길 위의 사람들

카페를 나오면 바로 생-마르탱 운하의 발미 둑길이다. 봄 햇살이 따스해지기 시작하면 나뭇잎에 새싹이 돋아나고 여름이 오면 시원한 옷을 입은 남녀가 운하 옆에 앉아 해바라기를 한다. 모든 사람이 바캉스를 떠나 한가해진 8월이면 동네 할아버지들이 낚싯대를 드리우기도 하고 눈이 내린 겨울날 저녁 동네 아주머니가 개를 데리고 산책하기도 한다. 동네 사람들뿐만 아니라 근처의 의상학교, 사진학교, 중·고등학교 학생들이 점심시간이 되면 운하 둑길에 걸터앉아 바게트에 치즈와 햄을 넣은 샌드위치를 먹기도 하고 방과 후에는 친한 친구들끼리 모여 수다를 떨다 가기도 한다. 장난치는 청소년들, 책 읽는 남자, 포옹하는 청춘 남녀들의 모습은 운하가 물건을 실어 나르는 물길이면서 동시에 얼마나 유용한 휴식의 공간인가를 잘 보여준다. 주말에는 다른 동네 사람들도 많이 오고, 선거철에는 각 정당 사람들이 나와서 선전문을 돌리며 사람들을 붙잡고 이야기를 나누기도 한다. 주말에는 흑인 성가대가 와서 운하 옆에 가지런히 서서 가스펠 송을 부르며 선교 활동을 하기도 한다. 그 흑인 성가대가 선거철에 선교를 위해 준 전단에는 "예수님은 이미 당선되었다"라는 문장이 쓰여져 있었다.

발미 둑길에는 외벽에 파스텔 톤의 노랑, 연두, 핑크, 베이지색 등을 칠한 상점들이 늘어서 있어 밝고 다양한 분위기를 만들어주며 동심으로 돌아가게 해준다. 운하에는 대여섯 개의 인도교가 서 있다. 인도교의 자그마한 규모는 운하의 폭과 잘 어울려 한적한 마을 분위기를 만들어준다. 그 다리 위에 올라서면 운하의 물길을 굽어볼 수 있다. 배가 지나갈 때면 수문이 열려 수위가 조정되면서 배가 통과하는 모습도 볼 수 있다. 평소에 자동차가 지나다니던 다리는 물길 따라 내려온 배에 길을 내준다. 지상의 다리가 반 바퀴 돌면서 운하를 연결시키는 동안 사람들과 자전거, 자동차는 일시 정지해서 배가 지나가기를 기다려야 한다. 나무 바닥이 깔린 인도교를 건너면 장마프 둑길이다. 운하의 양안에는 카페, 서점, 식당, 옷가게, 액세서리 상점 등이 늘어서 있는데 좌안과 우안의 분위기가 다소 다르게 느껴진다. 레퓌블리크에 가까운 발미 둑길이 좀더 밝고 상업화된 데 비해 장마프 둑길은 안정된 반면,

다소 가라앉아 있다. 그러니까 기분에 따라 운하 양안을 오갈 수 있다. 운하 양안을 건네주는 다리들은 전망대 역할도 한다. 다리에 올라서면 멀리 전후 좌우를 다 바라볼 수 있다(복구된 청계천을 생각나게 하는 이 다리를 건널 때면 1960년대와 1970년대에 서울의 종로, 광화문, 신문로 등에 세워졌던 육교가 떠오르기도 한다. 그러나 그때 육교 밑에는 물이 아니라 자동차들의 물결이 지나갔다).

'북호텔'
이야기

그 둑길을 따라 남쪽으로 조금 걸어 내려가다 보면 102번지에 도달한다. 이곳이 마르셀 카르네 감독이 만들고 루이 주베와 아를레티가 주연한 영화 「북호텔」의 배경이 된 바로 그 호텔이다. 영화는 어느 가난한 부부가 어느 날 유산을 받아 산 이 동네의 허름한 호텔에서 시작된다. 이 호텔은 가난하고 뿌리 뽑히고 어렵고 고단한 삶을 살아가는 사람들을 주요 고객으로 삼고 있다. 그들의 공통점이란 모두 이 허름한 호텔의 장기 투숙자라는 점이다. 영화는 그들의 다양한 삶의 모습을 보여주다가 이 호텔이 철거를 당하면서 뿔뿔이 흩어지는 것으로 끝난다. 이 영화의 원작은 외젠 다비가 1929년에 발표한 소설이다. 그의 부모는 그가 어린 시절 선원들을 고객으로 하숙집을 운영했는데, 그 시절의 체험이 이 소설의 바탕이 되었다고 한다. 그는 북호텔의 분위기를 다음과 같이 묘사했다.

북호텔의 창가에 서면 생-마르탱 운하, 거룻배를 기다리는 수문들, 공장들과 부속 건물들이 보인다. 트럭들이 라 빌레트 저수조를 향해 올라가기도 하고 포부르 탕플 방향으로 내려가기도 한다. 이곳에서 멀지 않은 곳에 동역과 북역이 있다. 저녁이면 수문에서 떨어지는 단조로운 물소리가 들린다. 물길이 고요해지고 인적이 그치면 다소 음울한 분위기가 된다. 레옹-폴 파르그와 쥘 로맹은 이런 분위기를 즐기려고 이 동네로 발걸음을 옮기곤 했다. 북호텔은 그랑주 오벨 거리 부근에 자리 잡고 있다. 석회 반죽을 바른 허술한 기둥의 오래된 건물인데 거기에는 트럭 운전사, 뱃사람, 석공, 목수, 사환, 젊은 노동자들이 산다. 60여 명의 사람이 아침 7시경 호텔을 떠났다가 저녁이면 이곳에 잠자리를 찾아 들어온다. 그들은 무미건조하고 비좁고, 겨울이면 춥고 여름이면 숨이 막히는 방에 기거하고 있다. 복도는 습기가 차 있고 계단은 가파르다.

  아무 특별한 일 없이 하루가 가고 일주일이 지나간다. 매년 52번 돌아오는 일요일이면 사람들은 외출을 한다. 그날은 전차를 타려고 뛸 필요도 없고 지하철에서 부대끼지도 않는다. 정오에는 조용하게 점심 식사를 하고 저녁에는 영화관에 간다. 그리고 다시 한 주가 시작된다. 가끔 밤 외출을 하면 늦게 들어오지만 아침 6시면 일어나야 한다. 그날의 노동이 그들을 기다리고 있다. 북호텔에는 카페가 하나 있다. 사람들은 거기서 만나고 그곳에서 주사위 놀이나 카드놀이를 한다. 거기서 정치 이야기를 나누고 그곳에서 수문 관리 노동자와 마부와 택시 운전사를 만난다. 사람들은 어깨를 마주하며 술을 마시고 기침을 하고, 소리 내어 웃기도 한다. 그리고 호텔 주인의 기분이 괜찮을 때면 큰 소리로 노래를 부르기도 한다. 토요일에는 늦게까지 카드놀이를 한다. 다음 날 일요일은 휴일이기 때문이다.

문학적 상상력을 촉진시키는 생-마르탱 운하 주변의 독특한 분위기는 프랑스 추리소설의 대가 조르주 심농에게도 소설의 소재를 제공했다. 그는 100권이 넘는 『형사 메그레』 연작을 통해 프랑스의 수많은 도시와 농촌을 배경으로 귀족, 부르주아, 농민, 노동자, 소상인, 부랑자와 거지, 지식인 등 다양한 계층의 사람들을 등장시키는 범죄 사건을 통해 인간 내면의 숨은 동기들을 찾아내려고 애썼다. 그래서 파리 동북부 서민 동네인 생-마르탱 운하 부근이 그의 소설에 배경으로 등장하는 것은 너무나 당연하게 보인다. 제목이 생각나지 않는 그가 쓴 어느 소설은 안개가 낀 어느 가을날 새벽 생-마르탱 운하 발미 둑길에 변사체가 발견되는 것으로 시작한다.

1990년 부동산업자들이 낙후된 북호텔 건물을 헐고 아파트를 지으려고 할 때 동네 주민들과 파리 시민들이 반대운동을 벌인 것은 이 장소에 스며 있는 기억과 관련되어 있다. 부동산업자들은 영화에 나오는 호텔 장면은 현장이 아니라 세트에서 촬영한 것이라고 주장했지만, 주민들과 시민들은 단지 북호텔만이 아니라 동네의 분위기와 문학 정신을 살리기 위해서 철거에 절대 반대했다. 결국 북호텔은 허물어지고 임대용 건물이 지어졌지만 외벽에 '북호텔Hotêl du Nord'이라는 글씨를 쓰고 원래의 분위기를 최대한 살렸다. 새로 지은 건물의 1층에는 다행히도 산보객이 커피 한 잔을 마시며 쉬어 가기에 좋은 분위기 있는 카페가 있다.

생-마르탱 운하 주변의 변화

20세기 후반 들어 물길을 통한 운송량이 줄어들자, 생-마르탱 운하가 10구의 동서 양쪽을 분할하고 있어 지역 발전에 해가 된다는 이유로 운하를 복개한다는 계획이 발표되었다. 그러나 주민들과 시민단체들의 반대로 19세기 운하의 분위기가 그대로 유지되고 있다. 이제 운하는 운송보다는 이 동네의 분위기를 만들어주는 공원의 기능을 하고 있다. 동네 사람만이 아니라 파리의 다른 지역에 사는 사람들도 주말이면 일부러 이곳을 찾아온다. 일상의 분주함을 벗어나 이곳에 오면 마음이 느슨하게 풀어지고 휴식 모드로 들어간다. 물길이 넓은 센 강변은 탁 트여서 시원한 느낌을 주지만, 좁은 물길의 생-마르탱 운하변은 안온한 느낌을 준다. 편안한 마음으로 운하변을 걷다 보면 영감이 떠오르기도 한다. 그래서 이곳은 시인 보들레르가 즐겨하던 산책의 장소였다. 운하 오른쪽의 앙리 4세 때 지은 생-루이 병원이 있는 지역은 원래 파리 성문 밖이었는데, 1860년 파리에 편입되었다. 그 병원은 몇 년 전 400주년 기념행사를 했다. 17세기 초에 지어진 이 병원은 페스트가 발생하면 외부와 격리된 채 살 수 있도록 지은 자급자족적 공동체였다. 그래서 사방이 막힌 벽의 형태로 건물들이 배치되어 있고 가운데에는 자급자족을 위한 채소와 과일을 키우는 밭이 있었는데, 오늘날에는 잔디가 깔린 정원이 되어 환자들의 휴식 공간으로 쓰이고 있다.

19세기에서 20세기에 이르기까지 도시 서민들이 모여 살던 이 동네 부근은 요즈음 부르주아 보헤미안들이 선호하는 동네가 되었다. 공장 창고나 작업실 등을 개조해서 아틀리에로 쓰는 화가, 디자이너, 건축가, 조각가 등 문화 엘리트들이 늘어나고 있다. 이미 1990년대부터 우르크 운하 쪽에는 과거에 창고나 공장이 있던 장소들이 철거되고 고층 아파트들이 들어섰으며 생-마르탱 운하 쪽에도 몇몇 허술한 건물들이 철거되고 새 건물들이 들어섰다. 헌 집을 사서 새로 수리한 다음 집값을 올리는 일도 일어나고 있다. 그런 과정을 거쳐 가난한 옛 주민들은 쫓겨나고 돈 있는 사람들이 새 주인으로 들어오게 된다. 2005년 겨울에는 이런 분위기에 대한 저항으로 생-마르탱 운하 양안에 노숙자들이 텐트를 치고 정부에 공공 주거대책을 마련해줄 것을 촉구했다. '돈키호테'라는 이름의 빈민운동단체는 근처에 임시 천막 식당을 치고 이들을 도왔으며, 피에르 신부가 만든 빈민운동단체 에마위스 또한 여기 가세하자 정부는 결국 파리 교외 임시 주거 단지를 만들어 갈 곳 없는 사람들에게 살 곳을 제공했다.

티옹빌 거리의 추억

앞서도 이야기했지만 생-마르탱 운하는 라 빌레트 저수조를 지나 우르크 운하로 연결되면서 라 빌레트 공원을 가로지른다. 그래서 많은 경우 생-마르탱 운하를 산책하는 날 나의 산책은 우르크 운하로 연장된다. 행정구역상으로는 10구에서 19구로 발걸음이 넘어서는 것이다. 우르크 운하의 물길을 따라 걷다 보면 머릿속에 1980년대 유학생 시절이 슬며시 떠오르기도 한다. 그 당시 운하 옆에서 한 블록 들어간 티옹빌 거리에 설탕 창고인지 밀가루 창고인지를 개조해서 만든 건축가 정기용 선생의 아틀리에가 있었는데, 그의 처남이자 나의 친구인 김무경이 그 넓은 아틀리에의 한구석을 막아 만든 방에 살았다(현재 티옹빌 거리에는 1980년대 있던 오래된 창고 건물들이 다 철거되고 새로 지은 아파트들이 들어서 있다). 당시 사회학, 경제학, 건축학 등을 공부하던 친구들이 한 달에 한 번씩 모여 발표와 토론을 하곤 했는데, 언젠가 그 아틀리에에 모여서 토론을 마치고 운하 위의 크리메 다리를 건너 지하철 7번선 크리메 역에서 지하철을 타고 돌아왔던 기억이 난다. 그날이 아마도 파리의 운하를 내 발로 건넌 첫번째 날일 것이다(나는 요즘에도 가끔씩 크리메 다리를 건너면서 지나간 그 시절과 더불어 그 다리를 걸어 올라오는 시인 자크 프레베르의 유명한 사진을 떠올리기도 한다. 그 사진은 로베르 두아노가 1955년에 찍은 사진으로, 그 다리를 지금 건너보아도 그때와 거의 비슷한 분위기를 느낄 수 있다).

라 빌레트 공원의
'광기'

티옹빌 거리를 빠져나와 계속 걸으면 이내 라 빌레트 공원으로 이어진다. 이 대규모의 공원은 과거 공용 도살장으로 사용하던 장소인데 포잠박이 설계한 고전음악 공연장 시테 드 라 뮈지크 앞에는 커다란 소 시장이 있었다고 한다. 옛날식 유리와 철 기둥으로 만든 소 시장은 원래 모습 그대로 보존되어 문화행사장으로 쓰이고 있다. 공원에는 산업과학박물관이 있고, 둥근 천체 관측소 지붕 모양을 하고 있는 제니트라는 이름의 공연장도 있으며, 지하로 연결되는 대나무 숲도 있다. 공원의 풀밭 한쪽에는 둥근 반원 모양의 조형물이 서 있는데 그 부근에는 초대형 자전거 안장 같은 조형물도 있다. 그곳에 처음 가본 날 그 두 개의 조형물이 땅속에 묻힌 실제 자전거보다 몇 배 더 큰 척도의 거대한 자전거의 일부분임을 알아차리는 순간 "아하!" 하는 탄성이 터지기도 했다. 라 빌레트 공원에는 건축가 베르나르 추미가 만든 '라 폴리'라고 불리는 붉은색의 조형물 스무 개가 리드미컬하게 배치되어 있다. 서로 비슷하면서 각각 다르게 생긴, 차이를 만들면서 반복되는 이 조형물은 어린이를 위한 교육 장소, 서점, 공연장, 회의장 등 다양한 용도로 쓰이는데, 자크 데리다의 해체주의 철학 이론을 건축으로 표현한 것이라고 한다. 나는 긴 물길을 따라 걷느라고 피곤해진 다리에게 휴식의 시간을 주기 위해 시테 드 라 뮈지크에 붙어 있는 현대식 카페에 앉아서 차 한 잔을 마신다. 그때 어디서 많이 본 듯한 얼굴의 노신사가 지나간다. 프랑스 현대음악을 대표하는 작곡가이자 지휘자인 피에르 불레즈다. 아마도 시테 드 라 뮈지크에 볼일이 있는 모양이다. 카페에서 휴식을 마친 나는 그만 자리에서 일어나 장 조레스 대로로 나와 포르트 드 팡탱 지하철역에서 5번선 지하철에 몸을 싣는다. 그러면 지하철은 나의 발이 되어 내가 원하는 곳으로 나를 데려다줄 것이다.

사라진 비에브르 강의
흔적을 찾아서

> 내가 쓰려는 것은 사람들이 보통 주의를 기울이지 않는 것,
> 눈에 확 띄지 않는 것, 별로 중요하지 않은 것,
> 시간과 사람들과 자동차와 구름이 지나가는 것을 제외한다면
> 아무 일도 일어나지 않을 때 일어나는 일들이다.
> ── 조르주 페렉, 『파리의 어느 장소에 대한 완벽한 기록의 시도』

지하철
6번선을 타고

파리에서 자동차 없이 살다 보니까 걷기와 더불어 대중교통수단을 최대한으로 이용하게 된다. 우리 동네에는 지하철 6번선이 지나가고 22번, 32번, 63번, 52번, 72번, 이렇게 다섯 개 버스 노선이 지나간다. 버스로 말하자면 63번을 가장 많이 이용한다. 라 뮈에트의 란느라그 공원과 리옹 역 사이를 운행하는 63번 노선은 트로카데로와 알마마르소를 지나 센 강변으로 들어서 케도르세와 팔레 부르봉을 지난 다음 내가 즐겨 다니는 생-제르맹-데-프레와 오데옹, 카르티에 라탱을 지나가기 때문에 버스 노

선 가운데 가장 많이 이용한다. 파리에서 도로가 좁은 구역은 일방통행으로 설정되어 있기 때문에 버스 노선이 올 때와 갈 때가 달라지는 구간이 있다. 63번 버스의 경우 리옹 역에서 출발하여 라 뮈에트 방향으로 갈 때는 내가 자주 다니는 생-쉴피스 광장 앞에 서기 때문에 집으로 돌아올 때 많이 이용한다. 그러나 집에서 나올 때는 지하철 6번선을 가장 많이 이용한다. 일단 약간 경사진 파시 언덕을 걸어 내려가는 일이 자연스럽게 느껴진다. 지하철역으로 내려가는 계단 옆으로 나무들이 서 있어서 기분이 상쾌하고 지하철 노선이 하나만 지나가기 때문에 언제나 한가한 편이다. 지하철을 타면 하늘이 넓게 펼쳐지고 바로 센 강이 나온다. 그러면 답답했던 마음도 스르르 풀리기 시작한다. 비 내리는 센 강도 좋고 바람 부는 센 강도 좋다.

  지하철은 세브르-르쿠르브 역을 지나 파스퇴르 역에서 지하로 들어가 에드가 키네 역, 몽파르나스 역, 라스파이 역, 당페르-로슈로 역을 지나 생-자크 역에서 다시 지상으로 나온다. 나는 지상으로 나와 있는 생-자크 역, 글라시에르 역 그리고 코르비자르 역에 내려 그 주변 동네를 산책하기를 좋아한다. 생-자크 역에 내리면 몽수리 공원 쪽이나 발 드 그라스 쪽으로 걷고, 글라시에르 역에 내리면 상테 거리를 걷고, 코르비자르 역에 내리면 뷔트 오 카이 언덕으로 올라간다. 코르비자르 다음 역인 플라스 디탈리 역에 내리면 13구 구청이 있다.

프랑스 퀼튀르 방송의
'메트로폴리탱'

나의 파리 생활에서 라디오 청취가 중요해졌다. 그 가운데서도 FM 93.5 프랑스 퀼튀르 방송을 가장 많이 듣는다. 공영방송이라 광고도 없을뿐더러 프랑스를 대표하는 각 분야의 학자, 지식인, 문화예술인들이 줄지어 나와 세상의 모든 주제에 대해 이야기한다. 파리 시내를 많이 걸어 다니다 보니까 차츰 도시와 건축에 대한 관심이 생겼고, 특히 매주 수요일 아침 10시에서 11시 사이에 하는 「메트로폴리탱」이란 프로그램을 즐겨 듣게 되었다. 진행자인 건축평론가 제라르 샬랭은 건축가, 도시계획가, 건축평론가, 도시 관련 업무 담당 공무원, 지리학자, 도시를 연구하는 역사학자와 인류학자, 사회학자, 철학자 등을 초청하여 이야기를 나눈다. 건축이나 도시와 관련된 전시회, 책, 강연회, 토론회, 잡지 특집 등을 소개하는 코너도 마련되어 있다. 어느 수요일 아침 이 방송에 귀를 기울였더니 지금은 사라져 눈에 보이지 않는 비에브르 강에 대한 이야기를 하고 있었다.

비에브르 강은 파리 13구에서 5구를 거쳐 센 강과 합류하던 강이었다. 5구의 모베르-뮈티알리테 광장에서 센 강 쪽으로 나가는 길 가운데 비에브르 거리가 있다. 그곳에 가면 강의 모습은 보이지 않고 강의 이름만 남아 있다. 14세기 초 단테가 파리에 머물 때 이 거리에 살면서 『신곡』을 집필하기 시작했으며, 19세기 말에는 파리의 밤 이야기를 쓴 니콜라 레티프가 이 거리에 살기도 했다. 1980년대와 1990년대 14년에 걸쳐 집권했던 프랑수아 미테랑 대통령의 사저가 있던 곳도 이 길이다. 1980년대 유학생 시절 이 길 양쪽 입구에는 경찰들이 바리케이드를 치고 지키고 있었으나 지금은 자유로운 출입이 가능해졌다.

비에브르 거리를 지난 강은 노트르담 사원의 뒤쪽에서 센 강과 합류했을 것이다. 겨울이면 파리 외곽을 흐르던 비에브르 강에서 얼음을 채취해 파리로 가져오기도 하였다. 그러한 흔적은 글라시에르 길이라는 길 이름과 지하철역 이름으로 남아 있다('글라시에르'는 '얼음 창고'라는 뜻이다). 비에브르 강은 국립가구공장과 생고뱅 양탄자 공장을 지나 염색업자들이 많이 몰려 있던 무프타르 거리로 들어서면서 오염되었다. 그래서 도심에서부터 점차 복개되다가 1912년에 이르러서는 시야로부터 완전히 사라졌다.

라디오 방송에서는 20세기 초에 비에브르 강이 지상에서 사라지는 과정과 아직 남아 있는 강의 흔적을 추적한 르노 카뇌와 장 앙케르 두 사람이 나와 자신들의 지역 답사 과정을 재미있게 이야기하고 있었다. 서로 친구 사이인 두 사람은 퇴직 이후 재미있고 보람 있는 일을 찾다가 자기 동네의 역사를 연구하는 향토사학자가 되었는데 여러 문서를 뒤지고 현지를 발로 답사하면서 비에브르 강의 흔적을 찾아낸 결과를 책으로 출판하였다. 방송을 들으면서 13구 일대의 비에브르 강이 흐르던 지역들이 어렴풋이 머릿속에 그려졌다. 그리고 언제 한번 그 사라진 하천 주변을 산책하고 싶다는 생각이 들었다. 그러다가 어느 가을날 오후 드디어 사라진 비에브르 강 탐사에 나섰다. 하늘은 푸르고 공기는 청명하고 발걸음은 가벼웠다.

에티엔
출판 기술학교

지하철 6번선 코르비자르 역 근처는 비에브르 강이 흐르던 곳이다. 이 역에서 내려 오른쪽으로 길을 건너 오귀스트 블랑키 대로로 올라오면 넓은 정원을 앞에 둔 건물이 나온다. 1896년에 만들어진 산업디자인 학교 건물이다. 처음에는 책을 만들기 위한 이론과 기술을 가르치던 출판 계통의 직업학교였다. 지금도 그 전통이 일부 남아 있다. 학교 이름은 16세기 유명한 인쇄업자 집안인 에티엔 가문의 이름을 따라서 시립 에티엔 기술학교라고 되어 있다. 정원을 지나 건물 안으로 지나가면 곧바로 오래된 묵직한 인쇄기가 전시되어 있고 그 옆에 동상이 하나 서 있다. 에티엔 상인가 하였더니 아벨 우블라크라는 인물의 동상이다. 그는 원래 인류학 교수였는데 13구 국회의원으로 활동하면서 이 학교의 창립을 주도했다고 한다. 건물 복도에는 책 디자인과 다양한 산업디자인 작품들이 진열장 안에 전시되어 있다. 그리고 건물 안쪽의 중정에는 학생들의 모습이 보인다. 그곳에 실습실이 있는데 1,200제곱미터나 되는 그 건물의 철로 된 지붕의 구조물은 1889년 파리의 상징물인 에펠탑을 만든 에펠이 창업한 라발루아-페레 회사에서 시공한 것이라고 한다.

혁명가 오귀스트 블랑키의
흔적

이 학교에서 길을 건너 오귀스트 블랑키 대로를 걷

다 보면 25번지 건물 외벽에 길 이름의 장본인인 블랑키가 살았음을 알리는 현판이 붙어 있다. 돌로 된 작은 현판에는 다음과 같은 안내의 글이 씌어져 있다.

> 이 집에는 위대한 혁명가 오귀스트 블랑키가 1879년 마지막 감옥생활에서 풀려나와 1881년 1월 1일 사망할 때까지 살았다. 40년 동안의 감옥생활에도 불구하고 그는 노동계급에 대한 일관된 헌신을 굽히지 않았다. 그의 모범적 활동과 가르침은 1848년 혁명과 1871년 파리코뮌의 영웅들에게 영감을 불러일으켰다.

블랑키가 1805년생이니까 76년의 생애 가운데 40년을 감옥에서 보내고 36년을 감옥 밖에서 활동한 셈이다. 36년에서 성장기를 제외하고 나면 성인이 되어서는 인생의 거의 대부분을 감옥에서 보낸 셈이다. 발터 벤야민이 "19세기의 어느 누구도 블랑키가 지닌 혁명가로서의 권위와 비교할 만한 권위를 갖지 못했다"라고 썼듯이, 블랑키는 19세기 프랑스 노동운동과 사회주의 운동을 상징하는 인물이 되었다. 블랑키는 1871년 파리코뮌에 참여한 이후 감옥에 들어갔다가 특사로 풀려나서 이 집에서 삶의 마지막 순간들을 살다가 세상을 떠난 것이다. 이 건물은 지금 메르퀴르 호텔로 바뀌어 있다. 가장 싼 방값이 하루 125유로이다.

블랑키의 마지막 거처에서 멀지 않은 곳에 파리코뮌의 마지막 격전지인 뷔트 오 카이 언덕이 있다. 오귀스트 블랑키 대로를 걸어 내려가다 보면 다시

코르비자르 지하철역에 도착하는데, 왼쪽에 아파트 단지 사이로 난 길이 하나 있다. 길 이름은 사진의 역사 초창기에 나오는 외젠 아제이다(한국에서는 외젠 아제라고 표기하라는데 실제로 프랑스 사람들은 "으젠느 아젯"이라 발음한다). 계단으로 된 길을 걸어 올라가면 곧 작은 공원이 나오는데, 공원 이름은 브라사이 공원이다. 아제가 19세기 말에서 20세기 초 변하는 파리의 모습을 기록으로 남긴 사진작가라면, 브라사이는 헝가리 출신의 사진작가로 1930년대부터 분위기 있는 파리의 구석구석을 예술사진으로 남겼다. 공원을 지나면 '생크 디아망' 거리가 나오는데 다섯 개의 다이아몬드 거리란 뜻이다. 그러나 거리의 분위기는 다이아몬드의 화려함과는 거리가 멀다. 약간 허름하고 소박한 분위기의 이 거리를 걸어 올라가다 보면, 오른쪽에 파리코뮌의 정신을 알리기 위해 활동하는 시민단체의 사무실이 있다. 이 단체는 책 출판, 파리코뮌 유적지 답사 프로그램, 전시회 기획 등을 통해 파리코뮌의 저항 정신을 시민들에게 알리는 작업을 하고 있다.

그 길과 뷔트 오 카이 길이 만나는 곳에 조그만 광장이 하나 있고 광장 주변에는 카페, 식당, 아랍 식료품 상점, 신문 및 담배 파는 가게 등이 올망졸망 모여 있다. 언덕의 정상에 있는 이 광장의 카페에는 동네에 사는 예술가, 장인, 노동자, 젊은이들이 자리를 차지하고 자유롭게 이야기를 나누는 모습을 볼 수 있다. 언덕 주변에는 2~3층 높이의 작고 예쁜 집들이 줄지어 서 있는데, 19세기 후반 소규모 작업장의 장인들과 노동자들이 모여 살던 동네라고 한다. 이 언덕은 1871년 파리코뮌 당시 정부군과 시민군 사이의 마지막 격전지 가운데 하나였고 1968년 5월운동 이후 자유로운 정신의 진보적 지식인, 예술가들이 대거 몰려와 이 동네 특유의 자유롭고 저항적인 분위기를 만들어놓았다. 해발 63미터 높이의 완만한 언덕인 뷔트 오 카이 주변에는 지금도 문화예술 쪽에서 일하는 자유로운 정신을 추구하는 사람들이 많이 살고 있다. 언덕 주변을 걸어 다니다 보면 아틀리에, 건축사무소, 실내장식점 등이 눈에 띈다. 나는 주로 오후 3시경에 이곳을 찾아 카페 '생크 디아망'에 자리 잡고 앉아서 에스프레소 커피를 한 잔 마시고 동네에서 산 『르 몽드』 신문을 펴서 읽다가 자리를 뜨곤 한다.

지금은 사라진
그때 그 사람

이탈리아 광장 부근에는 노동계급과 관련된 또 하나의 의미 있는 유적이 있다. 1920년대 초 훗날 중국 공산당 지도자가 된 저우언라이가 노동자로 일하던 시절에 살았던 집이다. 뱅상 오리올 대로의 이면도로인 고드프루아 거리 27번지에 있는 이 집에는 저우언라이와 마르세유 근처에서 일하던 덩샤오핑이 때로 파리에 올라왔을 때 함께 머물기도 했던 곳이다. 1979년 화궈펑 중국 공산당 주석이 프랑스를 공식 방문했을 때 당시 파리 시장이었던 자크 시라크가 지스카르 데스탱 대통령과 함께 이곳에 기억을 위한 현판을 붙였다고 한다. 이 집 앞을 지나다보면 생각나는 사람이 있다. 1980년대 나의 유학 시절 당시였다. 나보다 먼저 1970년대 초에 유학을 와서 이미 10년 정도 정치학을 공부하고 있던 유재현 선생이다. 이 부근에 살고 있던 유 선생의 안내로 저우언라이의 집을 처음 가보았던 것이다. 당시 유신체제에 대해 비판적 입장을 견지하고 있던 유 선생과 함께 고블랭 거리에 있는 이탈리아 식당에 갔던 일과 부근의 영화관에서「여자를 사로잡는 남자」라는 영화를 함께 본 기억도 난다. 그때 나는 유 선생이 살던 집에서 멀지 않은 14구의 주르당 거리에 있는 국제학생기숙사에 살고 있었는데, 유 선생과 나는 기숙사의 작은 방에서 밤이 깊도록 참된 삶과 올바른 정치에 대해 이야기를 나누곤 하였다. 그 후 유 선생은 파리 북쪽의 교외로 이사 갔고 어쩐 이유로 해서 소식이 끊어져 지금은 어디서 무얼 하고 사는지 알 길이 없다.

약수터와 수영장의 물 이야기

뷔트 오 카이 언덕을 동쪽으로 내려오면 보비오 거리가 나오고 거기에 작은 광장 하나가 나타난다. 그곳에 동상이 하나 서 있다. 동상 밑에는 1860년에서 1885년까지 극동에 있는 튀엔-퀴안을 지키다 사망한 보비오 상사와 그의 부대원들에게 바친다는 글이 씌어져 있다. 보비오의 동상과 관련하여 프랑스가 제국주의 시절 중국이나 베트남에 가지고 있던 땅을 수호하던 이야기가 있을 법한데 그 이상의 이야기는 찾아볼 수가 없다. 프랑스가 베트남을 식민지화한 해가 1862년이니까 보비오 상사는 그 당시에 활약한 군인이었던 모양이다. 아시아 사람들이 많이 사는 이 동네에 아시아를 침략한 제국주의 군대의 영웅 동상이 서 있다는 게 어울리지 않는다는 생각이 든다.

동상이 서 있는 광장에 현대식으로 만들어놓은 베를렌이라는 시인의 이름을 붙인 약수터가 있다. 여기서부터 사라진 강의 흔적을 추적할 수 있었다. 2001년 2월에 준공한 이 약수터의 역사는 19세기로 거슬러 올라간다. 1863년 파리 시장 오스만은 이곳에 대대적인 지하수 우물 공사를 허가하였다. 비에브르 강의 유량을 줄이고 13구 주민들의 물 수요에 대응하기 위한 공사였다. 그러나 1871년 파리코뮌이 일어나면서 공사는 지하 532미터에서 중단되었다. 그로부터 20여 년이 지난 1892년 공사가 재개되어 1902년에 지하 582미터의 지하수 층에 도달하였다. 그곳에서 유황 성분이 약간 있으며 섭씨 28도의 미지근한 물이 하루 6,000세제곱미터씩 분출하였다. 그러나 그 후 비에브르 강이 복개되고 주민들이 집에 상수도 시설을 갖추게 되면서 우물의 효용성이 없어졌다. 그래서 비에브르 강과의 연결공사가 백지화되고 1924년 그 물을 사용하여 수영장과 공중목욕탕이 만들어졌다. 당시로서는 지역 주민들의 공중위생을 위해 처음 만들어진 시설이었다. 수영장 정면 벽에는 돌로 된 현판이 하나 붙어 있다. 1943년에서 1946년 사이에 피에르 마되프 박사가 수영을 통한 물리치료법을 실험하고 개발한 장소라는 내용이다.

파리 시는 2000년 오래된 지하 우물 대신에 지하 620미터에 새로운 우물을 파서 주민들에게 공해가 없는 안전한 지하수를 제공하고 있다. 우물 옆에는 그해 2월에 실시된 파리 시의 수질 검사 결과가 붙어 있다. 다스(DASS, Direction des Affaires Sanitaires et Sociales)라는 이름의 파리 시 위생 당국 담당관의 이름으로 된 이 검사 결과는 석회질과 광물질이 거의 없으며 기준치에 적합하다는 판정을 내리고 있다. 그리고 수질에 이상이 있거나 다른 문제가 있을 때는 0820 012 012 알로 드 파리 All'eau de Paris로 전화하라는 내용이 적혀 있다. 수영장 안으로 들어가니 밖에서 생각하던 것보다 훨씬 큰 규모다. 수영장 입장권은 하루에는 2유로 40상팀이고 10회권은 19유로 80상팀, 3개월 권은 29유로 85상팀이다. 그리고 남자의 경우 사각 수영복은 금지되고 삼각 수영복만 허용된다. 주변에 있는 초등학교의 체육시간을 위해 미리 할애된 시간표가 붙어 있고 초보자를 위한 수영강습과 물속에서 하는 조깅과 체조강습도 있다. 물을 무서워하는 사람을 위한 특별강습도 있다. 게시판에는 파리 시립수영장들의 위치를 알려주는 지도도 붙어 있다. 파리 시 전체 20개 구에 33개의 시립수영장이 있다. 구에 따라 한 개에서 세 개의 수영장이 설치되어 있다. 내가 살고 있는 16구에는 오퇴이유 수영장과 란느 수영장이 있다. 게시판에는 파리 적십자사가 개설한 무료 익명 전화상담 포스터도 붙어 있다. 포스터 아래쪽에는 "어떤 고통도 그냥 두지 맙시다 Ne tolérons aucune souffrance"라는 문장이 씌어져 있다.

골목길과
동네 공원

약수터와 수영장을 떠나 물랭 데 프레(초원의 방앗간) 거리로 걸어 내려가는데, 왼쪽에 일군의 사람들을 모아놓고 한 사람이 무언가를 설명을 하고 있다. 구청에서 하는 지역 문화 역사 산책 프로그램인 모양이다. 프로그램 안내자의 말대로 바로 그 근처에 13구에서 가장 오래되고 가장 좁은 골목길인 방드르잔 골목길이 있었다. 약간 위로 경사진 골목길 왼쪽으로 늘어선 집들 정원에는 여러 종류의 꽃이 만발해 있고 오른쪽으로는 몽골피에르 공원의 담이 이어지고 있다. 몽골피에르는 커다란 열기구로 만든 비행 장치를 말하는데, 길을 지나오다 보니 인간이 하늘을 비행한 지 200주년이 되는 것을 기념하는 비가 서 있다. 몽골피에르는 그 기구를 만든 사람의 이름이기도 하다. 그 기념비는 1782년 최초의 비행 200주년이 되는 1982년에 세운 것이다. 근처의 몽골피에르 공원을 한 바퀴 돌고 나오면 공원 앞의 거리 이름이 앙리 미쇼이다. 거리 이름을 알리는 현판에는 "앙리 미쇼, 1899~1984, 프랑스 시인"이라는 내용이 적혀 있다. 그는 젊은 시절 뱃사람이 되어 세계를 항해하면서 아시아에 매료되었던 시인이자 화가로서, 마약을 복용한 환각 상태에서 실험적인 글을 쓰기도 한 프랑스적 기인이다. 말년에 현실로부터 은둔하여 시를 쓰고 그림을 그린 앙리 미쇼의 특별한 삶을 생각하면서 물랭 데 프레 길을 걸어 내려오는데, 아담한 식당이 하나 나타난다. '푸른 초원'이라는 뜻인 '르 프레 베르'라는 이름의 이 식당은 증기로 찐 조에 온갖 채소를 넣고 끓인 양념 국물에다 고기나 메르게즈 등을 얹어 먹는 아랍의 대표적 요리인 쿠수쿠수를 전문으로 하는 식당이다.

파리에 부는
선(禪) 바람

조금 더 걸어 내려오면 14구에서 13구까지 이어지는 아주 긴 거리인 톨비악 거리가 나온다. 유학 시절 이 길을 걸을 때 유재현 선생이 이 길이 파리에서 가장 긴 거리 중의 하나라고 말해준 적이 있다. 나중에 책을 보니까 파리에서 가장 긴 길은 15구에서 6구까지 이어지는 보지라르 거리이고 그다음이 20구와 19구를 지나는 피레네 거리이고 그다음이 톨비악 거리였다. 길 건너 오른쪽에 젠 부티크라는 이름의 상점이 하나 있다. 안이 훤하게 보이는 이 상점의 진열장에는 선과 불교에 관한 책들과 다기를 비롯한 불교용품들이 전시되어 있다. 우리는 선이라고 하지만, 프랑스에서는 젠이라는 일본어 발음이 일반화되어 있다. 로베르 프랑스어 사전에도 젠zen이라는 단어가 나오는데 조용하고 안정된 상태를 뜻한다. 명사로도 쓰이고 형용사로도 쓰이는 젠이라는 단어는 프랑스 사람들 사이에 아시아 문화에 대한 관심이 커지면서 광고 문구에도 자주 등장하고 있다. 보기를 들면 파리 지하철공사는 1년짜리 정기권을 사면 매달 초 정액권을 사기 위해 줄 설 필요가 없다면서 "선의 상태처럼 편안하게 있으세요Soyez zen"라는 광고를 하고 있다.

어느 날 이 동네를 산책하는데 비가 세게 내리기 시작해서 젠 부티크 옆 건물의 지붕이 있는 마당 쪽으로 몸을 피하다가 그 집을 알리는 '아지(AZI, Association Zen Internationale)'라는 이름의 작은 문패를 발견했다. 세계선(禪)연합이라는 뜻이다. 그런데 '아지'는 아시아를 뜻하는 Asie와 발음이 똑같다. '선'이라는 아시아 문화를 배우고 소개하는 이 단체가 파리에서 아시아 사람이 가장 많이 사는 13구에 위치한 사실이 너무나 자연스러워 보였다. 그리고 그 단체 이름이 아시아의 프랑스어 발음인 '아지'로 발음되는 것도 재미있었다. 프랑스에 선을 처음으로 널리 보급한 일본의 선승 타이센 데시마루가 창립자라는 내용이 문패 밑에 씌어져 있다. 그런 이유로 해서 똑같은 한자어의 한국 발음 '선'이나 중국 발음 '찬'보다는 '젠'이라는 일본식 발음이 일반화되었다. 선의 발음만이 아니라 수련의 방법과 내용을 보더라도 일본식 선이 프랑스에 널리 퍼져 있다. 1980년대 유학 시절에는 프랑스에 일본 문화 바람이 거세었는데, 요즈음은 중국의 부상과 함께 중국 문화에 대한 관심이 커지고 있다. 일본과 중국뿐만 아니라 달라이 라마로 대표되는 티베트 불교와 인도식 요가, 명상 등에 대한 관심도 고조되고 있다. 가톨릭은 약화되었지만 영성에 대한 갈증은 사라지지 않고 있으며 더욱더 혼탁해지는 정신생활에 안정을 되찾기 위해서 아시아의 정신문화와 수련 문화에 관심을 갖는 사람들이 늘어나고 있다. 얼마 전에는 5구의 파리고등사범학교에서 멀지 않은 클로드 베르나르 거리를 지나가다가 '아시아로 난 창Fenêtre sur l'Asie'이라는 이름의 아시아 전문 서점에서 앙드레 콩트-스퐁빌이 쓴 『무신론의 영혼, 신 없는 영성 개론』이라는 제목의 책을 본 기억이 난다.

에노크 광장 부근

1980년대와 달리 시테 위니베르시테르(파리 국제 학생기숙사)가 있는 주르당 대로에는 몇 년 전부터 전차가 다닌다. 2002년 내가 파리에 다시 왔을 때는 한창 전차 노선 공사를 하고 있었다. 주르당 대로를 지나 켈레르만 대로에서 타고 가던 전차에서 내려 푀플리에 거리를 따라 걸어보면 파리 동남부 변두리 지역 특유의 분위기가 느껴진다. 지금은 흐리게 빛이 바랜 갈색 벽돌로 지어진 노동자 아파트들이 줄지어 서 있고, 어디로 이어지는지 짐작하기 힘들어서 호기심을 자아내는 골목길들이 이리저리로 꼬부라지는 쾨플리에 거리를 걸어 올라가면 아주 서민적인 분위기의 카페와 식당 그리고 작은 식료품 가게들이 나타난다. 중국 이민객들이 만든 체육-문화센터도 보인다. 그 동네의 아이들이 골목길에 나와 놀고 있고 흑인 여성이 옛날 우리 어머니들이 그랬듯이 아이를 등에 업고 지나간다. 그 길을 북쪽으로, 그러니까 파리 중심부를 향해 계속 따라 올라가면 나오는 곳이 바로 조르주 에노크 신부 광장이다. 이 광장을 중심으로 여섯 개의 길이 방사선처럼 퍼져 있다. 광장 남북을 가로지르는 쾨플리에 거리의 위아래 두 길, 샤를 푸리에 거리, 콜로니 거리, 독퇴르 르레 거리, 앙리 파프 거리, 이렇게 여섯 개다.

앙리 파프 거리에는 고층 아파트가 많은 13구에서 전혀 예상할 수 없는 작은 규모의 2층 단독주택들이 줄지어 서 있다. 똑같은 규모로 지은 거의 동일한 설계의 집들이다. 같은 시기에 부동산업자가 지어서 일시에 분양한 집들인지도 모른다. 그러나 각각의 집들은 오랜 시간을 거치면서 그 집에 산 주인들의 기호와 취향대로 변화를 겪어 충분한 개성을 가지고 있다. 우선 정원에 있는 나무들이 다르다. 대나무를 심은 정원도 있고 등나무를 심은 정원도 있다. 이 개인 주택들에는 화려하거나 거만한 기운이 전혀 없다. 아주 소박하고 정답게 느껴지는 아담한 건물들이다. 낡은 느낌을 주지만 그런대로 잘 보수해서 사는 데는 아무런 지장이 없어 보인다. 집들의 규모가 작고 모두 2층으로 되어 있기 때문에 아늑한 느낌을 준다. 다른 동네에서는 느낄 수 없는 이 동네만의 매력과 분위기를 풍기면서 특별한 느낌을 갖게 한다. 오랜 세월의 흐름 속에서 만들어진 동네의 분위기가 고스란히 유지되고 있다. 광장을 둘러싸고 두 개의 병원이 있다. 그중 하나는 적십자에서 운영하는 푀플리에 병원이고 다른 하나는 철도병원이다.

광장의 모퉁이
카페에서

어느 날 에노크 광장 앞을 지나가는데, 갑자기 소나기가 쏟아져서 적십자병원 옆에 있는 길모퉁이 카페로 들어갔다. 점심시간이 훨씬 지난 카페에는 손님이 거의 없었다. 오로지 한 남자가 왼쪽 유리창가에 앉아 신문을 뒤적이고 있었다. 나는 오른쪽 창가에 앉아 커피 잔을 마주하고 비 내리는 광장을 바라보았다. 57번 버스가 지나갔다. 5시 20분이었다. 천장에서는 오래된 듯이 보이는 연꽃무늬 갓으로 장식한 전등이 아래를 내려다보고 있었다. 카페에 무심코 앉아서 창밖을 바라보면 버스가 지나가는 모습이 자주 눈에 들어온다. 이상하게도 버스 정거장에서 기다릴 때는 천천히 오던 버스가 카페에 앉아서 바라보면 자주 지나간다. 내가 이 카페에 들어온 지 얼마 안 된 것 같은데 57번 버스가 벌써 석 대나 지나갔다.

카페에 앉아 비가 그치기를 기다리면서 수영장 입구에서 가지고 온 13구 소식지를 꺼내 읽기 시작했다. 13구의 공공 탁아시설 확대 계획과 문화행사 소개가 실려 있다. 그리고 피티에-살페트리에르 병원 특집 기사가 실려 있다. 19세기 말 정신분석학의 아버지 프로이트는 이 병원에 와서 샤르코에게 최면술로 히스테리 환자를 치료하는 법을 배웠다. 이 병원은 파리에서 가장 큰 병원 가운데 하나로 병상이 2,000개, 의사가 2,000명, 의료 종사 기술자와 사무직 종사자들이 4,000명이나 된다. 원래 루이 14세 때 빈민들과 부랑아, 고아, 창녀, 정신병자 등을 수용하기 위해 지어졌으나 후에 병원으로 바뀌었다. 이런 종류의 감금 시설을 연구한 철학자 미셸 푸코도 이 병원에 입원한 상태에서 세상을 떠났다고 하는데, 기초의학 연구가 활발하고 최신 의료 장비를 갖추고 있어 클린턴 전(前)미국 대통령도 재임 시절 이 병원으로 비밀리에 심장 치료를 받으러 왔다고 한다. 드디어 비가 그쳤다. 카페에서 나와 다시 비에브르 강의 흔적을 찾아 동네를 걷기 시작했다.

지금은 사라진
물레방앗간

광장에서 독퇴르 르레 거리 쪽으로 걸어 나와 담므 거리를 지나 타주 거리를 걸어 올라가다 보면 물랭 드 라 푸앵트 거리와 만난다. 이 동네에 '방앗간'을 뜻하는 '물랭'이란 말이 붙은 지명이 많은데, 그 이유는 비에브르 강의 물을 이용한 물레방아가 많았던 모양이다. 그 길에서 몇 걸음 더 가면 오른쪽에 공원이 하나 나타난다. 그 공원으로 들어가는 길의 이름은 알렉상드르 비아라트 오솔길이다. 이름 그대로 한적한 분위기의 길이다. 공원 이름은 조금 전에 지나온 길 이름을 따라 물랭 드 라 푸앵트 공원이라고 되어 있다. 주변의 아파트들 사이에 있는 공간을 활용하여 비교적 최근에 새로 조성한 공원이다. 공원 입구에는 5월 15일이 파리 시의 발코니 축제임을 알리는 포스터가 붙어 있다. 아파트의 발코니를 꽃과 나무로 아름답게 꾸미자는 캠페인이다. 공원은 주변의 현대식 아파트들에 어울리게 전통 정원의 형식을 따르면서도 현대적 분위기를 가미했다. 회색의 철제 파이프를 사용하여 등나무 숲을 만들기도 하고 공연장을 만들어놓기도 하였다. 지금은 폐쇄된 파리 외곽을 돌던 철도길이 공원 한구석을 지나가고 있다. 현대식 아파트촌이지만 아파트마다 높이와 모습과 분위기가 다 다르고 일렬로 줄지어 서 있지도 않다. 공원 주위에 건물 표면이 나무판자로 처리되어 있는 건물이 하나 있는데, 가까이 가보니까 공공 유아원 건물이다. 유아원에는 공원과 연결되는 전용 통로가 나 있다. 공원 아래쪽에는 새로 지은 초등학교 건물이 서 있는데 입구 게시판에 학급 사진이 붙어 있다. 프랑스 학교에서는 매년 담임선생님을 가운데 모시고 기념사진을 찍는 전통이 있다. 사진에는 흑인종, 황인종, 백인종 아이들이 골고루 섞여 있다. 어느 공원이나 마찬가지이지만 공원 자체보다 공원과 그 주변이 어떻게 조화를 이루고 있는가가 중요하다. 공원 내부뿐만 아니라 공원 주변을 걸어보면 공원 밖에서 안쪽을 들여다볼 수 있으며 공원이 동네와 어떻게 한 몸을 이루는지도 알 수 있다. 공원 동쪽 아파트 단지는 공원과 직접 연결되는데 단지 내의 가로등도 전체 분위기와 어울리게 새로 디자인되어 있다. 공원을 중심으로 주거시설과 교육시설, 사회시설들이 편리하게 배치되어 주민들의 삶의 질을 높여주고 있다(서울시가 '디자인 서울'을 내세우고 있는데 디자인과 삶의 질을 결합시켜야 한다).

13구를 떠나며

공원에서 이탈리아 대로 쪽으로 나오면 지하철 메

종 블랑슈 역이 보인다. 그러나 두더지처럼 땅속으로 기어들어가기가 싫어서 버스를 탔다. 57번 버스를 타고 샤틀레에서 내려 다시 70번 버스로 갈아탔다. 70번 버스는 센 강을 건너는 가장 오래된 다리인 퐁뇌프 다리를 지나간다. 「라 붐」이라는 영화에는 주인공 소피 마르소가 파티가 끝난 다음 날 아침 부스스한 얼굴로 버스를 타고 다리 위를 지나가는 장면이 나오는데, 바로 이 다리이다. 퐁뇌프 다리를 건널 때 멀리 안개에 휩싸인 에펠탑과 앵발리드가 보였다. 버스는 순식간에 다리를 건너 센 강 좌안의 마자린 거리로 들어섰다. 일방통행인 좁은 길 양편에는 화랑들이 늘어서 있다. 조금 전에 걸어 다니던 13구의 서민 주거지와는 완전히 다른 느낌이다. 버스를 타고 가면서 화랑에 전시된 조형예술 작품들과 아프리카 민속 조각들, 현대 회화 작품들을 감상할 수 있다. 버스는 오데옹을 지나 생-쉴피스 거리로 들어선다.

   고급 부티크들의 진열장에 전시된 옷, 가구, 향수, 구두, 액세서리 등을 바라보면서 화랑에 전시된 작품과 상점 진열장에 전시된 상품 사이의 차이를 생각해보았다. 둘 다 우리의 관심을 끌고 유혹하는 점은 마찬가지다. 작품과 상품 사이의 결정적 차이점은 작품은 일상의 효용성이 없는 데 비해 상품은 구체적인 쓸모가 있다는 것이다. 그러니까 작품은 눈에 보이는 형태와 색상을 통해 보이지 않는 정신과 영혼에 호소한다. 그러나 작품도 거래의 대상이 되고, 상품에도 미학과 심미적 차원이 들어가 있지 않은가. 그렇다면 상품과 작품의 절대적인 차이점은 없다는 말인가. 광고사진과 예술사진의 차이점이 없다는 말인가. 결국은 작품과 상품을 만드는 사람이 추구하는 바가 무엇인지에서 차이점을 찾아야 할 것 같다. 소비자의 환심을 사는 디자인과 색감으로 돈을 벌려는 것인가 아니면 아름다움과 의미 자체를 추구하는가가 상품과 작품의 차이가 아닐까. 돈과 명성을 위해 예술가가 되었다고 말하는 예술가는 없을 것이며 아름다움만을 추구하기 위해 상품 디자이너가 된 사람도 없을 것이다. 그러나 그런 구별도 절대적인 것은 아니다. 정도의 문제다. 예술가도 살기 위해서는 작품을 팔아야 하고 패션 디자이너도 예술적 감각이 있는 상품을 만들어야 팔리기 때문이다. 이런 생각을 하는 와중에 내가 탄 버스는 세브르 거리를 지나가고 있었다. 멀리 보이던 에펠탑과 앵발리드가 잠시 모습을 드러내고 사라진다. 세브르 거리와 르쿠르브 거리가 만나는 세브르-르쿠르브에서 내려 지하철 6번선을 타고 센 강을 건넜다. 오른쪽에 다시 에펠탑이 보였다.

겨울밤의
튈르리 공원 산책

겨우내 벌거벗은 나뭇가지가 바람에 휘고
꼭대기에는 외로운 새 한 마리.
—박이문

**내가 즐겨 찾는
파리의 공원들**

               파리가 인간적인 도시라면 그건 그 안에 걷고 싶은 공원이 많이 있기 때문이다. 내가 파리에서 처음 사귄 공원은 6구에 있는 뤽상부르 공원이다(307쪽 사진을 볼 것). 1982년 파리에 처음 도착하여 바뱅에서 프랑스어를 배우게 되었는데, 점심시간이면 그곳에 가까이 있는 뤽상부르 공원을 산책하곤 했다. 그 공원은 가면 갈수록 친숙해지면서 편안함과 동시에 새로운 것을 발견하게 하는 영감의 장소가 되었다. 공원에는 보들레르와 플로베르, 조르주 상드와 쇼팽, 베토벤과 슈테판 츠바이크, 들라크루아, 베를렌 등 수많은 시인, 작가, 음악가, 화가들의 상이 서 있으며 수많은 문인, 사상가, 철학자들이 공원 곳곳에 그들의 발자취를 남겼다. 사르트르와 시몬 드 보부아르가 개인적으로 처음 만난 장소가 뤽상부르 공원의 퐁텐 분수대 앞이었으며, 가스통 바슐라르가 소르본 대학 교수 시절 이 공원을 즐겨 산책했고, 오데옹 거리에 살던 에밀 시오랑은 매일같이 뤽상부르 공원을 산책했다. 그래서 뤽상부르 공원은 내가 그들의 혼과 이야기를 나누는 장소가 되었다.

그러나 2002년 이후 두번째로 파리에 장기 체류하면서 새로운 공원들을 발견하게 되었다. 우선 15구의 가장자리에 위치한 앙드레 시트로앵 공원과 조르주 브라상스 공원은 내가 유학생이던 시절에는 없었던 새로 조성된 공원이다. 그 두 공원은 집에서 비교적 가깝기 때문에 자주 가게 되었는데 갈수록 정이 드는 공원들이다. 그러나 다른 한편 내가 사는 집에서 가장 멀리 떨어져 있는 파리 동북부를 걸어 다니면서 19구의 뷔트 쇼몽 공원과 라 빌레트 공원, 20구의 벨빌 공원 등을 알게 되었다(에릭 로메르 감독의 「파리에서의 만남」의 2부 「공용 벤치」는 일종의 파리의 공원 순례기다. 센 강변에서 산책을 시작하는 주인공 남녀는 뤽상부르 공원, 생-뱅상 묘지, 벨빌 공원, 라 빌레트 공원을 지나고 몽수리 공원, 트로카데로 공원, 오퇴이유 온실을 거쳐 몽마르트르 언덕에서 이별한다). 그 가운데서 뷔트 쇼몽 공원은 뤽상부르 공원 다음으로 자주 가는 공원이 되었다. 사실 유학생 시절에는 그 공원이 있다는 사실은 알았지만 한 번도 가본 적이 없었다. 파리 동북부의 '위험한' 지역에 있는 그 공원을 일부러 찾아갈 필요를 느끼지 않았던 것이다. 그러다가 1997년 여름 서울에 살 때 파리로 여행 왔다가 이 공원을 처음 찾은 적이 있다. 그때 8월의 태양이 너무 뜨거워 공원 변두리의 언덕 그늘에 앉아 있다가 별다른 느낌 없이 그냥 돌아갔던 기억만 남아 있다. 그때는 뷔트 쇼몽 공원의 진가를 몰랐다. 이 공원의 숨어 있는 매력을 느끼게 된 것은 2002년 파리에 두번째 체류를 시작하고 나서이다. 내가 사는 동네의 일상적 분위기와 단조로움을 피해 파리의 이곳저곳에 흩어져 있는 공원들을 순례하기 시작했다. 그러다가 지하철 11번선 주르댕 역에 내려 광장에 있는 지탄 카페에서 커피 한 잔을 마시고 뒷골목을 지나 보자리 거리로 내려와 뷔트 쇼몽 공원으로 들어가는 골목길을 알게 되었다(지탄은 카르멘 같은 에스파냐 집시 여인을 뜻하는데 지탄이라는 유명한 담배 상표도 있다. 푸른 바탕의 그 담뱃갑 위에는 모닥불을 피워놓고 플라멩코 춤을 추는 집시 여인의 모습이 그려져 있다. 그래서 지탄이라는 말만 들어도 춤추는 집시 여인의 모습이 금방 연상된다). 경사진 언덕으로 이루어진 이 공원은 특히 해가 질 무렵 거닐면 힘들게 비탈에 서 있는 나무들이 그림자를 드리우며 시적인 분위기를 만든다. 고지대 언덕에 위치한 공원이기 때문에 하늘을 붉게 물들이는 석양을 바라볼 수도 있다. 그래서 앙드레 브르통, 루이 아라공 등의 초현실주의자들이 저녁 무렵에 이 공원을 즐겨 산책했다고 한다.

 8구에 있는 몽소 공원도 비교적 자주 가는 공원 가운데 하나다. 이 공원은 마르셀 프루스트가 즐겨 산책하던 공원이었으며, 조르주 상드의 젊은 연인이었던 쇼팽과 뮈세의 석상이 서 있는가 하면, 에펠탑 건립에 반대했던 작가 모파상과 음악가 구노의 석상도 서 있다. 공원 남쪽에는 카몽도 박물관이 있는데, 카몽도는 로스차일드와 쌍벽을 이루던 은행가 집안이었다. 카몽도 박물관에 들어가면 19세기 후반 그랑 부르주아지 저택의 규모와 분위기를 알 수 있는데, 특히 훌륭한 가구들이 원래의 위치에 그대로 전시되어 있다. 손님들을 많이 초청했기 때문에 당시 최고의 설비가 갖추어진 주방을 볼 수 있으며 파리의 저택에 최초로 설치된 엘리베이터도 타볼 수 있다. 공원 남쪽에는 금칠을 한 대문들로 장식한 그랑 부르주아들의 저택이 있는데 그곳에는 영어와 프랑스어, 두 개의 언어로 가르치는 부유층을 위한 특수학교도 있다. 공원 동쪽으로 난 벨라스케즈 거리로 나가면 공원 바로 옆에 동양미술전문 박물관인 체르뉘시 박물관이 있다. 오랫동안 보수공사로 문을 닫았다가 몇 해 전에 다시 문을 열었다. 몽소 공원은 부근에 사는 부유층 아이들이 학교가 끝나면 나와서 노는 장소이기도 하다. 몽소 공원을 산책할 때면 나는 거의 언제나 17구 쪽으로 나 있는 공원의 정문을 통해 밖으로 나와 레비스 거리 쪽으로 한 바퀴 빙 돈다. 그 거리에는 채소와 과일 가게, 치즈 가게, 포도주 가게, 빵집 등이 늘어서 있고 장을 보러 나온 동네 사람들이 장바구니를 들고 다닌다.

추운 겨울 저녁의 몽소 공원 산책이 나에게는 가장 인상적이다. 어둠이 일찍 내리는 겨울이 되면 뤽상부르 공원은 오후 5시에 문을 닫아버리지만, 몽소 공원은 8시까지 문을 열어놓는다. 퇴근하면서 공원을 가로질러 귀가하는 사람들이 많기 때문이다. 남쪽의 오스만 거리에서 약간 경사진 언덕을 걸어 올라와서 공원에 들어서면 이미 어둠이 내린 공원에 희미한 가로등이 빛을 발하고 있다. 어둠 속에 잠긴 나무들은 말이 없다. 약간 쌀쌀하지만 시원한 공기를 들이마시며 공원을 가로질러 집으로 돌아가는 사람들은 발걸음을 재촉한다.

겨울밤 튈르리 공원 가로지르기

그러나 나는 겨울밤 공원 가로지르기의 진미를 튈르리 공원에서 느꼈다. 파리 지도를 펴놓고 들여다보면 중앙의 센 강변 우안에 강변을 따라 직사각형으로 배치된 정원이 눈에 들어온다. 그곳이 바로 튈르리 공원이다. 튈르리 공원은 루브르에서 시작하여 콩코르드 광장을 지나 샹젤리제 거리의 개선문에 이르는 파리 중심축의 일부를 구성하는 상징적 공간이다. 미테랑 대통령은 그랑드 아르슈를 만들어 그 중심축을 라 데팡스까지 연장시켰다. 그럼에도 불구하고 1980년대 유학생 시절, 그리고 2002년 두번째 체류의 초기까지도 튈르리 공원은 내가 자주 산책하는 공원의 반열에 들지 못했다. 우선 공원 주위가 콩코르드 광장, 리볼리 대로, 방돔 광장, 루브르 박물관, 팔레 르와얄 등 관광지로 둘러싸여 있어 부산한 느낌을 주며 공원 자체가 직사각형에 바둑판처럼 직선의 길들로 분할되어 있어서 큰 영감을 주지 못했기 때문이다. 그러나 2004년 겨울 튈르리 공원의 진가를 발견하게 되었다.

겨울이 오면 밤이 빨리 찾아온다. 비르-아켐 다리 옆에 있는 파리일본문화원 도서실에서 공부를 마치고 나오는 오후 6시경이면 벌써 어둠이 내려 가로변에 가로등이 밝혀져 있다. 닫힌 공간에서 한참 동안 책과 씨름하고 나오면 그냥 집으로 돌아가기보다는 어딘가를 걷고 싶다. 문자 앞에서 긴장했던 몸과 머리가 알게 모르게 해방과 자유를 요구하는 모양이다. 그래서 브랑리 강변로를 걷다가 드빌리 인도교를 건너 튈르리 공원으로 가는 습관이 생겼다. 조금 피곤할 때면 72번 버스를 타고 가면서 센 강변을 바라보다가 퐁 데 자르 정거장에서 내려 다리를 건너 끝까지 갔다가 반대 방향으로 다시 돌아와 튈르리 공원으로 향한다.

튈르리 공원
밤 산책을 위한 준비

퐁 데 자르 건너기는 튈르리 공원으로 들어가기 위한 준비 작업에 속한다. 도서관에서 눌렸던 가슴은 퐁 데 자르의 풍경화를 감상하는 일로 일거에 확 풀려버린다. 다리 중앙에 서면 왼쪽으로는 생트-샤펠의 첨탑이 보이고 오른쪽으로는 그랑 팔레의 거대한 유리 지붕 위에 프랑스 삼색기가 펄럭인다. 정면의 한림원 건물 왼쪽에는 계몽주의 사상가 콩도르세의 석상이 서 있다. 강변에는 포도주를 비롯한 음료수를 마시거나 저녁 식사를 할 수 있는 레스토랑 배가 정박해 있다. 2차 세계대전 당시 예술의 다리 앞은 레지스탕스 운동을 하던 사람들이 비밀리에 만나던 접선 장소였다. 강변에는 중고 책, 그림엽서 등을 파는 부키니스트들의 초록색 철제로 만든 상자가 줄지어 있다. 다리 끝에서 반대 방향으로 몸을 돌리면 미테랑 강변로를 따라 정면으로 루브르 박물관 동쪽이 보인다(미테랑 강변로는 원래 루브르 강변로였는데 미테랑 대통령 사망 이후 그의 치적을 기리기 위해 개칭되었다). 왼쪽으로는 르와얄 다리가 서 있고 오른쪽으로는 가로등으로 장식된 퐁뇌프 다리가 보인다. 퐁뇌프 다리 밑은 시테 섬의 서쪽 끝이다. 베르 갈랑이라고 불리는 그곳에는 버드나무 한 그루가 서 있는데 헤밍웨이는 1920년대 파리 체류 시절 그곳에서 낚시를 즐겼다고 한다. 예술의 다리를 건너 루브르 박물관의 정사각형 안마당으로 들어서면 하늘에는 구름이 흐르고 초승달이 떠 있다. 마당에는 중년 여자가 젊은이보다 더 자유롭게 자전거를 타고 지나가고, 거리의 노숙자가 마당 중앙의 분수대 가장자리에 앉아 교교한 달빛을 바라보며 포도주를 마시고 있다(1965년 9월 1일 밤 이곳에서 현대건축의 아버지 르 코르뷔지에의 영결식이 열렸다. 이때 앙드레 말로가 한 조사는 르 코르뷔지에에 대한 최대의 찬사였다). 마당에서 왼쪽으로 방향을 틀면 아치형 문 안으로 어둠 속에 얼음처럼 투명하게 빛나는 삼각형이 눈에 들어온다. I. M. 페이가 만든 유리 피라미드이다. 사각 안마당에서 유리 피라미드가 서 있는 나폴레옹 마당으로 나가는 아치형 출입로를 지나갈 때면, 때에 따라 바이올린이나 첼로, 클라리넷을 연주하는 거리의 악사들을 만날 수 있다. 오페라 아리아를 부르거나 플루트를 연주하는 사람도 있다. 공간 구조가 공명을 일으켜 지나가는 사람들에게 잠시 황홀한 순간을 제공한다. 그래서인지 연주자 앞에 놓인 모자에 동전을 넣는 사람들이 다른 곳에 비해 많다(파리지앵들은 동정심으로 돈을 주지 않는다. 자신이 감동을 받았기 때문에 그 대가로 동전을 주는 것이다).

　유리 피라미드 주위에는 산사의 석등 모양을 한 낮은 키의 조명 장치들이 은은한 밤 분위기를 만들어준다. 그곳에서 길을 건너면 카루젤 정원이다. 거기에는 1808년 대리석으로 만든 카루젤 개선문이 서 있고 그 위에는 승리를 상징하는 사두마차의 조형물이 장식되어 있다. 카루젤 개선문 앞에는 '역사'와 '승리하는 프랑스'라는 제목의 두 여신상이 늠름하게 앉아 있다. 그 뒤로 펼쳐진 카루젤 정원에는 앙드레 말로가 문화부 장관 시절 배치한 조각가 마율의 여성 누드 작품들이 군데군데 운치 있게 서 있다(그 가운데 무릎 위에 두 팔을 겹치고 그 위에 머리를 깊숙이 대고 앉아 있는 여인상이 인상적이다. 등을 약간 둥글게 굽히고 있는 이 여인상은 절망의 마음 상태를 표현하고 있다). 루브르와 튈르리를 연결하는 카루젤 정원에는 햇살처럼 방사선으로 펼쳐지는 선들이 들어 있는데, 그것은 마치 문화의 힘이 멀리 펼쳐지기를 바라는 기원을 표현하고 있는 것 같다. 카루젤 정원 앞에는 폴 제과점의 간이 빵집이 있어서 지나가는 사람들이 저녁 식사나 다음 날 아침 식사를 위해 바게트를 사서 들고 간다(낮에는 공원에 온 사람들이 샌드위치나 간식을 사 먹기도 한다). 간이 빵집을 조금 지나면 튈르리 공원의 동문이 나온다. 그곳은 원래 튈르리 궁전이 있던 장소이다. 그 궁전은 1871년 파리코뮌 당시에 전복되어 폐허가 되었는데, 1882년 잔해를 완전히 철거하고 난 다음 공원 일부로 전환되었다.

솔페리노 다리를 건너서

72번 버스를 타고 퐁 데 자르 정거장까지 가지 않고 간혹 그보다 두 정거장 전에 있는 솔페리노 다리 정거장에서 내려 튈르리 공원으로 들어갈 때도 있다. 원래 있던 다리를 허물고 다시 지은 솔페리노 다리는 이중으로 되어 있어서 위쪽 다리는 지상의 차도와 연결되지만, 아래쪽 다리로 내려가면 센 강변의 산책로와 직접 이어진다. 오르세 미술관을 나와 이 아래쪽 다리를 건너면 튈르리 공원과 직접 만나게 되고, 튈르리 공원을 관통하여 조금 더 가면 방돔 광장과 이어진다. 나는 버스에서 내려 센 강변으로 내려가 다리 밑에 만든 튈르리 공원과 연결된 지하 통로를 거쳐 공원으로 들어간다. 거대한 직사각형 모양을 하고 있는 공원의 양옆에는 중앙보다 2~3미터 높은 누대의 산책로가 있다. 리볼리 거리 쪽의 산책로에는 프랑스 공화국 교육의 아버지 쥘 페리의 동상이 서 있고 센 강변 쪽의 산책로에는 조깅하는 사람들이 많다. 공원 중앙로 양옆의 공간을 여러 개로 분할하여 각각 특색 있는 공간으로 만들어놓았다. 솔페리노 다리 밑의 통로를 거쳐 직진하다 보면 오른쪽에 사각형으로 구획된 풀밭이 있고 거기에 바람에 쓰러진 밑동이 드러난 나무가 누워 있다. 그런데 가까이 가서 보면 쓰러진 나무가 아니라 조각 작품이다. 이탈리아 조각가 주세페 페노네가 만든 작품이다(그의 '쓰러진 나무' 연작 가운데 다른 하나는 카르티에 재단의 뒷마당 정원에 있다).

튈르리 공원의
역사

튈르리는 '기와 굽는 가마'라는 뜻이다. 튈르리 공원 자리에는 진흙밭이었던 샹젤리제의 흙을 가져다 기와를 굽는 가마가 있었다. 아직도 공원의 센 강변 쪽 구석에는 부서진 기왓장들이 차곡차곡 쌓여 있다. 그 자리에 1564년에 카트린 드 메디시스가 시작하여 1608년 앙리 4세 때 완공된 튈르리 궁전이 들어선 것이다. 앞서 말했듯이 튈르리 궁전은 1871년 파리코뮌 당시 불에 타서 잔해만 남아 있다가 1882년 완전히 철거되었다. 그렇게 됨으로써 루브르에서 콩코르드 광장을 거쳐 샹젤리제 거리의 개선문에 이르는 일직선의 전망이 형성되었다. 해체된 궁전 자리에는 1889년 카루젤 정원이 조성되었다. 궁전은 해체되었지만 궁전을 둘러싸고 있던 방어용 해자가 그대로 남아 있어 궁전의 규모를 짐작하게 한다(그 해자 앞 풀밭에는 퐁피두센터에서 열린 전시회의 부속 전시로 루이즈 부르주아가 만든 높이가 10미터가량 되는 거대한 거미 상이 임시로 전시되기도 했다). 튈르리 궁전 서쪽에는 애초에 카트린 드 메디시스를 위한 산책로가 센 강변을 따라 조성되었다. 거기에는 이탈리아 피렌체의 르네상스식으로 야채밭, 회양목 울타리, 미로, 총림 등이 배치되었다. 그러다가 앙리 4세 때 둥근 분수대가 만들어지고 정원 북쪽 테라스의 벽을 따라 뽕나무들이 심어졌다. 팔각 분수대도 설치되었다.

루이 14세는 왕실 정원사 앙드레 르 노트르에게 정원 정비를 맡겼고, 그는 정원에 중앙로를 기준 축으로 삼아 좌우대칭의 사각형의 공간들을 배치함으로써 튈르리 공원을 프랑스 고전주의를 대표하는 정원으로 만들었다. 정원 서쪽 끝에는 편자 모양의 연결 통로가 만들어졌다. 귀족들에게만 허용되던 정원은 1667년부터 거지와 하인, 군인을 제외한 모든 사람들에게 출입이 가능한 산책로가 되었다. 리볼리 거리와 센 강변 쪽에 있는 정원의 평지보다 높은 테라스 산책로는 튈르리 공원을 요새처럼 만들어놓았다. 리볼리 거리 쪽의 페이앙 테라스는 부산한 거리로부터 공원을 차단시키고 센 강변의 수변 테라스에서는 센 강이 내려다보인다. 모네는 1876년 리볼리 거리에 있는 어느 화상의 집 창가에서 튈르리 공원을 내려다보며 「튈르리」라는 제목의 풍경화 한 점을 그렸는데, 그림 왼쪽 위에 루브르 박물관의 끝자락이 보이고 오른쪽 아래로는 튈르리 공원의 거대한 수반이 보인다. 공원은 녹음으로 우거져 있고 중앙 산책로에는 양산을 쓴 여인들의 행렬이 보인다.

조각 공원으로서의
튈르리 공원

튈르리 공원을 걷다 보면 군데군데 산보객들에게 말을 거는 조각 작품들을 만날 수 있다. 서로 다른 시기에 만들어진 수많은 작품들이 서로 다른 기회에 설치되어 시간의 흐름을 넘어 조화를 이루고 있다. 하나의 작품이 그곳에 서 있는 데는 다 그럴 만한 이유가 있어 보인다. 튈르리 공원의 조각 작품 설치는 1719년 루이 15세에 의해 본격적으로 시작되었다. 그는 왕실의 말들을 관리하는 마를리 공원에 있던 말 석상들을 가져다가 정원 서쪽 정문 양쪽에 설치하면서 팔각 분수대 주변에 조각 작품들을 배치시켰다. 프랑스혁명기인 1799년 5인 총재정부 시기에도 마를리 공원에서 비너스 상과 아폴로 상을 가져와 중앙로 좌우 양쪽에 있는 사각 수반 안의 반원 위에 설치했다. 1830년에 집권한 루이 필리프는 피디아스, 페리클레스, 알렉산더 상을 설치했다. 1871년 파리코뮌이 끝나고 들어선 제3공화정 정부는 공화국 정신을 강화하기 위해 1888년 공화주의 정치가 강베타의 석상을 세웠고, 1910년에는 노동운동가 발데크 로셰와 프랑스 공교육의 아버지 쥘 페리의 석상을 세웠다. 1964년에서 1965년 드골 집권 시절, 문화부 장관 앙드레 말로는 마욜의 조각 작품을 설치했고, 1996년 미테랑 대통령 재임 시절에는 자코메티와 헨리 무어, 장 뒤비페의 작품을 비롯한 현대 조각 작품들이 중앙로 양편에 설치됨으로써 튈르리 정원은 뛰어난 야외 조각 공원이 되었다.

튈르리 공원의
조각 작품들

죄드폼에서 열리는 사진전에 가거나 오랑주리 미술관에 갈 때면 전시회를 보고 나와서 튈르리 공원을 한 바퀴 산책한다. 콩코르드 광장의 리볼리 거리 쪽에서 죄드폼으로 통하는 돌계단을 오르다 보면 한 단 한 단 발걸음이 닿는 부분이 닳아져서 오랜 세월 동안 수많은 사람들이 이 계단을 오르내렸음을 느낄 수 있다. 계단을 다 올라서면 콩코르드 광장이 내려다보인다. 그리고 계단 옆의 오른쪽 난간에는 돌사자 한 마리가 수문장처럼 서 있다.

얼마 전에 죄드폼에서 이탈리아의 영화감독 페데리코 펠리니 전을 보고 나와 튈르리 공원으로 내려가려고 왼쪽으로 돌아섰는데 죄드폼 건물 벽에 안 보이던 석판이 하나 눈에 들어왔다. 새로 설치된 석판이었다. 거기에는 1940년에서 1944년 사이 나치 치하에서 로즈 발랑이라는 죄드폼의 미술품 보관 담당자의 행적이 적혀 있었다. 당시 나치는 프랑스의 화상들이나 개인 수집가들에게서 탈취한 미술작품들을 죄드폼에 저장하고 분류해서 독일로 이송하였는데, 로즈 발랑은 발각되면 죽을 수도 있는 위험을 무릅쓰고 매일 출근하여 독일로 가는 작품들의 소재를 꼼꼼히 기록해두었다. 그녀의 기록은 전후 독일로 반출된 작품 4~5천 점을 다시 프랑스로 가져오는 데 결정적인 자료가 되었다. 죄드폼 옆의 정원에는 장 뒤뷔페의 「가장 무도회의 남자」라는 작품이 서 있다. 프랑스 삼색기에 들어 있는 푸른색, 흰색, 붉은색에 검은색 하나가 추가되어 있는 채색 조각 작품으로 프랑스적인 상상력이 한껏 발휘된 작품이다(태극기에도 그렇게 네 가지 색채가 들어 있다. 프랑스 삼색기에는 자유, 평등, 박애를 뜻하는 푸른색, 흰색, 붉은색이 깃발을 삼등분하고 있지만, 태극기는 순수를 상징하는 백색이 주조를 이룬다). 그곳에서 콩코르드 광장의 오벨리스크가 서 있는 쪽으로 발걸음을 옮기면 상자 모양의 화강암 위에 청동으로 만든 손들이 얹혀 있는 조각 작품을 만난다. 뉴욕에서 활동하는 프랑스 출신의 세계적 여성 조각가 루이즈 부르주아의 「환영하는 손들」이라는 작품이다. 서로 다른 크기의 여섯 개의 화강암 위에는 서로 다른 표정의 손들이 설치되어 있다. 그 가운데 한 작품은 두 사람의 손이 마주 잡고 있는 모습을 하고 있는데 환영하는 사람은 손바닥을 보이는 자세를 하고 있고, 손님은 손등을 보이며 환영하는 사람의 손을 잡고 있는 모습이다(나는 이 작품을 보면서 김정일 위원장이 평양 공항에서 김대중 전대통령을 환영하던 장면을 떠올린다). 환영하는 두 손에 한 손으로 답하는 작품도 있으며, 뒤에서 앉은 자세로 만나는 네 손도 있으며, 조그만 아기 손이 손바닥을 보이며 화강암 위에 얹혀 있는 작품도 있다. 나는 그 작품들 앞에서 가슴이 덥혀지면서 이해, 화해, 수용, 평화라는 단어들을 떠올린다. 차가운 화강암 위에 놓인 금속으로 만든 작품이 그렇게 뜨거운 감동을 자아낼 수 있다는 것이 바로 예술의 힘이다.

튈르리 정원은 1666년 루이 14세가 황실 정원사 앙드레 르 노트르에게 명하여 만든 황궁 소속의 정원이었다(루이 14세가 베르사유로 왕궁을 이전한 것은 1682년이다). 말발굽 모양으로 된 공원 서쪽 진입로를 걸어 내려가면 튈르리 공원을 만든 앙드레 르 노트르를 기리는 현판이 붙어 있다. 그는 튈르리 정원뿐만 아니라 베르사유와 샹티, 생-클루와 뫼동의 정원도 설계한 황실의 공원 설계사였다. 그 맞은편 벽에는 1782년 12월 1일 이곳에서 수소를 넣은 애드벌룬이 처음 하늘로 날아올랐다는 프랑스 비행클럽이 붙인 현판이 붙어 있다. 콩코르드 광장에서 정문으로 들어오면 좌우로 붙어 있는 두 개의 현판이다. 정문 양쪽에는 마를리 공원에서 가져온 비마상이 서 있다(이것은 복사본이고 원본은 루브르 박물관에 있다). 정문에서 정원으로 진입하다 보면 눈앞에 하늘 높이 물을 뿜어대는 분수대가 펼쳐진다. 팔각형의 분수대 주변에는 개인용 철제 의자들이 여기저기 자유롭게 놓여 있고 그 뒤로는 동심원을 그리며 고대 그리스나 로마의 작품에서 영감을 받은 석상들이 호위병처럼 서 있다. 루이 14세는 로마에 있는 아카데미 드 프랑스에서 만든 그 대리석 조각 작품들을 튈르리 정원에 설치했다. 언젠가는 정문과 이 팔각 분수대 사이의 대지 위에 대지 예술가인 리처드 세라가 녹슨 강판으로 만든 거대한 설치미술 작품이 전시되기도 했다(나는 그 녹슨 강판을 보면서 승효상이 장충공원 앞에 지은 웰콤시티 건물을 떠올렸다).

걸어볼수록 튈르리 공원은 거대한 야외 조각 전시장이다. 앞서 말한 대로 죄드폼 주위에는 루이즈 부르주아, 장 뒤뷔페 등의 조각 작품이 설치되어 있고 오랑주리 미술관 쪽에는 로댕의 작품들이 전시되어 있다(오랑주리 미술관은 1892년 모네의 대형 수련 그림들을 전시하기 위해 세워졌다). 공원의 양쪽 분수대 주변에는 고대 석상들에서 영감을 받은 대리석상들이 서 있고 중앙로 양쪽에 구획된 풀밭에는 현대 조각들이 설치되어 있다. 마로니에 나무가 늘어선 중앙로에 설치된 작품 중에서 누구나 알아볼 수 있는 가장 유명한 작품은 자코메티의 작품이었다. 그의 본질만 남겨둔 나체 여인상이 정문 쪽에서 들어가자면 중앙로 중간 왼편 풀밭에 설치되어 있었다. 그러다가 어느 날 그 작품이 사라지고 빈자리만 남았다. 어디 외국의 특별전에 전시되기 위해 대여된 것이라고 짐작하면서 그 작품이 되돌아오기를 기다렸다. 그러나 어찌된 일인지 빈자리가 계속되었다. 한참이 지난 후에 그 자리에 다른 작품이 들어섰다. 로이 리히텐슈타인이 알루미늄으로 만든, 꽈배기처럼 두 겹으로 꼬인 모습에 푸른색과 붉은색을 칠한 나체상이다. 나는 그 작품을 보면서 언제나 그전에 있었던 자코메티의 작품을 떠올린다.

중앙로 주변에 설치된 자코메티와 동시대 조각가였던 제르멘 리시에의 「거대한 장기판」이라는 작품이 나에게 감동을 선사하는 날도 있다. 풀밭 위에 서양 장기판에 나오는 왕, 여왕, 기사, 광인 그리고 탑 이렇게 다섯 개 청동상이 세워져 있다. 작품연도가 1959년으로 되어 있는 걸 보니까 제르멘 리시에가 세상을 떠나기 직전에 만든 작품이다. 나는 이 여성 조각가의 「가시손」이라는 작품을 남프랑스의 아를에 머무를 때 그곳의 레아튀 미술관에서 처음 보았던 날을 기억한다. 그때는 제르멘 리시에가 누구인지도 몰랐다. 하지만 작품 앞에서 나는 무언가 내면의 절박한 외침 같은 것을 들었다(나는 제르멘 리시에, 카미유 클로델 그리고 루이즈 부르주아 이렇게 여성 조각가 세 사람을 연결해서 생각해본다). 그러다가 나중에 이 여성 조각가가 자코메티와 동시대에 활동하다가 55세라는, 한창 활동할 나이에 세상을 떠난 현대 프랑스의 대표적 조각가 가운데 한 사람임을 알았다.

중앙로에서 오랑주리 미술관으로 올라가는 계단에 설치된 헨리 무어의 나상이나 중앙로에 설치된 앙리 로랑스의 「여성 음악가」도 내가 튈르리 정원을 산책할 때 바라보는 작품들이다. 카루젤 정원 쪽의 원형 분수대 주변에도 대리석으로 만든 석상들이 서 있다. 그 가운데는 남성적 힘을 상징하는 헤라클레스 상이나 줄리어스 시저의 상도 있고 여성적 섬세함을 표현하는 사냥의 여신 디아나와 물의 요정 상도 있다. 나는 그곳을 지나갈 때마다 손바닥으로 얼굴을 가리고 있는 남자의 상을 만난다. 그것은 앙리 비달이 만든 「방금 전 아우 아벨을 살해하고 난 직후의 카인」이라는 작품이다(이 작품은 1982년에 그 자리에 설치되었다). 그러다가 나중에 센 강변의 테라스 산책로에서 폴 란도프스키의 「카인의 아들들」이라는 작품을 만났다(1985년 이곳에 설치된 이 작품 앞에서 나는 황순원의 「카인의 후예」를 떠올린다). 작품들 사이에 존재하는 의미의 연결성을 발견하는 것도 지적 즐거움이다.

카페테라스에서
생-제르맹-데-프레로

튈르리 공원 안에는 여러 개의 노천카페가 있지만, 그 가운데 솔페리노 다리 밑으로 들어와서 오른쪽에 있는 카페 '테라스 드 포몬느'(포몬느는 로마신화에 나오는 과수의 여신이다)의 파라솔이 있는 테이블이 내가 즐겨 앉는 자리다. 커피 한 잔을 주문하고 앞을 바라보면 일단 일렬로 정렬된 싱그러운 마로니에 나무들이 보이고, 분수대의 물 떨어지는 모습, 여러 모양의 석상, 카루젤 개선문과 그 위의 사두 마차, 루브르 박물관의 모습이 눈에 들어온다. 직사각형 모양으로 된 튈르리 공원 중앙은 사람들이 많이 다니지만 옆길 쪽에 위치한 카페는 한적함을 유지한다. 같은 자리에 앉아 책을 보다가 눈이 피곤하면 풍경을 본다. 그러기를 몇 번 반복하다 보면 한 시간이 금방 지나간다. 두 시간은 넉넉히 앉아 있을 수 있다. 그렇지만 그 이상 앉아 있으면 몸이 식고 한기가 느껴진다. 그러면 일어나서 루브르 박물관 앞의 유리 피라미드를 지나 사각 안마당으로 들어간다. 장 구종의 부조 작품들로 장식된 건물의 외벽으로 둘러싸인 그 마당 한가운데에는 분수대가 있다. 높이 솟았다가 수반을 향해 떨어지는 물줄기가 상쾌한 소리를 만든다. 그곳에서 왼쪽으로 나가면 리볼리 거리가 나오고 오른쪽으로 나가면 예술의 다리가 나온다. 나무 바닥으로 되어서 편안한 느낌을 주는 예술의 다리를 건너면 프랑스 한림원 건물이 있다. 좌우로 균형이 잡힌 완벽한 구조의 그 건물 안에는 유서 깊은 자료들이 보관되어 있는 마자랭 도서관이 있다. 한림원 앞을 지나 조금 가다 보면 보나파르트 거리가 나온다. 그 거리에는 골동품 상점과 고급 가구점이 많다. 판화점, 고서점, 꽃 가게와 고전적 무늬가 인쇄된 천을 파는 포목상도 있다. 에콜 데 보자르를 지나면 폴란드 문화원이 있고, 그곳을 지나면 자코브 거리와 보나파르트 거리가 만나는 사거리가 나온다. 그곳에서 조금 더 가면 생-제르맹 호텔이 나오는데, 그곳은 사회학의 아버지이며 실증주의를 창시한 오귀스트 콩트가 과학 발전의 3단계 법칙을 구상했던 장소다. (실증주의는 오늘날 도가 지나쳐 싫증주의가 되었다.) 보나파르트 거리와 아폴리네르 거리가 만나는 모퉁이에 사르트르가 살던 집이 있다. 나는 그곳을 지나 생-제르맹-데-프레 광장에서 성당 종탑을 한 번 올려다본다(30쪽과 306쪽 사진을 볼 것).

튈르리 공원 동문에서
콩코르드 광장까지

그러나 뭐니 뭐니 해도 나에게 튈르리 공원 산책의 하이라이트는 겨울밤 산책이다. 겨울밤 7시가 되면 나는 튈르리 공원 동문 앞, 궁전이 있던 자리에 자주 서 있곤 했는데 그 이유는 그 시간에 멀리서 에펠탑을 장식한 수천 개의 전구가 명멸하며 검은 밤하늘을 장식하기 때문이다. 에펠탑은 보통 조명 상태에 있다가 매시간 정각이 되면 10분 동안 휘황찬란하게 반짝거린다. 카루젤 정원에서 튈르리 공원으로 내려가는 계단 맨 윗단에 서면 어둠 속에 반짝이는 에펠탑의 모습을 가장 잘 즐길 수 있다. 어둠이 내린 튈르리 공원에는 인기척이 거의 없다. 고요한 공원에는 원형 분수대에서 물 떨어지는 소리만 들린다. 공원 산책로를 아주 흐리게 조명을 해놓은 탓에 공원 양쪽의 건물들이 환하게 빛난다. 왼쪽으로 멀리 몽파르나스 타워가 보이고 가까이에는 오르세 미술관이 웅장하게 서 있다.

공원 중앙로 왼쪽 테라스 옆에는 센 강이 흐르고 오른쪽에는 리볼리 거리의 오스만식 건물들이 줄지어 서 있다. 아름드리나무들이 서 있는 중앙로를 천천히 걷다 보면 공원의 서쪽 끝에 도달하면서 앞쪽에 또 하나의 분수대를 만난다. 유명한 팔각 분수대다. 분수대 부근에는 대리석 조각들이 둥그런 원을 그리며 서 있다. 중앙로 양쪽에는 언덕길이 나 있다. 이 두 개의 언덕길은 하늘에서 내려다보면 말굽 모양(⊂)을 하고 있어서 '편자 fer à cheval'라고 불린다. 그곳에서 왼쪽으로 올라가면 오랑주리 미술관이고 오른쪽으로 올라가면 죄드폼 사진미술관이다. 나는 언제나 오른쪽 언덕길로 올라간다. 언덕을 다 걸어 올라가면 화강암 위에 청동으로 만든 손들이 놓여 있다. 앞서 말한 여성 조각가 루이즈 부르주아가 만든 「환영하는 손들」이라는 제목의 작품이다. 오른쪽에는 죄드폼 미술관이 서 있다. 그리고 앞쪽에는 튈르리 공원의 어둠과는 대조적으로 밝은 조명으로 장식된 콩코르드 광장이 눈부시게 펼쳐져 있다. 그래서 겨울철 튈르리 공원 산책은 언제나 어둠에서 빛으로 나가는 산책이다. 죄드폼 사진미술관 앞 계단을 걸어 내려와 콩코르드 광장의 72번 버스 정거장 앞에 서면 눈앞에 조명을 받고 서 있는 오벨리스크와 강 건너 멀리 보이는 에펠탑이 최상의 조화를 이루며 밤의 풍경화를 그린다. 앵발리드의 금도금한 돔 지붕이 반짝이고 생트-클로틸트 성당의 두 개의 첨탑도 보인다. 콩코르드 광장 남쪽으로는 센 강을 건너 국회의사당 건물인 팔레 부르봉이 보이고, 북쪽으로는 나폴레옹이 세운 마들렌 사원이 있다. 튈르리 공원 정문을 나와 서북쪽 방향으로는 세계에서 가장 아름다운 거리라는 1.3킬로미터 길이의 샹젤리제 거리가 화려하게 펼쳐진다. 그래서 겨울밤 콩코르드 광장의 72번 버스 정거장은 아름답고 신비로운 풍경을 감상할 수 있는 최상의 장소가 된다(얼마 전 해양부 보수공사로 72번 버스 정거장이 크리옹 호텔 앞으로 임시 이전하였는데 공사가 끝난 후에도 원래 자리로 돌아오지 않고 있어서 유감이다). 어둠이 내린 튈르리 공원을 가로질러 화려한 가로등이 빛나는 콩코르드 광장에서 다시 72번 버스를 타고 집으로 돌아오는 겨울 저녁 산책의 묘미를 느끼게 되면서 나는 겨울 저녁만이 아니라 봄, 여름, 가을의 오후 산책길에 가끔씩 튈르리 공원으로 발걸음을 옮기곤 한다.

책을 닫으며 : 파리 걷기는 아직 끝나지 않았다

문체란 작가 자신이 사물을 보는 방법이다.
—플로베르

**아직 끝나지 않은
파리 걷기**

이렇게 해서 나의 파리 연작 두번째 책인 『파리의 장소들—기억과 풍경의 도시미학』이 끝난다. 그러나 파리 걷기가 끝난 것은 아니다. 나의 파리 걷기 연작은 세번째 책으로 계속될 것이다. 잠시 땀을 닦고 숨을 고르면서 걸어온 길들을 되돌아보고 걸어갈 길들을 내다볼 필요가 있을 법하다. 작년(2009)에 나온 연작의 첫번째 책 『파리를 생각한다—도시 걷기의 인문학』이 파리 전체를 놓고 파리의 짜임새와 역사를 총체적으로 조망했다면, 이번 책 『파리의 장소들』은 구체적인 장소 열여섯 군데를 헤집고 걸어 다닌 관찰기록이었다. 발자크의 말대로 파리는 수심을 알 수 없는 거대한 대양이지만, 나는 독자들이 이 두 권의 책을 통해 파리 전체를 조망할 수 있는 전망대에 오를 수 있고 파리의 구체적 장소들이 풍기는 분위기를 온몸으로 느낄 수 있기를 기대한다.

장르를 넘어서

이 책은 장소에 관한 책이지만, 거기에는 필연적으로 그 장소와 얽혀 있는 사람들의 이야기가 나온다. 사람들이 함께 모여 살아가기 위해 만든 도시의 장소들에 어찌 사람 사는 이야기가 없을 수 있겠는가. 그래서 나의 파리 연작은 파리라는 공간의 이야기이면서 그와 동시에 파리에 사는 사람들의 이야기이기도 하다. 나는 사회학자이지만 이 책에서 문학적 글쓰기를 모색했다. 시인의 혼이 되어보기도 했고 소설가의 마음이 되어보기도 했다. 이 책은 시도 아니고 소설도 아니다. 그러나 이 책에는 시적인 순간도 있고 소설적인 이야기들도 군데군데 박혀 있다. 시가 어느 순간에 밀려오는 영감의 응축된 언어적 표현이라면, 이 책에는 파리의 특정 장소들에서 느낀 고양된 감정과 미적 체험의 순간들이 군데군데 숨을 쉬고 있다. 소설은 특정 시기, 특정 장소에서 사람들이 서로 얽혀 살아가는 이야기를 담고 있다. 내가 쓴 파리 이야기들이 소설은 아니지만 거기에는 소설 같은 이야기가 여기저기 흩어져 있다. 그래서 이 책을 다시 읽는 방법 가운데 하나는 파리의 장소들을 배경 삼아 이 책에 나오는 인물들과 이 책에 나오는 작품들을 놓고 이야기를 나누는 것이다. 그러면서 자기 스스로가 파리를 활보하는 주인공이 되어 파리를 배경으로 새로운 이야기를 만들어보는 것이다.

분류 불가능한
책의 자리

처음 만나는 사람들은 나를 보고 무얼 하느냐고 묻는다. 나는 글을 쓴다고 대답한다. 그럼 작가나 시인이냐고 묻는다. 아니라고 대답한다. 그럼 기자냐고 묻는다. 아니라고 대답한다. 원래 사회학을 공부했다는 말을 덧붙인다. 그럼 논문이나 학술연구서를 쓰느냐고 되묻는다. 나는 아니라고 대답한다. 그러면서 이 책을 내밀 것이다. 이 책은 시도 아니고 소설도 아니고 연구서도 아니다. 그러나 시이기도 하고 소설이기도 하고 연구서이기도 하다. 이 책은 어느 한 곳에 소속되지 않지만 그 어느 곳에나 속할 수 있다. 그렇다면 이 책은 도서관, 서점, 서재의 어느 서가에 꽂힐 것인가? 『파리를 생각한다』는 '도시 걷기의 인문학'이라는 부제를 달고 있어서 쉽게 인문학으로 분류되었다. 『파리의 장소들』의 부제는 '기억과 풍경의 도시미학'이다. 그러니 미학으로 분류될 가능성이 높다. 시도 소설도 아닌 산문이기 때문에 수필로 분류될 가능성도 있고 여행안내서 서가에 꽂힐 수도 있다. 그러나 이 책은 그 어디에 꽂혀도 상관이 없다. 니콜 라피에르는 어느 범주로도 깨끗하게 환원될 수 없는 책에서 가장 큰 흥미를 느낀다고 말했는데, 나도 그와 같은 독서 취향을 가지고 있다. 좁은 전공 분야를 넘어 사방팔방으로 흩어지는 다양한 분야의 책을 읽으면서 그것들을 통섭하는 저자의 책이야말로 나의 관심을 사로잡는다. 이 책도 그런 부류의 책에 속하길 바란다.

손짓하는 파리
계속되는 실험

나의 파리 걷기와 파리 이야기는 계속된다. 파리의 수많은 길과 광장들, 공원과 미술관, 기차역과 분수대, 내가 사는 동네와 지하세계 이야기 등 아직도 무궁무진한 이야기들이 나를 부르며 손짓한다. 그 이야기들을 쓰기 위해 시와 소설, 예술과 사회과학이 서로 어우러지는 새로운 글쓰기라는 실험도 계속될 것이다.

2010년 가을 입구에서
정수복

이 책에 나오는 장소들

ㄱ

갈릴레 거리Rue Galilée 49
개선문Arc de Triomphe 50, 52, 54~55, 371, 375
게테 거리Rue de la Gaité 168, 246
계단 서점L'escalier 312
고드프루아 거리Rue Godefroy 222, 354
고베르 문방구점Papétrie Gaubert 91
고블랭 거리Avenue des Gobelins 202, 223, 355
구트 도르 거리Rue de la Goutte d'Or 132
그랑 쇼미에르 거리Rue de la Grande Chaumière 232~33
그랑 쇼미에르 미술학교Grande Chaumière 313
그랑 오귀스탱 강변Quai des Grands Augustins 75, 89, 109

그랑 팔레Grand Palais 53, 72, 76, 88, 110, 372
그랑드 로케트 감옥La Prison de la Grande Roquette 204
그랑드 포르스 감옥La Prison de la Grande Force 204
그랑주 오벨 거리Rue de la Grange aux Belles 341
그롱스타 거리Rue de Gronstadt 282
그르넬 거리Rue de Grenelle 219, 234
그르넬 다리Pont de Grenelle 47, 97
글라시에르 길Rue de la Glacière 350
글자가 달린 나무 서점L'arbre à lettres 312~14
금속노조 문화회관Maison des Métallo 157~60

ㄴ

나시옹 광장Place de la Nation 142, 320
노란 집La Maison Jaune 121
노트르담 사원(대성당)Notre Dame 23, 49
　~50, 52, 55~56, 72, 75, 77, 79~80,
　98~114, 150, 320~22, 331~32, 350
노트르담 데 샹 거리Rue Notre Dame des
　Champs 207, 232~33
뇌유Neuilly 283

ㄷ

다게르 거리Rue Daguèrre 183
다뉴브-라인 광장Place Danube-Rhin 267
다비엘 거리Rue Daviel 219
달리다 광장Place Dalida 125
담므므 거리Rue Damesme 363
당지그 거리Rue Dantzig 281
당페르-로슈로 광장Place Denfert-Rochereau
　201, 233, 252, 313
도핀 거리Rue Dauphine 109
도핀 광장Place Dauphine 91
독퇴르 루 거리Rue Docteur Roux 286
독퇴르 르레 거리Rue Docteur Leray 361,
　363
뒤플렉스Dupleix 62
드골 공항Aéroport Charles De Gaulle 39
드라공 거리Rue du Dragon 313
드빌리 다리Passerell de Debilly 48, 75, 85
　~87, 93, 371
들랑브르 거리Rue Delambre 234
디방 서점Le Divan 281, 313

ㄹ

라 데팡스La Défense 53, 371
라 뤼슈La Ruche 234
라 뤼슈-세두 재단Fondation La Ruche-Seydoux
　287
라 메르 아지테La Mère Agitée 242
라 뮈에트La Muette 347~48
라 벨빌루아즈La Bellevilloise 156
라 빌레트 공원Parc de la Villette 128~29,
　336, 344~46, 368
라 빌레트 저수조Bassin de la Villette 336,
　341, 344
라 윈느 서점La Hyune 313
라 페 거리Rue de la Paix 82
라디오 프랑스 건물Maison de Radio France
　53
라마르크 거리Rue Lamarck 115, 118~19,
　121, 130
라브뢰부아르 거리Rue de l'Abreuvoir 121
라샤펠La Chapelle 132, 142, 148
라스파이 거리Boulevard Raspail 84, 189,
　206~207, 233, 237, 242, 249, 252, 254
라탱 구역Quartier Latin 52, 113, 201, 246,
　332

라팽 아질Lapin agile 120
란느라그 공원Jardins du Ranelagh 95, 297,
 347
랑베르 저택Hôtel Lambert 325
레 알Les Halles 128, 289
레지옹 도뇌르 박물관Musée Legion d'Honneur
 79
레콜트 거리Rue des Recoltes 334~35, 337
레큠 데 파주 서점L'Ecume des pages 313
레퓌블리크 광장Place de la République 146,
 333, 339
로댕 박물관Musée Rodin 246
로슈슈아르 대로Boulevard de Rochechouart
 115, 130, 132
로즈 드 자바 서점Rose de Java 244
로케트 거리Rue de la Roquette 205
로케트 공원Square de la Roquette 205
로트르 코테 데 뷔트L'autre Coté du Butte
 128
루브르 박물관Musée du Louvre 11, 48~
 51, 72, 74, 78, 81, 83, 88, 90, 103,
 197, 371~73, 376, 380, 382~83
루이 필리프 다리Pont Louis Philippe 327,
 331
루이즈 미셸 공원square Louise Michèle 127
 ~29
뤼테티아 호텔Hôtel Lutetia 207
뤽상부르 공원Jardin du Luxembourg 15,
 50, 130, 180, 210, 231~33, 238, 246,
 292, 367~68, 370
르 브랭 서점Le Vrin 313
르베르 거리Rue Levert 150
르와얄 다리Pont Royal 73~75, 80, 93, 372
르픽 거리Rue Lepic 116, 118, 121~22, 129
리볼리 거리Rue de Rivoli 81, 83, 119, 371,
 375~76, 378, 383~84
리샤르-르누아르 거리Boulevard Richard-
 Lenoire 335
리옹Lyon 197, 205, 347~48

■

마뉘탕시옹 거리Rue de la Manutention 86
마담 거리Rue Madame 241
마드무아젤 거리Rue Mademoiselle 241
마들렌 사원Sainte-Marie Madelaine 122,
 385
마들로네트 감옥La Prison des Madelonettes
 204
마레 지역Quartier du Marée 18, 107, 157,
 207, 245, 266, 319
마르그리트 뒤랑 여성 도서관Bibliothèque
 Marguerite Durand 172
마르티르 거리Rue des Martyrs 124
마를리 공원Parc Marly 377, 380
마자 감옥La Prison Mazas 204
마자랭 도서관Bibliothèque Mazarin 383
마자린 거리Rue Mazarine 365

메닐몽탕Ménilmontant 15, 23, 141~42, 144
~46, 148, 152, 154~57, 162
메르퀴르 호텔Mercure Hôtel 352
메시에 거리Rue Messier 192, 202
메트르 오베르 거리Rue Maitre Aubert 99
모리옹 거리Rue des Morillonst 281~85
모베르 광장Place Maubert 99
모베르-뮈티알리테 광장Place de la Maubert-
  Mutualité 349
목로주점L'Assomoir 식당 124
몽골피에르 공원Jardin de la Montgolfière
  357~58
몽마르트르 묘지Cimetière de Monmartre 167
몽마르트르Montmartre 23, 50, 53~54, 104,
  108, 114~31, 133, 142~43, 165, 167~
  68, 209~10, 234, 246, 254, 368
몽부아 센터Centre Monboye 157
몽소 공원Parc Monceau 106, 369~70
몽수리 공원Parc Monsouris 106, 234, 284,
  348, 368
몽스니 거리Rue du Mont Ceni 122
몽트벨로 강변로Quai de Montebello 100
몽파르나스 묘지Cimetière de Monparnasse
  23, 163, 167~68, 170, 177~78, 183,
  186, 188~89, 201, 207, 234
몽파르나스 타워Tour Monparnasse 50, 53,
  150, 234, 329~30, 384
무슈 거리Rue Monsieur 241
무자이아 거리Rue de Mouzaia 143

무프타르 거리Rue Mouffetard 313, 350
무프타르 광장Place Mouffetard 313
물랭 데 프레 거리Rue du Moulin des Près
  221, 357~58
물랭 드 라 푸앵트Rue du Moulin de la Pointe
  363
뮐러 거리Rue Muller 128, 130
미국 광장Place des Etats-Unis 49
미라 거리Rue Myrah 131
미라보 다리Pont Mirabeau 47, 95~96
미샬 길Rue Michal 218~19
미스트랄 호텔Hôtel Mistral 170
미테랑 강변로Quai François Mitterrand 372
미테랑 국립도서관Bibliothèque National
  François Mitterrand 72, 180

ㅂ

바르베스 거리Boulevard Barbes 129~32
바르셀로나 광장Place de Barcelone 95
바리 공원Square Barye 324
바뱅 거리Rue Vavin 233~34
바뱅 카페Vavin Café 232
바스티유 감옥Prison de la Bastille 204
바스티유 광장Place de la Bastille 204~205,
  266, 319~20, 335~36
바타유 드 스탈린그라드 광장Place de la Bataille
  de Stalingrad 335
박 거리Rue du Bac 73

박애의 길Rue de la Fraternité 143
발 드 그라스Val de Grâce 50, 348
방돔 광장Place Vendôme 81~82, 371, 375
방드르잔 골목길Passage Vandrezanne 357
뱅상 오리올 대로Boulevard Vincent Auriol 354
뱅센 숲Bois de Vincennes 50, 106
베르 갈랑Vert Galant 372
베르갈랑 정원Square du Vert Galant 88, 90
베르나르댕 거리Rue des Bernardins 320
베르시 공원Pacr de Bercy 53, 72, 83~85
베르시 마을Village de Bercy 53, 84
베르트 거리Rue Berthe 123
베튄 강변로Quai de Béthune 320, 323~24
벨라스케즈 거리Avenue Velasquez 370
벨빌 묘지Cimetière de Belleville 143
벨빌Belleville 23, 40, 53, 141~57, 162, 368
보나파르트 거리Rue Bonaparte 383
보들로크 병원Clinique Baudelocque 200~201
보비오 거리Rue Bobillot 217, 355
보자리 거리Rue Botzaris 369
보지라르 거리Rue de Vaugirard 197, 234, 238, 358~59
볼테르 광장Place Colette 205
부아예 거리Rue Boyer 156~57
부아통 샛길Passage Boiton 221
부르봉 강변로Quai de Bourbon 327, 329, 331
부르봉 궁전Palais Bourbon 97, 347, 385
부아소나드 거리Rue Boissonade 244
불라르 거리Rue Boulard 183
불로뉴 숲Bois de Boulogne 50, 106
불로뉴-비앙쿠르Boulogne-Billancourt 46, 172, 267
뷔오 길Rue Buot 218
뷔트 쇼몽 공원Parc des Buttes Chaumont 106, 143~44, 209~10, 284, 333, 368~69
뷔트 오 카이Butte aux Cailles 209, 211, 213, 215~16, 218~21, 348, 352~55
브라사이 정원Jardin Brassaï 212, 353
브라상스 공원Parc Georges Brassens 23, 53, 120, 234, 279~81, 284, 286~87, 289~90, 292, 299, 368
브라상스 문화센터Centre Culturel Georges Brassens 300
브랑리 강변로Quai Branly 371
브랑시옹 거리Rue Brancion 282~83
브리지트 바르도 재단Fondation Brigitte Bardot 283
비네그리에 거리Rue des Vinaigriers 335
비르-아켐 다리Pont Bir-Hakeim 47, 54, 94, 97, 210, 266, 371
비비아니 정원Square Viviani 107
비세트르 병원Hôpital Bicêtre 206
비에브르 강La Bièvre 23, 347, 349~51, 356, 363
비에브르 거리Rue de Bièvre 99, 320, 349

~50
빅토르 쉘셰르 거리Rue Victor Schoelcher 170
빌라 몽모랑시Villa Monmorency 143
빌라 무자이아Villa Mouzaïa 143~44
빌랭 거리Rue Vilin 154
빌맹 공원Jardin Villemin 334, 337

ㅅ

사마리텐느 백화점Samaritaine 74, 88
사크레 쾨르Sacré Coeur 54~55, 115, 117, 121~22, 125, 127, 165
상테 거리Rue de la Santé 192, 194~95, 348
상테 감옥Maison d'arrêt de la Santé 23, 190, 192~93, 195~96, 200~202, 204
상토-뒤몽 길Rue Santos-Dumont 280
생-루이 병원Hôpital Saint-Louis 335, 343
생-마르탱 거리Rue Saint-Martin 200
생-미셸 광장Place Saint-Michel 90
생-클루Saint-Cloud 267, 379
생-피에르 시장Halle de Saint-Pierre 128~29
생-드니Saint-Denis 104, 131, 194, 214, 336
생-루이 거리Rue Saint-Louis 324
생-루이 다리Pont Saint-Louis 112, 320~22, 327, 329~31
생-루이 섬Ile Saint-Louis 23, 104, 110~12, 311, 317~27, 329~30
생-루이 앙 일 성당Eglise Saint-Louis en L'ile 325
생-마르탱 운하Canal Saint-Martin 23, 332~38, 340, 342~44
생-미셸 강변Quai Saint-Michel 108
생-미셸 거리Boulevard Saint-Michel 50, 88~89, 99, 313
생-미셸 다리Pont Saint-Michel 88, 109
생-뱅상 거리Rue Saint-Vincent 120~21, 130
생-뱅상 드 폴 병원Hôpital Saint-Vincent de Paul 200
생-뱅상 묘지Cimetière Saint-Vincent 120~21, 167, 368
생-쉴피스 광장Place Saint-Sulpice 231~32, 289, 294, 299, 348, 365
생-테티엔 교회Eglise Saint-Etienne 323
생-자크 길Rue Saint-Jacque 201
생-자크 탑Tour Saint-Jacques 77, 112~13, 150
생 장-밥티스트 성당Eglise Saint Jean-Baptiste 149
생-제르맹 대로Boulevard Saint-Germain 313
생-제르맹 로세루아 성당Egise Saint-Germain L'Auxerrois 74
생-제르맹 호텔Hôtel Saint-Germain 383
생-제르맹-데-프레 광장Place Saint-Germain-des-Près 50, 182, 281, 289, 299, 313,

319, 332, 347, 382~83
생-제르베 성당Eglise Saint-Gervais 329
생크 디아망 거리Rue des cinq Diamants 212,
214~15, 353
생트-샤펠Sainte-Chapelle 88, 112, 372
생트-안느 성당Eglise Sainte-Anne 217
생트-빅투아르 산Sainte-Victoire 74
생트-안느 병원Hôpital Sainte-Anne 121,
200
생트-클로틸드 성당Eglise Sainte-Clautilde
385
생페르 거리Rue des Saints-Pères 313
생-피에르 광장Place Sainte-Pierre 117
샤를 푸리에 거리Rue Charle Fourrier 217,
361
샤이오 궁전Palais de Chaillot 84, 97
샤토 거리Rue du Château 237
샤토 됭 거리Rue de Château d'Un 203
샤틀레Châtelet 365
샤틀레 극장Théatre de Châtelet 88, 329
샹 드 마르스Champs de Mars 46, 55, 94
샹젤리제 거리Avenue des Champs Elysées
50, 54, 371, 375, 385
세브르 거리Rue de Sèvres 366
센 강La Seine 16, 23, 47~48, 50, 52~
54, 62, 71~76, 78, 80~85, 87~88,
90, 93~96, 99~100, 105, 107~12,
145~46, 149, 189, 201, 210, 214, 223,
253, 266, 281, 291, 311, 317~21, 323

~24, 326, 329~30, 332~33, 335~
36, 343, 347~50, 365~66, 368, 371
~72, 374~76, 382, 384~85
셰 글라딘Chez Gladines 212
소설처럼 서점Comme un roman 312
솔 거리Rue des Saules 120~21
솔페리노 다리Pont Solferino 75, 79, 80~
82, 262, 374~75, 382
수아지 거리Avenue de choisy 222
수잔 뷔송 공원Square Suzanne Buisson 104,
124
쉘세르 거리Rue Schoelcher 234
스위스 마을Village Suisse 246
시네마테크 프랑세즈Cinémathèque Française
84
시몬 드 보부아르 다리Pont Simone de Bauvoir
75, 82, 84
시민군의 벽Le Mur de Fédérés 166
시테 드 라 뮈지크Cité de la Musique 129,
345~46
시테 섬Ile de la Cité 50, 52, 74, 87~88,
90, 92, 101, 105, 108, 110~12, 318,
320~22, 329~30, 372
시테 위니베르시테르Cité Universitaire 360
시테 플뢰리Cité Fleurie 202
실바-몽포르 연극 공연장Theatre Silva-Monfort
284, 295

ㅇ

아농시아시옹 거리Rue de l'Annonciation 314
아라고 거리Boulevard Arago 191~92, 194~95, 200~202
아랍문화원Insititut du Monde Arab 53, 72, 86, 151, 253
아사스 거리Rue d'Assass 233
아스날 항구Port de l'Arsenal 335
아시아로 난 창 서점Fenêtre sur l'Asie 360
아틀리에 데 자르티스Atelier des Artistes 246
아틀리에 앙 지라르Atelier en Girard 244
아폴리네르 거리Rue Guillaume Apolinaire 383
안개의 성Chateau de Brouillard 124~25
알 파트Al Fathe 132
알렉상드르 비아라트 오솔길Allée Alexandre Vialatte 363
알렉상드르 3세 다리Pont d'Alexandre III 76, 88
알마 광장Place d'Alma 211
앙드레 시트로엥 공원Parc André Citroën 94~95, 368
앙리 로베르 거리Rue Henri Robert 91
앙리 크라주키 광장Place Henri Krasuki 150
앙리 파프 거리Rue Henri Pape 361
앙비에르주 거리Rue des Envierges 150, 153
앵발리드Invalides 46, 50, 52, 72, 76, 150, 365~66, 385
에노크 신부 광장Place de l'Abbé Georges Hénocque 361~62
에드가 키네 거리Rue Edgar Quinet 168~69, 189
에밀 뒤발 광장Place Emile Duval 214
에밀 리샤르 거리Rue Emile Richard 169, 175, 188
에스페랑스 거리Rue de l'Esperence 218~19
에스플라나드Esplanade des Invalides 72, 76
에콜 데 보자르Ecole des Baux-Arts 78, 235, 383
에콜 드 파리Ecole de Paris 236
에콜 밀리테르Ecole Militaire 46
에투알 광장Place d'Étoile 77, 142
에티엔 출판 기술학교Lycée Technique Estienne 351
에펠탑Tour Eiffel 23, 33~70, 72, 76~77, 80, 86, 88, 94~95, 97, 108, 112~14, 150, 179, 183, 210, 288, 322, 351, 365~66, 369, 384~85
엑상프로방스Aix en Provence 106, 197
엘리제 궁Palais de l'Elysée 39
여행자의 나무 서점L'Arbre du Voyageur 312~13
예술의 다리Pont des Arts 75~80, 90, 372~73, 383
예술의 카페Café des Arts 189
오 드 센느Haut de Seine 299

오귀스트 블랑키 대로Boulevard August Blanqui 351~52
오데옹 거리Rue de l'Odéon 180~81, 347, 365, 368
오데옹 광장Place de l'Odéon 313
오랑주리 미술관Musée d'Orangerie 122, 378, 380~81, 384
오르세 미술관Musée d'Orsay 11, 51, 72, 79~81, 88, 248, 374, 384
오르페브르 강변로Quai des Orfèvres 90, 92
오를레앙 강변로Quai d'Orléan 112~13, 322~24, 331
오를로즈 강변로Quai de l'Horloge 74, 92
오벨리스크Obélisk 48, 97, 379, 385
오퇴이유 온실Serre d'Auteuil 368
오트-보른Haute-Borne 154~55
오페라극장L'Opéra 50, 53
오피탈 밀리테르Hôpital Militaire 334, 337
옵세르바투아르Observatoire 201
요한 23세 정원Square Jean XXIII 106, 112, 331
우르크 운하Canal de l'Ourcq 336, 344
우리들의 조상 골족 식당Nos Ancêtre Gaulois 325
유대박물관Musée de l'art et de l'Histoire en Judaisme 207
이스트리아 호텔Hôtel Istria 239
이시-레-물리노Issy-les-Moulineaux 191

이에나 거리Avenue d'Iéna 65, 85, 266
이에나 다리Pont d'Iéna 46, 48, 93~94, 97
이탈리아 광장Place d'Italie 211, 214, 221~23, 354
이폴리트 맹드롱 거리Rue Hippolyte Maindron 288

ㅈ

자유의 거리Rue de la Liberté 143
자유의 여신상Statut de la Liberté 47, 97, 189, 210~11
자코브 거리Rue Jacob 383
장 돌랑 거리Rue Jean Dolent 192, 194
장 조레스 대로Avenue Jean Jaurès 346
장마프 둑길Quai de Jemmapes 339
장밋빛 집La Maison Rose 121
조나스 길Rue Jonas 212
조제프 지베르 서점Joseph Gibert 312
조프루아 생-일레르 거리Rue Geoffroy Saint-Hilaire 132
죄드폼 사진미술관Jeu de Paume 48, 378, 380, 384~85
주르당 대로Boulevard Jourdan 355, 360
쥐노 거리Aveue Junot 116
쥘 페리 거리Boulevard Jules Ferry 335

ㅊ

찬 서점Librairie Tchan 232, 248, 313
천국의 거리Rue de Paradis 241
체르뉘시 박물관Musée Cernushi 370

ㅋ

카루젤 개선문Arc de Triomph du Carrousel 48, 373, 382
카루젤 다리Pont du Carrousel 79~80, 93
카루젤 정원Jardin du Carrousel 373~74, 376, 382, 384
카르디날 르무안 거리Rue du Cardinal Lemoine 293
카르티에 현대미술재단Fondation Cartier de l'Art Contemporaine 23, 84, 86, 252~54, 256, 258, 375
카몽도 박물관Musée de Nissim Camondo 369
카스틸리오네 거리Rue de Castiglione 81
카페 데 자르Café des Arts 231
카페 드 라 메리Café de la Mairie 232, 294
카페 드 플로르Café de Flore 313
카페 라 메르 아 부아르Café La Mer à boire 150, 153
카페 레 되 마고Les Deux Magots 50
카페 레크리투아르L'Ecritoire 313
카페 레테 앙 팡트 두스L'été en pente douce 127

카페 루 페스칼루Café Lou Pescalou 152
카페 르 디아망Café Le Diamant 215~16
카페 르 라마르크Café Le Lamarck 117~18
카페 르 르퓌주Café Le Refuge 118
카페 르 빌라주 드 뷔트Le Village de la Butte 215
카페 르 소르봉Café Le Sorbon 314
카페 생-레지Café Saint-Régis 329
카페 생크 디아망Café Cinq Diamants 354
카페 솔레유Café Soléil 152
카페 앗모스페르Café Atmosphère 337
카페 앙트르포Café Entrepot 156
카페 지탄Café Gitane 149, 369
카페 테라스 드 포몬느Café de Pomonne 382
캉파뉴 프르미에르Rue Campagne Première 23, 231~33, 237, 241~42, 244, 246, 248, 250~51, 254
케브랑리 박물관Musée Quai Branly 48, 53, 85~86, 151, 253
켈레르만 대로Boulevard Kellermann 360
코생 병원Hôpital Cochin 200
콜랭쿠르 거리Rue Caulincourt 120, 128, 130
콜로니 거리Rue de la Colonie 361
콩방시옹 거리Rue de la Convention 313
콩시에르즈리Concièrgerie 52, 72, 88, 93
콩코르드 광장Place de la Concorde 15, 48, 50, 54, 72, 79, 81~82, 97, 371, 375, 378~80, 385
콩코르드 다리Pont de la Concorde 97, 204

콩트레스카르프 광장Place de la Contrescarpe
313
콩티 강변Quai Conti 74
콩파니 서점Le Compagnie 314~17
쿠론 거리Rue des Courrones 157
퀴스틴 거리Rue Custine 128, 130
크리메 거리Rue de Crimée 336, 345
클로드 베르나르 거리Rue Claude Bernard
360
클뤼니 박물관Musée du Moyen Age Cluny
113, 260
클리냥쿠르 거리Rue de Clignancourt 130
클리시 감옥La Prison de Clichy 204
클리시 광장Place de Clichy 118, 129, 232
클리시 대로Boulevard de Clichy 115, 129

ㅌ

타바 생-쉴피스Tabac Saint-Sulpice 294
타주 거리Rue du Tage 363
탕 프레르Tang Frères 222
테르트르 광장Place du Tertre 117
테아트룸 보타니쿰Theatrum Botanicum 259
~60, 262
톨비악 거리Rue de Tolbiac 217, 219, 221,
358~59
투르넬 강변로Quai de la Tournelle 109, 322
투르넬 다리Pont de la Tournelle 110, 322
튈르리 공원Jardin des Tuleries 23, 48, 50,
53, 72, 80~81, 122, 262, 292, 367, 371
~72, 374~85
튈르리 궁전Palais des Tuleries 48, 54, 374
~76
트로카데로Trocadéro 39, 46~47, 65, 84,
95, 97, 120, 347, 368
티옹빌 거리Rue de Thionville 344~45

ㅍ

파누아오 거리Rue Panoyaux 152
파리 시 현대미술관Musée de Ville de Paris
38, 48
파리건축학교Ecole Nationale d'Architecture
143, 252
파리미국도서관American Library in Paris 179
파리일본문화원Maison de la Culture du Japon
à Paris 62, 235, 266, 371
파리코뮌 광장Place de la Commune de Paris
216~17
파리코뮌 박물관Musée de la Commune de
Paris 214
파리한국문화원Centre Culturel Coréen 65
파블로 피카소 광장Place Pablo Picasso 234,
250
파사주 당지그Passage Dantzig 234, 287
파시Passy 54, 120, 149, 157, 189, 210, 231,
348
팔귀에르Falguère 234

팔레 드 도쿄Palais de Tokyo 48, 86
팔레 르와얄Palais Royal 260, 289, 371
팡테옹Panthéon 46, 49~50, 53, 77, 112
  ~13, 150, 201, 223, 322~23, 330
페르 게랭 거리Rue du Père Guérin 221
페르 라쉐즈Père Lachaise 144, 156, 165~67
페이지의 거품 서점L'Ecumes des Pages 312
포르 르와얄 거리Boulevard de Port Royal 201
포르토 거리Rue du Porteau 121
포르트 데 릴라Porte des Lillas 148
포부르 생-자크 거리Rue Faubourg Saint-
  Jacques 200~201
포부르 탕플 거리Rue du Faubourg Temple
  148~49, 333, 341
폴 알베르 거리Rue Paul Albert 127
폴롱소 거리Rue Polonceau 132
퐁뇌프Pont Neuf 74~75, 79~80, 88~93,
  109, 365, 372
퐁텐 드 뷔 거리Rue de la Fontaine de But 118
퐁텐 생-쉴피스Fontaine Saint-Sulpice 294
퐁텐 오 루아 거리Rue de la Fontaine au Roi
  146
퐁텐 서점Fontaine 314
퐁피두센터Centre Pompidou 35, 40, 49~
  50, 53, 114, 128, 150, 185, 188, 242,
  253, 286, 324, 326, 376
푸코 거리Rue Foucault 197
푀플리에 거리Rue des Peuplier 360~61
퓌프 서점PUF 313

프낙 서점FNAC 298, 312
프레데릭 소통 거리Rue Frederic Sauton 99
프롤레타리아의 미래L'avenir du Prolétariat
  200
프루아드보 거리Rue Froidevaux 169, 183
프티 팔레Petit Palais 53, 72, 76
프티트 로케트 감옥La Prison de la Petite
  Roquette 204~205
프티트 포르스 감옥La Prison de la Petite Force
  204
플라스 데 페트Place des Fêtes 151
플라토 미술전시장Plateau 143
플뢰뤼스 거리Rue de Fleurs 110
피갈 광장Place Pigalle 129, 168
피나코테크 미술관Pinacothèque 122
피레네 거리Rue des Pyrénées 150, 359
피아 거리Rue Piat 153
피에르 닥 거리Rue Pierre Dac 118
피티에-살페트리에르 병원Hôpital La Pitié-
  Salpétrière 206, 362

ㅎ

한림원Institut de France 52, 72, 77, 88, 90,
  372, 383
화폐박물관Hôtel des Monnaies 72, 88
휘트니 미국미술관Whitney Museum of American
  Art 75

401

이 책에 나오는 사람들

ㄱ

가르니에, 장 루이 샤를Jean Louis Charles Garnier 35
가뱅, 장Jean Gabin 193
강봉, 샤를Charles Gambon 147
갱스부르, 세르주Serge Gainsburg 170, 184, 187
게드, 쥘Jules Guesde 174
게리, 프랑Franc Ghery 84, 253
겐조Kenzo 266
고갱, 폴Paul Gauguin 93~94, 202
고트로Gautro 158
고티에, 테오필Théophile Gautier 126, 322, 326
고흐, 빈센트 반Vincent van Gogh 37, 119, 121~23, 129, 189, 236, 248

골도니, 카를로Carlo Goldoni 106
구노, 샤를 프랑수아Charles François Gounod 35, 369
구종, 장Jean Goujon 383
귀르비치, 조르주Georges Gurvitch 60
그라세, 외젠Eugene Grasset 202
그렉, 앙드레André Greck 285
글뤽스만, 앙드레André Glucksmann 177
기, 콩스탕탱Constantin Guys 73
김규식 203
김기석 220
김무경 345
김석득 88
김우창 21
김창렬 249

ㄴ

나카가와, 히사야가Hisayaga Nakagawa 243
나케, 다니엘 비달Daniel Vidal Naquet 197
나폴레옹Napoléon Bonaparte 46, 52, 81, 93, 103, 199, 211, 335, 385
나폴레옹 3세 52, 78, 143, 335
나혜석 313
네르발, 제라르 드Gérard de Nerval 119, 125~26
노댕, 베르나르Bernard Naudin 244
누벨, 장Jean Nouvel 84, 86, 253, 284
니스벳, 로버트Robert Nisbet 174
니체Friedrich Wilhelm Nietzsche 179, 252, 332

ㄷ

다비, 외젠Eugène Dabit 340
다비드, 자크 루이Jacques Louis David 103
다 실바, 마리아 엘레네Maria Héléna Da silva 9
다이애나Diana Spencer 211
다장, 필립Philippe Dagen 235
단테Alighieri Dante 349
달라이 라마 360
달리Salvador Dalí 119
덩샤오핑(鄧小平) 223, 354
데리다, 자크Jacques Derrida 197, 346
데보르드, 미셸Michèle Déborde 249
데스탱, 지스카르Valéry Giscard d'Estaing 354
데시마루, 타이센Taisen Deshimaru 359
도데, 알퐁스Alphonse Daudet 126
도미에, 오노레Honoré Daumier 326
도종, 장-피에르Jean-Pierre Dozon 280
동겐, 키스 반Kees van Dongen 122~23
두아노, 로베르Robert Doisneau 345
뒤디쿠르, 마르크Marc Dudicourt 291
뒤라스, 마르그리트Marguerite Duras 77, 169, 181~83, 205
뒤러, 알브레히트Albrecht Dürer 164
뒤르켐, 에밀Émile Durkheim 55, 169, 173~75, 178, 206~207
뒤메질, 조르주Georges Dumézil 107
뒤발, 에밀Emile Duval 214
뒤샹, 마르셀Marcel Duchamp 239
뒤피, 프랑수아François Dupuy 249
드가, 에드가르Edgar Degas 35, 121~22
드골Charles André Joseph Marie de Gaulle 77, 103, 177, 194, 377
드기, 미셸Michel Deguy 249
드레퓌스, 알프레드Alfred Dreyfus 169, 206~207
드 로지에, 장-프랑수아 필라트르Jean-François Pilâtre de Rozier 216
드보르, 기Guy Debord 144~45
드 셸, 장Jean de Chelles 105
드크루아, 에밀Émile Decroix 283
들라크루아Ferdinand Victor Eugéne Delacroix

367
들로네, 로베르Roert Delaunay 38~39
들롱, 알랭Alain Delon 125, 193
들뢰즈, 질Gilles Deleuze 197
디드로Denis Diderot 242~43

ㄹ

라귀에르, 아를레트Arlette Laguiller 152
라잘리, 세실Cécile Ladjali 316
라캉, 자크Jacques Lacan 200, 241
란도프스키, 폴Paul Landowski 382
랑뷔토Rambuteau 325
랑시에르, 자크Jacques Rancière 197
러스킨, 존John Ruskin 103
레네, 알랭Alain Resnais 16, 182
레닌, 니콜라이Nikolai Lenin 223
레비-스트로스, 클로드Claude Lévi-Strauss 71, 86, 107
레오토, 폴Paul Léautaud 244
레이, 만Man Ray 239
레제, 잔Jeanne Léger 239
레제, 페르낭Fernand Léger 288
레티프, 니콜라 에듬Nicolas Edme Restif 349
로니스, 윌리Willy Ronis 128
로댕, 오귀스트Auguste René Rodin 202, 234, 246, 250, 327~28, 380
로랑생, 마리Marie Laurencin 96, 123
로랑스, 앙리Henri Laurence 381
로맹, 쥘Jules Romains 341
로메르, 에릭Éric Rohmer 18, 40, 123, 168, 368
로셰, 발데크Waldeck Rochet 377
로스, 아돌프Adolf Loos 117
로스차일드Rothschild 369
로크플랑, 네스토르Nestor Roqueplan 17
로트레크, 앙리 드 툴루즈Henri de Toulouse Lautrec 119, 121~22
로페, 가브리엘Gabriel Loppe 40
롤랑 부인Madame Roland 92
루나, 후안Juan Luna 203
루소, 앙리Henri Rousseau(별칭: 두아니에Le Douanier) 110~11
루소, 장-자크Jean-Jacques Rousseau 154~55
루아, 피에르Pierre Roy 202
루이 필리프Louis-Phillippe 377
루이 13세 321, 326
루이 14세 52, 200, 206, 362, 376, 379~80
루이 15세 377
루이즈Louise 147
뤼미에르Lumière 형제 275
르 노트르, 앙드레André Le Nôtre 376, 379
르 코르뷔지에Le Corbusier 43, 143, 211, 284, 373
르콩트-부아네, 자크Jacques Lecompte-Boinet 77

르누아르Pierre Auguste Renoir 121
르봉, 필립Philippe Lebon 325
르포르, 클로드Claude Leford 185
리비에르, 앙리Henri Riviere 40
리시에, 제르멘Germaine Richier 381
리쾨르, 폴Paul Ricoeur 201~202
리히텐슈타인, 로이Roy Richtenstein 381
릴케Rainer Maria Rilke 239, 246, 326

□

마되프, 피에르Pierre Madeuf 356
마르셰, 조르주Georges Marchais 167
마르소, 소피Sophie Marceau 90, 365
마르케, 알베르Albert Marquet 74, 109
마르크스, 카를Karl Marx 173, 175, 223
마르탱, 앙드레André Martin 44, 92
마스콜로Mascolo 182
마야콥스키, 블라디미르Vladimir Mayakovskii 239~40
마오쩌둥(毛澤東) 223
마욜, 아리스티드Aristide Maillol 202, 374, 377
마티스, 앙리Henri Matisse 38, 74, 108~110
마페졸리, 미셸Michel Maffesoli 164
만, 토마스Thomas Mann 92
말라르메, 스테판Stéphane Mallarmé 165
말로, 앙드레André Malraux 373, 377
메리옹, 샤를Charles Méryon 73

메르시에, 루이 세바스티앙Louis Sébastien Mercier 88
메를로-퐁티, 모리스Maurice Merleau-Ponty 165
메리메, 프로스페르Prosper Mérimée 101
모네, 클로드Claude Monet 74, 376, 380
모디아노, 파트릭Patrick Modiano 283, 311
모딜리아니, 아메데오Amedeo Modigliani 60, 119, 123, 202, 234
모랭, 에드가Edgar Morin 182, 319
모루아, 피에르Pierre Maurois 146
모리아크, 프랑수아François Mauriac 170
모리조, 베르트Berthe Morisot 46
모파상, 기 드Guy de Maupassant 35~37, 43, 170, 189, 369
몽탕, 이브Yves Montant 125
몽테뉴Michel Eyquem de Montaigne 17, 155
무어, 헨리Henry Moore 377, 381
무질, 로베르트Robert Musil 92
뮈세, 알프레드 드Alfred de Musset 166, 369
미셸, 루이즈Louise Michel 119, 125, 127, 214
미쇼, 앙리Henri Michaux 92, 358
미스틱Misstic 212~14, 218
미키에비치, 아담Adam Mickievici 323
미테랑, 프랑수아François Mitterrand 47, 53, 69, 83, 85, 99, 104, 125, 182, 197, 349, 371~72, 377

민문홍 174
밀로스, 제스라브Geslav Miloz 311
밈람, 마르크Marc Mimram 80

ㅂ

바그너Wilhelm Richard Wagner 326
바댕테르, 로베르Robert Badinter 197
바레스, 모리스Maurice Barrès 244
바르톨디, 오귀스트Auguste Bartholdi 189, 210
바르트, 롤랑Roland Barthes 41~44, 70, 209
바를랭, 외젠Eugène Varlin 147
바슐라르, 가스통Gaston Bachelard 41, 368
바움가르텐, 로타르Lothar Baumgarten 256, 258~59
박영신 173~74
박이문 107, 165, 367
발다치니, 세자르César Baldaccini 189
발라동, 수잔Suzanne Valadon 121~22
발랑, 로즈Rose Valland 378
발레스, 쥘Jules Vallès 126
발자크, 오노레Honoré Balzac 15, 60, 166, 234, 250, 387
백건우 90
버킨, 제인Jane Birkine 184
베르그송, 앙리Henri Bergson 275
베르나르, 에밀Émile Bernard 326
베르코르Vercors 77, 170, 189

베르트, 레옹Léon Werthe 246~47
베른, 쥘Jules Verne 69
베를렌, 폴Paul Verlaine 126, 355, 367
베를리오즈, 루이-엑토르Louis-Hector Berlioz 167
베버, 막스Max Weber 173, 175
베케트, 사뮈엘Samuel Beckett 60, 77, 169, 189, 315
베토벤Ludwig van Beethoven 367
벤야민, 발터Walter Benjamin 55, 316~17, 320, 352
벨라, 로버트Robert Bellah 174
보나파르트, 마리Marie Bonaparte 240
보드르메르, 에밀Émile Vaudremer 195
보들레르Charles Baudelaire 74, 90, 126, 169, 184~87, 324, 326, 343, 367
보부아르, 시몬 드Simone de Beauvoir 169~73, 178, 234, 368
부르델, 앙투안Antoine Bourdelle 202
부르디외, 피에르Pierre Bourdieu 77, 174
부르주아, 루이즈Louise Bourgeois 376, 379~81, 385
부셰, 알프레드Alfred Boucher 288
부에, 시몬Simone Vouet 181
불레즈, 피에르Pierre Boulez 346
뷔송, 수잔Suzanne Buisson 124
브라사이Brassaï 75, 77, 98, 111, 128, 192, 212, 353
브라상스, 조르주Georges Brassens 279~81,

406

285~86, 289~92
브라크, 조르주 Georges Braques 234
브란쿠시, 콩스탕탱 Constantin Brancuşi 188~89
브렐, 자크 Jacques Brel 291~92
브로, 장-베르나르 Jean-Bernard Bros 68
브로델, 페르낭 Fernand Braudel 207
브로시, 뱅상 Vincent Brossy 160
브로흐, 헤르만 Hermann Broch 92
브뤼니 카를라 Carla Bruni 143
브르통, 앙드레 André Breton 237, 369
브릭, 릴리 Lilie Brick 240
블랑, 루이 Louis Blanc 200
블랑슈, 파트릭 Patrick Blanche 255
블랑키, 루이 오귀스트 Louis Auguste Blanqui 200, 352
비달, 앙리 Henri Vidal 382
비투, 프레데릭 Frédéric Vitoux 318

ㅅ

사르코지, 니콜라 Nicolas Sarkozy 143, 207
사르트르, 장-폴 Jean-Paul Sartre 170~73, 177~78, 234, 368, 383
사카에, 오스기(大杉榮) 194
사티, 에릭 Eric Satie 119, 121, 239
상드, 조르주 George Sand 367, 369
상소, 피에르 Pierre Sansot 263
생고르, 레오폴 세다르 Léopold Sédar Senghor 80
생-드니 Saint-Denis 104, 124~25
생-제롬 Saint-Jérôme 164
생텍쥐페리, 앙투안 Antoine de Saint-Exupéry 114, 246~47
생-팔, 니키 드 Niki de Saint-Phalle 184, 186, 286~87
샤갈, 마르크 Marc Chagall 39, 60, 234, 288
샤르코, 장-마르탱 Jean-Martin Charcot 206, 362
샤를 10세 100
샤를마뉴 Charlemagne 103
샤토브리앙, 프랑수아-르네 드 François-René de Chateaubriand 253, 255
샬랭, 제라르 Gérard Chalin 349
세겔라, 자크 Jacques Séguéla 70
세라, 리처드 Richard Serra 380
세이키, 구로다 Kuroda Seiki 235
세잔, 폴 Paul Cézanne 74
셀린, 루이-페르디낭 Louis-Ferdinand Céline 126
소불, 알베르 Albert Marius Soboul 167
소비, 알프레드 Alfred Sauvy 62
소홍렬 21
솔레르스, 필리프 Philippe Sollers 289
쇠라, 조르주 피에르 Georges Pierre Seurat 37~38
쇼팽, 프랑수아 François Chopin 60, 323, 367, 369

수틴, 생Chaim Soutine 234, 288
쉴리, 모리스 드Maurice de Sully 101
슈발리에, 모리스Maurice Chevalier 156
스타엘, 니콜라 드Nicolas de Staël 87, 234
스타이너, 조르주Georges Stenier 315~16
스타인, 거트루드Gertrude Stein 110
시냐크, 폴Paul Signac 37
시라크, 자크Jacques Chirac 47, 223, 253, 354
시오랑, 에밀Émile Cioran 60, 163, 169, 178~81, 183, 368
시트로엥, 앙드레André Citroën 60, 94
심농, 조르주Georges Simenon 342

ㅇ

아가셍스키, 실비안Sylviane Agacinski 337
아도, 피에르Pierre Hadot 249
아라고, 프랑수아François Arago 201
아라공, 루이Louis Aragon 18, 92, 239~40, 323, 369
아롱, 레몽Raymond Aron 169, 173, 175~78
아르튀스-베르트랑, 얀Yann Arthus-Bertrand 50
아를랑 후작Marquis Arland 216
아를레티Arletty 340
아제Jean Eugène Auguste Atget 212, 243, 353

아폴리네르, 기욤Guillaume Apollinaire 40, 96, 126
알렉상드르 뒤마 2세Alexandre Dumas fils 35
알렉상드르 3세 76
알팡, 장-샤를Jean-Charles Alphand 52, 106, 127
앙글루아, 베르나르Bernard Anglois 84
앙리 3세 88
앙리 4세 88, 90~91, 343, 375~76
앙텔므, 로베르Robert Antelme 182
앙팡탱, 베르텔미Barthélemy Prosper Enfantin 155
에디슨, 토머스Thomas Edison 55
에리봉, 디디에Didier Eribon 106
에벌링, 제르멘Germaine Eberling 240
에티엔, 로베르Robert Etienne 351
에펠, 구스타브Gustave Eiffel 41~43, 55, 58, 64, 67~70, 288, 351
엘뤼아르, 폴Paul Eluard 92
오를랑, 피에르 막Pierre Mac Orlan 122
오리, 파스칼Pascal Ory 177
오바마, 미셸Michelle Obama 34
오바마, 버락Barack Obama 34
오스만 남작Georges-Eugène Haussmann 35, 52, 106, 146, 206, 284, 325, 356, 384
오제, 마르크Marc Augé 12, 249, 251, 281, 288

오픽, 자크Jacque Aupick 186~87
와일드, 오스카Oscar Wilde 166
우블라크, 아벨Abel Houvelaque 351
워홀, 앤디Andy Warhol 235
위고, 빅토르Victor Hugo 56, 102~104, 126, 146, 190, 197, 231
위트릴로, 모리스Maurice Utrillo 119, 121~22, 127~28, 167
유르스나르, 마르그리트Marguerite Yourcenar 62
유재현 354, 358
유조, 사에키Saeki Yuzo 236
이상 141
이성복 249
이오네스코Eugène Ionesco 170, 189, 321
이우환 232
이윤영 16

ㅈ

자드킨, 오십Ossip Zadkine 170, 189
자코메티, 알베르토Alberto Giacometti 288, 377, 380~81
잡스, 스티브Steven Paul Jobs 69
장켈레비치, 블라디미르Vladimir Jankélévitch 321
저우언라이(周恩來) 222~23, 354
정기용 345
정병관 235

정성배 104
제리코, 테오도르Théodore Géricault 122
제퍼슨, 토머스Thomas Jefferson 80
젠자부로, 고지마Kojima Zenzaburo 236
조레스, 장Jean Jaurès 142, 145
조스팽, 리오넬Lionel Jospin 337
졸라, 에밀Émile Zola 124, 126, 206
종캥Jean Baptiste Jongking 248
주네, 장Genet, Jean 198
주베, 루이Louis Jouvet 340
지글리오티, 욜란다Yolanda Gigliotti 125
지로두, 이폴리트-장Hyppolyte-Jean Giraudoux 40, 317, 320
지베르니Giverny 74

ㅊ

차라, 트리스탕Tristan Tzara 117, 170, 189, 239
첼란, 파울Paul Celan 92, 96
최성각 21, 278
추구하라, 후지다Foujita Tsuguhara 234~36
추미, 베르나르Bernard Tsumi 346
츠바이크, 스테판Stefan Zweig 92, 367

ㅋ

카르네, 마르셀Marcel Carné 340

카몽도Nissim de Camondo 369
카스토리아디스, 코르넬리우스Cornelius Castoriadis 60, 184~85
카트린 드 메디시스Catherine de Médicis 375~76
칸, 에스파스 알베르Espace Albert Khan 23, 263, 267, 274~75, 277
칼라스, 마리아Maria Callas 166
캥, 오귀스트August Cain 282
케루악, 잭Jack Kerouac 250
코로, 카미유Camille Corot 122
코르비자르Jean Nicolas Corvisart 211
코저, 루이스Lewis Coser 173
코페, 프랑수아François Coppée 35
코헨-솔랄, 아니Annie Cohen-Solal 172
콕토, 장Jean Cocteau 40, 56
콜레트, 시도니-가브리엘Sidonie-Gabrielle Colette 166
콜로메르, 앙드레André Colomere 194
콜리니, 가스파르 드Gaspard de Coligny 74
콩도르세Marquis de Condorcet 372
콩트, 오귀스트August Comte 165, 383
콩트-스퐁빌, 앙드레André Comte-Sponville 360
쿠르베, 구스타브Gustave Courbet 81
퀴리, 마리Marie Curie 60, 326
퀸, 앤서니Anthony Quinn 104
크노, 레이몽Raymond Queneau 92
크라주키, 앙리Henri Krazuki 150, 167

크리스테바, 줄리아Julia Kristeva 180
크리스토Christo 89~90
클랭, 이브Yves Klein 235, 242
클레르, 르네René Clair 40
클레망, 장-밥티스트Jean-Baptist Clement 119, 147, 166, 214
클레망, 질Gilles Clement 86
클레망소, 조르주Georges Clemenceau 207
클로델, 카미유Camille Claudel 249, 326 ~29, 381
클로델, 폴Paul Claudel 126, 249, 327
클린턴, 빌Bill Clinton 363
클림트, 구스타프Gustav Klimt 218
키리코, 조르조 데Giorgio de Chirico 234
키슬링, 모이즈Moïse Kisling 239~40
키신저, 헨리 알프레드Henry Alfred Kissinger 177
킴, 수지Suzi Kim 289

ㅌ

타로, 오카모토Okamoto Taro 236
탱보, 장-피에르Jean-Pierre Timbaud 159
테일러, 엘리자베스Elizabeth Taylor 104
토도로프, 츠베탕Tzvetan Todorov 180
토스카노, 알베르토Alberto Toscano 72
투르니에, 미셸Michel Tournier 161
튀르고, 안Anne Robert Jacques Turgot 318, 324

이 책에
나오는
사람들

트뤼포, 프랑수아François Truffaut 167
트리올레, 엘사Elsa Triolet 239~40

ㅍ

파랑, 클로드Claude Parent 284
파르그, 레옹-폴Leon-Paul Fargue 40, 341
파르주, 아를레트Arlette Farge 233
파스칼, 블레즈Blaise Pascal 201
파슨스, 탤컷Talcott Parsons 173
페노네, 주세페Giuseppe Penone 257, 262, 375
페라, 장Jean Ferra 192
페레, 레오Léo Ferré 291~92, 318
페레, 테오필Théophile Ferré 147
페렉, 조르주Georges Perec 154, 294, 347
페로, 도미니크Dominique Perrault 85
페로, 미셸Michel Perrault 197, 205
페리, 쥘Jules Ferry 375, 377
페브르, 뤼시앵Lucien Febvre 207
페이I. M. Fei 83, 373
펠리니, 페데리코Federico Fellini 378
펭송, 미셸Michel Pinçon 156
포잠박, 크리스티앙 드Christian de Portzamparc 211, 345
폴 포트Pol Pot 223
퐁피두, 조르주Georges Pompidou 79, 324, 326
푸코, 레옹Léon Foucault 197

푸코, 미셸Michel Foucault 107, 196~99, 363
프랑코, 프란시스코Francisco Paulino Hermene-gildo Teódulo Franco 148
프레베르, 자크Jacques Prévert 345
프로이트, 지그문트Sigmund Freud 206, 240~41, 362
프루동, 피에르-조제프Pierre-Joseph Proudhon 170, 189, 213
프루스트, 마르셀Marcel Proust 166, 369
플레넬, 에드위Edwy Plenel 161
플로베르Gustave Flaubert 187, 367
피사로, 카미유Camille Pissarro 74, 93
피아프, 에디트Edith Piaf 153, 166
피에르 신부L'Abbé Pierre 103, 344
피카비아, 프랑시스Francis Picabia 239
피카소, 파블로Pablo Picasso 38, 60, 70, 109~110, 119, 123, 234, 237, 319

ㅎ

하비, 데이비드David Harvey 125
하이네, 하인리히Heinrich Heine 167
하이데거Martin Heidegger 249
한상진 21
한지로, 사카모토Sakamoto Hanjiro 236
헤밍웨이, 어니스트Ernest Miller Hemingway 90, 293, 313, 372
헤세, 헤르만Hermann Hesse 92

호퍼, 에드워드Edward Hopper 75
홉스, 토머스Thomas Hobbes 249
홍상수 234
화궈펑(華國鋒) 223, 354
황석영 21, 96
후진타오(胡錦濤) 38, 45
휴스턴, 낸시Nancy Huston 180
히틀러, 아돌프Adolf Hitler 47, 72, 147~
 48

이 책에 나오는 작품들

ㄱ

『가난과 죽음에 대하여』 246
「가시손」 381
「가장 무도회의 남자」 378
『감시와 처벌―감옥의 탄생』 196
「감자 먹는 사람들」 123
「거대한 장기판」 381
『고독한 산책자의 몽상』 154
『고별예식』 172
「공용 벤치」 291, 368
『구경거리의 사회』 144
『구토』 172
『금요일 또는 태평양의 가장자리』 161

ㄴ

『나는 기억한다』 294
「나는 이 나이에도 숨어서 담배를 피운다」 161
『나무와 대화하는 법』 271
『나의 노트』 244
『나의 일본 탈출기』 195
「나폴레옹 대관식」 103
「노트르담, 태양」 109
「노트르담의 꼽추」 104

ㄷ

『도둑일기』 198
『돌이킬 수 없는 것과 노스탤지어』 321

ㄹ

「라 붐」 90, 365
『랭스로의 귀환』 107
『레 망다랭』 172
「뤽상부르 공원 건너기」 289
『리바이어던』 249

ㅁ

『말』 172
「몽마르트르 언덕에서 내려다본 파리에 부치는 시」 126
「몽마르트르 언덕의 가을」 122
『무덤 저편에』 253
『무신론의 영혼, 신 없는 영성 개론』 360
『미궁』 185

ㅂ

『바다로 간 게으름뱅이』 278
『바다의 침묵』 77, 189
「밤과 낮」 234
「밤에도 자지 않는 사람들」 74
「방금 전 아우 아벨을 살해하고 난 직후의 카인」 382
「벚꽃 필 무렵」 147, 166, 214, 220
『변증법적 이성 비판』 172
『북호텔』 340
『분업론』 174

ㅅ

『사물들』 154
『사유의 황혼』 180
『사회과학연구논문집』 173
『사회적 행위의 구조』 185
『사회주의냐 야만이냐』 185
『사회학 이론의 대가들』 173
『사회학적 사상의 제단계』 173
『사회학적 전통』 174
『삶의 방식으로서의 철학』 249
『세레니심』 318
『세월의 힘』 171
「소나기가 내리는 루브르 풍경」 75
『스승과 제자』 315
『신곡』 349
『신화론』 44
『실존주의는 휴머니즘이다』 172

ㅇ

『아낌없이 주는 나무』 286
『아시아의 파리』 194
『악의 꽃』 126, 187
「암흑가의 두 사람」 193
『어느 파리 시민이 파리코뮌을 보는 시선』 214
『어린 왕자』 114, 247~48
『엘리트의 피로: 자본주의와 그의 간부들』 249

「여성 음악가」 381
「여자를 사로잡는 남자」 355
「오감도」 141
『오늘의 토크빌』 249
「오베르 교회」 236
「오후 끝 무렵의 노트르담 사원」 108
『우리는 왜 사는가』 249
「유리창에서 본 파리」 39
「인생: 사용법」 154
「일 생-루이」 318
「일곱 개의 손가락을 가진 자화상」 39
『일방통행』 317
『있을 수 없는 감옥』 205

ㅈ

『자살론』 173~74
『자유의 길』 172
「작은 흰색 말」 279
『잠자는 사람』 154
『전달의 찬양, 스승과 제자』 316
『절망의 정점에서』 179
『정숙한 처녀의 회고록』 172
『제2의 성』 172
『존재와 무』 172
「쥘과 짐」 182
『찬양』 144
「친구 조르주를 위한 발라드」 291

ㅋ, ㅌ

『카르멘』 102
『테튀』 245
『통역자』 289

ㅍ

『파리코뮌 치하의 파리』 214
「파리에서의 만남」 18, 40, 123, 168, 368
『파리의 노트르담』 102, 104~105, 146
『파리의 불량한 장소들』 289
『파리의 어느 장소에 대한 완벽한 기록의 시도』 154, 294, 347
『파리의 우울』 126
『파리코뮌과 민주주의: 인민주권』 214
「팡테옹」 237
『푸른 원피스』 249
『프랑스 사람들에 대한 애정 어린 비판』 72
「프티트 로케트 감옥의 뒤라스」 205

ㅎ

『해저 2만 리』 69
『형사 메그레』 342
『형이상학의 완성과 시』 249
『호랑이 해』 289
「환영하는 손들」 379, 385
『회고록』 177
「히로시마 내 사랑」 16, 182